U0946640

反经

[唐] 赵蕤 ◎ 著
陈书凯 ◎ 编译

江苏凤凰科学技术出版社 · 南京

图书在版编目（CIP）数据

反经 /（唐）赵蕤著；陈书凯编译 . — 南京：江苏凤凰科学技术出版社，2018.9（2022.5 重印）

ISBN 978-7-5537-7954-6

Ⅰ . ①反… Ⅱ . ①赵… ②陈… Ⅲ . ①政治 – 谋略 – 中国 – 古代 Ⅳ . ① D691

中国版本图书馆 CIP 数据核字 (2017) 第 020282 号

反经

著　　者　【唐】赵蕤
编　　译　陈书凯
责任编辑　祝　萍
责任监制　方　晨

出版发行　江苏凤凰科学技术出版社
出版社地址　南京市湖南路 1 号 A 楼，邮编：210009
出版社网址　http://www.pspress.cn
印　　刷　天津旭丰源印刷有限公司

开　　本　718 mm × 1 000 mm　1/16
印　　张　22.5
插　　页　2
字　　数　153 000
版　　次　2018 年 9 月第 1 版
印　　次　2022 年 5 月第 5 次印刷

标准书号　ISBN 978-7-5537-7954-6
定　　价　49.80 元

前言

在古代谋略专著中，最有名气的有两部书，一部是春秋战国之交的《鬼谷子》，一部就是赵蕤所写的《反经》。《反经》是中国历史上一部从反面讲谋略的智慧奇书，也是唐宋以来为官从政者的必读书。它被收入《四库全书》，得到纪晓岚的高度评价，是政治家、思想家、军事家，甚至是商人的必修课。《反经》的文学成就和价值，可与从正面讲谋略的《资治通鉴》相媲美，尤其是文中深刻的论证和令人警醒的经验教训，对今人极具启发和教育意义。

《反经》原名《长短经》，作者是唐代人赵蕤，他是一位隐逸高人，所以带有几分神秘感和浪漫色彩。唐明皇曾数征不出，所以其生平事迹鲜为人知。我们现在只能从唐宋及后代的文史记述中略知其一二。宋人孙光宪《北梦琐言》云："赵蕤者，梓州盐亭县(即今四川盐亭县)人也。博学韬钤，长于经世。夫妻俱有节操，不受交辟。撰《反经》十卷，王霸之道，见行于世。"清朝《四库全书总目》中也有类似的记载：赵蕤，"任侠有气"，精于纵横学说。唐朝中期，约开元初年，当时的蜀人有"赵蕤术数，李白文章"之说，因此赵蕤与大诗人李白同时扬名于开元盛世。李白还曾在《春感诗》并序中写过关于他和赵蕤间的关系："白隐居戴天大匡山，往来旁郡，依潼江赵征君蕤。蕤亦节士，任侠有气，善为纵横学，著书号《反经》。白从学岁余，去游成都，赋此诗。益州刺史苏颋见而异之。

茫茫南与北，直道事难谐。
榆荚钱生树，杨花玉糁街。

尘萦游子面，蝶弄美人钗。
却忆青山上，云门掩竹斋。”

关于赵蕤其人，历史留下关于他的记载确实太少，通过以上零星的史料，我们不难想象这位精通谋略的传奇人物有着怎样睥睨六合、潇洒出尘的风采。

“长短”一词在我国的传统语汇中有着多重含义，一般泛指是非、得失、优劣等。专讲纵横谋略的《战国策》又有《长短书》之称。赵蕤的《反经》一书也由此得名。

传统谋略思想研究者吴稼祥曾专门为《反经》写过一篇赞语，其中一段记载如下：“在茫茫书海里，也有一块‘神铁’，是唐代赵蕤锻造的，可以用来定浮生苦海的深浅，它的名字叫《反经》。如果它在你到来时突然‘霞光艳艳，瑞气腾腾’，那它就是你正在寻找的‘兵器’。这兵器也是要长能长，要短能短。要长，它能经天纬地，让在位的君王成就尧舜之治；要短，它能绕指穿针，在惨淡的人生布片上绣出美景。”

在《四库全书·反经》提要中，纪晓岚曾有过如下记载：“此书辨析事势，其言盖出于纵横家，故以‘长短’为名。虽因时制变，不免为事功之学，而大旨主于实用，非策士诡谲之谋，其言固不悖于儒者。其文格亦颇近荀悦《申鉴》、刘劭《人物志》，犹有魏晋之遗。唐人著述，世远渐稀。虽佚十分之一，固当全璧视之矣。”

从《反经》的整体结构来看，它是一部以谋略为经、历史为纬的交错纵横的名著，书中的卷章安排不受时间的限制，从上古的三皇五帝到作者所处的隋唐时期，都一一提到，且详略得当。这样的结构设置表面看起来错综复杂，但始终没有脱离权谋政变和知人善任这两条主线。大量的历史典故和口才雄辩，诸多谋略家运筹帷幄的能力和审时度势的眼光，纵横捭阖，游说诸侯，再现了古代谋略领域中的精彩场面。所以说，《反经》又是一部多角度、全方位展现历代谋略集成与名君贤臣言行的作品。《反经》在清朝付印成书之际，还受到了乾隆皇帝的赞誉，并题诗云：

鄞县创为救弊论，爱憎殴业匠和函。
向时虽类纵横说，忧耒原归理道谈。
宋刊弃自教忠堂，通变称经曰短长。
比及乱时思治乱，不如平日慎行王。

由此可知，《反经》一书对后代明君的产生也起了不小的推动作用。

《反经》原书为十卷，明洪武时沈新民所著《跋》中称“第十卷载阴谋家本阙，今存者六十四篇”。因为第十卷已经遗失，所以现在仅存九卷，共六十四篇，此数与赵蕤自《序》中的六十三篇之数不合。勘验所存，确实为六十四篇。所以怀疑赵蕤自

《序》或传记中所记有误。总而言之，《反经》是一部融合儒、道、法、兵、杂、阴阳诸子思想，阐述王霸谋略、长短之术的历史谋略著作。它囊括上至尧舜、下至隋唐的历史全貌，围绕国家兴亡、权变谋略、荐贤用人和人间善恶四个重点，或赞颂王道仁爱之大治，尧、舜、汤武之伟绩，求贤若渴之美谈；或贬斥君德败坏、专横霸道之无德，论说滥用人才、家破国亡之必然；或妙论察相，相人外表，笑谈贵贱；或劝诫统治者，务必惜才，得之则兴，失之则亡。其穿越时空、千年不易的经验教训探求，使得《反经》大放异彩，被世人尊奉为一部高深奥妙、博古通今的历史名著；一部修身、齐家、治国、平天下的奇谋妙计大全。真可谓：从政者读之，将永垂青史；年轻人读之，得辉煌人生；生意人读之，会欲穷不得。

我们在编著此书时，集全书九卷六十四篇的精华之作，并且对长短不等的篇章都进行了严密地划分，分为了若干层次和小节，每节加标题，而后给予简明扼要的评析，从而使内容显得更加充实、完备，通俗易懂，使读者嚼之有味，而并非机械地阅读古文，以免给人枯燥无味的感觉。由于我们学识水平有限，书中疏漏之处在所难免，恳请方家不吝赐教。

唐·赵蕤

匠成舆者，忧人不贵；作箭者，恐人不伤。彼岂有爱憎哉？实技业驱之然耳。是知当代之士、驰骛之曹，书读纵横，则思诸侯之变；艺长奇正，则念风尘之会。此亦向时之论，必然之理矣。故先师孔子深探其本、忧其末，遂作《春秋》，大乎王道；制《孝经》，美乎德行。防萌杜渐，预有所抑。斯圣人制作之本意也。

然作法于理，其弊必乱。若至于乱，将焉救之？是以御世理人，罕闻沿袭。三代不同礼，五霸不同法。非其相反，盖以救弊也。是故国容一致，而忠文之道必殊；圣哲同风，而皇王之名或异。岂非随时投教沿乎此，因物成务牵乎彼？沿乎此者，醇薄继于所遭；牵乎彼者，王霸存于所遇。故古之理者，其政有三：王者之政化之；霸者之政威之；强国之政胁之。各有所施，不可易也。管子曰：“圣人能辅时不能违时。智者善谋，不如当时。”邹子曰：“政教文质，所以匡救也。当时则用之，过则舍之。”由此观之，当霸者之朝而行王者之化，则悖矣。当强国之世而行霸者之威，则乖矣。若时逢狙诈，正道陵夷，欲宪章先王，广陈德化，是犹待越客以拯溺，白大人以救火。善则善矣，岂所谓通于时变欤？

夫霸者，驳道也。盖白黑杂合，不纯用德焉。期于有成，不问所以；论于大体，不守小节。虽称仁引义不及三王，扶颠定倾，其归一揆。恐儒者溺于所闻，不知王霸殊略，故叙以长短术，以经论通变者，并立题目总六十有三篇，合为十卷，名曰《长短经》。大旨在乎宁固根蒂，革易时弊，兴亡治乱。

具载诸篇，为沿袭之远图，作经济之至道，非欲矫世夸俗，希声慕名。辄露见闻，逗机来哲。凡厥有位，幸望详焉。

※ 译文

制作车子的人，就怕别人不富贵；制作弓箭的人，就怕弓箭不伤人。他们这样想，难道是对别人有意心存爱憎吗？其实并非如此，这是技术、职业促使他们必须这样做的。从这些事例可以知道，当今那些积极进取的人们为什么一读了讲纵横谋略之术的书，就盼着天下大乱；通晓了兵法战略，就希望发生战争。这也是一向就有的说法，人情世故的必然。所以先师孔子一方面深刻研究它的根本，另一方面又担忧它的弊端，于是就创作《春秋》以光大王道；著述《孝经》来褒奖美德。防微杜渐，预先对弊端有所防范，这便是圣人著书立作的根本目的。

但是，制定一种方针、政策运用于治理国家，当这种方针、政策出现弊端时必定会出乱子。如果出了乱子，那又该怎么拯救呢？因此，统治天下，管理人民，很少听说有因循守旧、食古不化的方法。夏、商、周三朝有不同的礼教，春秋五霸有不同的法规。这并不是有意要反其道而行之，而是为了用不同的方针、政策来补漏救偏。正因如此，国家的风貌虽然都一样，但治理的方法却不尽相同；圣人、先哲虽然都同样圣明，但一代代帝王的功绩却往往有别。这难道不是因时因地地确定管理方式，根据以往的经验教训去顺应客观规律的要求，以便成就自己的事业吗？在根据此时此地的实际情况制定政策的时候，社会风气的好坏往往由社会条件决定；在依照以往的经验教训治理国家时，成就王道或成就霸业，也都是由社会的发展状况决定。所以，古人治国主要有三种方式：王道的统治采用教育的方法；霸道的统治采用威慑的方法；强国的统治采用强迫的办法。之所以要这样，是因为各有各的原因，不能随便更换。春秋时期齐国的名相管仲说："圣人只能顺应时势而不可违背时势。聪明的人虽然善于谋划，但总不如顺应时代高明。"战国时的邹忌说："一切政治文化都是用来匡正时弊、补救失误的。如果适合于当时当地的实际情况就运用它，如果过时了就舍弃它。"所以说，在本该实行霸道的统治时期如果推行王道的教化，就会适得其反；本该实行强国的统治时却施行霸道的威慑手段，就会错误百出。如果遇到天下大乱，人心险恶，传统的道德观念就会受到破坏，然而此时要遵从先王的传统，大力推行伦理道德教育，就好像是等待越地识水性的人来救落水的人，叫尊贵的人来救火一样。好是好，但这符合我们所说的"通于时变"吗？

霸道是一种混杂的政治，也就是说，是一种黑白夹杂，不单纯用道德教育的政治。这种治国方法只求成就事业，不问成就的原因；只强调总体成功，而不顾细枝末节的弊病。这种政治尽管不及夏禹、商汤、周文王的德育政治，但扶危定倾的实质是一样的。我恐怕儒生被自己的学识局限，不知道王道和霸道的区别，所以来专门阐述长短术，用以分析通变的道理，确立题目共六十三篇，分成十卷，书名定为《反经》。本书的中心思想是如何巩固统治根基，改革时弊，拨乱反正，挽救国家危局。

本书所记载的各篇，都是总结历史经验教训的深远谋略，这是治国安邦的真理。我不想借此来哗众取宠，求取虚名，而是为了抛砖引玉，以待后世明哲之人的指教。如果有在位的帝王，能好好研习这本书，我就深感荣幸了。

目录

卷 六

卷 七

卷 八

卷 九

卷一

臣闻老子曰："以正理国，以奇用兵，以无事取天下。"荀卿曰："人主者，以官人为能者也；匹夫者，以自能为能者也。"傅子曰："士大夫分职而听，诸侯之君分土而守，三公总方而议，则天子拱己而正矣。"

大体第一

本篇论述了君主的为政之要。身为君主不可能也没必要事必躬亲，这就要求君主要识大体，弃细务。这不仅是君道，也是每一个管理者都应把握的基本原则。所以说为官要以不能为能，以无为而治。

为政之道　知人善任

※ 原文

臣闻老子曰："以正理国，以奇用兵，以无事取天下。"荀卿曰："人主者，以官人为能者也；匹夫者，以自能为能者也。"傅子曰："士大夫分职而听，诸侯之君分土而守，三公总方而议，则天子拱己而正矣。"何以明其然耶？当尧之时，舜为司徒，契为司马，禹为司空，后稷为田官，夔为乐正，垂为工师，伯夷为秩宗，皋陶为理官，益掌驱禽。尧不能为一焉，奚以为君，而九子者为臣，其故何也？尧知九赋之事，使九子各授其事，皆胜其任以成九功。尧遂乘成功以王天下。

汉高帝曰："夫运筹策于帏幄之中，决胜于千里之外，吾不如子房；镇国家、抚百姓、给饷馈、不绝粮道，吾不如萧何；连百万之军，战必胜，攻必取，吾不如韩信。三人者，皆人杰也。吾能用之，此吾所以有天下也。"

故曰，知人者，王道也；知事者，臣道也；无形者，物之君也；无端者，事之本也。鼓不预五音，而为五音主；有道者，不为五官之事，而为理事之主。君守其道，官知其事，有自来矣。

先王知其如此也，故用非其有，如己有之，通乎君道者也。

※ 译文

我听说老子说过："用规范的方式治理国家，用变幻莫测的方法打击敌人，用无为的方法夺取天下，这是成大事者需掌握的最高法则。"荀子认为："做帝王的，善于管理人才算是有才能；平民百姓，按照个人能力大小来衡量才能。"西晋哲学家傅玄说："能让士大夫恪尽职守，听从命令；让诸侯国君安保土地；让朝廷三公处理朝中大事，这样天子就可轻松地统治天下了。"如何证明呢？从尧、舜怎样治理天下就知道了。在尧那个时代，舜当司徒管刑罚；契做司马管军事；禹做司空管建设；后稷畴管农业；夔管礼乐；垂掌管工匠；伯夷管理祭祀；皋陶管理司法；益负责训练作战的野兽。这些具体的事尧一件也不做，悠然地只做他的帝王，而这九个人为何心甘情愿做臣子呢？因为尧知他们九人各自有什么才能，然后量才使用，从而使他们人人都成就了一番事业。而尧就凭借着他们的功业而称王于天下。

汉高祖刘邦说："在军帐中出谋划策，就能决胜于千里之外，这方面我不如张良；定国安邦、安抚百姓、供应军需、保证粮道畅通，我不如萧何；统领百万大军，战必胜，攻必取，我不如韩信。这三人都是人中豪杰。我能了解并任用他们，这就是我夺取天下的原因。"

所以说，知人是王道，知事是臣道。无形的东西，是有形之万物的主宰；无缘无故的东西是世事人情的根本。鼓不干预五音，却能做五音的统帅。掌握了王道真谛的人，不需要去做文武百官所要做的事情，就可以成为国家的最高统治者。做君王的严守王道，当官的知道各自应尽的职责，自古就是这样。

正是由于做帝王的通晓这一道理，他们才会把不是自己的东西当作自己的一样使用。能做到这些的，才算真正掌握了为君之道。

※ 评析

开明的君王必须能够知人善任，这是君王的职责和治国的基础，是国家富强，长治久安的保证。不懂得用人，就难以凭一己之力治理国家，最终也只能落个国破家亡的结局。楚汉之争就是最好的例子。刘邦善于用人，得到了张良、萧何、韩信这些英才的帮助，才建立了大汉王朝；项羽刚愎自用，不善用人，才最终兵败垓下，自刎乌江。

君明其道　官行其职

※ 原文

人主不通主道者则不然。自为之则不能任贤，不能任贤，则贤者恶之，此功名之所以伤，国家之所以危。

汤武一日而尽有夏商之财，以其地封，而天下莫敢不悦服；以其财赏，而天下皆竞劝，通乎用非其有也。

故称，设官分职，君之体也；委任责成，君之体也；好谋无倦，君之体也；宽以得众，君之体也；含垢藏疾，君之体也。君有君人之体，其臣畏而爱之，此帝王所以成业也。

※ 译文

国君如不懂为君之道，就不会有所作为。任何事都事必躬亲，就不会信任、重用有贤能的人。贤人得不到重用就会厌恶君主，结果就会使事业、功名受损，国家就会出现危机。

商汤、周武王消灭了夏桀、纣王后，就获得了夏、商的全部财产和土地，封赏给有功的子弟和功臣，举国上下无不欢欣鼓舞，心悦诚服。用所得财产赏赐功臣，便会受到天下臣民的拥护与爱戴。这就是善于利用不属于自己东西的做法。

所以说设立官位，分配职务；委派官员，监督他们完成任务；喜欢谋略而不知倦怠；宽容大度而深得人心；解决各种矛盾，消除各种隐患，这些都是为君者必须掌握的治国方略。能做到这些，文武官员就会对君主既畏惧又爱戴，这就是帝王成就大业的根本。

※ 评析

知道如何治国是王者之道，知道如何做事是为臣之道。任用贤能之士治理好国家，使国富民强，是对为君者最起码的要求。作为臣子能各尽其职，尽心尽力辅佐君王治理国家，便是忠心耿耿。

文中还提到为君者理应遵守的一些治政规范，更明确、深刻地阐述了君王成就帝业所应具备的条件。

任长第二

本篇论述了用人的原则和要求。知人善任，是古今政治家成就大业的关键。知人是了解下属的长短优劣，用人则是要扬长避短。俗话说："尺有所短，寸有所长。"用人就该懂得这个道理。善用人的长处，才是成事的第一要务。

量才度能　治世之要

※ 原文

臣闻料才核能，治世之要。自非圣人，谁能兼兹百行，备贯众理乎？故舜合群司，随才授位；汉述功臣，三杰异称。况非此俦，而可备责耶？

昔伊尹之兴土工也，强脊者使之负土，眇者使之推，伛者使之涂，各有所宜，而人性齐矣。管仲曰："升降揖让，进退闲习，臣不如隰朋，请立以为大行；辟土聚粟，尽地之利，臣不如宁戚，请立以为司田；平原广牧，车不结辙，士不旋踵，鼓之而三军之士视死如归，臣不如王子城父，请立以为大司马；决狱折中，不杀不辜，不诬不罪，臣不如宾胥无，请立以为大理；犯君颜色，进谏必忠，不避死亡，不挠富贵，臣不如东郭牙，请立以为大谏。君若欲治国强兵，则五子者存焉。若欲霸王，则夷吾在此。"

※ 译文

我听说考察、识别人才是治理天下的首要任务之一。既然我们不是圣人，谁又能通晓各行各业，懂得天下各类知识呢？所以舜统管各个部门，根据手下人的才能而委以不同的任务；汉高祖刘邦在评价功臣时，对张良、萧何、韩信三人的才干有不同的说法。更何况一般人又不能与这些人相比，又何必求全责备呢？

伊尹在大兴土木的时候，用脊背强健的人来背土，用独眼的人来推车，用驼背的人来铺路，各人做适合他们的事，从而使每个人的长处得到了充分发挥。管仲向齐桓公推荐人才时说："在各种进退有序的朝廷礼仪方面，臣不如隰朋，请让他做大行比较合适；开荒种地，充分发挥地利，发展农业，我不如宁戚，请让他做司田吧；吸收人才，指挥军队，视死如归打仗，我不如王子城父，请他做大司马吧；处理公案，秉公执法，不滥杀无辜、冤枉好人，我不如宾胥无，请他做大理吧；敢犯颜直谏，不畏生死，尽忠职守，我不如东郭牙，请他做大谏吧。你若想富国强兵，有这五个人就够了。若你想成就霸业，那就得靠我管仲了。"

※ 评析

本节讲到君主驾驭臣子的方法。俗话说：没有无用的人，只有不会用人的人。有作为的君主总会量才核能，知人善任。避其所短，用其所长，是因人成事的关键因素。

取长避短　用人之道

※ 原文

黄石公曰："使智、使勇、使贪、使愚。智者乐立其功，勇者好行其志，贪者决取其利，愚者不爱其死。因其至情而用之，此军之微权也。"

《淮南子》曰："天下之物莫凶于奚毒，然而良医橐而藏之，有所用也。麋之上山也，大章不能跂，及其下也，牧竖能追之。才有修短也。胡人便于马，越人便于舟。异形殊类，易事则悖矣。"

魏武诏曰："进取之士，未必能有行。有行之士，未必能进取。陈平岂笃行，苏秦岂守信耶？而陈平定汉业，苏秦济弱燕者，任其长也。"

由此观之，使韩信下帏，仲舒当戎，于公驰说，陆贾听讼，必无曩时之勋，而显今日之名也。故"任长"之道，不可不察。

※ 译文

黄石公说："任用有智谋、有勇气、贪财、愚钝的人，使智者为功名而争，使勇者心随所愿，使贪者有财可发，使愚者敢于牺牲。根据他们各自的性情加以任用，这就是用兵时最微妙的权谋。”

《淮南子》说：“天下没有比附子更毒的草药了，但高明的医生却把它收藏起来，就是因为它有独特的药用价值。麋鹿上山奔跑的时候，连善于奔跑的大獐都追不上它，但当它下山的时候，牧童也能追得上。也就是说，在不同的环境中，同一种才能也会有长短之别。胡人善于骑马，越人喜欢乘船，形式和种类虽然各不相同，但彼此都觉得很方便，可一旦交换去做，就显得很荒谬了。”

因此，魏武帝曹操曾经下诏书说：“有进取心的人，不一定就有德行；有德行的人，不一定就有进取心。陈平有什么忠厚的品德吗？苏秦守过什么信义吗？但是陈平却奠定了汉王朝的根基，苏秦却拯救了弱小的燕国，原因就是他们都发挥了各自的特长。”

通过以上可知，如果让韩信当谋士，让董仲舒去领兵，让于公去游说，让陆贾去办案，谁也不会取得先前那样的功业，也不会留下今天这样的美名。所以，“任其所长”的道理，必须仔细研究。

※ 评析

知人是为了用人，用人则要把握用其所长、避其所短的原则。文中列举了黄石公、曹操等人的话，以丰富的资料去论证以上这条原则。每个人也都有其不足的地方，在任用这些人时，关键是在发挥其长处时如何避免短处所带来的隐患。现在用人者多只知用人之长，不知如何避其所短，结果在取得成就的同时也导致了许多意外的损失。

品目第三

本篇论述了人品的高下和各色人等的基本特点。人与人是不同的，德有高下，性有贤愚。你知道何为圣人，何为智者，何为英雄，何为豪杰，何为儒、法、术、道吗？知道了各类人的确切定义，才能知道自己该做什么样的人，才能知道自己掌握的是些什么人。明白了以上这些，就能更好地去做人、用人。

善辨英才　安于任用

※ 原文

夫天下重器，王者大统，莫不劳聪明于品材，获安逸于任使。故孔子曰：“人有五仪：有庸人，有士人，有君子，有圣，有贤。审此五者，则治道毕矣。”

所谓庸人者，心不存慎终之规，口不吐训格之言，不择贤以托身，不力行以自定，见小暗大而不知所务，从物如流而不知所执。此则庸人也。

所谓士人者，心有所定，计有所守。虽不能尽道术之本，必有率也；虽不能遍百善之美，必有处也。是故智不务多，务审其所知；言不务多，务审其所谓；行不务多，务审其所由。智既知之，言既得之，行既由之，则若性命形骸之不可易也。富贵不足以益，贫贱不足以损，此则士人也。

※ 译文

欲得江山社稷，一统天下，没有比辨别人才好坏，并量才使用的事更重要的了。如能做到这些，君王就可以稳坐帝王位，自己也可耳聪目明，使社会繁荣稳定了。孔子说：“人分五等，庸人、士人、君子、圣人、贤人。如果能清楚分辨出这五类人，就可以获得长治久安的统治艺术了。”

那些被称作庸人的，其内心深处没有任何缜密的思想，做事粗心大意，虎头蛇尾，为人处世难以善始善终，说话胡言乱语，词不达意。结交的朋友多是狐朋狗友。不能身体力行地做事，本本分分地做人。见利忘义，有时甚至不知道自己在做什么。做事易随波逐流，不能自主，这就是庸人。

被称作士人的，其内心有信念，有原则。虽不能精通为人处世之本，但持有自己的观点和主张；虽不能把事情做得完美无缺，但必定有可取之处。所以他们不求智慧的丰富，但求对事理的透彻明了；言辞理论不求多少，只要中肯简要就够了；完成的事业不一定很大，但每做一件事都要明白其中的原委。他们的思想明确，言语扼要，做事有根有据，就像人的生命和身体一样和谐统一，外在力量是很难改变他们的。富贵了，也看不出对他们有何好处；贫贱了，也看不出对他们有何损失，这就是士人，也就是知识分子所具备的主要特点。

※ 原文

所谓君子者，言必忠信而心不忌，仁义在身而色不伐，思虑通明而辞不专，笃行信道，自强不息，油然若将可越而终不可及者。此君子也。

所谓贤者，德不逾闲，行中规绳，言足法于天下而不伤其身，道足化于百姓而不伤于本，富则天下无菀财，施则天下不病贫。此则贤者也。

所谓圣者，德合天地，变通无方，究万事之终始，协庶品之自然，敷其大道而遂成情性，明并日月，化行若神，下民不知其德，睹者不识其邻。此圣者也。

※ 译文

所谓君子，就是说话诚实守信，心中不存忌恨。秉性仁义从不向人炫耀，通达事理，聪明豁达，言谈举止温文尔雅。知行统一，坚守信道，自强不息。在别人看来平淡无奇，并无特别出众之处，但真要超越他们，却十分困难。这就是真正的君子。

所谓贤人，就是指品德合乎法纪，行为合乎规范，言论足可被天下人效仿而又不伤及自身，其学识足可教化百姓而不伤及事物的根本。能使百姓富有，然而又看不到天下有过剩的财物；乐善好施，恩泽天下，从而使民众没有什么疾病与忧困。这就是贤人。

所谓圣人，必须能够达到自身品德与天地万物融为一体，来无影、去无踪，变幻莫测，通行无阻。知晓宇宙万物的起源和结束，与一切生灵、世间万象融洽而自然相处，把大道化成自己的性情，光明如日月，变化如神灵，芸芸众生永远不知他们的品德有多么崇高，即使知晓一点，也不能真正了解其性情在哪里。这就是圣人。

※ 评析

本节根据孔子的记述把人划分为五等，从低到高依次为庸人、士人、君子、贤人和圣人。圣贤之人道德高尚，非常人能及，所以古今并不多见；君子与士人是生活中最常见的。另外就是那些不可忽视的小人了，由于这类人难以让人分辨出来，所以经常使人深受其害。这是古今用人者不得不警惕的地方。

英雄豪杰　济世之才

※ 原文

《钤经》曰："德足以怀远，信足以一异，识足以鉴古，才足以冠世，此则人之英也；法足以成教，行足以修义，仁足以得众，明足以照下，此则人之俊也；身足以为仪表，智足以决嫌疑，操足以厉贪鄙，信足以怀殊俗，此则人之豪也；守节而无挠，处义而不怒，见嫌不苟免，见利不苟得，此则人之杰也。"

《家语》曰："昔者明王必尽知天下良士之名，既知其名，又知其实，然后用天下之爵以尊之，则天下理也。"此之谓矣。

※ 译文

汉代的《玉钤经》（亦即《素书》）中说："如果一个人的品德足以让远方的人慕名而来，声誉足以把各行各业的人凝聚在一起，见识足以照鉴古人的正误，才能堪称当世无双，这样的人就可谓人中之英。如果一个人的理论足可作为教育世人的典范，行为足可作为行为规范，仁爱足以获得众人的爱戴，英明足以感召下属，这样的人就是人中之俊；如果一个人的形象足可做他人的表率，智慧足以决断疑难，操行足以警策贪婪之人，信誉足以感召和包容习俗各异的人，这样的人就是人中之豪；如果一个人能恪守节操而百折不挠，多行义举但受到诽谤却不动怒，见到让人唾弃的人或事却不勉强，见到利益而不随意获取，这样的人就是人中之杰。”

《孔子家语》中说：“从前贤明的君主都对普天下的名流了如指掌，不但知其名声好坏，还知晓他们的品德优劣，这样才能使他们才尽其用，取得尊贵荣耀，这样就可统治天下了。”孔子在此所说的就是这个道理。

※ 评析

本节对什么是“英雄豪杰”做了回答，并且对《玉钤经》和《孔子家语》中的言论做了具体的论述。由《玉钤经》对英雄豪杰做了解释，从而展现了一幅形像丰富的群英图。最后以《孔子家书》作结，说明英明的君主用豪杰之能才可成就帝业。

量才第四

本篇论述了量才而用、各尽其能的用人方法。造器尽其材，用人适其性。用一种人才，便成就一种事业。赵王用赵括而亡国，诸葛亮用马谡而前功尽弃，这些血的教训足以提醒我们对用人的重视。所以，古人把用人是否得当视作国家兴亡的关键、政治得失的根本。

才有高低　量才任用

※ 原文

夫人才能参差，大小不同，犹升不可以盛斛，满则弃矣。非其人而使之，安得不殆乎？

故伊尹曰：“智通于大道，应变而不穷，辨于万物之情，其言足以调阴阳，正四时，节风雨。如是者，举以为三公。”故三公之事常在于道。

不失四时，通于地利，能通不通，能利不利，如是者举以为九卿。故九卿之事常在于德。通于人事，行犹举绳，通于关梁，实于府库，如是者，举以为大夫。故大夫之事常在于仁。

忠正强谏而无有奸诈，去私立公而言有法度，如是者，举以为列士。故列士之事常在于义也。故道德仁义定而天下正。

※ 译文

人的才能有大小之别，就像用升无法盛下斛中的东西一样，装不下就会溢出，溢出就浪费了。用人也不例外，用错了人怎能没有危险呢？

成汤的辅相伊尹说："智能与天道相通，就可顺应任何变化，了解万物情况，言论足可调合阴阳，调正四时，掌握风调雨顺的规律。这样的人可推举为三公。"所以，三公的职责就在于把握社会与自然的发展规律。

不违背四季的农作时令，懂得充分利用土地，能疏通堵塞的河道，能把废弃的东西变成财富。这样的人就可推举做九卿。所以，九卿的职责重在德行的修养。通达人情世故，作风正派，了解税收关卡，充实国家仓库，这样的人可推举做大夫。所以，大夫的职责是实施仁政。

忠心正直，犯颜直谏，没有奸诈之心，大公无私，讲话符合国家法规，这样的人可推举做列士。所以，列士的职责是常行仁义。道、德、仁、义确立后，天下便可治理了。

※ 原文

太公曰："多言多语，恶口恶舌，终日言恶，寝卧不绝，为众所憎，为人所疾。此可使要遮闾巷，察奸伺祸。权数好事，夜卧早起，虽剧不悔，此妻子之将也；先语察事，劝而与食，实长希言，财物平均，此十人之将也；忉忉截截，垂意肃肃，不用谏言，数行刑戮，刑必见血，不避亲戚，此百人之将也；讼辩好胜，嫉贼侵凌，斥人以刑，欲整一众，此千人之将也；外貌怍怍，言语时出，知人饥饱，习人剧易，此万人之将也；战战栗栗，日慎一日，近贤进谋，使人知节，言语不慢，忠心诚毕，此十万人之将也；温良实长，用心无两，见贤进之，行法不枉，此百万人之将也；勋勋纷纷，邻国皆闻，出入豪居，百姓所亲，诚信缓大，明于领世，能效成事，又能救败，上知天文，下知地理，四海之内，皆如妻子，此英雄之率，乃天下之主也。"

※ 译文

姜太公说："多言多语，满口恶言，整天如此，躺下也不停，必会让人讨厌。但可让这种人管理街区，盘查坏人，发现灾祸。爱管闲事，晚睡早起，任劳任怨，可让这种人管制妻子儿女；见面问长问短，爱指手画脚，平日却言语很少，有饭同吃，有钱同花，可让这种人做十个人的小头目；整天忧心忡忡，一副严肃的样子，不听劝说，好用刑杀，刑必见血，可让这种人统率一百人；喜好争辩，善用刑罚，总想聚众，可让这种人统率千人；外表谦卑，话语很少，知人饥饱，体察民情，可让这种人统率万人；谨小慎微，日胜一日，亲近贤能，还可进献计策，注重礼节，说话得体，忠心耿耿，可让这种人统军十万；温柔敦厚有长者之风，用心专一，遇到贤能就举荐，依法办事，这种人是百万人的将领；功勋卓著，威名远扬，出入豪门大户，但百姓也愿亲近他，诚信宽厚，对治理天下很有远见，能效法前人的事业，也能补救危亡，上知天文，下通地理，对待普天下的百姓，就像妻子儿女一般，这种人就是英雄的首领，天下的主人。”

※ 评析

本节运用大量笔墨，旁征博引，以证明“人才参差，量才使用”这一观点。文中所陈述的话语令人深思，可谓至理名言。人的能力都有其各自的表现方式和使用领域，有的人适宜为官，有的人适合务农。这就需要用人者量才而用，让人才在各自擅长的岗位上和职责的范围内发挥自己的聪明才智，这样才能达到人尽其才，才尽其用的目的。

圣德明君　选用贤能

※ 原文

《经》曰：“智如源泉，行可以为表仪者，人师也；智可以砥砺，行可以为辅警者，人友也；据法守职而不敢为非者，人吏也；当前快意，一呼再诺者，人隶也。故上主以师为佐，中主以友为佐，下主以吏为佐，危亡之主以隶为佐。”欲观其亡，必由其下。

故同明者相见，同听者相闻；同志者相从，非贤者莫能用贤。故辅佐左右所欲任使者，存亡之机，得失之要。

孙武曰：“主孰有道？将孰有能？吾以此知胜之谓矣。”

※ 译文

《玉铃经》说：“智慧如同泉涌，行为堪为表率，这样的人可为人师；才智可磨砺他人，行为可辅助、警策他人，这样的人可为益友；安分守己，克己奉公，不做一点出格的事，这样的人可为官吏；只图眼前的方便快意，只要叫他一声，他就会连连答应，这种人只能做奴隶。所以上等君选用人师辅佐自己，中等君主选用良友辅佐自己，下等君选用官吏辅佐自己，亡国君主选择奴隶辅佐自己。”若想知道一个国家是否会灭亡，只要看其任用什么人就可以了。

所以，见识相同者相互亲近，志同道合者关系密切。不是圣贤之人就不会任用贤能。所以，任用什么样的人来辅佐自己，实在是存亡的根本，得失的关键呀！

孙武说：“哪一方的君主有道义，哪一方的主将有才能，我就知道胜利归属谁了。”

※ 评析

本节引用了《玉钤经》中的话，说明有道之君方能任用贤良之臣，亡国之君多是由于任用了奴仆之辈来辅助自己，所以说君主的道德水平决定着任用哪一档次的人才。有德之君任贤能，无德之君任奴婢，一个把国家治理得繁荣昌盛，一个却落得国破家亡的结局，自然也很正常了。

知人第五

本篇论述了如何识别和了解他人。知人是善任的基础，不曾知人，又何谈用人。常言道："画龙画虎难画骨，知人知面不知心。"可见，知人是困难的，因此知人要通过一定的实践过程来考察，也要从古人为我们提供的丰富经验中去借鉴。

善识人才　切勿轻信

※ 原文

臣闻主将之法，务览英雄之心。然人未易知，知人未易。汉光武聪听之主也，谬于庞萌；曹孟德知人之哲也，弊于张邈。何则？夫物类者，世之所惑乱也。故曰：狙者类智而非智也，愚者类君子而非君子也，戆者类勇而非勇也。亡国之主似智；亡国之臣似忠；幽莠之幼似禾；骊牛之黄似虎；白骨疑象；碔砆类玉。此皆似是而非也。

孔子曰："凡人心险于山川，难知于天。天犹有春秋冬夏旦暮之期，人者厚貌深情，故有貌愿而益，有长若不肖，有顺怀而达，有坚而缦，有缓而悍。"

太公曰："士有严而不肖者，有温良而为盗者，有外貌恭敬中心欺慢者，有精精而无情者，有威威而无成者，有如敢断而不能断者，有恍恍惚惚而反忠实者，有倭倭拖拖而有效者，有貌勇狠而内怯者，有梦梦而反易人者。无使不至，无使不遂，天下所贱，圣人所贵，凡人莫知，惟有大明，乃见其标。"此士之外貌不与中情相应者也。

※ 译文

我听说统领将帅的方法是，一定要了解手下英雄的内心世界。然而，了解人不容易，了解内心就更难。光武帝刘秀是善于听其言、知其人的皇帝，却被庞萌迷惑；曹操是知人善任的高手，还是被张邈骗了。这是为什么呢？因为事物表象虽然相似，但实质不同，所以容易迷惑人。狡猾的人看样子很聪明其实并不聪明；愚蠢的人看上去像个正人君子其实不是君子；鲁莽的人好像很勇敢其实也并非如此。历史上的亡国之君大多给人一种很有智慧的印象，其臣子也是忠心耿耿的样子。混杂在禾苗里的莠草与幼苗几乎没有区别；黑牛长上黄色的花纹很像老虎；白骨好似象牙；色泽如玉的石头容易与玉石混淆。这都是似是而非、以假乱真的情况。

孔子说："人心比山川更险恶，知人比知天还难。天还有春夏秋冬和早晚之分，但人表面看上去个个都好像很老实，但内心世界却深藏不露，谁又能知其内心呢！有的外貌温柔和善，但行为骄横傲慢，非利不往；有的貌似长者，其实是卑鄙小人；有的外貌圆滑，但内心刚直；有的看似坚强，实际上性格散漫；有的看上去镇定自若，但内心却总是焦躁不安。"

姜太公说："有看似庄重而实际上不正派的人；有看似温和敦厚却暗中做盗贼的人；有外表对人恭敬，而心怀敌意的；有貌似专心致志其实心猿意马的；有表面忙得风风火火，实际上却一事无成的；有看上去果敢明断，而实际上犹豫不决的；有外表稀里糊涂，实际上忠诚老实的；有看上去拖拖拉拉，但办事卓有成效的；有貌似心狠手辣而内心胆小懦弱的；有自己迷迷糊糊反而看不起别人的。有的人无所不能，无所不知，却被天下人瞧不起，只有圣人推崇他。一般人不能真正了解的人，只有非常有见识的人才能看清他的真面目。"以上这些，都是人的外貌和内心不统一的表现。

※ 评析

本节说到知人不易，并列举了刘秀、曹操这些识人高手和聪明帝王，也曾受到过奸人的蒙蔽。所以文中提到欲想驾驭臣子，必要揣摩他们的心志，在知其情的前提下才能更深入地了解对方。之所以有些人经常遭受欺骗与蒙蔽，就是因为只知其表，不知其里，而误信他人的花言巧语。故此本篇便列举了许多知人的方法和例子，以供用人者参考。

考察人应该从多方面考虑，且不可以点概面，所以知人又是一个长期的过程，需要我们在日常实践中去慢慢观察了解。"人不可貌相，海水不可斗量"，不可轻信人言，单凭自己的固有思维或习惯去判断。只有把所用之人放在一定的环境中去测试，才能真正认识到对方能力的高低。在文中提到的种种知人方法，是前人在漫长的实践中总结得来的，对我们有着重要的借鉴意义。

察相第六

本篇论述了如何识别人才。用人之前先要知人，作者从源远流长的相术中摘其实用而合理的部分，对相人加以分析。通过对人的面貌、五官、骨骼、气色等观察，预测人的贫富贵贱、吉凶祸福。当然，作为今人，我们不可轻信，也不可偏信。

察相观貌　识人用人

※ 原文

《左传》曰："周内史叔服如鲁，公孙敖闻其能相人也，见其二子焉。叔服曰：'谷也食子，难也收子。谷也丰下，必有后于鲁国。'"

《汉书》曰："高祖立濞为吴王。已拜，上相之曰：'汝面有反相，汉后五十年，东南有乱，岂非汝耶？天下一家，慎无反。'"

由此观之，以相察士，其来尚矣。

※ 译文

《左传》记载："公元前626年，周襄王派内史叔服到鲁国去参加葬礼。公孙敖听说他善于看相，于是就把两个儿子谷和难引见给他。叔服看过后说："谷可以供养你，难可以安葬你。谷的下颌丰满，他的子孙必定能够在鲁国兴旺起来。""

《汉书》中说："汉高祖封刘濞为吴王。拜谢之后，刘邦对他说："我看你的相貌，有谋反的迹象。五十年后东南方将有大乱，难道会指的是你？天下都是我们刘家的，你一定不要这样做呀。""

由上述历史事例可知，看相论士是由来已久的事了。

※ 评析

春秋战国时期，百家争鸣，思想活跃，其中就产生了以算卦、测命、察相为主的阴阳家，它以金、木、水、火、土五种元素相生相克为原理，解释自然界的一些发展规律，古代的《易经》就是关于这方面的著名书籍。

命相之说　斑驳纷杂

※ 原文

夫命之与相，犹声之与响也。声动乎凡响，穷乎应，必然之理矣。虽云以言信行，失之宰予，以貌度性，失之子羽。然《传》称："无忧而戚，忧必及之；无庆而乐，乐必还之。"此心有先动而神有先知，则色有先见。故扁鹊见桓公，知其将亡；申叔见巫臣，知其窃妻。或跃马膳珍，或飞而食肉，或早隶晚侯，或初刑末王。铜岩无以饱生，玉馔终乎饿死。则彼度表扪骨，指色摘理，不可诬也。故列云尔。

※ 译文

命运和相貌的关系，就如同声音与回音一样。声音从细微处开始，回音在呼应后消失，这是必然的。虽说单凭言语和相貌判断人有时会发生像冤枉孔子的学生宰予和子羽那样的事情。然而如《左传》所说："没有忧虑却心生悲伤，那么忧愁定会很快来到；没有快乐却突然高兴起来，那快乐定会马上降临。"也就是说，人的心理和神志对事先来临的忧喜有一种超前感应，心神感知后，会在面容上首先表现出来。扁鹊见蔡桓公后就知道他不久将死去，楚国大夫申叔见到巫臣后就知他会暗中娶亡了陈国后又被楚国俘获的夏姬。有的人天生高贵，骑着高头大马，吃着山珍海味；有的人却像猛禽般来回地找肉吃；有的人早年做奴隶，晚年却成王封侯；有的开始受牢狱之苦，到后来却又享受王侯之福；有的人开始不珍惜山珍海味，后来却饥饿而死。对于这些情况，相面之人不仅要揣度他们的相貌，还要揣摩他们的骨骼，按照神情和相术原理来预测，就能知道一个人的吉凶祸福。所以对察相法是不该轻易否定的。所以在此单列一章，作为知人的参考。

※ 评析

用人以知人为前提条件，所以《反经》的作者提供了诸多知人的方法与经验，其中本篇所讲的便是以相术知人的方法。由于其内容奥妙神奇，斑驳纷杂，所以在此仅做简单介绍。

论士第七

本篇论述了人才的重要性。人才难得，欲成就一番伟业，必得做一等人才，也可说"得人则兴，失士则崩"。有齐桓公见稷之诚，刘备三注隆中之志，人才可得，事业可成。

得人则兴　失士则亡

※ 原文

臣闻黄石公曰："昔太平之时，诸侯二师，方伯三师，天子六师。世乱则叛逆生，王泽竭则盟誓相罚、德同无以相加，乃揽英雄之心。故曰：'得人则兴，失士则崩。'"何以明之？昔齐桓公见小臣稷，一日三往而不得见，从者止之。桓公曰："士之傲爵禄者，固轻其主；其主傲霸王者，亦轻其士。纵夫子傲爵禄，吾庸敢傲霸王乎？"五往而后得见。

※ 译文

我听黄石公说："从前太平的日子里，诸侯有两支军队，方伯有三军，天子有六军。世道混乱时就会爆发叛乱，王恩枯竭就结盟、立誓相互讨伐。当政治力量势均力敌时，由于无法决出高下，争霸的各方就会招揽天下的英雄豪杰。所以说得到人才的国家就会兴盛，失去人才的国家就会衰亡。如何才能证明这个道理呢？从前齐桓公去见一个叫稷的小吏，一连去了三次也没有见到，侍从劝阻桓公不要去了，但桓公说："世上有才能的人多轻视爵位、俸禄，当然也轻视他们的君王；君王如果轻视霸主，自然也会轻视有才能的人。即便稷敢轻视爵位和俸禄，难道我还敢轻视霸主吗？"就这样，齐桓公总共去了五次才见到稷。

※ 评析

诸侯争霸，战乱四起，群雄逐鹿，谁能够真正领悟"得人则兴，失士则崩"这个道理，谁就会在通向霸业的道路上占据主动。齐桓公五请小臣稷，其礼贤下士的品行足以使其成为"春秋五霸"之首。

礼贤下士　王者之风

※ 原文

《书》曰："能自得师者王。"何以明之？齐宣王见颜触曰："触前。"触亦曰："王前。"议曰：夫触前为慕势，王前为趋士；与使触为慕势，不若使王为趋士。宣王作色曰："王者贵乎？士者贵乎？"对曰："昔秦攻齐，令曰：'有敢去柳下季垄五百步而樵采者罪，死不赦。'令曰：'有能得齐王头者，封万户侯，赐金千镒。'由是言之，生王之头，曾不如死士之垄。"宣王竟师之。

※ 译文

《尚书》中说："能得到贤人并拜其为师的人可以称霸天下。"为什么这么说呢？齐宣王召见颜触时说："颜触你到我面前来。"颜触也说："大王你到面前来。"颜触到宣王面前去表明他仰慕权势，齐宣王到颜触面前去表明他礼贤下士；与其让颜触仰慕权势，不如让宣王礼贤下士。宣王听后愤然变色说："是君王尊贵呢，还是士人尊贵？"颜触说："以前秦国攻打齐国时，曾下达了一道圣旨：如有敢去柳下季的坟墓五百步之内打柴、采摘的，一律处死，不予赦免。还下过一道圣旨：有能得到齐王人头者，封他为万户侯，赏赐黄金二万两。由此可知，活着的大王的人头，却还不如一个死士的坟墓。"宣王被说得心服口服，于是拜颜触为师。

※ 评析

作者在此引用了《尚书》中的“能尊贤为师者王”，然后又引用了颜触见齐宣王这个著名故事。虽然篇幅短小，但论点明确，论据充实有力。纵观古今中外历史，能礼贤下士者不在少数，其中成就帝王之业者更是不在少数，刘备三顾茅庐就是一个很好的例子。

选任贤才　重在适用

※ 原文

谚曰：“浴不必江海，要之去垢；马不必骐骥，要之善走；士不必贤也，要之知道；女不必贵种，要之贞好。”何以明之？淳于髡谓齐宣王曰：“古者好马，王亦好马；古者好味，王亦好味；古者好色，王亦好色；古者好士，王独不好。”王曰：“国无士耳。有则寡人亦悦之。”髡曰：“古有骅骝，今之无有，王选于众，王好马矣；古有豹象之胎，今之无有，王选于众，王好味矣；古有毛嫱、西施，今之无有，王选于众，王好色矣；王必待尧舜禹汤之士，而后好之，则尧舜禹汤之士，亦不好王矣。”

※ 译文

俗话说：“洗澡不一定要到江海中，只要能去污就可以了；马不一定非是骐骥，只要它善跑就行了；用人不需要多么贤德，只要能懂得如何做事就可以了；娶妻不必出身名门，只要能保持贞节就行了。”为何这么说呢？淳于髡对齐宣王说：“古代君主喜欢马，大王也喜欢马；古代君主喜欢美味，大王也喜欢美味；古代君主喜欢美女，大王也喜欢美女；古代君主喜欢士人，大王却偏不喜欢。”齐宣王说：“那是因为国家没有士人，如果有，我也会喜欢的。”淳于髡说：“从前有骅骝、骐骥，现在没有了，大王从马中挑选良驹，说明大王是喜欢马的；以前的人爱吃豹子、大象的胎盘，现在没有，大王从众多美味中挑选佳肴，表明大王是喜欢美味的；以前有毛嫱、西施，现在没有，大王就从众多美女中挑选佳人，说明大王是喜欢美女的；大王要等到尧舜禹汤时的贤士出现，才去喜欢，那么像尧舜禹汤时的贤士就不会喜欢大王了。”

※ 评析

本节提出了“选贤任能，重在识别”和“要在诚心”的论点。诚心诚意是求才的关键，为了证明这一观点，作者在此旁征博引，特别引用了战国时期的淳于髡的论才观点，增加了论据的力度，使“用才必先识才”这个观点更具说服力。

服道致士　情如师友

※ 原文

黄石公曰："有清白之士者，不可以爵禄得；守节之士，不可以威刑胁。致清白之士，修其礼；致守节之士，修其道。"何以明之？郭隗说燕昭王曰："帝者与师处，王者与友处，霸者与臣处，亡国者与厮役处。诎指而事之，北面受学，则百己者至；先趋而后息，先问而后默，则什己者至；人趋己趋，则若己者至；凭几据杖，眄视指使，则厮役之人至；恣睢奋击，呴藉叱咄，则徒隶之人至矣。"此乃古之服道致士者也。

※ 译文

黄石公说："品行高尚的人，不能用高官爵位、丰厚俸禄打动他；坚守节操的人，不能用严刑惩罚逼迫他。招募品行高洁的人，要以礼相待；招募坚守节操的人，要能有助于实现他的理想。"为什么这么说呢？郭隗劝燕昭王纳贤的例子就是证明。郭隗说："帝王者与老师相处，君主者与朋友相处，称霸者与臣子相处，亡国者与仆役相处。不耻下问，虚心求教，比自己强百倍的人才也会慕名前来；接近贤士为先，休息为后，先向别人求教，过后再默思，那么胜过自己十倍的人就会到来；人才主动前来，自己才去迎接，那只能得到与自己相仿的人才；趾高气扬，只能得到奴仆；放纵暴戾，怒吼喝叫，那就只能得到奴才了。"这就是招募人才的方法。

※ 评析

人才有自己的追求和理想，与奴才有本质的区别。用人者如何摸透人才的志向和追求，是得到人才的重要一步。得才是为了用才，如何得才？首先要做到尊重人才，因为人才多是有德之士，所以用人者的品德又直接影响着所得人才的高低，正所谓"良禽择木而栖，贤臣择主而事"，有能之士总是喜欢为德行高的明主做事。

轻财重人　厚礼待士

※ 原文

黄石公曰："礼者，士之所归；赏者，士之所死。招其所归，示其所死，则所求者至矣。"何以明之？魏文侯太子击礼田子方，而子方不为礼，太子不悦，谓子方曰："不识贫贱者骄人乎？富贵者骄人乎？"子方曰："贫贱者骄人耳。富贵者安敢骄人？人主骄人而亡其国，大夫骄人而亡其家。贫贱者若不得意，纳履而去，安往而不得贫贱乎？"

宋燕相齐，见逐罢归，谓诸大夫曰："有能与我赴诸侯乎？"皆执杖排班，默而不对。燕曰："悲乎，何士大夫易得而难用也？"陈饶曰："非士大夫易得而难用，君不能用也。君不能用，则有不平之心，是失之于己而责诸人也。”燕曰：“其说云何？”对曰：“三升之稷，不足于士，而君雁鹜有余粟，是君之过一也。果园梨栗，后宫妇女，以相提挃，而士曾不得一尝，是君之过二也。绫纨绮縠，美丽于堂，从风而弊，士曾不得以为缘，是君之过三也。夫财者，君之所轻；死者，士之所重。君不能行君之所轻，而欲使士致其所重，譬犹铅刀畜之，干将用之，不亦难乎？”宋燕曰：“是燕之过也。”

※ 译文

黄石公说：“礼遇能使人纷至沓来，重赏能让士人视死如归。把礼义和赏赐明明白白地摆在那里，你所需要的人才就会到来。”为什么这样说呢？魏文侯的太子向田子方行礼，田子方却不还礼，太子很不高兴，对田子方说：“不知是贫贱者傲慢，还是高贵者傲慢？”田子方说：“当然是贫贱者傲慢，高贵的人怎敢傲慢呢？身居高位而傲慢就会失去国家，大夫傲慢就会葬送属地，贫贱之人却不会有任何损失。不高兴时穿上鞋就走，到哪儿还不是一样的贫贱？”

宋燕做齐国宰相，被罢免后，对手下官员说：“谁愿跟我去投奔其他诸侯？”大家都整齐地站在那里，沉默不语。宋燕说：“真让人伤心呀！为何士大夫易得而难用呢？”门人陈饶说：“并非士大夫易得难用，是主人不用啊！主人不用，士大夫就会心生怨言。你不会用人，却反过来责备他们，这是你的不对呀。”宋燕说：“你这话是什么意思？”陈饶说：“士人连三升粮食都得不到，但国王的仓库里却有剩余，这是国君的第一个过失；果园中梨栗甚多，以至于后宫妃女用以互相投掷来嬉闹，而士人却品尝不到，这是国君的第二个过失；后宫里漂亮绸缎堆积而腐烂，被风吹散，士人却无法得到一件，这是国君的第三个过失。财物被国君轻视，但对于怎样死、为谁死，士是很看重的。国君不能赏给他们自己轻视的东西，却希望他们为自己卖命，这就如同把士人当作铅做的刀子一样存放着，使用时却希望能像干将宝剑一般锋利，以发挥其最大作用。这怎么可能呢？”宋燕说：“是我错了！”

※ 评析

贤能之士并非不需钱财利益，他们同样离不开五谷杂粮，功名利禄，只不过他们坚持“取之有道，用之有度”的原则。凡夫俗子尚且需要最基本的生存必需品，更何况贤能之士呢？如果用人者不能以丰厚的礼遇对待贤能，满足他们物质利益的要求，就无法招来有才能的人。

所谓礼遇，就是说用人者与所用之人必须建立在平等基础之上，如果居高临下，呼来唤去，或是不能同甘共苦，就不可能得到有能之士的真诚帮助。

知人则哲　唯帝难之

※ 原文

《语》曰：“夫有国之主，不可谓举国无深谋之臣，合朝无智策之士，在听察所考精与不精，审与不审耳。”何以明之？在昔汉祖，听聪之主也，纳陈恢之谋，则下南阳。不用娄敬之计，则困平城。广武君者，策谋之士也。韩信纳其计，则燕、齐举。陈余不用其谋，则泜水败。由此观之，不可谓事济者有计策之士，覆败者无深谋之臣。虞公不用宫之奇之谋，灭于晋；仇由不听赤章之言，亡于智氏；蹇叔之哭，不能济崤渑之覆；赵括之母，不能救长平之败。此皆人主之听不精、不审耳。天下之国，莫不皆有忠臣谋士也。

黄石公曰：“罗其英雄，则敌国穷。夫英雄者，国家之干；士民者，国家之半。得其干，收其半，则政行而无怨。知人则哲，唯帝难之。”慎哉！

※ 译文

《论语》中说：“拥有国家的君王，不可轻易说举国上下没有深谋远虑的臣子，朝堂上下没有计策高明的士人，这完全在于君王是否能精明、慎重地发现人才。”为什么这样说呢？以往的汉高祖是英明之主，他采纳陈恢的计谋攻下了南阳；因没有采用娄敬的计策而被困平城。广武君可以说是足智多谋的人，韩信采用他的计策攻取了燕、齐；陈余不用他的计策而兵败泜水。所以说，不能说事情成功就是出谋划策者的缘故，失败就说没有深谋远虑的臣子。虞公不用宫之奇的计谋，被晋所灭；仇由不听赤章的劝告，被智氏所灭。秦国老臣蹇叔痛哭也不能挽救崤渑之败的秦国；赵括的母亲也不能挽救长平之战的失利。这都是由于当权者不听谏言造成的。因此说，只要身居高位者善听善察，天下的忠臣谋士随处可见。

黄石公说：“网罗英雄豪杰，敌国就有危险了。英雄豪杰是国家的栋梁；有教养的国民是立国的基石。只有得到栋梁之材和民众的支持，国家的政策才能得到贯彻，人民群众才无怨言。由此可知，知人后才会明哲。对于帝王来说，这是最困难的。”千万要谨慎行事啊！

※ 评析

为君者想得到贤者辅佐，但关键在于自己能否得到贤才相助。如果是胸无大志的君主，又怎能得到贤能之士。只有圣德明君，才会招来贤能之人的辅助。以上所举历史事例颇多，足以说明问题。能听从臣民良言相劝的君主，便能建功立业；不虚心纳谏的就会失败，甚至国破家亡。最后作者以能听从良言相劝作结，说明这是为帝者难以做到的，对我们今人也有重要的借鉴意义。

政体第八

本篇论述了国家的政治体制和国君的为政之道。君主英明，臣子贤能；德刑并举，赏罚有信；农桑为本，丰衣足食；政治清明，国泰民安，是历朝百姓所希望看到的。若想实现以上目标，与建立完善的管理体制是分不开的。

尊立帝王　莫养其欲

※ 原文

古之立帝王者，非以奉养其欲也。为天下之人，强掩弱，诈欺愚，故立天子以齐一之。谓一人之明，不能遍照海内，故立三公九卿以辅翼之。为绝国殊俗，不得被泽，故立诸侯以教诲之。夫教诲之政，有自来矣。何以言之？

管子曰：“措国于不倾之地，有德也。积于不涸之仓，务五谷也。藏于不竭之府，养桑麻，育六畜也。下令于流水之原，以顺人心也。使士于不净之官，使人各为其所长也。明必死之路，严刑罚也。开必得之门，信庆赏也。不为不可成，量人力也。不求不可得，不强人以其所恶也。不处不可久，不偷取一世宜也。”

知时者，可立以为长。

审于时，察于用，而能备官者，可奉以为君。

故曰：明版籍、审什伍、限夫田、定刑名、立君长、急农桑、去末作、敦学教、核才艺、简精悍、修武备、严禁令、信赏罚、纠游戏、察苛克，此十五者，虽圣人复起，必此言也。夫欲论长短之变，故立政道以为经焉。

※ 译文

古代设立帝王，不是为了满足他们的贪欲，而是因为社会上总是有恃强凌弱的人，狡诈欺侮老实的人，所以才设立天子来管理这些事，以求天下公平合理，齐心协力。但即使再英明的天子也不可能管到天下所有的地方，所以才设三公九卿和各级官吏来辅佐他。因为风俗不同的偏远之地受不到天子的恩泽，就设立了诸侯来治理、教化他们。所以这种以教化来统治的方法是由来已久了。为什么这样说呢？

管仲说：“使国家立于不被倾覆的稳固地位，是因为有了道德。要想保证粮仓内的粮食取之不尽，就必须重视五谷的耕作。想使府库无匮乏的忧虑，就必须大力种植桑麻，饲养六畜。制定方针政策，从根本上解决问题，以顺应民心。任用官吏，必须选择不争权夺利的人，同时要使人民大众各自做所擅长的事。明确做哪些事将必死无疑，这是为了树立法律的威严。要想敞开有功必赏的大门，必须赏罚有信。不做没有把握的事，凡事都要量力而行。不追求得不到的东西，不勉强人做他们厌恶的事。不要固守在不能久留的地方，不为一时便利而苟且偷安。”

懂得把握时机的人，可以任命他为行政长官。

能审时度势，明察用人之道，使百官各得其职，各尽所能的人，就可以推举他为君王。

由上可知，查明土地版图，清查户籍管理，设立君长，奖励耕作，限定每人占有田亩的数目，奖罚分明，设立长官，加紧种植农桑，抑制工商，注重教育，考核才艺，精简机构，制作兵器，严明法令，核实赏罚，禁止无益的游戏，检举苛吏，以上这些举措，即使是圣人再生，也会这么说的。要想探讨一个国家的统治时间为什么有长有短，就应把以上为政之道作为基本准则。

※ 评析

政体一篇作为本卷的压轴戏，有其独特之处。以国家体制和机构展开论述，层层深入，结构严谨，前后连贯，使人深悟其丰富的内涵。本章以“古立帝王，非养其欲，而是为天下百姓”展开论述，指出了君臣的为政之道，治国之法，其论据充分而有力，令人信服。

纵观自古至今的几千年历史，治国方法大体可分两种：一是仁治，崇尚仁、义、礼、信；二是法治，注重法、令、刑、罚。重仁轻法，就会使国家失去威严，百姓散漫而无视礼仪；重法轻仁，就会使国家毫无生气，百姓心生怨恨而阳奉阴违。只有恩威并行，双管齐下，才是治理国家的最高境界。这和现代所倡导的以德治国与依法治国相结合的治国方略有着诸多相通的地方。

卷二

夫三皇无言，化流四海，故天下无所归功。帝者体天则地，有言有令，而天下太平。君臣让功，四海化行，百姓不知其所以然。故使臣不用礼赏功，美而无害。

君德第九

本篇论述了历代帝王的功过得失和为君者应具备的素质。文中记述了从三皇五帝到隋朝的历代帝王，为我们一一道来，细细评点，真可谓是浓缩了历代帝王政治的兴衰史。当皇帝的不论是明主还是昏君，都想让百姓做自己的良民、顺民，但在百姓眼里，这与皇帝的君德却有着直接的联系，绝非是随心所愿的。

治国之本　君德为先

※ 原文

夫三皇无言，化流四海，故天下无所归功。帝者体天则地，有言有令，而天下太平。君臣让功，四海化行，百姓不知其所以然。故使臣不用礼赏功，美而无害。

王者制人以道，降心服志。

设矩备衰，有察察之政，兵甲之备，而无争战血刃之用，天下太平，君无疑于臣，臣无疑于主，国定主安，臣以义退，亦能美而无害。

霸主制士以权，结士以信，使士以赏。信衰士疏，赏毁士不为用。

故曰：理国之本，刑与德也。二者相须而行，相待而成也。天以阴阳成岁，人以刑德成治，故虽圣人为政，不能偏用也。故任德多，用刑少者，五帝也；刑德相半者，三王也；仗刑多，任德少者，五霸也；纯用刑，强而亡者，秦也。

※ 译文

三皇没有留下修身治国的言论，但是所行仁德却遍及四海，所以天下百姓不知把功劳记在谁的名下。（历史上称伏羲、女娲、神农为三皇。）“帝王”一词的内涵，就是依照自然的法则，有理有据，所以天下才会太平。君臣谦让，互不贪功，他们的美德无形中使百姓深受教化，百姓却又不明其中奥妙。所以任用群臣不必有过多的礼仪规范、赏罚制度，能把事情办好、互不伤害就可以了。

如果说五帝是以德治国，那么三王（夏禹、殷商、周文王）治国就是以道义服人了。

制定策略是为了防止衰败，为政清明，国防巩固，就不会轻易发生战乱，使天下太平。君臣互不猜疑，国家稳定，君民安详，群臣能知道义规范、进退有序，上下就会相安无事。

霸主治国之术是以权势威慑、以信誉求团结、以赏罚用人才。不讲信用，人才就得不到；赏罚不明，人才就会离去。

所以说，治国的根本是怎样用刑法与仁德，要使二者不偏不倚，相辅相成。天以阴阳二气构成一年四季，人以刑德二法构成治国之道。就算是圣人执政，也不可只用其一。由此可知，用德较多、用刑较少的是五帝；刑德并重的是三王；刑法较多、仁德较少的是五霸；单用刑法而亡的就是秦了。

※ 评析

以德治国还是以刑治国，是几千年来争论不休的话题。本节就阐述了这一方面的内容。五帝以“无为而治”的德行治理国家，从而形成自然而然的风气。当文治不能从根本上治理国家时就需要改变方法，所以又有了后来“三王”时期以刑治与法治相结合的方法，再到后来刑多德少的“春秋五霸”。这些都是与当时的历史条件分不开的，是由历史发展的客观规律所决定的。

从今天的治国方法来看，德治与法治的结合才是最佳的治国之策。用德做示范，加强文明建设；以法做规范，使人民有法可依，只有使两者完美结合，相互促进，相互协调，才会使国家繁荣昌盛，人民安居乐业。

汉朝明主　各有优劣

※ 原文

或曰：“王霸之道，既闻命矣。敢问高、光二帝，皆拔起垅亩，芟夷祸难，遂开王业。高祖豁达以大度，光武谨细于条目，各擅其美，龙飞凤翔，故能拨乱庇人，拯斯涂炭。然比大德，方天威，孰为优劣乎？”

曹植曰：“昔汉之初兴，高祖因暴秦而起，遂诛强楚，光有天下，功齐汤武，业流后嗣，帝王之元勋，人君之盛事也。然而名不纯德，行不纯道，身没之后，崩亡之际，果令凶妇肆酷虐之心，嬖妾被人彘之刑。赵王幽囚，祸殃骨肉，诸吕专权，社稷几移。凡此诸事，岂非高祖寡计浅虑以致斯哉？然其枭将画臣，皆古今之所鲜；有历代之希觏，彼能任其才而用之，听其言而察之，故兼天下而有帝位也。

世祖体乾灵之休德，禀贞和之纯精，蹈黄中之妙理、韬亚圣之懿才，其为德也，聪达而多识，仁智而明恕，重慎而周密，乐施而爱人。值阳九无妄之世，遭炎精厄会之运，殷尔雷发，赫然神举，奋武略以攘暴，兴义兵以扫残，军未出于南京，莽已毙于西都。尔乃庙胜而后动众，计定而后行师，故攻无不陷之垒，战无奔北之卒。宣仁以和众，迈德以来远，故窦融闻声而影附，马援一见而叹息。敦睦九族，有唐虞之称；高尚纯朴，有羲皇之素；谦虚纳下，有吐握之劳；留心庶事，有日昃之勤。是以计功则业殊，比隆则事异，旌德则靡僭，言行则无秽，量事则势微，论辅则臣弱，卒能握乾图之休征，立不刊之遐迹，金石铭其休烈，诗书载其懿勋。”故曰：光武其优也。

※ 译文

有人问：“五霸之道我已明白了，那么汉高祖刘邦和光武帝刘秀，都是从乡间崛起，扫平了天下战乱而开创了帝业。刘邦豁达大度，刘秀谨慎小心，各有所长，可谓龙飞凤翔，所以能收拾残局，保护百姓，拯救大众于水火之中。将他们俩人的德行与威望相比较，谁优谁劣呢？”

曹植说：“昔日汉室初兴，刘邦因反抗暴秦而起事，后又诛灭项羽，一统天下，其功勋可比汤武，伟业流传子孙。真可谓帝王中的元勋，人君中的盛事呀！然而他的名声、品行毕竟没有与道义相符，所以他死后，凶恶的吕后肆无忌惮地做些残暴之事。爱妃戚夫人被砍去四肢，挖目熏耳，喂上哑药；赵王如意被幽囚毒杀。亲生骨肉连遭屠杀，吕氏家族独揽朝政，汉家政权几乎易主。上述种种，难道不表明刘邦缺乏深谋远虑的结果吗？然而刘邦手下的猛将谋臣都是古今少有的奇才，就是由于他能选贤任能，听其谋观其行，才会统一天下，成就帝业。

“光武帝刘秀继承了皇家的仁德，秉承了忠贞温和的纯正精华，通晓中正万物之妙理，胸怀仅次于圣贤之士。他聪睿豁达、博学多识、仁义聪明、思维缜密、乐善好施。在其所处的时代，灾难多发，正值汉朝气数将尽，世道艰难之际。在这种情况下，他如雷般惊天动地，声势雄壮地举兵起事，扫除残暴，诛灭逆贼。他的大军还没出南京，王莽就已在洛阳被乱兵杀死。像刘秀这样的人，运筹于帷幄之中，便能稳操胜券，计谋确定后就采取行动，所以才能战无不胜，攻无不克，士兵也誓死追随他。对百姓广施仁爱，勤修政业而名传千里，使远方的人才慕名而来，所以窦融如影随形般地追随他，马援一见便深为赞叹。像虞舜一样有亲和的声誉；像羲皇一样有高尚的品质。他虚心听取下属的意见，有周公吐哺握发之劳苦；倾心国事，日夜操劳，史称日昃之勤。若论功劳，他的业绩非同寻常；论尊高，他的事迹不同凡响；论道德，无可挑剔；论品行，正大光明。刘秀势力并不强大，文武辅臣也并不强，但最终能一统天下，创建不朽功勋，使美名金石碑铭，诗书文献也记载着他的不少功业。”所以说，光武帝比汉高祖更伟大。

※ 原文

或曰：“班固称周云成康，汉言文景，斯言当乎？”

虞南曰：“成康承文武遗迹，以周、召为相，化笃厚之氓，因积仁之德，疾风偃草，未足为喻。至如汉祖开基，日不暇给，亡嬴之弊，犹有存者。太宗体兹仁恕，式遵玄默，涤秦、项之酷烈，反轩、昊之淳风，几致刑厝。斯为难矣！若使不溺新垣之说，无取邓通之梦，懔懔乎庶几近于王道。景帝之拟周康，则尚有惭德。”

或曰：“汉武帝雄才大略，可方前代何主？”

虞南曰：“汉武承六世之业，海内殷富，又有高人之资，故能总揽英雄，驾御豪杰，内兴礼乐，外开边境，制度宪章，焕然可述。方于始皇，则为优矣。至于骄奢暴虐，可以相亚，并功有余而德不足。”

※ 译文

有人问：“班固赞颂周朝、汉朝，认为周成王、周康王和汉朝的文帝、景帝最优秀，这话对吗？”

虞世南说：“周成王继承文王、武王的功业，以周公、召公为相，教化愚民，所以广积仁德风气，就像疾风吹草一样，自然会国泰民安，这不值得夸耀。至于汉高祖登基后，忙于国事，极力清除亡秦遗留下的不利因素。汉文帝以仁慈宽恕为本，以清净淡然为法，扫除了秦始皇、项羽时期的残酷暴刑，恢复了黄帝、尧舜时期的淳朴风气，这样治理国家是非常困难的。如果他不沉迷于新垣平的妖言，不理睬梦见邓通的幻影，汉文帝就非常接近王道了。至于景帝与周康王相比，德行上还是不足的。”

有人问：“汉武帝雄才大略，他可与哪个皇帝相比？”

虞世南说：“汉武帝继承六代的帝业，海内殷富，又有高人相助，总揽英雄，驾驭豪杰。内兴礼乐，外拓疆域。制定规章，焕然可述。比秦始皇还要伟大。不过他生活骄奢，残暴肆虐，也仅次于秦始皇。所以说功有余而德不足。”

※ 原文

昔周成以孺子继统，而有管、蔡四国之变；汉昭幼年即位，亦有燕、盖、上官逆乱之谋。成王不疑周公，汉昭委任霍光，二主孰为先后？

魏文帝曰：“周成王体圣考之休气，禀贤妣之胎诲，周召为保傅，吕望为太师。口能言则行人称辞，足能履则相者导仪。目厌威容之美，耳饱德义之声，所谓沉渍玄流而沐浴清风矣。犹有咎悔。聆二叔之谤，使周公东迁，皇天赫怒，显明厥咎，然后乃寤。不亮周公之圣德，而信金縢之教言，岂不暗哉？夫汉昭父非武王，母非邑姜，养惟盖主，相则桀、光。保无仁孝之质，佐无隆平之治，所谓生于深宫之中，长于妇人之手。然而德与性成，行与礼并，在年二七，早知夙达，发燕书之诈，亮霍光之诚。岂将启金縢，信国史而后乃寤哉？使成、昭钧年而立，易世而化，贸臣而治，换乐而歌，则汉不独少，周不独多也。”

※ 译文

从前周成王年少登基，时遇管、蔡等四国叛乱；汉昭帝八岁即位，也有燕王旦、盖长公主和上官等的谋反。成王相信周公的忠诚，昭帝任命大将霍光执政，二人谁做得更好呢？

魏文帝曹丕说："周成王有武王美善的气质，有贤母的胎教，有召公、吕望为太师。会说话之时，朝见的官员就教他辞令；会走路的时候，宫廷礼仪的官员就教他礼节。从小就养成了威严壮美的仪容，听惯了德义之声，在沐浴德行的清风中长大。但他还是误听了管、蔡对周公的诽谤，迫使周公率兵东征，致使上天震怒，显出凶兆，后来他才悔悟。他不相信周公的圣德，而相信藏在金柜中周公的祷言，真是糊涂呀！汉昭帝的父亲汉武帝不像武王那样仁德，母亲也不像邑姜一样贤惠，从小由大姐盖长公主抚养，辅相是上官桀和霍光。当老师的没有仁孝的品质，做辅臣的没有治国安邦的才能，可以说他是生无仁孝之质，生于深宫中，长于妇人之手。但美德天性生成，品行与生俱来，十四岁时就聪明异常，发现燕王刘旦诬陷霍光的伪书，深信并赞扬霍光的忠诚。哪像周成王开启金柜见到周公遗书，问了原委后才恍然觉悟的呢？假如让周成王和汉昭帝互换时代来教化百姓，辅臣也相互调换，礼乐制度同样也是如此，那么汉昭帝可称赞的地方不见得比周成王少。"

※ 原文

或曰："汉宣帝政事明察，其光武之俦欤？"

虞南曰："汉宣帝起自闾阎，知人疾苦，是以留心听政，擢用贤良，原其循名责实，峻法严令，盖流出于申、韩也。古语云：'图王不成，弊犹足霸；图霸不成，弊将如何？'光武仁义，图王之君也。宣帝刑名，图霸之主也。今以相辈，恐非其俦。"

※ 译文

有人问："汉宣帝明察政事，是与光武帝一样的国君吗？"

虞世南说："汉宣帝起自民间，知人疾苦，所以注重政务，任用贤能。如果究其采取严刑重法，其根源在法家的申不害、韩非那里。古人说：'图王不成，其势不足还可以称霸；图霸不成将会是什么后果呢？只有身败名裂。'光武帝大仁大义，是成就王道的皇帝。汉宣帝以法治国，是成就霸业的皇帝。由此看来，二人恐怕不能类比。"

※ 评析

以史为鉴，可以明得失。同样，历史也会记录下每人一生的功过是非。纵观汉朝历代帝王，都有各自功成名就的业绩，高祖创业，文景两帝无为而治，汉武帝雄才大略，可以说明君层出不穷，皆有作为。但高祖成就帝业后斩杀功臣，武帝用刑过于严厉等，也体现了他们各有不足之处。

最后，作者从德治与严刑两方面做了总结，不管是运用宽松的制度还是严苛的制度，最关键的还是要合乎时宜。刚建立政权宜使用宽政，有动乱时就使用严厉的制度，在和平稳定时期，就应该两者并重，适时调整。如果能把握好与时势相符的制国方略，就能够成为一代明君，名留史册。

汉末衰微　君德不足

※ 原文

或曰：“汉元帝才艺温雅，其守文之良主乎？”

虞南曰：“夫人君之才，在乎文德武功而已。文则经天纬地，词令典策；武则禁暴戢兵，安人和众，此南面之宏图也。至于鼓瑟吹箫，和声度曲，斯乃伶官之职，岂天子之所务乎？”

或曰：“观伪新王莽，谦恭礼让，岂非一代之名士乎？至作相居尊，骄淫暴虐，何先后相背甚乎？”

虞南曰：“王莽天姿惨酷，诈伪人也。未达之前，徇名求誉；得志之后，矜能傲物。饬情既尽，而本质存焉。愎谏自高，卒不改寤，海内冤酷，为光武之驱除焉。”

※ 译文

有人问：“汉元帝才艺俱佳，人品温雅，是文治的好皇帝吗？”

虞世南说：“帝王的才华在于文德武功。论文则应体察、把握自然法则，以此来制定政策法令；论武应制止暴乱，稳定社会，团结人民。这才是君王的宏图大略。至于鼓瑟吹箫，和声谱曲，都是文人墨客、戏子伶官的事，不是天子应该钻研的。”

有人问：“建立过伪政权，改国号为新的王莽，开始也是谦恭礼让，难道不像一代名士吗？但当了宰相后，骄横暴虐，为什么会判若两人呢？”

虞世南说：“王莽生性残酷，为人狡诈。没有显达前，沽名钓誉；权力到手后，原形毕露，目中无人。伪装的面纱一旦撕掉，真面目就暴露出来了。他刚愎自用，自高自大，终不悔悟，致使四海怨声载道，最终被光武帝刘秀驱除。”

※ 原文

夏少康、汉光武皆中兴之君，孰者为最？

虞南曰：“此二帝皆兴复先绪，光启王业，其名则同，其实则异。何者？光武之世，藉思乱之民，诛残贼之莽，取乱侮亡，为功差易。至如少康，则夏氏之灭已二代矣。藐然遗体，身在胎孕，母氏逃亡，生于他国。不及过庭之训，曾无强近之亲，遭离乱之难，庇身非所，而能崎岖于丧乱之间，遂成配天之业，中兴之君，斯为称首。”

后汉衰乱，由于桓、灵二主，凶德谁则为甚？

虞南曰：“桓帝赫然奋怒，诛灭梁冀，有刚断之节焉，然阉人擅命，党锢事起，非乎乱阶始于桓帝？古语曰：‘天下嗷嗷，新主之资也。’灵帝承疲民之后，易为善政，黎庶倾耳，咸冀中兴。而帝袭彼覆车，毒逾前辈，倾覆宗社。职帝之由，天年厌世，为幸多矣。”

※ 译文

夏代的少康和汉代的刘秀，谁更值得称道呢？

虞世南说：“这二位帝王都能复兴先人事业，并使功绩发扬光大。中兴之名相同，实际上有所区别。为什么呢？刘秀借治乱安抚民心，诛灭民贼王莽，乘混乱打败亡命之徒，比较容易。少康时，夏氏灭亡已有二代，祖先的遗业尽失其母怀着他逃亡在外，生于异乡。没有父辈的教诲，没有强大近亲的保护，在背井离乡的战乱中长大，但他能在艰辛坎坷的丧乱中奋起，成就帝业，在中兴君王中可称第一。”

后汉衰落混乱，是由汉桓帝、汉灵帝二人凶残的性格所导致的，那谁的责任更大呢？

虞世南说：“汉桓帝因国舅梁冀把握朝政，胡作非为，盛怒下与宦官密谋将其诛灭，可见其刚毅果断的气势，但从此开始了宦官的专权、‘党人乱政’的局面，这些朝政动乱不是汉桓帝的原因吗？古语说：‘民不聊生，天下哀号，正是新的君王开天辟地之良机。’汉灵帝登基后，国衰民疲，正是善政之机。百姓盼望着重整朝纲，但灵帝重蹈覆辙，使宦官以‘党锢之祸’的罪名残害忠良，导致国破家亡。手掌帝位的人却把国家推向毁灭的境地，虽只活了 34 岁，但没有死于非命，已够幸运的了。”

※ 评析

古语有云：“仁义不施，则攻守之势易也。”处于君王之位，必须有治国安邦的才能和君王的德行。历史上的君王都拿自己与贤德的明君相提并论，希望能够流芳百世，恩泽千秋，但客观的历史条件又往往使他们的愿望落空，甚至得个昏庸无道的恶名，落个国破家亡的结局。秦始皇残暴无度，才成就了汉高祖刘邦的丰功伟业，可谓乱世出英雄；稳定的统治时期出现了著名的“文景之治”；渐趋衰弱的汉末又出现了昏庸的桓、灵二帝，由于宦官专权，皇族无能，导致了汉末的黄巾军起义等。所有这些，不仅仅与君主的德行有关，也与时势有着难以割舍的联系。

魏晋人杰　评说得失

※ 原文

自炎精不竞，宇县分崩，曹孟德挟天子而令诸侯，刘玄德凭蜀汉之阻，孙仲谋负江淮之固，三分天下，鼎足而立，皆肇开王业，光启霸图。三方之君，孰有优劣?

虞南曰:“曹公兵机智算，殆难与敌，故能肇迹开基，居中作相，实有英雄之才矣！然谲诡不常，雄猜多忌，至于杀伏后，鸩荀彧，诛孔融，戮崔琰，娄生毙于一言，桓劭劳于下拜。弃德任刑，其虐已甚，坐论西伯，实非其人。许邵所谓‘治世之能臣，乱世之奸雄’，斯言为当。

“刘公待刘璋以宾礼，委诸葛而不疑，人君之德，于斯为美。彼孔明者，命世之奇才，伊、吕之俦匹。臣主同心，鱼水为譬，但以国小兵弱，斗绝一隅，支对二方，抗衡上国。若使与曹公易地而处，骋其长算，肆关、张之武，尽诸葛之文，则霸王之业成矣。

“孙主因厥兄之资，用前朝之佐，介以天险，仅得自存，比于二人，理弗能逮。”

※ 译文

自从汉室衰落，天下分崩离析，曹操挟天子以令诸侯，刘备凭蜀地险要，孙权靠江淮坚固，三分天下，鼎足而立。这三人都开创了帝王基业，建立了霸主宏图。他们三人谁优谁劣?

虞世南说：“曹操的军事谋略，几乎无人能比，所以他能建国立业。身为丞相，实在是一难得英雄。但他诡诈异常，又好猜忌，所以杀害了伏皇后；毒死了谋士荀彧；因嫉恨杀害了孔融；崔琰曾作为曹操的替身接见匈奴使者，事后曹操又觉得没面子，也把他杀害；娄生因说错一句话而被砍头；桓劭已跪地求饶，他说：‘只要长跪不起，就可饶你不死。’最后还是被杀。不讲仁德，滥用刑戮，可见他暴虐极了。但他闲谈时好自比周文王，实则不是这样的人。许邵给他的评价是：‘治世之能臣，乱世之奸雄。’这话最恰当不过了。”

“刘备对来降的太守刘璋以礼相待，委任诸葛亮为军师从不怀疑，这是最好的仁德表现。孔明是举世奇才，可与辅佐成汤的伊尹、辅佐武王的吕望相比。君臣同心同德，如鱼得水。只因国小兵弱，偏隅西南，难与魏、吴抗衡，显得力不从心。如果刘备与曹操易地而处，凭他的远大谋略和关羽、张飞的英武，以及诸葛亮的才能，其霸业定能成功。

“孙权在孙策奠定的基础上，任用前朝的文武百官，凭长江天险，仅能自保，比起前二人来就有所不及了。”

※ 原文

晋宣帝雄谋妙算，诸葛亮冠世奇才，谁为优劣？

虞南曰："宣帝起自书生，参佐帝业，济世危难，克清王道，文武之略，实有可称，而多仗阴谋，弗由仁义，猜忍诡伏，盈诸襟抱。至如示谬言于李胜，委鞠狱于何晏，愧心负理，君子不为。以此伪情，行之万物，若使力均势敌，俱会中原，以仲达之奸谋，当孔明之节制，恐非俦也。"

※ 译文

晋宣帝司马懿老谋深算，诸葛亮盖世奇才，两人谁更高明？

虞世南说："司马懿出身儒家，后参与建立魏国制度，济世危难，扫清王道。文才武略，实有可称道的地方。但他好玩弄阴谋，做事不讲仁义，猜疑妒忌，诡计多端。例如让魏明帝自取灭亡，故意装病，李胜离京赴任前去看他，他故意说谎，装成命在旦夕，使曹爽放松了警惕；他使何晏等人下狱后，任由狱吏审讯拷打，株连三族。这类伤天害理的事，正人君子是做不出来的。司马懿往往用这种伪诈之术待人接物，如果在势均力敌的情况下，到中原会战，以他的奸谋来对孔明的节度法制，他恐怕不是孔明的对手。"

※ 原文

或曰："晋景、文兄弟孰贤？"

虞南曰："何晏称：'唯深也，故能通天下之志，夏侯太初是也。唯几也，故能成天下之务，司马子元是也。'故知王佐之才，著于早日。及诛爽之际，智略已宣，钦、俭称兵，全军独克，此足见其英图也。虽道盛三分，而终身北面，威名振主而臣节不亏，侯服归全，于斯为美。太祖嗣兴，克宁祸乱，南定淮海，西平庸蜀，役不逾时，厥功为重。及高贵纂历，聪明夙智，不能竭忠协赞，拟迹伊周，遂乃伪谤士颜，委罪成济，自贻逆节，终享恶名，斯言之玷，不可磨也。"

※ 译文

有人问："西晋前期的司马师和其弟司马昭，哪个比较贤明？"

虞世南说："何晏说：'只有博大的胸怀才能领悟天下的含义，夏侯玄就是这样的人；唯有计谋才能成就天下的重任，司马师就是这样的人。'由此可知，有将相之才的人，年少时就能表现出来。司马懿诛灭曹爽时，司马师镇静自若，其智慧谋略就很明显了。扬州都督毋丘俭和刺史文钦举兵讨伐他时，被打得全军覆没，由此可知他的英雄气概。虽在谋略上胜人三分，但他忠心保卫王室；虽威名震主，但为臣的名节无可挑剔；权势显赫但能善始善终，这是很值得赞美的。司马昭继任将军之职后，镇压扬州讨伐他的战乱；在南方安定淮海局势；在西方消灭刘禅的蜀汉政权。司马昭部署军政大事不失时机，可谓屡立大功。但曹髦即位后，不用聪明才智尽力协助；反而学伊尹、周公摄政，诋毁有学问、有声望的人；杀了曹髦嫁祸他人，自己留下了大逆不道的恶名，成为历史的罪人。可见，一个人的污点是永远洗不掉的。

※ 原文

东晋自元帝以下，何主为贤？

虞南曰："晋自迁都江左，强臣擅命，垂拱南面，政非己出。王敦以盘石之宗，居上流之要，负才矜地，志怀问鼎，非肃祖之明断，王导之忠诚，则晋祚其移于王氏矣。若使降年永久，仗任群贤，因瀍、涧之遗黎，乘刘、石之衰运，则克复中原，不难图也。"

※ 译文

从东晋自司马睿之下，哪个皇帝比较贤明？

虞世南说："晋朝自迁都建康后，势力便被大臣把持，皇位形同虚设，政令法规不出于皇帝之手。王敦凭借豪门望族的宗室基础，掌握兵权，恃才自负，心怀不臣之心。如果不是司马绍明断，丞相王导忠诚，晋朝的皇位就要被篡夺了。司马绍在位只三年，如能长些，依靠德才兼备的名流辅佐，民众的拥戴，乘称帝的刘聪和匈奴石勒正处衰弱时期，那么收复中原并不难。"

※ 原文

或曰："伪楚桓玄有奇才远略，而遂至灭亡，何也？"

虞南曰："夫人君之量，必虚己应物，覆载同于天地，信誓拟于暄寒，然后万姓乐推而不厌也。彼桓玄者，盖有浮狡之小智，而无含宏之大德，值晋末衰乱，威不逮下，故玄得肆其爪牙，以侥幸之余，而逢神武之运，至于夷灭，固其宜也。"

※ 译文

有人问："桓玄有奇才远谋，还是灭亡了，为何？"

虞世南说："为君的胸怀要虚怀若谷、宽厚仁慈，像天地一样宽广，真诚的誓言必须兑现，然后百姓才会乐于拥护爱戴。但桓玄目光短浅，浅薄爱耍小聪明，没有宽宏谦虚的品德，正逢东晋末年天下大乱，皇室威不服众，所以桓玄才能张牙舞爪地恣意妄为，侥幸得势。以致遭到了刘裕等人的讨伐，最终被灭族身亡，这也是他应得的下场。"

※ 原文

宋祖诛灭桓玄，再兴晋室，梁代裴子野优之于宣武，其事云何？

虞南曰："魏武，曹腾之孙，累叶荣显，濯缨汉室，三十余年。及董卓之乱，乃与山东俱起，诛灭元凶，曾非己力。晋宣历任卿相，位极台鼎，握天下之图，居既安之势，奉明诏而诛逆节，建瓴为譬，未足喻也。宋祖以匹夫提剑，首创大业。旬月之间，重安晋鼎，居半州之地，驱一郡之卒，斩谯纵于庸蜀，禽姚绍于崤函，克慕容超于青部，枭卢循于岭外。戎旗所指，无往不捷。观其豁达，则汉祖之风；制胜胸襟，则光武之匹。惜其祚短，志未可量！此为优矣。"

※ 译文

南北朝的宋武帝刘裕灭桓玄，再兴东晋，然后才称帝。梁时期的裴子野认为他比司马懿、曹操卓越，这是为何？

虞世南说："曹操是东汉宦官曹腾的孙子，世代荣耀显贵，濯缨汉室达三十多年。到董卓乱汉时，曹操与山东豪雄趁机而起，消灭了罪魁祸首董卓，并非曹操一人之力。司马懿历任魏晋将相，权倾朝野，手握大权。奉皇帝的诏书征伐、诛杀犯上作乱的人，他的权势、地位用高屋建瓴也是难以比喻的。刘裕就不一样了，他白手起家，无所倚靠，提剑首创大业，不到一月就平定了叛乱，重振晋室。依仗仅是半州之地、一郡之兵，便可攻杀四川守将谯纵；西入长安，擒获后秦姚绍；在山西打败了南燕慕容超；在岭南打败了卢循。帅旗所指，攻无不克，战无不胜。其风度颇似刘邦，气魄好似刘秀。可惜在位时间短，壮志未酬，否则业绩不可限量。所以说他比司马懿、曹操卓越。"

※ 原文

宋孝武、明帝，二人孰贤？

虞南曰："二帝残忍之性，异体同心。诛戮贤良，剪剪枝叶，内无平、勃之相，外阙晋、郑之亲，以斯大宝，委之昏稚，故使齐氏乘衅，宰制天下，未逾岁稔，遂移龟玉。缄縢虽固，适为大盗之资。百虑同失，可为长叹。鼎社倾沦，非不幸也。"

※ 译文

宋孝武帝和宋明帝，哪一个更贤明？

虞世南说："这两个皇帝表现不同，但本性一样。诛杀贤良，手足相残，朝内没有陈平、周勃那样的丞相，外没有唇齿相依的睦邻，把国家的权力交给昏庸愚昧的大臣，难怪萧道成会趁机宰割天下，不到一年便做了皇帝。珍贵的东西，捆绑、封锁得越牢，恰恰是为大盗提供方便。千思百虑，还是会失败，千古为之长叹！至于权力的倾覆、沦丧，还并非是最不幸的！”

※ 原文

齐建元、永明之间，号为治世，诚有之乎？

虞南曰：“齐高创业之主，知稼穑之艰难，且立身俭素，务存简约。武帝则留意后庭，雕饰过度，然能委任王俭，宪章攸出，礼乐之盛，咸称永明。宰相得人，于斯为美。”

※ 译文

齐建元至永明年间，被称为太平治世，这样说对吗？

虞世南说：“萧道成是创业之主，知稼穑的艰难，自己生活俭素，衣食起居务求简朴。齐武帝萧赜生活奢侈，过度雕饰，但他把政务都委托给少傅王俭，典章法令也由王俭草撰，所以礼教兴盛，当数永明年间，后人一致赞扬萧赜的用人得当。”

※ 原文

宋、齐二代，废主有五，并骄淫狂暴，前后如一。或身被贼杀，或倾坠宗社。岂厥性顽凶，自贻非命，将天之所弃，用亡大业乎？

虞南曰：“夫上智下愚，特禀异气；中庸之才，皆由训习。自宋、齐以来，东宫师傅，备员而已。贵贱礼隔，规献无由，多以位升，罕由德进。此五君者，禀凡庸之性，无周、召之师，远益友之箴规，狎宵人之近习。以斯下质，生而楚言，覆国亡身，理数然也。”

※ 译文

南北朝时期，宋齐两朝被废的国君共有五人。都有着骄淫狂暴的性格，有的被杀，有的国破人亡。难道是他们本性凶顽，自取其祸，因被上天抛弃而故意用他们使国家灭亡吗？

虞世南说：“人之所以有上智下愚的差别是因为各自禀受的气质不同，而有中庸修养的人，都来源于培训和学习。自宋齐以来，培养太子的东宫里的老师多是滥竽充数而已。贵贱由于礼教所致，互相隔离，是教育无法得到的，老师由职位决定，很少根据德才选拔。这五个后来做了皇帝的太子，生性平庸无奇，又没有周公、召公这样的老师，不听良师益友相劝，从小沾染了不少恶习。这么低下的资质，又在如此野蛮粗俗的环境中长大，国破身亡是注定不可避免的了。”

※ 原文

梁元帝聪明才学，克平祸乱，而卒致倾覆。何也？

虞南曰："梁元聪明伎艺，才兼文武，仗顺伐逆，克雪家冤，成功遂事，有足称者。但国难之后，伤夷未复，信强寇之甘言，袭褊心于怀楚，蕃屏宗支，自为仇敌，孤远悬僻，莫与同优，身亡祚灭，生人涂炭，举鄢、郢而弃之，良可惜也。"

或曰："周武之雄才武略，身先士卒，若天假之年，尽其兵算，必能平宇内，为一代之明主乎？"

虞南曰："周武骁勇果毅，有出人之略，观其卑躬历士，法令严明，虽勾践、穰苴无闻于天下。此猛将之任，非人君之度量也。"

※ 译文

梁元帝萧绎聪明好学，有才有识，平定了祸乱，最后还是国破家亡，这是为什么呢？

虞世南说："梁元帝天资聪明，才艺无不精通，可谓文武全才。他借顺势讨伐逆贼，雪洗梁简文帝被杀的国仇家恨，功成名就而继位，确有可赞之处。但在国难当头，创伤未愈的情况下，相信西魏的甜言蜜语，因偏爱江汉而即位于楚都江陵，把兄弟子侄都打发到偏远地区，使手足成了仇敌，一旦有事亲人不能与他分忧。结果身亡国灭，生灵涂炭，把河南和湖北全部放弃，实在可惜。"

有人问："周武帝宇文邕雄才大略，勇敢果断，可惜只活了三十六岁。如果寿命再长些，凭他的才能，定能一统天下，成为一代明主吗？"

虞世南说："周武帝骁勇善战，果断刚毅，谋略过人，看他鼓舞士气能纡尊屈贵，领兵打仗纪律严明，相比之下越王勾践和齐国大将穰苴也是比不上的。这都是勇猛的大将所应有的特征，但做皇帝的气量还不具备。"

※ 原文

后齐文宣帝，狂悖之迹，桀、纣之所不为，而国富人丰，不至于乱亡。何也？

虞南曰："昔齐桓奢淫亡礼，人伦所弃，假六翮于仲父，遂伯诸侯。宣武帝鄙秽忍虐，古今无比，委万机于遵彦，保全宗国，以其任用得才，所以社稷犹存者也。"

陈武帝起自草莱，兴创帝业，近代以来，可方何主？

虞南曰："武帝以奇才远略，怀匡复之志，龙跃海隅，豹变岭表，扫重氛于绛阙，复帝座于紫微。西抗周师，北夷齐寇，宏谋长算，动无遗策，实开基之令主，拨乱之雄才。比宋祖则不及，方齐高则优矣。"

※ 译文

南北朝时北齐的文宣帝行为狂妄，恣意淫暴，人伦所弃，其疯狂悖理的行为是连夏桀、纣王都比不上的。然而文宣之世却能国富人丰，没有亡乱，这是为什么呢？

虞世南说："从前齐桓公奢侈淫逸，不守礼法，为人伦所唾弃，但他内政外交全靠管仲，结果还是做了霸主。齐宣帝残忍暴虐，古今无比。但他把国事统交由宰相杨愔等人办理，所以才保证了国家安全，这是由于他用人得当，才没有国破家亡。"

南北朝时的陈武帝出身平民，创立帝业，他可以与哪个皇帝相比？

虞世南说："陈武帝有奇才远略，胸怀匡复大志，如龙跃江海，豹腾峻岭。他扫除了皇室的威胁，恢复了梁朝萧氏的皇权。他西抗北周的军队，北克北齐的残余，谋略宏伟远大，政令法规没有疏漏，实是一位开创基业的好皇帝，拨乱反正的大英雄。虽与宋高祖刘裕比起来稍差，但比齐高帝萧道成强多了。"

※ 评析

本节主要讲述了虞世南对三国、两晋、南北朝时期诸多皇帝的评价，他的话很有道理，评价也比较客观公正。从中庸之道来看，无德并不一定无才，有德并不一定有才，但为君者理应具备的条件是德才兼备。无论是开国皇帝，还是守国君主，以及拨乱反正的帝王，只要有所作为，都必须是具有一定的德行与才能的人。有的善于用人，有的艰苦朴素，有的多谋善断，有的英勇善战……从而使自己成为一代明君，名垂千古。像那些不学无术，亲小人、远贤良的昏君，在德才都不具备的条件下，落个国破家亡的悲惨结局也是很正常的事。

短命隋朝　暴政所致

※ 原文

隋文帝起自布衣，光有神器。西定庸蜀，南平江表，比于晋武，可为俦乎？

虞南曰："隋文因外戚之重，周室之微，负图作宰，遂膺宝命。留心政治，务从恩泽，故能绥抚新旧，缉宁遐迩，文武制置，皆有可观。及克定江淮，咸同书轨，率土黎献，企伫太平。自金陵灭后，王心奢汰，虽威加四海，而情堕万机。荆璧填于内府，吴姬满于下室。仁寿雕饰，事将倾宫，万姓力殚，中民产竭。加以猜忌心起，巫蛊事兴，戮爱子之妃，离上相之母。纲维已紊，礼教斯亡，牝鸡晨响，皇枝剿绝，废黜不辜，树立所爱。功臣良佐，诛翦无遗。季年之失，多于晋武，十世不永，岂天亡乎？"

※ 译文

隋文帝杨坚由一个普通百姓最后做了皇帝，征服了西边的蜀国，消灭了江南的后陈。他与晋武帝司马炎能相比吗？

虞世南说："隋文帝是周武帝宇文邕的国丈，北周衰弱之际，担负着辅佐皇帝的重任，位居高官，最后称帝。他留心政治，广施恩德，能安抚新旧权贵，处理好朝廷内外的关系，在内政和军事上都有所建树。等平定江淮后，又统一了全国的文字和交通。普天之下都在企盼着太平。可是自从灭陈后，便变得奢侈无度，虽然威名四海，但疏于国事。珠宝堆满宫室，美女充斥后宫，为构建仁寿宫，几乎把国库耗尽。如此一来，百姓财力枯竭，中等生活水平的人家都破产了。加之晚年猜忌心重，迷信之事多了起来。他杀戮亲生儿子的嫔妃，离间上相杨素的母亲。朝纲紊乱，礼教衰亡。杨坚惧妻，皇后干预朝政，皇子杀的杀，废的废，扶持自己宠爱的。功臣良将，也被诛杀，所剩无几。杨坚晚年的政治失误比司马炎多。建国不到三十年，就灭亡了，这难道是天意吗？"

※ 评析

汉、唐两朝是中国封建社会比较强盛的时期，但在其前面都有两个短命的王朝，那就是秦朝与隋朝，而且两个昙花一现的王朝其灭亡原因又有着许多相似之处，多是由于二世暴政直接导致的。究其历史根源，这与开国的皇帝又有着必然的联系，奢侈浮华、荒淫无道的生活，对继承者缺少教育培养等原因都加速了王朝的灭亡。所以说，秦、隋的短命，主要还是由于统治者不在建国初期以仁道治国，却以暴政加压，最终导致了国破家亡，这绝对不能归结于天命的安排。

臣行第十

本篇主要论述了为臣之道。纵观历朝历代的臣子，可谓忠奸直曲，应有尽有，文中就列举了"六正"与"六邪"总共十二种臣子的类型，并结合历代的具体史实，对历史上为臣者的成败得失和经验教训进行了深刻的反思和全面的总结。

臣子六正　皆为良辅

※ 原文

夫人臣萌芽未动，形兆未见，昭然独见存亡之机，得失之要，豫禁乎未然之前，使主超然立乎显荣之处，如此者，圣臣也。

虚心尽意，日进善道，勉主以礼义，谕主以长策，将顺其美，匡救其恶，如此者，大臣也。

夙兴夜寐，进贤不懈，数称往古之行事，以厉主意，如此者，忠臣也。

明察成败，早防而救之，塞其间，绝其源，转祸以为福，君终已无忧，如此者，智臣也。

依文奉法，任官职事，不受赠遗，食饮节俭，如此者，贞臣也。

国家昏乱，所为不谀，敢犯主之严颜，面言主之过失，如此者，直臣也。

是谓六正。

※ 译文

做臣子的，当天下大势还处在萌芽阶段，没有形成规模时，就能洞察先机，独具慧眼，知道哪些事可为哪些事不可为，知晓存亡、得失的关键。防患于未然，使主人超然独立，处在光荣的位置上，能够做到这些的臣子便是“圣臣”。

能够尽心尽意、谦虚谨慎地办事，经常提出好的治国之道，勉励君王恪守礼仪、勤政爱民；劝说君王要眼光远大，胸怀大志，顺应正确的决策，纠正不好的行为，能做到这些的就是“大臣”。

为国事早起晚睡，废寝忘食，不懈地举贤荐能，为国家推荐、选拔人才，还博学多识，精通历史，以历史经验启发激励君主，能做到这些的就是“忠臣”。

深谋远虑，能预测事情的成败，及时采取补救的办法，或者转败为胜、转危为安，使君主自始至终不必忧虑，能这样做的就是“智臣”。

奉公守法，以身作则，忠于职守，勇于负责，为民众出了力、办了事不接受贺礼，清正廉洁，勤俭朴素，能这样做的就是“贞臣”。

当国乱君昏时，不阿谀逢迎，敢冒死直谏，陈说利弊得失，敢当面指出昏君的过错，能这样做的就是“直臣”。

以上六种官员就是所谓的“六正”。

※ 评析

本节列举了六种官员，都是为君者的“良辅”，圣臣、大臣、忠臣、智臣、贞臣、直臣都有其各自的表现形式，都有着各自的长处和所擅长的职务。如果君主能够抓住他们各自的优点，安排其在合适的职务上，就能发挥他们的特长，从而可以做到量才而用，使他们各尽其职。作为领导者能够使良才各得其所，激发他们的潜能，就能在事业上取得辉煌的成就。

官有六邪　亡国之臣

※ 原文

安官贪禄，不务公事，与世沉浮，左右观望，如此者，具臣也。

主所言皆曰“善”，主所为皆曰“可”，隐而求主之所好而进之，以快主之耳目。偷合苟容，与主为乐，不顾后害，如此者，谀臣也。

中实险诐，外貌小谨，巧言令色，又心疾贤。所欲进则明其美，隐其恶；所欲退则彰其过，匿其美，使主赏罚不当，号令不行，如此者，奸臣也。

智足以饰非，辩足以行说，内离骨肉之亲，外妒乱于朝廷，如此者，谗臣也。

专权擅势，以轻为重；私门成党，以富其家；擅矫主命，以自显贵，如此者，贼臣也。

谄主以佞邪，坠主于不义，朋党比周，以蔽主明，使白黑无别，是非无闻；使主恶布于境内，闻于四邻，如此者，亡国之臣也。

是谓六邪。

※ 译文

安于官位，贪取俸禄，不为公事操心，做事随波逐流，没有主见，持观望态度，这样的臣子叫作“具臣”，滥竽充数而已。

只知应和君主，对上投其所好，暗中讨好主上，以取悦得宠，玩些溜须拍马的花样，而不顾因此所造成的后果，这种官员就叫作“谀臣”。

内心阴险奸诈，外貌谦恭谨慎，巧言令色，实则嫉贤妒能，任人唯亲，报喜不报忧。暗中诽谤他人，爱夸大其词，致使君主赏罚不明，政策法令不能贯彻实行，这类官吏就是“奸臣”。

有才智学识，以其掩饰过错，振振有词，使人不得不信；辩论起来足以成为一家学说，小则离间父子兄弟反目成仇，大则在朝廷中煽风点火，制造混乱，这种官员就是“谗臣”。

篡夺权力，颠倒黑白，结党营私，损公利己，排斥他人。假传圣旨以谋求显贵之位，这类官吏就是“贼臣”。

以奸佞之语阿谀奉承，促使君主走上邪路，背后又把责任推给君主；结交朋党，蔽塞君听，使朝廷内外黑白不分，是非不辨；将君主恶名传到境外，人尽皆知，这种官吏就是“亡国之臣”。

以上这六种官员称作“六邪”。

※ 评析

本节从反面谈到了六种官员，即具臣、谀臣、奸臣、谗臣、贼臣、亡国之臣，说明这些都是祸国殃民的奸邪之臣。正邪不两立，奸臣当道，好人就不会得到重用，这与用人者有着密切的关系。如果用人不当，手下尽是些奸佞小人、不忠之臣，他们不但花言巧语地颠倒黑白，甚至还会破坏团结，陷害他人，危害到国家的长治久安，这是用人者必须防范的。否则，就会在事业上一事无成。

量主而进　明哲保身

※ 原文

子贡曰："陈灵公君臣宣淫于朝，泄冶谏而杀之，是与比干同也，可谓仁乎？"

子曰："比干于纣，亲则叔父，官则少师，忠款之心，在于存宗庙而已，故以必死争之，冀身死之后而纣悔悟。其本情在乎仁也。泄冶位为下大夫，无骨肉之亲，怀宠不去，以区区之一身，欲正一国之淫昏，死而无益，可谓怀矣！《诗》云：'民之多僻，无自立辟。'其泄冶之谓乎？"

※ 译文

子贡说："陈灵公君臣公然淫乱朝纲，泄冶却因进谏被杀，这件事与比干之死相同，能称得上仁吗？"（春秋时郑穆公的女儿夏姬，后世称她为"一代妖姬"，是当时的美女。陈、郑等好几个国家都亡在她手里。据说她好几十岁了还不显老，许多诸侯都被她所迷。最初她嫁给陈国的大夫御叔，丈夫死后，她和陈灵公及朝中大夫孔宁、仪行父私通，搞得朝廷内乌烟瘴气。陈国的大夫泄冶看不下去，就提出规谏。陈灵公自知无颜面对泄冶，就买通刺客把泄冶杀了。就此事子贡问孔子。）

孔子说："比干与纣王从私人关系方面讲，他们是皇亲，比干是纣王的叔父；从国家方面讲，比干是纣王的老师，为的是保住殷商的社稷，所以才决心牺牲自己，希望以死使纣王悔悟。所以比干才是真正的仁爱之心。泄冶就不同了，他只是陈灵公的臣子，地位只是个大夫，没有血缘上的关系，在陈国这样一个政乱君昏的国家，正人君子本应挂冠而去，但他抱着不切实际的幻想没有这么做，想改变昏庸的君主。死于国无益，只能说有爱国之心，无忠仁之实。《诗经》中说：'民之多僻，无自立辟。'（意思是说，寻常百姓一旦走到偏激的邪路上去，就无法把他们拉回来了）。泄冶就是这种人吧。"

※ 原文

或曰："然则窦武、陈蕃，与宦者同朝廷争衡，终为所诛，为非乎？"

范晔曰："桓灵之世，若陈蕃之徒，咸能树立风声，抗论昏俗，驱驰岨嶮之中，而与腐夫争衡，终取灭亡者，彼非不能洁情志，违埃雾也。愍夫世士，以离俗为高，而人伦莫相恤也。以遁世为非义，故屡退而不去。以仁心为己任，虽道远而弥厉，及遭值际会，协策窦武，可谓万代一时也。功虽不终，然其信义足以携持世心也。”

※ 译文

有人问：“后汉的窦武、陈蕃与宦官曹节、王甫在朝廷中抗斗，最终还是死在宦官手里，难道他们做错了吗？”

范晔在《后汉书》中说：“汉桓帝、灵帝时，像陈蕃这样的人，都能树立声势，与昏政乱俗抗拒，在困境中与宦官据理力争。他们最终失败被杀，并非不能解开世俗的乌烟瘴气，保持高洁情志，只是不屑这样做。可叹世人以超越尘伧为高尚，不关心人伦大节，而陈蕃以遁世离俗不合乎道义，所以即使屡遭排斥也不放弃。以仁心为己任，不管道路多么曲折，也不停止追求，总想找机会实现心愿，铲除阉党。虽然失败了，然而他的精神、正义却世世代代作为信念的支柱在引导、支持着世道人心。”

※ 评析

良禽择木，良才择人。为臣之道也是一门学问，有的本来怀着满腔热情想为君王建功立业，结果却事与愿违，落了个身败名裂的下场，甚至丢了性命，比干、窦武就是这样的臣子。有的怀有雄才伟略，却不能得遇明君，而壮志未酬，如廉颇、贾谊。

义重于生　舍生取义

※ 原文

或曰：“臧洪死张超之难，可谓义乎？”

范晔曰：“雍丘之围，臧洪之感愤，壮矣！相其徒跣且号，束甲请举，诚足怜也。夫豪雄之所趣舍，其与守义之心异乎？若乃缔谋连衡，怀诈算以相尚者，盖惟势利所在而已。况偏城既危，曹、袁方睦，洪徒指外敌之衡，以纾倒悬之会，忿恨之师，兵家所忌，可谓怀哭秦之节，存荆则未闻。”

※ 译文

有人问：“臧洪死于张超之难，算得上义举吗？”（三国交战时，广陵太守张超把政务委托给臧洪管理，后来袁绍也和臧洪成了朋友。当曹操在雍丘包围张超时，臧洪光着脚哭着到处替张超求救兵，当向袁绍求援时，袁绍没答应。雍丘被曹操攻破后，张超全家被杀。臧洪因此恨透了袁绍，与之绝交。朋友反目成仇，袁绍举兵攻打臧洪，后来臧洪也被袁绍杀了）。

范晔对此的看法是："张超被困雍丘，臧洪情急求救，确实不错。看他光脚奔走呼号、带兵赴难的样子，确实值得同情。但是英雄豪杰的行为有时与信守节义并无关系。有时甚至无信义可谈，更何况是在兵荒马乱的三国。如果能谈连横或诈算之术，晓之利害，有利可图的话，还可能有效。而当时曹、袁出于利害关系刚刚讲和，臧洪想借袁绍打败曹操，以解朋友之难，实在荒唐。另外，按兵法来讲，逞一时义愤，率愤恨之师，是兵家之大忌。臧洪虽心有申包胥哭秦廷之义，但是解决不了实际问题。借外力解决本国危难，只会把国家让给他人，没听说过这样还能复国图存的。"

※ 原文

或曰："季布壮士，而反摧刚为柔，髡钳逃匿，为是乎？"

司马迁曰："以项羽之气，而季布以勇显于楚，身屡典军，搴旗者数矣，可谓壮士。然至被刑戮，为人奴而不死，何其下也！彼必自负其材，故受辱而不羞，欲有所用其未足也，故终为汉名将。贤者诚重其死。夫婢妾贱人，感慨而自杀者，非勇也，其计尽，无复之耳。"

※ 译文

有人问："季布是一名壮士，反而化刚为柔，剃成了光头，逃亡在外，这样做对吗？"

司马迁说："在楚汉争霸时，以项羽的气概，季布能在楚军中扬名立足，屡建奇功，真可谓壮士。但项羽失败后，刘邦要杀他，他又甘心为奴而苟活，又显得很下贱。为什么要这么做呢？因为他很自负认为自己是个了不起的人才只是走错了路，因此受尽屈辱却不以为耻，盼望有机会施展抱负，发挥潜能，所以最终成了汉代名将。贤者把死节看得很重，不会像婢妾贱人一样轻易放弃，只要有东山再起的希望，是绝不会轻生的，而自杀只能是无路可走的表现。"

※ 评析

本节说到了面对生死如何取义的方式，并列举了大量的历史名人的事迹，进行了精确阐述。死是不可避免的，但关键看如何去死。舍生取义，忍辱负重，或是勇敢悲壮而死，方能显现生死之间的伟大意义；如果在困境中无计可施而心生轻生之念，就不是大丈夫、真君子所为了。就像司马迁所说："人固有一死，或重于泰山，或轻于鸿毛。"活着有所追求，死能死得其所，才是真正的勇士。

凛然大义　士之所趋

※ 原文

或曰："宗悫之贱也，见轻庾业。及其贵也，请业为长史，何如？"

斐子野曰："夫贫而无戚，贱而无闷，恬乎天素，弘此大猷，曾、原之德也。降志辱身，挽眉折脊，忍屈庸曹之下，贵聘群雄之上，韩、黥之志也。卑身之事则同，居卑之情已异。若宗元干无怍于草具，有韩、黥之度矣。终弃旧恶，长者哉！"

世称郦寄卖交，以其给吕禄也，于理何如？

班固曰："夫卖交者，谓见利忘义也。若寄，父为功臣而执劫，虽摧吕禄，以安社稷，义存君亲可也。"

※ 译文

有人说："南朝宋人宗悫贫贱时，曾被庾业轻视，后来他当上太守后又请庾业做长史，对此有何评价呢？"

斐子野说："贫贱时，面无戚色，心无忧虑，安然自得，淡泊宁静，有如此之胸怀，其德行很像孔子的学生曾子、原宪；能降志辱身，摧眉折腰，忍辱负重，这是韩信、黥布这类人的行为。被人轻视与侮辱的情况是相同的，但心态却不同。一种是道德、人格的榜样，不奢求荣华富贵，淡泊中养其清泰天和。另一种是英雄情操，得志就气度非凡，不得志就忍辱负重。像宗悫这样的人，兼有这两种情操、气度，贫贱时忍辱负重，得志后不念旧恶，真可谓长者之风呀！"

后世人称郦寄欺骗吕禄是出卖朋友，这怎么讲呢？

班固认为："所谓出卖朋友，指的是见利忘义的行为。郦寄的伯父郦食其和父亲郦商帮汉高祖打了天下，是开国元勋，而吕氏家族阴谋篡夺了政权，他虽用欺骗手段把吕禄骗出去，摧毁了吕氏家族，但那是为了拯救国难、安定社稷，捍卫父辈君臣开创的大业而不得已采取的一种手段。"

※ 原文

或曰："靳允违亲守城，可谓忠乎？"

徐众曰："靳允于曹公，未成君臣。母，至亲也，于义应去。昔王陵母为项羽所拘，母以高祖必得天下，因自杀以固陵志，明心无所系，然后可得事人，尽其死节。卫公子开方仕齐，十年不归，管仲以其不怀其亲，安能爱君，不可以为相。是以求忠臣于孝子之门。允宜先救至亲。徐庶母为曹公所得，刘备乃遣庶归。欲天下者，恕人子之情，公又宜遣允也。"

※ 译文

有人问："靳允不救母亲，死守城池，对曹操算不算是忠？"

徐众说："当程昱去游说的时候，靳允与曹操之间，还没有形成君臣关系，而母亲是至亲骨肉。所以于情于理，靳允都应该为母亲的安危而去，不该为曹操守城。昔日刘邦的大将王陵的母亲被项羽抓了起来，以此威迫王陵。王陵的母亲看出刘邦肯定会得天下，怕儿子为救自己而玷辱一世英名，所以自杀而亡，使王陵心无牵挂，尽忠尽节。战国时的卫国公子开方在齐国做官，十年不曾回家。有人说可以提拔他为相，管仲却说，连父母都不爱，怎么会爱君王呢？不可以为相。这是求忠臣于孝子之门。所以，靳允应先救母亲。徐庶母亲被曹操抓去，刘备只得让徐庶归曹。想得天下的人，应体谅母子之情，所以曹操应该让靳允救其母才对。"

※ 评析

"小不忍则乱大谋"，可见为人大度是一种高贵的品质，表现在生活中大多是能善于倾听和容纳与自己不同的意见，还要学会忍受别人与自己相左的想法。人在大度的同时，还必须识大体、顾大局，如果做事只求一时痛快，或者忍痛割爱，于至亲的生命都不顾惜，就会违背仁义二字，到那时所谓的大度就毫无意义可言了。所以说，能够表现在明辨是非，大仁大义之举上的大度才是最为明智的选择。

欲行仁德　贵在自觉

※ 原文

魏文帝问王朗等曰："昔子产治郑，人不能欺；子贱治单父，人不忍欺；西门豹治邺，人不敢欺。三子之才，与君德孰优？"

对曰："君任德则臣感义而不忍欺；君任察则臣畏觉而不能欺；君任刑则臣畏罪而不敢欺。任德感义，与夫导德齐礼，有耻且格，等趋者也；任察畏罪，与夫导政齐刑，免而无耻，同归者也。优劣之悬，在于权衡，非徒钧铢之觉也。"

或曰："季文子，公孙弘，此二人皆折节俭素，而毁誉不同，何也？"

范晔称："夫人利仁者，或借仁以从利；体义者，不期体以合义。季文子妾不衣帛，鲁人以为美谈；公孙弘身服布被，汲黯讥其多诈。事实未殊而毁誉别者，何也？将体之与利之异乎？故前志云：仁者安仁，智者利仁，畏罪者强仁。校其仁者，功无以殊，核其为仁，不得不异。安仁者，性善者也；利仁者，力行者也；强仁者，不得已者也。三仁相比，则安者优矣。"

※ 译文

魏文帝曹丕问大臣王朗等人："郑国大臣子产治理国家时，没有人能欺骗他；孔子的学生子贱治理单父时，人们不忍心骗他；西门豹治理邺都时，人们不敢骗他。这三个人所做到的不能骗、不忍骗、不敢骗，你认为哪一种更好？"

王朗说："君行德政，臣民就会因仁义的感化而不忍心欺骗；君上明察，那么臣民害怕被发觉就不能欺了；君用刑罚，臣民就会因畏惧而不敢欺了。实行德政，感化仁义，德政与仁义并施，就可以使百姓知耻而有序，自然会向德化的方向走；如果害怕犯错被查处而获罪，可以用政事疏导，用刑法统一，民虽免于罪过，却与没有耻辱心的人一样。德刑的区别很大，就像秤锤与所称重物的区别，是质的区别，不只是钧铢斤两之差。"

有人问："季文子、公孙弘这两个人，虽身居显位，却又能降低身份，过着俭朴的生活，然而得到的毁誉截然不同，这是什么道理？"

范晔说："认为行仁德有利的人，是假借仁的名义谋取私利；身体力行义的人，完全自觉行仁义之举，又处处合乎道义。季文子的老婆从不穿绫罗绸缎，而被传为美谈；公孙弘身穿布衣，汲黯当面指责他假装俭朴。季文子和公孙弘的行为是一样的，可是季文子受到赞誉，公孙弘受到诋毁，其原因就在于'利仁'和'体义'的区别。古书有云：'仁者安身于仁，智者利用仁，畏罪者勉强为仁。'考究他们的仁，表面好似没有区别，其实本质却不相同。安仁的人，本性仁善是自觉的行为；利仁的人，只是用仁的标准要求自己，努力去做；强仁者，是不得已而为之。三者相比，以安仁为最优了。"

※ 评析

古人讲究修身明志，讲究以德服人。以仁德之心去弃恶扬善，教化万民，而自己即使身处功名利禄中，也不会丧失清高淡泊的性情，从而安然自在地独享生活中的情趣。但是，如果只是为了求取高雅的名声，而沽名钓誉地假装清高，就未免让人心生厌倦了。现实生活中这样的人也不在少数，表面上大讲文明道德，暗中却做男盗女娼之事，干争名夺利之事，虽然能招摇过市一时，但终究还是逃不过世人的眼睛。

残暴统治　必生祸患

※ 原文

或曰："长平之事，白起坑赵卒四十万，可为奇将乎？"

何晏曰："白起之降赵卒，诈而坑其四十万，其徒酷暴之谓乎？后亦难以重得志矣！向使众人预知降之必死，则张虚拳，犹可畏也。况于四十万披坚执锐哉？天下见降秦之将头颅依山，归秦之众骸积成丘，则后日之战，死当死耳，何众肯服，何城肯下乎？是为虽能裁四十万之命，而适足以强天下之战。欲以一期之功，而乃更坚诸侯之守。故兵进而自伐其势，军胜而还丧其计，何者？设使赵众复合，马服更生，则后日之战，必非前日之对也，况今皆使天下为后日乎！其所以终不敢复加兵于邯郸者，非但忧平原之补缝，患诸侯之救至也，徒讳之而不言耳。且长平之事，秦人十五以上，皆荷戟而向赵矣。夫以秦之强，而十五以上，死伤过半，此为破赵之功小，伤秦之败大也。又何称奇哉？”

※ 译文

有人问：“长平一战，白起活埋了赵国降兵四十万，能算是历史上的奇将吗？”

何晏说：“白起活埋赵国四十万大军是个骗局，白起当初答应赵国投降了会没事，结果赵国投降了又被全部活埋，这不单是个残暴的问题，此后白起再也难以得志了。如果赵军事先知道被活埋，就算赤手空拳抵抗到底，也是很可怕的。更何况这四十万大军都全副武装呢？天下见到投降秦国的将领头颅堆成山，归降的士兵尸骨积为丘，从此以后，与之战争，只会拼死相斗，哪还有人肯投降！虽然白起能一夜之间坑杀四十万生灵，但告诉了天下必与秦决一死战，不可投降。白起为争一时之功，更加坚定了六国保家卫国的决心。所以说，这种做法虽然占领了别人的土地，但也相对削弱了自己的力量，实现不了速灭六国的计划。为什么呢？因为赵国虽战败但并未亡国，假使赵国万众一心动员起来再战，再有个赵奢这样的将领，秦国就对付不了。秦国之所以始终不敢再出兵攻赵，并不是因有平原君赵胜出来当统帅，而是因为害怕各诸侯联合起来救赵。秦国知道这个道理，只是因忌讳不说罢了。况且长平之战，秦人十五岁以上的军士死伤过半，因此从长远来看，长平之战打败赵国的功小，秦国损失更大。像白起这样的战略，怎能称得上是奇将呢？”

※ 评析

残暴之治是不能长久的，秦朝的灭亡与之是分不开的。项羽一生战功卓著，大小战役七十二次，有七十一次都取得了胜利，而这最后一战却全军覆没，落个乌江自刎的下场。表面看是战略战术的失败，实际上是失道寡助所致，可悲又可叹。战争不仅仅是军事上的斗争，它也关系到政治斗争，以仁义之师征战，才会争取更多的力量，取得战争的最后胜利。

功败垂成　乐毅无过

※ 原文

或曰：“乐毅不屠二城，遂丧洪业，为非乎？”

夏侯玄曰：“观乐生与燕惠王书，其殆乎知机合道，以礼终始者欤！夫欲极道德之量，务以天下为心者，岂其局迹当时，止于兼并而已哉？夫兼并者，非乐生之所屑；强燕而废道，又非乐生之所求。不屑苟利，不求小成，斯意兼天下者也。举齐之事，所以运其机而动四海也。围城而害不加于百姓，此仁心著于遐迩矣。迈令德以率列国，则几于汤武之事矣。乐生方恢大纲，以纵二城，收人明信，以待其弊，将使即墨、莒人，顾仇其上，开弘广之路，以待田单之徒；长容善之风，以申齐士之志。招之东海，属之华裔。我泽如春，人应如草，恩戴燕王，仰风声二城必从，则王业隆矣。虽淹留于两邑，乃致速于天下也。不幸之变，势所不图，败于垂成，时变所然。若乃逼之以兵，劫之以威，侈杀伤之残，以示四海之人，虽二城几于可拔，则霸王之事逝其远矣。乐生岂不知拔二城之速了哉？顾城拔而业乖也。岂不虑不速之致变哉？顾业速与变同也。由是观之，乐生之不屠二城，未可量也。”

※ 译文

有人问：“乐毅不破莒城、即墨，丧失了开创大业的机会。这是他的过错吗？”（公元前285年，燕国上将军乐毅联合赵、楚、韩、魏，合五国之兵攻打齐国。齐军全线崩溃，最后只剩下莒城、即墨未克。乐毅如果乘胜进击，攻克这两座城池完全是可能的，但他没有这样做）。

夏侯玄说：“阅读乐毅的《与惠王书》，觉得他是明了大道玄机，按照礼义掌握办事规律的人。他想用仁德收买人心，岂是只知以武力征服、不懂道义的目光短浅之人？这种只知兼并的做法是乐毅所不看重的，不讲道义就使燕国强大，也不是乐毅所要达到的目标。他不计较一时的利益，而是从大局出发，为的是统一天下。攻打齐国不过是他以此扬名的开始，围困齐城却不侵扰百姓，仁心显于天下，美德传于列国，功德几乎可与汤武圣王的业绩相比。乐毅施展宏韬大略，不攻克两座城池，目的却是想尽快取得天下。此时信誉著于齐人，正待其弊，从而使即墨、莒人对齐王产生怨恨的情绪，并为田单那些人归降留下宽广的后路；宽容而和善的态度使齐人不存有屈辱之感。燕王的恩泽遍及东海之滨，华夏之裔有如草遇阳春，从而使燕王得到更多的拥护，如能这样，二城必降，就能使王业更兴盛了。留下二城迟迟不攻，是速胜的一种长远之策。可惜由于时局的变化，这种计划未能实现，而功败垂成，这只不过是由时局造成的。如果当时攻下二城，使以威慑，甚至以杀戮来昭示四海，那离燕王称霸的大业就更远了。乐毅怎么会不知道莒城、即墨可以速战速决呢？只是他顾忌的是城虽可拔，千秋大业却被破坏了；怎么会不知道迟疑不决最后可能有不测风云呢？只是因为速战速决与时局变化，其结果是一样的啊！这样看来，乐毅不灭莒城、即墨，他的心理是不可以用常规去衡量的。”

※ 评析

乐毅举仁义之师，不克二城，比残酷杀戮确实高明得多，但与诸葛亮相比，却还相差甚远。诸葛亮不仅足智多谋，还能言善辩；不仅有高瞻远瞩的治国策略，还有宽广仁厚的博大胸怀，不仅能知人善任，还以仁待人，从而成为“家喻户晓、妇孺皆知”的智慧化身。同样胸怀大志，对君王忠心耿耿，其结果却不尽相同，这是由立身处世的态度和环境造成的。因此，把握时机，才能进退自如。

革旧图新　变法强秦

※ 原文

或曰：“商鞅起徒步干孝公，挟三术之略，吞六国之纵，使秦业帝，可为霸者之佐乎？”

刘向曰：“夫商君，内急耕战之业，外重战伐之赏，不阿贵宠，不偏疏远。虽《书》云‘无偏无党’，《诗》云‘周道如砥，其直知矢’，《司马法》之厉戎士，周后稷之劝农业，无以易此。此所以并诸侯也。故孙卿曰：‘四世有胜，非幸也，数也。’夫霸君若齐桓、晋文者，桓不倍柯之盟，文不负原之期，而诸侯信之。此管仲、咎犯知谋也。今商君倍公子卬之旧恩，弃交魏之明信，诈取三军之众，故诸侯畏其强而莫亲信也。藉使孝公遇齐桓、晋文，得诸侯之统，将合诸侯之君，驱天下之兵以伐秦，秦则亡矣。天下无桓、文之君，故秦得以兼诸侯也。卫鞅始自以为知王霸之德原，其事不伦也。昔周召公施美政，其死也，后世思之，《蔽芾甘棠》之诗是，尝舍于树下，不忍伐其树，况害于身手？管仲夺伯氏骈邑三百户，无怨言。卫鞅内刻刀锯之刑，外深斧钺之诛，身死车裂，其去霸者之佐亦远矣！然孝公杀之，亦非也。可辅而用，使卫鞅施宽平之法，加之以恩，申之以信，庶几霸者之佐乎！”

※ 译文

有人问：“商鞅千里迢迢游说秦孝公，准备了帝术、王术、霸术三种方法和吞并六国的纵横捭阖策略，终于使秦成就了霸业，他能算作霸者的良师吗？”

刘向认为：“商鞅在内政方面抓紧农业生产，军事上鼓励将士多立战功以加官晋爵。执法中刚正不阿，对权贵宠臣不留情面，对百姓不分亲疏远近。《尚书》所说的‘无偏无党’，《诗经》所说的‘周朝治国如磐石公平坦白，如箭正直无私’。就是齐景公时的名将司马穰苴那样激励将士，周朝的创始人后稷那么善于农耕，都未必赶得上商鞅。这就是秦国能够兼并六国的原因吧。所以荀子说：‘秦国四世强盛，并非偶然，而是治理得法的结果。’想做霸主，就应像齐桓公那样信守诺言，归还鲁国土地；像晋文公那样三日攻不下城池，就领兵而去，从而赢得了盟主地位。桓公、文公所以能受诸侯拥护，应归功于桓公的谋臣管仲和文公的谋臣狐偃。但商君变法成功后，在攻打魏国时，商鞅投书给魏公子卬，大谈昔日友情，并约定会面畅饮，各自罢兵。结果商鞅不守信义，俘虏了公子卬，袭击了魏军。各国诸侯因此畏惧秦国的强暴无信，不敢与之建立友好关系。如果秦孝公遇到的是齐桓公、晋文公，他们联合各路诸侯讨伐秦国，秦国定会灭亡。只因当时不再有齐桓公、晋文公那样的国君，才使秦国兼并了各国诸侯。商鞅自以为懂得王霸道理，其实并非如此。从前周公、召公实施仁政，死了以后，后人思念他们，作了《蔽芾甘棠》来歌颂他们。说的就是在甘棠树下住的人，因怀念他们的贤德都不忍心伐树，更不用说会伤害召公本人了。齐桓公因管仲有功而把伯氏的三百户赏给管仲，伯氏毫无怨言。如今商鞅对内实行严刑，对外穷兵黩武，而自己最后车裂身死，这样看来他离霸者的良相还差得远呢！不过秦孝公杀他也不对。他可以在任用商鞅时，施行宽容的法律，再配合恩德，这样就差不多是成就霸业的做法了。”

※ 评析

商鞅变法，是对是错，暂且不去评说，但他确实使秦国变得国富民强了，虽然最后因车裂而亡，但其为变法献身的精神确有可以称道之处。社会要想进步，就必须顺应历史潮流，以变革求强盛。从历史诸多“变法”的经验教训中我们可以明白，新的事物代替旧的事物，总要经历一个长期而曲折的过程，这就注定了变法的过程并不是一帆风顺的。

街亭失守　孔明之过

※ 原文

诸葛亮以马谡败于街亭，杀之。后蒋琬谓亮曰：“昔楚杀得臣，然后文公喜可知也。天下未定，而戮智计之士，岂不惜哉？”亮流涕曰：“孙武所以能制胜者，用法明也。是以杨干乱法，魏绛戮之。四海分裂，兵交方始，若复废法，何用讨贼耶？”

习凿齿曰：“诸葛亮之不能兼上国也，岂不宜哉？夫晋人视林父之后济，故废法而收功。楚成暗得臣之益己，故杀之以重败。今蜀僻陋一方，才少上国，而杀其俊杰，退收驽下之用，明法胜才，不师三败之道，将以成业，不亦难乎？”

※ 译文

诸葛亮因马谡失守街亭，把他杀了。事后蒋琬对诸葛亮说：“战国时楚国因元帅得臣兵败被逼自刎，晋文公很是高兴。可知楚王杀错了人。现在天下未定，处死马谡这样有智谋的大将，岂不可惜？”诸葛亮泪流满面说：“孙武能克敌制胜，是因为军法严明。晋悼公伐郑战于虎牢时，杨干仗着是悼公的弟弟，不听军令，被司马魏绛以军法论处。如今四海分裂，战争刚开始，如果废止了刑法，还怎么讨伐贼寇呢？”

晋代史学家习凿齿说：“诸葛亮不能兼并魏国，不是理所当然的吗？昔日晋文公在城濮之战中，看到荀林父没有及时过河，文公没有按军法处置他，结果取得了成功；楚成王不理解得臣是为了他才失败的，杀了得臣才导致了更大的失败。当时蜀国疆域狭窄，人才比不上魏国兴旺，又把马谡杀了，无可奈何起用才德较差之人，很明显是把法律看得比人才更重要。这种不吸取三次北伐失败教训的做法，还想成就大业，不是勉为其难吗？”

※ 评析

孔明挥泪斩马谡确有不当之处，其目的是严于用法，明于律己，这无可厚非，但用法要有个度，同时还要灵活把握，适应时宜。当时蜀国正值缺人之时，杀掉马谡无异于雪上加霜。孔明用马谡守街亭，本身也有不妥之处，因为马谡长于用脑献策，不善用兵打仗，这也是其败因之一。当然，人非圣贤，孰能无过？诸葛亮在此所犯的过失，也并非不可原谅，因为用人之长，不能因一次失误就全盘否定。

审时度势　英雄所为

※ 原文

汉代以周勃功大。霍光何如？

对曰：“勃本高帝大臣，众所归向，居太尉位，拥兵百万，既有陈平、王陵之力，又有朱虚诸王之援，郦寄游说，以谲诸吕，因众之心，易以济事。若霍光者，以仓卒之际，受寄托之任，辅弼幼主，天下晏然。遭燕王旦之乱，诛除凶逆，以靖王室。废昌邑，立孝宣，任汉家之重，隆中兴之祚，参声伊周，为汉贤相。推验事效，优劣明矣。”

后汉陈蕃上疏荐徐稚、袁闳、韦著三人。帝问蕃曰：“三人谁为先后？”蕃曰：“闳生公族，闻道渐训。著长于三辅，礼义之俗，所谓不扶自直，不镂自雕。至于稚者，爰自江南卑薄之域，而角立杰出，宜当为先。”

※ 译文

汉代的周勃平定了吕后乱政，功劳极大，霍光比他如何？

回答说："周勃是汉高祖的创业大臣，众望所归，又身居太尉，拥兵百万，既有陈平、王陵这样的谋士帮助，又有朱虚侯刘章等王子的援助，再加上郦寄周旋游说，搞阴谋诡计。可以说他是人心所向，所以很容易成功。霍光则不同，在汉武帝突然病重，事出仓促的情况下，被要求辅佐幼主汉昭帝。在他辅佐幼主期间把国家治理得很好。后来燕王刘旦叛乱，他诛灭了燕王，安定了皇室。后来又废昌邑王刘贺，迎立刘询为汉宣帝。霍光肩负汉家刘氏的重任，执掌大权二十年，使汉朝中道兴隆，皇权延续，名声与伊尹、周公不相上下，实在是汉之贤相。他们之间的事迹相比较，其优劣是很明显的。"

后汉的太尉陈蕃向汉桓帝推荐徐稚、袁闳、韦著。桓帝问："他们三个谁更好一些？"陈蕃说："袁闳出身贵族，通晓安身立命之道，受道德教育，得礼义熏陶，品操合乎圣人遗训；韦著适于做京官，为人处世讲究礼义，这种修养已经成了他的生活习惯，他就是常人说的那种'不扶自直，不镂自雕'的人；徐稚是南昌人氏，家境清贫，能够脱颖而出，出人头地，应当说数他最为杰出。"

※ 原文

或曰："谢安石为相，可与何人为比？"

虞南曰："昔顾雍封侯之日，而家人不知，前代称其持重，莫以为偶。夫以东晋衰微，疆场日骇，况永固（苻坚字也）六夷英主，亲率百万。苻融俊才名相，执锐先驱，厉虎狼之爪牙，骋长蛇之锋锷，先筑宾馆，以待晋君。强弱而论，鸿毛太山，不足为喻。文靖深拒桓冲之援，不喜谢玄之书，则胜败之数，固已存于胸中矣。夫斯人也，岂以区区万户之封，动其方寸者欤？若论其度量，近古已来，未见其匹。"

隋炀帝在东宫，尝谓贺若弼曰："杨素、韩擒虎、史万岁三人，俱称良将，其间优劣何如？"对曰："杨素是猛将，非谋将；韩擒虎是斗将，非领将；史万岁是骑将，非大将。"太子曰："善。"

※ 译文

有人问："东晋的谢安做晋孝武帝的宰相，可以和谁相比？"

虞世南说："以前东吴的宰相顾雍受封为侯之日，家中无人知道，前人都称赞他质朴稳重，无人能及。在东晋那时王朝日渐没落，全国战火四起，百姓惊恐不安，再加上当时苻坚已是六夷之主，拥兵百万，又有苻融这样的丞相为前锋，披坚执锐，厉如虎狼之爪牙，锐似蛇矛，直逼江南。苻坚自恃兵强将猛，修建了宾馆，准备安顿被俘的晋朝皇帝，双方力量强弱用鸿毛与泰山来比喻也不过分。而谢安能临危不惧、泰然自若，拒绝五州都督桓冲的援兵，对侄子谢玄的作战方案不置可否，下棋如故。可见他对胜败早已成竹在胸了。这样的人才，怎会因一小小的万户侯而使自己方寸大乱呢？自古以来，难有与之可比者。”

隋炀帝做太子时，有一次问将军贺若弼：“杨素、韩擒虎、史万岁三人都被誉为良将，他们三个谁优谁劣呢？”贺若弼说：“杨素是猛将，但没有远大的谋略。韩擒虎是斗将，没有指挥才能。史万岁是骑将，不是大将。”隋炀帝回答道：“说得好！”

※ 评析

俗语说“乱世出英雄”，还有的说“时势造英雄”。如果生不逢时，不能得到施展才华的机会，或是不能被伯乐相中，即使是人才也会被埋没掉，“冯唐易老，李广难封”就是最好的例子。谢安能够一战成名，则证明了时局环境塑造人才的说法。由上所述，杰出的人才如果具备了有利的条件，接着所做的就是去把握和创造机会，在逆境中磨炼自己，在顺境中努力奋进，争取有所作为。

德表十一

本篇讲到了个人的道德修养问题。国家的兴衰成败，关键在于用什么样的人，而君主最重要的是要知道每个官员的优缺点，以及如何在使用他们时做到扬长避短。一要知人，二要善任，这两点是不可缺少的。

用其所长　补其不足

※ 原文

孔子曰：“性相近也，习相远也。”言嗜欲之本同，而迁染之途异也。夫刻意则行不肆，牵物则其志流。是以圣人导人理性，裁抑流宕，慎其所与，节其所偏。故《传》曰：“审好恶，理情性，而王道毕矣。”

治性之道，必审己之所有余，而强其所不足。盖聪明疏通者，戒于太察；寡闻少见者，戒于壅蔽；勇猛刚强者，戒于太暴；仁爱温良者，戒于无断；湛静安舒者，戒于后时；广心浩大者，戒于遗忘。

※ 译文

孔子说："性相近也，习相远也。"意思是说人的嗜好、欲望在本性上是相同的，只因为后天的环境、教育经历等不同而使每个人的个性、志趣显得千差万别。如果对自己要求严格，刻苦修炼、锐意进取的话，则行为就会循规蹈矩；如是一味追求物质享受，就容易随波逐流，性情转向不好的方向。所以圣人在教导、改造人的时候，注重培养性情，抑制物欲，对给予他些什么东西很慎重，对他的偏激嗜好加以节制。所以《左传》中说："审视人的好恶，陶冶人的性情，王者之道全在于此了。"

改造人性的办法，一定要明白自己的长处，克服自己的不足。一般来说性格聪明爽朗的，要警惕聪明反被聪明误；孤陋寡闻的，要警惕把无知当作高明；勇猛刚强的，要警惕遇事急躁冒进；善良温和的，要警惕做事优柔寡断；恬静从容的，要警惕失去良机；心胸广阔的，要警惕粗心大意。

※ 评析

事物都是具有两重性的，人的性格也是如此，有正就有反，有优也有劣。如果过于精明，就易于聪明反被聪明误；如果铁面无私，就难以做到法外施恩，酌情处理；如果刚正不阿，遇事就不易变通灵活……用人要用其特长，这就要求把握每个人的性格特点和能力所长，不仅要把他们放在自己喜爱的岗位上，更重要的是要把他们放在适合自己性格特点和能力特长的岗位上，这样才会扬长避短，发挥他们各自的所长。

修身养性　方可处世

※ 原文

文子曰："凡人之道，心欲小，志欲大，智欲圆，行欲方，能欲多，事欲少。"所谓"心小"者，虑患未生，戒祸慎微，不敢纵其欲也；"志大"者，兼包万国，一齐殊俗，是非辐辏，中之为毂也；"智圆"者，终始无端，方流四远，深泉而不竭也；"行方"者，直立而不挠，素白而不污，穷不易操，达不肆志也；"能多"者，文武备具，动静中仪也；"事少"者，执约以治广，处静以待躁也。

夫天道极即反，盈则损。故聪明广智，守以愚；多闻博辩，守以俭；武力毅勇，守以畏；富贵广大，守以狭；德施天下，守以让。

此五者，先王所以守天下也。

《传》曰："无始乱，无怙富，无恃宠，无违同，无傲礼，无骄能，无复怒，无谋非德，无犯非义。"此九言，古人所以立身也。

※ 译文

文子说："人们修养心性之道，应该是心欲小，志欲大，智欲圆，行欲方，能欲多，事欲少。"所谓"心小"，就是说要谨慎周密，有防患未然的意识，不放纵内心的欲望；所谓"志大"，就是说胸怀大志，有实现天下大同的志向和力挽狂澜的气势，以及坚持公正无私的准则；所谓"智圆"，就是说智慧圆融，循环往复，没有穷尽，像泉水一样永不枯竭；所谓"行方"，就是说正直端方，不屈不挠，纯洁清白，不变情操，不利欲熏心；所谓"能多"，就是说文武兼备，言行合乎道德规范；所谓"事少"，则是说要善于把握事物关键，能做到以静制动，以静待躁。

天道运行的规则是物极必反，盈满则亏。所以聪明多智的人，就必须使自己大智若愚；要想见多识广、博学明辨，就必须使自己觉得孤陋寡闻；要想武勇刚毅，就必须使自己知晓天理，有所敬畏；要想富贵显赫，就必须有所节制；要想兼济天下，就必须保持谦让恭顺。

这五条原则，是先王治理天下的法宝。

《左传》中说："不首先制造混乱，不凭借富贵侮辱人，不依靠权势胡作非为，不违背协议，不傲慢无礼、目中无人，不恃才自傲、逞能欺人，不报复仇恨自己的人，不去做违背道德、不仁义的事。"这几句话就是古人立身处世的原则。

※ 评析

本节讲到的五条原则是帝王治理天下的法宝，主要都是从修身养性方面说起的，我们现代人从中也可以学到许多有益的东西。无论我们在人生中遇到任何困境，都不可丧失信心、失去斗志，更不可随波逐流，不知该何去何从。我们要树立正确的做人准则和远大理想，勇于同逆境搏斗，才会让生活更加充实，生命更有意义。

理乱十二

本篇讲述了如何治理乱政。一个朝代处在混乱、危亡时期时，都会提前有征兆出现，有异常现象发生，应该怎样做才能使乱政得到治理呢？或者说还能不能治理呢？本篇会给我们一个明确的答复。

六主为鉴　可知兴衰

※ 原文

夫明察"六主"，以观君德。审惟"九风"，以定国常。探其"四乱"，核其"四危”，则理乱可知矣。

何谓“六主”？

荀悦曰：“体正性仁，心明志同，动以为人，不以为己，是谓‘王主’；克己恕躬，好问力行，动以从义，不以从情，是谓‘治主’；勤事守业，不敢怠荒，动以先公，不以先私，是谓‘存主’；悖逆交争，公私并行，一得一失，不纯道度，是谓‘衰主’；情过于义，私多于公，制度逾限，政教失常，是谓‘危主’；亲用谗邪，放逐忠贤，纵情逞欲，不顾礼度，出入游放，不拘仪禁，赏赐行私，以越公用，忿怒施罚，以逾法理，遂非文过，而不知改，忠言壅塞，直谏诛戮，是谓‘亡主’。”

※ 译文

明察“六主”，可以考察君主的德行。细审“九风”，可以知晓典章法规的执行情况。对“四乱”和“四危”细加体察，那么国家是国泰民安，还是动荡不安，就很清楚了。

“六主”指的是什么呢？

东汉史学家荀悦说：“天性仁慈，头脑灵活，志在天下大同，做事都是为了百姓，而不是为满足私欲，这就是能够统治天下的君主，被称为‘王主’；能严于律己，为人宽厚，做事身体力行，遵循仁义，不感情用事，这是能够治理天下的君主，被称为‘治主’；勤政爱民，恪守祖业，不敢荒淫懈怠，处理国事先公后私，这就是能保守祖业的君主，被称为‘存主’；叛逆伦常，公私不分，有得有失，行事没有理论标准作依据，这就是穷途末路的君主，被称为‘衰主’；情欲压倒礼义，私利重于公益，不遵守制度，政教失去常规，这就是危在旦夕的君主，被称为‘危主’；轻信重用诬陷忠良的邪恶小人，打击德才兼备的忠臣，纵情享受，不顾礼法制度的约束，对臣下凭好恶随意赏罚，从不依据法律，文过饰非，有错不改，不听逆耳忠言，诛杀谏臣，这就是亡国的君主，被称为‘亡主’。”

※ 评析

一个国家的兴衰荣辱，从国君的为人处世上就可以看出来，因为君主品性的好坏可以直接影响到朝廷上下，乃至国家的安定与动荡。统一天下的“王主”，必是以仁德治国，受到贤能的辅佐和百姓的拥护而创建帝王之业的；“治主”与“存主”都有治国安邦的才能，才使国家能够稳定繁荣地延续下去；“衰主”和“危主”由于没有抵御风险的能力，所以当灾难来临时就自身难保了；“亡主”无治国之能，胡作非为，不顾法纪，最终也只能落个国破身亡的下场。

细审九风　可知国运

※ 原文

何谓“九风”？

君臣亲而有礼，百寮和而不同，让而不争，勤而不怨，唯职是司。此“理国之风”也。

礼俗不一，职位不重，小臣谗疾，庶人作议。此“衰国之风”也。

君臣争明，朝廷争功，大夫争名，庶人争利。此“乖国之风”也。

上多欲，下多端，法不定，政多门。此“乱国之风”也。

以侈为博，以伉为高，以滥为通，遵礼谓之拘，守法谓之固。此“荒国之风”也。

以苛为察，以利为公，以割下为能，以附上为忠。此“叛国之风”也。

上下相疏，内外相疑，小臣争宠，大臣争权。此“危国之风”也。

上不访下，下不谏上，妇言用，私政行。此“亡国之风”也。

※ 译文

“九风”是什么意思呢？

君臣之间亲近有礼，文武百官即使政见不同仍然和睦相处，不争名夺利，勤勤恳恳为国效力，各司其职，各尽其能地做好工作。这就是政治清明的礼义之风，被称为“理国之风”。

礼教风尚不统一，群臣不能恪尽职守，基层官员谗害嫉妒，百姓议论纷纷，这就是国家衰败的象征，被称为“衰国之风”。

君臣互争荣誉、功劳，士大夫争名，老百姓争利，这就是乖戾之风，被称为“乖国之风”。

君主私欲泛滥，臣下作恶多端，法规不定，政出多门，这是国家动乱的象征，被称为“乱国之风”。

把奢侈当作繁荣，把骄纵当作高贵，把散漫当作开明，视礼义为约束，视守法为故步自封，这就是国家荒淫的象征，被称为“荒国之风”。

把苛刻当作精明，把谋私利当作公务，把宰割百姓当作能耐，把溜须拍马当作忠诚，这就是国家叛乱的象征，被称为“叛国之风”。

上下隔阂，内外猜疑，大官争权，小官争宠，这就是国家危亡的象征，被称为“危国之风”。

君臣不体民情，臣民不向上进言，后宫干涉朝政，行事多按私人意愿，这就是国家灭亡的象征，被称为“亡国之风”。

※ 评析

通过一个人的言谈举止，我们可以看出对方品行的优劣，通过以上总结出的几种国家风气，我们可以判断出一个国家的兴衰荣辱。俗语说："天下兴亡，匹夫有责。"每个人都有义务为国家的道德建设贡献一分力量，以促进良好风气的形成，因为国家好的风气是由国民体现出来的，而且良好风气的形成也有利于国家的长治久安和繁荣昌盛，所以我们要努力提高各自的品德修养，去扭转社会上的不良风气，推进精神文明的发展（原文可能有误，上列共"八风"，与九数不合。——译者）。

四乱四危　不得不察

※ 原文

何谓"四乱"？

管子曰："内有疑妻之妾，此家乱也；庶有疑嫡之子，此宗乱也；朝有疑相之臣，此国乱也；任官无能，此众乱也。"

何谓"四危"？

又曰："卿相不得众，国之危也；大臣不和同，国之危也；兵主不足畏，国之危也；民不怀其产，国之危也。此治乱之形也。凡为人上者，法术明而赏罚必者，虽无言语而势自治；法术不明而赏罚不必者，虽曰号令，然势自乱。"

是故势理者，虽委之不乱；势乱者，虽勤之不治。尧舜拱己无为而有余，势理也；胡亥、王莽驰骛而不足，势乱也。

故曰：善者求之于势，不责于人。是故明主审法度而布教令，则天下治矣。

论曰：夫能匡世辅政之臣，必先明于盛衰之道，通于成败之数，审于治乱之势，达于用舍之宜，然后临机而不惑，见疑而能断，为王者之佐，未有不由斯者矣。

※ 译文

什么是"四乱"呢？

管仲说："家中有疑忌正室的小妾，这是家乱；庶子疑忌嫡子，这是宗乱；朝廷里有疑忌宰相的大臣，这是国乱；任命的官员昏庸无能，这是众乱。"

什么是"四危"呢？

管仲又说："公卿和相国得不到百姓的拥护；大臣们不能同心协力；军队的元帅不能树立威望；人民不关心生产。这就是识别天下大乱还是大治的标准。凡是最高领导者，只要能做到法纪严明，赏罚得当，无须多用口号宣传，国家就能达到大治；如果法令、策略不严明，赏罚不施，即使天天发号施令，也必有大乱。"

所以说，法规健全，政治清明，即使放手不管，国家也不会发生动乱。相反，即使全心全意治国，也不一定治理好。尧舜垂拱无为而治，是因为其体制是治理的格局；胡亥、王莽奔走忙碌却天下大乱，是因为其体制是致乱的格局。

由此可知，善于治理国家的人，是在改造国家体制上下功夫，而不是把希望寄托于人。所以明主反复研析法律制度，而后颁布政令，天下就会大治。

综上所知：能匡时扶政的大臣，定要先明白盛衰的道理，通晓成败的奥秘，审查治乱的根源，了解各级官员的任免制度，然后才能面对时局不迷惑，遇到疑难能决断，辅助国君有所成就的人，没有不是这样做的。

※ 评析

社会的发展，国家的治理，都要遵循一定的客观规律，如果违背了特定的规律，即使再英明的君主、再贤能的辅臣也不可能把国家治理好。如果治理天下只是按照自己的主观意志办事，就可能会出现大乱的局面。只有顺势而治，合乎民情，政治清明、法律严明、奖罚公正，才会实现大治；审时度势，选用贤能，君臣同心，各尽其职，就可避免“四危”和“四乱”的局面。

透过治国的表面现象去把握本质，也就是把握时势和客观规律，我们便可省去更多的精力，避免更多的失误。治理国家要符合这个道理，经营企业、管理家庭也是如此。

卷三

臣闻三代之亡，非法亡也，御法者非其人矣。故知法也者，先王之陈迹，苟非其人，道不虚行。故尹文子曰："仁、义、礼、乐、名、法、刑、赏，此八者，五帝三王治世之术。"

反经十三

本篇论述了政治制度的得失问题。历朝历代都有制度，关键在于统治者如何运用。仁、礼、乐、法等都可当作治国的制度，但也要随具体情况而定，如果千篇一律，必会导致祸乱。是非、善恶在特定的时空内是有标准的。制度运用的得失关系到天下之治乱，得其道则天下治，失其道则天下乱。

国法必善　道不虚行

※ 原文

臣闻三代之亡，非法亡也，御法者非其人矣。故知法也者，先王之陈迹，苟非其人，道不虚行。故尹文子曰："仁、义、礼、乐、名、法、刑、赏，此八者，五帝三王治世之术。"

故仁者，所以博施于物，亦所以生偏私；义者，所以立节行，亦所以成华伪；礼者，所以行谨敬，亦所以生惰慢；乐者，所以和情志，亦所以生淫放；名者，所以正尊卑，亦所以生矜篡；法者，所以齐众异，亦所以乖名分；刑者，所以威不服，亦所以生凌暴；赏者，所以劝忠能，亦所以生鄙争。

※ 译文

我听说夏、商、周三朝之所以灭亡，并不是因为法规制度不合适的缘故，而是因为用了不合适的人去执法所导致的。法是先王遗留下来的陈规，如果没有合适的人去贯彻实行，就很难真正实行。所以战国时的尹文子说："仁、义、礼、乐、名、法、刑、赏，这八条是五帝（黄帝、颛顼、帝喾、唐尧、虞舜）、三王（夏禹、商汤、周文王）的治世之法。"

行仁原本是为了博爱大众，但有时也会有偏私，产生与仁义相违背的行为。义，可以使人立节行，也可以使人违背公德，而行假仁假义。礼仪规矩，是为使人们的言行恭敬严谨，但同时也会产生懒惰和散漫的习气，结果背离了"礼"字。音乐可以使人性情和平，但是也会让人情欲放浪。名位可以正人尊卑等级位置，也容易产生骄慢、篡夺的野心。法制可以使人们的行为有准则，也会让人找到法律的漏洞做出恶事。刑罚的威严可以使人服从法令，严于律己，但也会使执法人滥用刑法或者欺辱犯人。奖赏可以勉励人忠心效力，但也会诱发人们争功夺利，发生矛盾纷争。

※ 评析

世上没有完美无缺的事物，一项规章制度或者是政策的颁布同样也是如此。法律的制定本来是为了规范人的行为，维护社会的良好秩序，但这也给了一些人通过钻法律的空子去获取不义之财的机会；礼仪的制定本来是为了提高人们的修养和素质，但这使一些人染上矫揉造作、华而不实的恶习；行义本来无可厚非，但如果舍大义而取小义，就未免得不偿失了……虽然世上没有完美的事物，但我们在颁布规章制度时可以从大局着眼，只要有利于社会的发展，得到多数人的支持，就可以大胆地贯彻执行。

实事求是　量力而为

※ 原文

《文子》曰："圣人其作书也，以领理百事，愚者以不忘，智者以记事。及其衰也，为奸伪，以解有罪而杀不辜。"

其作囿也，以奉宗庙之具，简士卒，戒不虞。及其衰也，驰骋弋猎，以夺人时。

其上贤也，以平教化，正狱讼，贤者在位，能者在职，泽施于下，万人怀德。至其衰也，朋党比周，各推其与，废公趋私，外内相举，奸人在位，贤者隐处。

《韩诗外传》曰："夫士有五反：有势尊贵不以爱人行义理，而反以暴傲。"家富厚不以振穷救不足，而反以侈靡无度。资勇悍不以卫上攻战，而反以侵凌私斗。心智慧不以端计教，而反以事奸饰非。貌美好不以统朝莅人，而反以蛊女从欲。"

※ 译文

《文子》中说："圣人创造文字，留下著述为的是指导民众，叫人理解天下之事，使愚笨的人变得聪明起来，使聪明的人学识渊博。但事与愿违，有些人学到知识后却变得更坏了，他们以所学知识为非作歹，甚至为有罪的人辩护，冤杀无辜的人。"

至于国家建筑林园，那是为了使祖宗的灵位有个存放的地方以便祭祀。先贤开辟苑囿，是为了提供军队训练、供奉宗庙用的，以防意外变故。遇到昏庸的君主就大兴土木，广建园林，作为驰骋狩猎的场所，这不仅劳民伤财，还会贻误农时。

推举贤才，是为了提高国民的素质，使人从善如流，公正司法，使贤者有其位，能者有其职，广施恩德于万民，使百姓感恩戴德，对国君忠心耿耿。到了政治败落后，大小官员就会结党营私，狼狈为奸，各自为政，从而使恶人掌权，贤人被疏远。

《韩诗外传》说："古代士有五反：有权势、地位，受人尊贵，却没有仁爱之心，不行道义之事，反而飞扬跋扈，残暴不仁。家中富裕后，本应周济贫困，帮助穷人，反而骄淫奢侈，挥霍无度，使家道败落。勇猛剽悍，却不去保家卫国，而是争强好胜，以强凌弱，结群聚斗。聪明多智，却不将才能用于治国安邦，反而使奸耍诈，颠倒是非。相貌靓丽本是好事，但不将潇洒的风度施展于讲究礼仪的场合，却以此来蛊惑女性，行淫纵欲。”

※ 原文

太公曰：“明罚则人畏慑，人畏慑则变故出。明察则人扰，人扰则人徙，人徙则不安其处，易以成变。”晏子曰：“臣专其君，谓之不忠；子专其父，谓之不孝；妻专其夫，谓之嫉妒。”

韩子曰：“儒者以文乱法，侠者以武犯禁。”

子路拯溺而受牛，谢孔子，孔子曰：“鲁国必好救人于患也。”子贡赎人而不受金于府，孔子曰：“鲁国不复赎人矣。”子路受而劝德，子贡让而止善。由此观之，廉有所在而不可公行。

※ 译文

姜太公说：“刑罚太严明，就会使人心惊胆战，整天处在这种状态下就会出乱子。什么事都明察秋毫，就使人躁乱不安，从而迁移躲避，不安居于原地，这样容易发生动乱。”齐国的名相晏子说：“臣子独揽君权，这叫不忠；儿子独揽孝敬父母的义务，忽略了兄弟姐妹，这就是不孝；妻子独揽丈夫的恩宠，而忽略了妾室，这就是嫉妒。”

韩非子说：“读书人用文辞扰乱法令，游侠以勇武违反禁令。”

子路有次救了一个落水的人，被救者送他一头牛以示感谢。孔子说：“此后鲁国的人都愿意救人于危难之中了。”因为救了人有酬劳呀！有人用钱向子贡赎人，但子贡放了人没要赎金。孔子说：“你不收赎金，以后谁还敢赎人？”孔子为何对此有截然不同的态度呢？子路接受好处，能鼓励大家做好事，倡导好的风尚。子贡不收赎金，反而影响了人们做善事的风气。由此可知，廉洁的美德有时存在于相对的环境中，并不是随处可以做到的。

※ 评析

做事的基础是实事求是，从实际出发，同时也要做到既不可死守教条、因循守旧，也不可急功近利，贸然行事。做事照抄照搬，就会束缚自己的手脚，缺少创新的意识，这样无异于故步自封，虽然不会把事情办糟，但多是平庸而无所作为的结果。如果做事急于冒进，就可能会走向极端，结果是费了力气却收不到相应的成效，甚至本是一番好心，却把事情办得更糟。因此，做事不仅要使主观愿望与客观实际相一致，还要把握前后两个“度”，既不能保守，也不可冒进。

忠臣难做　不可退却

※ 原文

慎子曰："忠未足以救乱代，而适足以重非。何以识其然耶？曰：'父有良子而舜放瞽瞍，桀有忠臣而过盈天下。'然则孝子不生慈父之家，而忠臣不生圣君之下。故明主之使其臣也，忠不得过职，而职不得过官。"

※ 译文

战国时的法家慎子说："忠臣，不足以救乱世，相反，有时却会使乱世更乱。为什么这么说呢？有人说：'每位父亲都希望有个孝顺的好儿子，但舜的父亲却要把他置于死地。夏桀是最坏的皇帝，却出了不少忠臣。'由此可见，孝子不一定会出在慈父之家，忠臣不一定会出现在圣君时代。圣明的君主明白这个道理后，就会让臣下尽忠，但不能超过各自的职权，职权也不能超过各自的范围。"

※ 评析

忠臣、孝子一定要做，但要视具体情况灵活行事，如果辅助昏庸的君主，忠臣也会被当作"奸臣"而杀掉。在大治或大乱的年代也不例外，因为国家治理的好坏，主要在于君主，贤明的君主用忠臣，除奸臣；昏庸的君主重奸臣，害忠臣，看清了自己所侍奉的君主，我们便可知道该何去何从，进退也可适时而为了。

时过境迁　行善被恶

※ 原文

庄子曰："将为胠箧探囊发匮之盗，为之守备，则必摄缄縢，固扃鐍。此世俗之所谓智也。然而巨盗至则负匮揭箧担囊而趋。唯恐缄縢扃鐍之不固也，然则向之所谓智者，有不为盗积者乎？

"其所谓圣者，有不为大盗守者乎？何以知其然耶？昔者齐国，邻邑相望，鸡狗之音相闻，网罟之所布，耒耨之所刺，方二千余里，阖四境之内，所以立宗庙社稷，治邑屋州闾乡里者，曷尝不法圣人哉？然而田成子一朝杀齐君而盗其国，所盗者，岂独其国耶？并与圣智之法而盗之，故田成子有乎盗贼之名，而身处尧舜之安，小国不敢非，大国不敢诛，十二代而有齐国，则是不独窃齐国，并与其圣智之法，以守其盗贼之身乎？"

※ 译文

庄子说："为了防备翻箱、探囊的小偷，人们总是小心翼翼地把箱子、柜子锁好，这就是世俗人所认为的聪明表现。如果一旦江洋大盗来了，把箱子、柜子都运走，这时大盗唯恐你捆得不紧，锁得不牢。这样看来，以前所作所为，不正是在为强盗保管财富吗？

“至于那些被称为圣人的，有的就是在为大盗守护财富，怎么知道的呢？从前齐国各地，邻邑相望，鸡犬相闻，捕鱼打猎，耕田播种，方圆二千余里，举国上下，遍立宗庙、修建城郭，立乡规约，没有一样不是依照他们的开国圣人去做的。但后来大盗田成子杀了齐简公，窃得了齐国，田成子到手的难道只是一个齐国吗？他还把齐国几百年间的制度也偷去了。因此田成子被骂作窃国大盗，但他的江山却如尧舜一样安稳，小国不敢对他有所非议，大国不敢轻易攻伐，还传了十二代。由此看来，田成子不但偷了齐国，连同其圣贤的治国制度也一起偷来，保护了自身。”

※ 评析

智者千虑，必有一失。即使再聪明的人，也可能有顾此失彼的时候，更何况我们平日做事又很难考虑得详细周全。有的人做事考虑得多，却不长远；有的人考虑得长远，涉及面却比较窄，这都是做事疏漏的地方，只有把事情考虑得全面而长远，才会更有效地减少失误，提高办事效率。

事有利弊，在不同的环境、阶段利弊可能互相转化，要以发展的眼光来看待。处于“利”时，我们应当考虑“弊”时，有居安思危的打算；处于“弊”时，有期待“利”出现的信心。

行善有道　偷窃无规

※ 原文

跖之徒问于跖曰：“盗亦有道乎？”跖曰：“何适而无有道耶？夫妄意室中之藏，圣也。入先，勇也。出后，义也。知可否，智也。分均，仁也。五者不备而能成大盗者，天下未之有也。”

由是观之，善人不得圣人之道不立，盗跖不得圣人之道不行。天下之善人少而不善人多，则圣人之利天下也少而害天下也多矣。

※ 译文

强盗问他的头目盗跖：“强盗也有道吗？”盗跖说：“当然有道，天下什么事都离不开道。当强盗的学问大着呢！能猜出室中所藏的东西，这就叫‘圣’；偷东西先进去的，这就叫‘勇’；逃走时能够为同伴断后的，就叫作‘义’；判断可不可以去偷，这就叫‘智’；偷得东西后，能共同分享的，就叫作‘仁’。这五条标准不具备就能成为大盗的，天下没有这个道理。”

由此看来，善人不得圣人之道不立，大盗不得圣人之道不行。如果天下行善的人少，不行善的多，那么圣人教诲能有利于天下的就少，而有害于天下的就多。

※ 评析

对同样的一套理论，不同身份的人就有不同的理解，圣德之人说出来的就是能为善人用，而鸡鸣狗盗之辈说出来的虽然也颇有道理，但由于不是建立在基本的道德规范之上，没有安守本分地做事，所以也只是牵强附会罢了。由此可知，理论再完美也好，谋略再多也罢，关键要看是谁来执行，执行的目的又是什么，这才是我们判断理论、谋略是好是坏的依据。

得道则治　失道则乱

※ 原文

由是言之，夫仁义礼乐、名法刑赏、忠孝贤智之道，文武明察之端，无隐于人，而常存于代，非自昭于尧汤之时，非故逃于桀纣之朝。用得其道则天下理，用失其道而天下乱。

故知制度者，代非无也，在用之而已。

※ 译文

综上所述，孔孟所标榜的仁义礼乐也好，法家所提倡的名法刑赏也罢，还有忠、孝、贤、智这些做人的基本原则，文武明察的世俗才智，都是天地之间的真理。经常表现在人们身上，世代常存，并非仅存于尧、舜时代，但在夏桀、商纣时的混乱时代就不会出现。能够顺应其道治理，就可天下大治；违背大道，势必天下大乱。一治一乱，全在于人。

由此可知，制度是历代都有的，关键是如何运用。

※ 评析

治世之术，只知道用合适的方法还不够，更重要的是要发挥其最大的作用，用人如此，运用事理也不例外。能审时度势地顺势而为，就可事半功倍；不假思索，一味蛮干，很可能事倍功半。所以说，用人做事一定要适应事物本身发展的客观规律，抓住其本质所在，便可实现大治。

是非十四

本篇论述了各种政治理论观点的是非曲直。作者列举了从唐前经史典籍中撷取53对正反命题，看上去水火不容，其实各有道理。自尧、舜至隋唐的大家名流、帝王将相，唇枪舌剑，雄辩滔滔，发人深省，启迪心智。

明哲保身　杀身成仁

※ 原文

夫损益殊途，质文异政。或尚权以经纬，或敦道以镇俗。是故前志垂教，今皆可以理违。何以明之？

（是曰：）《大雅》云：“既明且哲，以保其身。”《易》曰：“天地之大德曰生。”

（非曰：）《语》曰：“士见危授命。”又曰：“君子有杀身以成仁，无求生以害仁。”

※ 译文

废除和增加是两种不同的变革法令制度的方法，仁义和礼乐是两种不同的施政方针。有的人崇尚权力治国，有的人推崇道德化俗。因此，前代众多思想家、史学家的观念，我们都可从中找出正反的论述来。如何说明这一现象呢？下面就一一列举。

（正论：）《诗经·大雅》中说：“明了善恶是非，才能确保安全。”《周易》中说：“天地间最伟大的德行是爱惜生命。”

（反论：）《论语》说：“有教养的人遇险要舍身赴难，见义勇为。”又说：“君子有以牺牲生命成仁的，没有因怕死而害仁的。”

※ 评析

人的生命虽然宝贵，我们也理应倍加珍惜，但在大是大非面前还要讲求原则，甚至在必要时刻要有舍生成仁的勇气。因为不顾大义丢弃人格是世人所不齿的。

鉴古知今　取长避短

※ 原文

（是曰：）管子曰：“疑今者察之古；不知来者视之往。”古语曰：“与死人同病者，不可生也；与亡国同行者，不可存也。”

（非曰：）《吕氏春秋》曰："夫人以食死者，欲禁天下之食，悖矣；有以乘舟死者，欲禁天下之船，悖矣；有以因兵丧其国者，欲偃天下之兵，悖矣。"杜恕曰："夫奸臣贼子，自古及今，未尝不有。百岁一人，是为继踵，千里一人，是为比肩。而举以为戒，是犹一噎而禁人食也。噎者虽少，饿者必多。"

※ 译文

（正论：）管子说："如果现实使人困惑，就应察看古人；如想预知未来，就应多读史书。"古语说："与死去的人患同样的病，是不能活命的；与灭亡的国家执行同样的政策，是注定要亡国的。"

（反论：）《吕氏春秋》说："见有人吃东西噎死了，就不吃所有东西，是荒谬的；见有人乘船不小心淹死了，就不乘所有的船，是荒谬的；见有的国家因战败而亡国，就取消所有的军队，是荒谬的。"三国时魏国的名臣杜恕说："奸臣贼子，自古就有，如果百年出一个，就认为是接踵而来；千里遇上一个，就认为是并肩同行。如果以此作为举荐人才的标准，就如同因有人噎死就禁止大家吃东西一样，噎死的人少，而饿死的人就多了。"

※ 评析

任何事物都存在着正反两方面，有可取的地方，也有其本身的弊端，所以我们在处世为人时要注意扬长避短，在继承和发扬古人的文明成果时不仅要懂得吸收，更重要的是要学会去伪存真，客观而实际地加以借鉴。

不揭隐私　勿求一致

※ 原文

（是曰：）孔子曰："恶讦恶以为直。"

（非曰：）管子曰："恶隐恶以为仁者。"魏曹羲曰："夫世人所谓掩恶扬善者，君子之大义；保明同好者，朋友之至交。斯言之作，盖闾阎之臼谈。所以收爱憎之相谤，非笃正之至理，折中之公议也。世士不料其数而系其言，故善恶不分，乱实由之，朋友雷同，败必从焉。谈论以当实为情，不以过难为贵；相知以等分为交，不以雷同为固。是以达者存其义，不察于文，识其心，不求于言。"

※ 译文

（正论：）孔子说："憎恨那些揭发别人隐私的人，才是正直无私的人。"

（反论：）管子说："憎恨那些隐瞒别人恶行的人，才是有仁爱之心的人。"

三国时魏国的大臣曹羲说："世人所说的隐恶扬善，是君子的行为准则；保护有共同爱好的朋友，是深挚的情谊。这些言论，不过是市井俗人的言谈罢了。助长了爱憎相诽谤的趋势，非难了笃实正确的道理，混淆了公理与谬误的界限。世人不知其中道理，只依据只言片语来下结论，因此善恶不分，是非不辨，造成人心混乱。朋友之间不分是非，一味随声附和，这样就会萌发失败的种子。相互间的批语，当以求实为准则，不必相互苛责。相知的朋友要以平等无欺的态度作为交往的前提，而不把是非不分、随声附和当作巩固友情的交往方式。因此通达的人，只要大体一致，并不追求形式的好看。只要心灵相通，并不在乎言语的一致。"

※ 评析

隐恶扬善，不揭人隐私是立身处世所要谨守的一条原则，这样不但表明我们尊重他人，更重要的是能够让我们更好地建立和谐的人际关系。隐恶的同时也要把握原则，如果有些人的恶行违背了社会公德，我们还熟视无睹的话，就表明了我们有包庇之嫌，会受到舆论谴责的。

炫士勿信　不拘小节

※ 原文

（是曰：）《越绝书》曰："炫女不贞，炫士不信。"

（非曰：）《汉书》曰："大行不细谨，大礼不让辞。"

※ 译文

（正论：）《越绝书》中说："卖弄姿色的女子不贞洁，自我夸耀的士人不守信。"

（反论：）《汉书》中说："成大事的人重大节，不拘泥于小节，行大礼的人重大礼，不必尽遵烦琐礼节。"

※ 评析

干大事的人多是不拘小节的，因为小节无伤大雅，如果为一些小事斤斤计较，只能表明此类人心胸狭窄，没有气量。但如果做得太过分，就会伤害到别人的感情，甚至会因小失大，不利于事情的完成，所以我们在生活中应尽力克服这些自身的缺点，以免日后铸成大错。

富国安邦　要行正道

※ 原文

（是曰：）黄石公曰："务广地者荒，务广德者强，有其有者安，贪人有者残。残灭之政，虽成必败。"

（非曰：）司马错曰："欲富国者，务广其地；欲强兵者，务富其人；欲王者，务博其德。三资者备，而后王业随之。"

※ 译文

（正论：）黄石公说："贪图土地过多，种不过来就会荒芜。追求仁德广施于天下，国家才会强盛。拥有自己的东西，才能使人安分守己，贪图他人的东西，就会发生残暴的行为。残暴的统治虽能成功一时，但终究要失败。"

（反论：）秦国大将司马错说："要想国家富强，必须扩充领土；要想军队强大，必须人口众多；要想称霸天下，必须推广德政。具备这三者，便可成就王业。"

※ 评析

治国的目的是要让百姓安居乐业，努力发展生产。国民衣食无忧，就会达到国泰民安的目的，所以治国一定要讲究策略。以仁义礼德治国，便能顺应民心，得到拥护；以残暴治国，就会招致百姓反抗，落得国破家亡的下场。

身正无惧　积谗磨骨

※ 原文

（是曰：）《传》曰："心苟无瑕，何恤乎无家？"《语》曰："礼义之不愆，何恤乎人言？"

（非曰：）《语》曰："积毁销金，积谗磨骨，众羽溺舟，群轻折轴。"

※ 译文

（正论：）《左传》中说："心里纯洁无邪，又何必担心没有归宿呢？"《论语》中说："如果礼义上不出差错，又何必害怕别人闲言非语呢？"

（反论：）古语说："中伤之言多了，金子也会被熔化。诬陷之词多了，能把人的骨头磨垮。羽毛多了，也能把船压沉。轻的东西装多了，同样能把车轴压断。"

※ 评析

身正不怕影子斜，只要自己行得正、做得端，即使有再多的流言蜚语也不必放在心上。虽然也有“众口铄金，积毁销骨”的说法，但只要坚持自己的观点或看法，就能不被外界的是非议论所扰，从而保持明净的心灵。

圣人有能　重在施教

※ 原文

（是曰：）孔子曰：“君子不器，圣人智周万物。”

（非曰：）列子曰：“天地无全功，圣人无全能，万物无全用。故天职生覆，地职载形，圣职教化。”

※ 译文

（正论：）孔子说：“一般读书人并不像器皿一样什么东西都能装下，圣人运用智慧却可以应付万物。”

（反论：）列子说：“天地不是万能的，圣人也不是无所不知的，世间万物也不能解决所有问题。所以上天的职责是孕育万物，大地的职责是承载万物，圣人的职责是教育民众。”

※ 评析

圣人虽然被常人认为能通晓万事万物，但也有自己的职责所在，并不能为所欲为，超越权限。圣人的责任就是教育万民，这就如同天地造物一样，只有各安其位、各司其职，才能实现自我的价值追求。

借物反省　内视自知

※ 原文

（是曰：）孔子曰：“君子坦荡荡，小人长戚戚。”

（非曰：）孔子曰：“晋重耳之霸心也，生于曹卫；越勾践之有霸心也，生于会稽。故居下而无忧者，则思不远；覆身而尝逸者，则志不广。”

（是曰：）韩子曰：“古之人，目短于自现，故以镜观面；智疑于自知，故以道正己。”

（非曰：）老子曰：“反听之谓聪，内视之谓明，自胜之谓强。”

※ 译文

（正论：）孔子说：“君子坦荡荡，小人长戚戚。”

（反论：）孔子同时也说：“晋国公子重耳有称霸的雄心，是在受到曹国和卫国的侮辱后萌发的；越王勾践有称霸的雄心，是在会稽兵败后萌生的。所以说，身居屈辱之中而不忧患的人，说明他没有志气。身在困厄中能得过且过、苟且偷安的人，说明他心胸狭窄。”

（正论：）韩非子说：“古人看不到自己的面容，就发明了镜子；怀疑自己没有自知的能力，所以就时常用道来反省、修正自己。”

（反论：）老子说：“善于借助别人的听觉来听、别人的视觉来看才是真正的聪明，能自己战胜自己才是真正的强大。”

※ 评析

人贵有自知之明。有自省之心，便可明察自己的得失，从而使自己不断完善。历史上大凡成就大事者，无不如此，因为知人要从知己做起，而知己又是一个完善自我的过程，在弥补了不足之后，才可去知人、用人，走上成功的道路。

内美靠德　外美凭衣

※ 原文

（是曰：）唐且曰：“专诸怀锥刀而天下皆谓之勇，西施被短褐而天下称美。”

（非曰：）慎子曰：“毛嫱、西施，天下之至姣也，衣之以皮倛，则见者皆走；易之以玄，则行者皆止。由是观之，则玄緆色之助也。姣者辞之，则色厌矣。”

※ 译文

（正论：）战国时的魏人唐且说：“专诸怀里藏刀，天下的人都赞许他勇敢；西施身穿粗布短衣，天下人还称赞她漂亮。”

（反论：）慎子说：“毛嫱和西施，是天下最漂亮的女子，如果让她们穿上兽皮做的衣服，见了她们的人也会被吓跑；如果让她们穿细布衣服，路人也会停下来欣赏。由此可知，美丽是好衣服衬托的。美女不穿漂亮的衣服，也会失去姿色的。”

※ 评析

俗话说：人靠衣装马靠鞍。美女穿上漂亮的衣服才会更加美丽、更加动人，如果衣服不合适，甚至不伦不类，即使再貌美的女子穿上也会让人感到厌恶。虽然说爱美之心人皆有之，但在打扮自己时也要把握适度，如果过了头，就会出现适得其反的结果。

先发制人　不在福前

※ 原文

（是曰：）项梁曰：“先起者制服于人，后起者受制于人。”《军志》曰：“先人有夺人之心。”

（非曰：）史佚有言曰：“无始祸。”又曰：“始祸者死。”语曰：“不为祸始，不为福先。”

※ 译文

（正论：）秦末将领项梁说：“先动手的人可以制人，后动手的人被人制伏。”兵书上说：“先下手，有夺取人心的优势。”

（反论：）周朝史官史佚说：“不要带头去闯祸，否则必死无疑。”古语说：“不要带头闯祸，也不要做第一个享福的人。”

※ 评析

“先下手为强，后下手遭殃”，这句话强调的就是先发制人，但并非在任何情况下都会带来想要的效果。先发制人多是用于克敌制胜的一种策略，是处理事情的方法。如果把先发制人用在争名夺利、争强好胜上，就会有灾祸降临了，所以我们还要懂得不要走在福前，因为这是处世的一种态度。

位尊屈人　方能得治

※ 原文

（是曰：）慎子曰：“夫贤而屈于不肖者，权轻也；不肖而服于贤者，位尊也。尧为匹夫，不能使其邻家，及至南面而王，而令行禁止。由此观之，贤不足以服物，而势位足以屈贤矣。”

（非曰：）贾子曰：“自古至今，与民为仇者，有迟有速耳，而民必胜之矣。故纣自谓天王也，而桀自谓天父也，已灭之后，民亦骂之也。由此观之，则位不足以为尊，而号不足以为荣矣。”

※ 译文

（正论：）慎子说：“贤能的人屈从于缺德少才之辈，是因为权力太小。缺德少才的人甘心屈从于有德之人，是由于后者的尊贵。唐尧是平民百姓时，连邻居都指使不动，做了帝王后，就能令必行，禁必止。由此可知，贤德不能服人，但权势可以。”

（反论：）西汉政论家贾谊说："从古到今，与百姓为仇的帝王，他终究要灭亡的，而百姓定会胜利。虽然商纣自称天王，夏桀自称天父，但灭亡后，照样挨百姓骂。所以说权势不是最尊崇的，头衔也不是最光荣的。"

※ 评析

身居高位，能够不耻下问，与平民百姓相息相倚，这样的君主便能得到百姓的拥护，使国家繁荣昌盛。如果高高在上，对臣民呼来唤去，甚至视百姓的生命如草芥，不知爱惜体贴，则势必会激起民怨，葬送江山社稷。

君行仁德　臣民顺从

※ 原文

（是曰：）汉景帝时，辕固与黄生争论于上前。黄生曰："汤、武非受命，乃杀也。"固曰："不然。夫桀纣荒乱，天下之心皆归汤武。汤武与天下之心而诛桀纣，桀纣之人，弗为使而归汤武，汤武不得已而立，非受命为何？"

（非曰：）黄生曰："冠虽蔽，必加于首；履虽新，必贯于足。何者？上下之分也。今桀纣虽失道，然君上也；汤武虽圣，臣下也。夫君有失行，臣不正言匡过，以尊天子，反因过而诛之，代立南面，非杀而何？"

※ 译文

（正论：）辕固与黄生在汉景帝面前争论。黄生说："成汤和武王是杀了夏桀和商纣后得到王位的。"辕固说："不对。桀、纣荒淫无道，导致民心归顺了汤、武。汤、武顺民心而为，老百姓反戈相击，投靠汤、武，他们受臣民的拥戴，不得已而为之，这不是受天命称王又是什么呢？"

（反论：）黄生说："帽子再破也要戴在头上，鞋子再新也要穿在脚下。为什么呢？因为事物都有上下之分。桀、纣虽无道，但毕竟是国君；汤、武虽英明，但身是臣子。国君有过失，做臣子应该去劝谏纠正，使天子尊荣，如果趁机讨伐取代，这不是谋杀又是什么呢？"

※ 评析

君主能够多行仁政，善于听取大臣的劝谏，善于体察百姓的疾苦，才会得到臣民的爱戴与拥护。如果荒淫无道，听信谗言，就会君臣背离、失去民心，到时就会使臣民反戈相向，所以要想治理好国家，还需要有贤德的君主。

赏罚之道　贵在适度

※ 原文

（是曰：）太公曰：“明罚则人畏慑，人畏慑则变故出；明赏则人不足，人不足则怨长。故明王之理人，不知所好，不知所恶。”

（非曰：）《文子》曰：“罚无度则戮而无威，赏无度则费而无恩。”故诸葛亮曰：“威之以法，法行则知恩；限之以爵，爵加则知荣。”

※ 译文

（正论：）姜太公说：“惩罚严明，就会有人害怕，害怕就会发生变故；奖赏分明，就会有人感到不满足，从而心生怨恨。所以圣明的君主治理天下，从不让人看出他的喜好与厌恶来。”

（反论：）文子说：“惩罚没有尺度，就是杀再多的人也没有震慑作用；奖赏没有分寸，赏赐再多的钱财也不领情。”所以诸葛亮说：“要树立法律威严，法纪严明，人们才会知恩；用爵位鼓励有功劳的人，区分上下，人们才会觉得荣耀。”

※ 评析

家有家规，国有国法，但在执法的过程中我们一定要把握好尺度。执法过于松弛，就会失去法律的威严，起不到教化、约束人民的作用；过于严厉，就会使人民心惊胆战，失去生活的积极性。所以执法时要刚柔并济，宽严适当，同时还要对于不同的人采取不同的奖惩方法，这样便能真正实现法律的效用。

上行下效　君臣相背

※ 原文

（是曰：）《文子》曰：“人之化上，不从其言，从其行也。故人君好勇而国家多难；人君好色，而国家昏乱。”

（非曰：）秦王曰：“吾闻楚之铁剑利而倡优拙。夫铁剑利则士勇，倡优拙则思虑远。以远思虚御勇士，吾恐楚之图秦也。”

※ 译文

（正论：）文子说：“人民对统治者的教化，不是看他怎么说，而是看他如何做。所以，人君好勇，国民就会争强斗狠，社会就多灾多难；人君好色，国家就会混乱。”

（反论：）秦王说：“楚国刀剑锐利无比，但歌舞音乐一般。这表明楚国士兵英勇，君臣有长久的打算。用长远的谋略驾驭英勇的士兵，我担心楚国是在打秦国的主意呀。”

※ 评析

上梁不正下梁歪，如果一国之君不行仁义之事，带头做些违法乱纪的事，那么手下的臣民也必定会效法成风，这样就会导致社会动荡不安。如果君主能够以身作则，争做臣民的榜样，则下面的人就会跟着效仿，从而形成良好的社会风气。

君宠功臣　父爱子能

※ 原文

（是曰：）墨子曰：“虽有贤君，不爱无功之臣；虽有慈父，不爱无益之子。”

（非曰：）曹子建曰：“舍罪责功者，明君之主也；矜愚爱能者，慈父之恩也。”《三略》曰：“含气之类，皆愿德申其志，是以明君贤臣屈己申人。”

※ 译文

（正论：）墨子说：“国君即使很贤明，但不喜欢没有功劳的大臣；父亲即使很慈祥，但不喜欢没用的儿子。”

（反论：）曹植说：“原谅有罪的人，约束有功的人，才是贤明的君主；怜惜愚笨的儿子也喜欢能干的儿子，这才是仁慈的父亲。”《三略》说：“胸怀大志的人，希望有一展宏图的机会，所以，明君贤臣都能牺牲自己成全别人，做到宽以待人。”

※ 评析

虽然人对贤君、慈父的看法不同，但也有共同的地方，那就是圣贤的君主所宠爱的，是手下有功劳的臣子；慈祥的父亲所喜欢的，是膝下有才能的儿子。但从广义的角度分析，为君者应该有更为博大的胸怀，不能仅以功劳的大小来宠信臣下，只要是对自己忠心耿耿的臣子，就应该给予信任。为父者对子女更应该宽厚仁爱，不论他们才能高低，都应一视同仁，不能带有任何偏见。

人心各异　犹如面容

※ 原文

（是曰：）《传》曰：“人心不同，其犹面也。”曹子建曰：“人各有好尚。兰芷荪蕙之芳，众人所好，而海畔有逐臭之夫；《咸池》有《六英》之发，而墨子有非之之论。岂可同哉？”

（非曰：）语曰：“以心度心，间不容针。”孔子曰：“其恕乎！己所不欲，勿施于人。”

※ 译文

（正论：）《左传》中说：“人心是不同的，就像人的长相一样。”曹植说：“人各有所好。就像兰芷荪蕙的芳香，人人都喜欢。但海边的渔夫，却偏爱闻鱼腥味；《咸池》《六英》这样的乐曲，人人都爱听，而墨子却例外。人心怎能都相同呢？”

（反论：）古语说：“将心比心，人际关系就会亲密融洽。”孔子说：“‘恕’的意思是什么呢？就是对自己所不喜欢的，不强加于人。”

※ 评析

人心本不同，有好有坏，想法也千差万别，看问题的角度也自会有所差异。但这并不能说明人之间就无法相处，无法共事，因为人们在各持己见的同时也有着共识。如果为人互不容忍，求全责备的话，就会使自己孤立无援，甚至增添许多仇隙。

百姓知礼　根在富足

※ 原文

（是曰：）管子曰：“仓廪实，知礼节。衣食足，知荣辱。”

（非曰：）古语曰：“贵不与骄期而骄自至，富不与侈期而侈自来。”

※ 译文

（正论：）管子说：“粮仓丰富了，百姓才知讲究礼义；丰衣足食了，百姓才懂得荣辱。”

（反论：）古语说：“成为权贵后虽不想骄傲，但骄傲还是会产生的；人发财后虽不想奢侈，但奢侈还是会有的。”

※ 评析

一种新生事物的产生和发展总有其基础，如果想让百姓知道礼仪制度，就首先要让他们有稳定而富足的生活，在此基础上他们才会去提高自己的道德修养，丰富自己的精神生活。富贵后不骄傲、不奢侈，是人们道德修养的重要体现，所以富贵后能够做到勤俭节约，安身立命，才是真正具有高尚节操的人。

善有善报　不尽如此

※ 原文

（是曰：）语曰："忠无不报。"

（非曰：）《左传》曰："乱代则谗胜直。"

※ 译文

（正论：）古语说："忠直的人，没有不得到好报的。"

（反论：）《左传》中说："乱世之时，谗言诽谤压过忠诚正直。"

※ 评析

善有善报，恶有恶报。所以要行善积德，多做好事。可事实又不尽如此。当身处乱世之时，有时谗言却能得到好的回报，而正直良言却遭到迫害，这就是所说的好心没好报，从而打击了行善的人。如果因为受到一时的伤害就停止行善，只能证明我们缺少做善事的决心。只要坚持做善事、行善举，总有得到理解和尊敬的时候，因为时间会给出最好的答复。

同声相应　同贵相害

※ 原文

（是曰：）韩子曰："凡人之大体，取舍同则相是，取舍异则相非也。"《易》曰："同声相应，同气相求。水流湿，火就燥，云从龙，风从虎。"

（非曰：）《易》曰："二女同居，其志不同。"语曰："一栖不两雄，一泉无二蛟。"又曰："凡人情以同相妒。"故曰："同美相妒，同贵相害，同利相忌。"

※ 译文

（正论：）韩非子说："人大体来看：凡是对取舍持相同观点的，就能相互认可；取舍观点矛盾，就会相互排斥。"《周易》中说："同声相应，同气相求。水总流向潮湿的洼地，火总烧向干燥的物体，云随龙涌动，风伴虎咆哮。"

（反论：）《周易》中说："两个女子在一起，志向未必相同。"古语说："一个窝容不下两个雄性动物，一眼泉水容不下两条蛟龙。"又说："人之常情是同类相妒。"所以说："两人都美就会相互嫉妒，都尊贵就会彼此相害，同样得利就会相互忌恨。"

※ 评析

志同道合的人，往往能够共同处事，易于合作，更好地完成事业。如果相互嫉妒，在人前总是一种唯我独尊的姿态，势必与人难以相处，渐渐会被疏远。

集思广益　至善法规

※ 原文

（是曰：）韩子曰：“释法术而以心理，尧舜不能正一国；去规矩而忘善度，奚仲不能成一轮。使中主守法术，拙匠执规矩，则万不失矣。”

（非曰：）《淮南子》曰：“夫矢之所以射远贯坚者，弓弩力也；其所以中的剖微者，人心也。赏善罚暴者，政令也；其所以行者，精诚也。故弩虽强，不能独中；令虽明，不能独行。”杜恕曰：“世有乱人，而无乱法。若使法可专任，则唐、虞不须稷、契之佐，殷、周无贵伊、吕之辅矣。”

※ 译文

（正论：）韩非子说：“让人各按自己的意思去解释法术，就是尧、舜在世也不可能让人看法一致；舍弃圆规和标尺去度量，就是奚仲这样的工匠也造不出车轮。但如果让只有中等才能的国君按法规治国，让拙笨的工匠用规尺造车，都会万无一失地成功。”

（反论：）《淮南子》中说：“箭头之所以能射穿坚硬之物，是因为它借助了弓弩的力量，至于射中目标并使之损坏的根源还在于人的心念。奖善罚恶是政令的职能，而政令之所以能得以执行的根源，还在于人的努力。所以，弓弩虽强大有力，但没有人的参与，也不会射中目标；政令虽然严明，但没有人的推行，也不会自动生效。”杜恕说：“世上有犯上作乱的人，但没有杂乱无序的制度。如果法律靠一个人就能执行，那么唐尧和虞舜就不会用后稷和契了，商王和周王也不会用伊尹和吕尚辅佐自己了。”

※ 评析

如果法律按某个人的意愿去制定和执行，必定会因各持己见而无法实施，所以规章制度的制定重在集思广益，听取不同的意见，这才能让颁布的法律更健全、更完善。同时，由于法律符合了众人的要求，执行起来也十分顺利，从而减少了不必要的阻力。

事预则立　不预则废

※ 原文

（是曰：）虑不先定，不可以应卒；兵不先办，不可以应敌。《左传》曰：“预备不虞，古之善政。”

（非曰：）《左传》曰：“士谓晋侯曰：‘臣闻之，无丧而戚，忧必仇焉；无戎而城，仇必保焉。’”《春秋外传》曰：“周景王将铸钱。单穆公曰：‘不可。古者天灾降戾，于是乎量资币，权轻重，以振救人。夫备预，有未至而设之，有至而后救之，是不相入也。可先而不备，谓之怠；可后而先之，谓之召灾。周固羸国也，天未厌祸焉，而又离人以佐灾，无乃不可乎！’”

※ 译文

（正论：）事先不做充分准备，就不能应对突发事件；军队不事先武装，就不能应战。《左传》中说：“高明的执政者，都善于防患于未然。”

（反论：）《左传》中说：“晋国大夫士对晋侯说：‘我听说没有丧事却悲伤，忧愁就会到来；没有兵患就筑城，国内就易有动乱，内敌必然据此顽抗。’”《春秋外传》记载：“周景王要铸造钱币。单穆公说：‘不行。古代天灾降临时，才增制钱币，权衡轻重，用来救灾。有时灾祸还未出现就准备措施；有时灾祸发生后再去救助，两者都是有规律的，不可等同起来混为一谈。可以预先做的没做，这叫懈怠；可以事后做的却提前做了，这叫招灾。周朝本来是弱国，上天降灾没有穷尽，但现在又加重灾祸使百姓离心离德，这恐怕不妥吧？’”

※ 评析

能够在事前有充分的准备，并预测事情进展中可能遇到的困难，这样便能对突如其来的变故应对自如，从而能够减少不必要的麻烦和损失。但未雨绸缪也是要遵循适度原则的，如果投入过多的人力、财力去防患于未然，就可能会有得不偿失的结果。

当断不断　必受其乱

※ 原文

（是曰：）《左传》曰：“古人有言：‘一日纵敌，数世之患也。”

（非曰：）晋楚遇于鄢。范文子不欲战，曰：“吾先君之亟战也有故。秦、狄、齐、楚皆强，不尽力，子孙将弱。今三强服矣，敌，楚而已。唯圣人能内外无患。自非圣人，外宁必有内忧。盍释楚以为外惧乎？”

※ 译文

（正论：）《左传》中引用古人的话说：“一旦放过了敌人，几代人都会受到祸患。”

（反论：）晋军和楚军在鄢陵（今河南鄢陵西北）相遇。范文子不想挑起战争，便说：“我们的先君急于作战是有原因的。秦、狄、齐、楚都是强国，不全力以赴，子孙将会被消灭。现在齐、秦和狄三国已经降服，就只剩下楚国了。只有圣人才能做到既无内忧又无外患。我们不是圣人，如外部安定，内部就会有隐患。我们何不放过楚国，把它作为外患，以转移内部矛盾呢？”

※ 评析

鸿门宴上项羽错失了除掉刘邦的最好机会，才有了后来四面楚歌、乌江自刎的后果，可见“一日纵敌”的危害。但对有利用价值的人，就不能一概而论了，如果只知杀戮，就会失道寡助，势单力薄。此时给对方留条活路，不但可以向人表露自己的仁德，还可能征服其心，为我所用。

量才用人　处事之道

※ 原文

（是曰：）《三略》曰：“无使仁者主财，为其多恩施而附于下。”

（非曰：）陶朱公中男杀人，囚于楚。朱公欲使其少子装黄金千镒往视之。其长男固请，乃使行。楚杀其弟。朱公曰：“吾固知必杀其弟。是长与我俱见苦为生之难，故重其财。如少弟生见我富，乘坚驱良，逐狡兔，岂知其财所从来，固轻弃之。今长者果杀其弟，事理然也，无足悲。”

（是曰：）《语》曰：“禄薄者不可与入乱，赏轻者不可与入难。”慎子曰：“先王见不受禄者不臣，禄不厚者，不与入难。”

（非曰：）田单将攻狄，见鲁仲子。仲子曰：“将军攻狄，弗能下也。何者？昔将军之在即墨，坐而织蒉，立而杖插，为士卒倡。此所以破燕。今将军东有掖邑之奉，西有蒉上之娱，黄金横带，而驰乎淄渑之间，有生之乐，无死之心。所以不胜也。”后果然。

※ 译文

（正论：）《三略》中说：“不要让仁义的人管理钱财，因为他会过多地施舍百姓，以收买人心。”

（反论：）范蠡次子杀了人，被囚在楚国。范蠡本想让小儿子带黄金前去救次子，但长子坚决要去，范蠡只得应允。长子到楚国后，没救出弟弟。最后楚国还是把他弟弟给处决了。范蠡说："我早就知道他会害了次子的，因为他和我一样，经历过生活的磨难，过于看重钱财，舍不得花。我本想让小儿子去，是因为他自生下来就享受富贵，乘车驾马，驰骋捕猎，很是威风，根本不会考虑钱财如何而来。他如果去了楚国，必能仗义疏财，救出他哥哥。如今大儿子没办成事，弟弟被杀，就是由此导致的，没有什么好悲伤的。"

（正论：）《论语》中说："不能让钱财少的人去暴乱的地方做事，也不能让吝啬的人去完成艰巨的任务。"慎子说："古代帝王不用不肯接受俸禄的人，对于俸禄不厚者，也不让他做艰巨的任务。"

（反论：）田单将要攻打狄国，去拜见鲁仲子。仲子说："将军此次攻打狄国是不可能取胜的。为什么呢？从前将军在即墨，坐下编筐，站起铲土，以身作则，所以能打败燕国。而现在将军东有封地，西有赋税以供享乐，腰缠万贯，车马驰骋于淄渑之间，只想享受欢乐，没有了拼死的决心。所以说你不会取胜。"后来果然如此。

※ 评析

让心慈耳软的人去执掌法度，就不能做到执法必严；让刚愎自用的人率兵打仗，则必败无疑。因为人各有所长，各有所好，如果把人放在了不适合自己特长的岗位上，工作肯定做不好。让清正廉洁的人管理财务，让公正无私的人执行法规，让博学多识的人参与谋略，这样才是用人所长，处理事情才会游刃有余。所谓好钢要用在刀刃上，就是这个道理。

贱交不忘　贫结不弃

※ 原文

（是曰：）语曰："贫贱之交不可忘，糟糠之妻不下堂。"

（非曰：）语曰："交接广而信衰于友，爵禄厚而忠衰于君。"

※ 译文

（正论：）古语说："贫贱时交的朋友不能忘记，同甘共苦所结的妻子不能抛弃。"

（反论：）古语又说："交往太广，就会逐渐失去对朋友的信用；报酬太厚，就会对国君逐渐失去忠心。"

※ 评析

在富贵时，朋友认识了我们；在贫困时，我们认识了朋友。因为贫贱时交的朋友更真诚、更可靠。一日夫妻百日恩，共同走过艰难岁月的夫妻，其爱情必定更忠贞。如果平日只知交友，不善择友，就可能会结交些鸡鸣狗盗之士，甚至是酒肉朋友，必将给我们带来不好的影响。

臣贤国盛　得之必兴

※ 原文

（是曰：）《春秋后语》曰："楚春申君使孙子为宰。客有说春申君曰：'汤以亳，武王以镐，皆不过百里，以有天下。今孙子贤人也，而君藉之百里之势，臣窃为君危之。'春申君曰：'善。'于是使人谢孙子。孙子去之赵，赵以为上卿。"

（非曰：）客又说春申君曰："昔伊尹去夏入殷，殷王而夏亡；管仲去鲁入齐，鲁弱而齐强。夫贤者之所在，其君未尝不尊，其国未尝不荣也。今孙子贤人也，君何为辞之？"春申君又曰："善。"复使人请孙子。

※ 译文

（正论：）《春秋后语》中记载："楚国春申君想让孙子当邑宰。他的门客劝说：'成汤在亳建都，周武王在镐建都，方圆都不超过百里，但后来却得了天下。孙子是个贤明的人，你把百里地方给他管理，我真为你担心，这样很危险呀！'春申君说：'有道理。'于是就辞退了孙子。孙子离开楚国去了赵国，赵王任命他为上卿。"

（反论：）不久又有门客对春申君说："从前，伊尹离开夏国去殷商，结果殷得天下而夏灭亡；管仲离鲁去齐，结果鲁国衰弱而齐国称霸。可见，哪里有贤明的人，哪个国家的君主就会受到尊重，并因此强盛。孙子如此贤明，为什么要辞退他呢？"春申君又说："说得对。"于是又把孙子请了回来。

※ 评析

历代王朝的建立和昌盛，不仅有圣贤明君开创，同时也少不了贤臣的辅助。刘邦在张良、萧何、韩信的帮助下，开创了大汉王朝，就是最好的例证。春申君开始怕有才能的孙子当权后威胁到自己，便辞退了他。后来明白了孙子的贤能有利于国家，便改变了初衷，招回了孙子，这种为国着想的胸怀实在难得呀！

谨慎择人　扬其所长

※ 原文

（是曰：）韩宣王谓摎留曰："吾两欲用公仲、公叔，其可乎？"对曰："不可。晋用六卿而国分，简公用田成、阚止而简公弑，魏两用犀首、张仪而西河之外亡。今王两用之，其多力者，内树其党；其力寡者，又藉于外权。群臣或内树其党，以擅主命；或外为势交，以裂其地，则王之国危矣。"又曰："公孙衍为魏将，与其相田儒不善。季文子为衍说魏王曰：'王独不见夫服牛骖骥乎？不可百步。今王以衍为可使将，固用之也，而听相之计，是服牛骖骥之道。牛马俱死而不成其功，则王之国伤矣。愿王察之。'"

（非曰：）傅子曰："天地至神，不能同道而生万物；圣人至明，不能一检而治百姓。故以异致同者，天地之道也；因物致宜者，圣人之治也。既得其道，虽有相害之物，不伤乎治体矣。水火之性，相灭也，善用之者，陈鼎釜乎其间，爨之煮之，而能两尽其用，不相害也。天下之物，为水火者灵矣。何忧乎相害？何患乎不尽其用耶？"《易》曰："天地睽而其事同也，男女睽而其志通也，万物睽而其事类也。"

※ 译文

（正论：）韩宣王问摎留："我想同时重用公仲和公叔，这可以吗？"摎留说："不可以。以前晋国同用六卿，导致了国家分裂；齐简公同用田成子和阚止，结果被田氏所杀；魏王同用犀首和张仪，而西河之土尽失。现在你要同时用了这两人，其中势力大的必然会培植私党；势力小的必定要借助敌国势力的支持。这样大臣有的在朝廷内培养党羽，专擅君命；有的在外私结势力，以便分裂国土。这样对国家是很危险的。"摎留还说："公孙衍当魏国大将时，与宰相田儒不和。季文子替公孙衍向魏王说情：'大王见过把牛和马套在一起拉车的情形吗？牛马同驾一车连百步也走不了。现在大王任公孙衍为大将，就该放手用他，但你偏听宰相田儒之言，这不就是牛马同拉一车吗？牛马都快累死了，事情也办不好。这样使用人才，国家会遭殃的。请大王明察。'"

（反论：）傅玄说："天地最有灵性了，如果它们作用相同就无法生育万物；圣人最英明了，但也不能用同一种方法管理天下。所以，殊途同归是大自然的普遍规律；因地制宜是圣人治理天下的共同原则。只要懂得这些，即使有性质相悖的事物，也不会伤害事物的根本。水与火相互不容，但善用水火的人，把炊具放在水火间，用火煮水做饭，使水火各尽其用，这样还怕水火互害吗？天下的事物属水火最奇妙，只要善于运用，就不必担心它们互相损害，不用忧虑它们不能各尽其用。"《周易》中说："天地不同，但在化育万物上是相同的；男女不同，但情志相通；万物不同，但各以类比。”

※ 评析

成就事业的关键在于用人。用人之道在于因人而用，扬长避短，使被用之人各尽其才。在用人的同时，还要掌握协调分配的要领，不能因为两强相遇就无计可施了，让他们相互争斗，结果只会两败俱伤，对人对己都无益。此时就要协调好下属关系，让他们团结一致，和睦相处，才会更好地推动事业的发展。

用人得法　贤能归降

※ 原文

（是曰：）陈登为吕布说曹公曰：“养吕布，譬如养虎，常须饱其肉，不饱则噬人。”

（非曰：）曹公曰：“不似卿言。譬如养鹰，饥则为人用，饱则扬去。”

（是曰：）刘备来奔曹公，曹公以之为豫州牧。或谓曹公曰：“备有雄志，今不早图，后必为患。”曹公以问郭嘉。嘉曰：“有是。然公提剑起义兵，为百姓除暴，推诚仗信，以召俊杰，犹惧其未来也。今备有英雄之名，以穷归己而害之，以害贤为名，则智士将自疑，回心择主，公谁与定天下者？夫除一人之患，以阻四海之望，安危之机，不可不察。”曹公曰：“善！”

（非曰：）傅子称：郭嘉言于太祖曰：“备有雄志而甚得众心，关侯、张飞皆万人之敌也，为之死用。以嘉观之，其谋未可测也。古人有言曰：‘一日纵敌，数世之患。’宜早为之所。”曹公方招怀英雄，以明大信，未得从嘉谋。

※ 译文

（正论：）陈登为吕布游说曹操：“吕布如同猛虎，需要让他吃饱，吃不饱就要吃人。”

（反论：）曹操说：“并非如此。以养老鹰为例吧，饿了才能为人所用，吃饱了便会振翅高飞。”

（正论：）刘备投奔曹操，曹操任命刘备做豫州牧。有人对曹操说：“刘备胸怀大志，如不杀掉他，必有后患。”曹操问谋臣郭嘉。郭嘉说：“有道理。但你起兵是为百姓除暴的，必须讲求信誉，以此号召豪杰的帮助，如果杀了刘备，就会无人投奔你了。现在刘备有英雄之名，因无处安身前来投靠你，如果在这种情况下杀害他，就会损害你的贤名，有智谋的能人就会怀疑找错了对象，从而远离于你，另投他主，到时谁为你平定天下呢？除一人而使天下的人才都失望，其中的安危，你不能不考虑呀！”曹操说：“说得好！”

（反论：）傅玄对此说：郭嘉对曹操说："刘备有雄才大略，而且很得人心。关羽、张飞，都有万夫不当之勇，甘愿为他尽忠效命。所以可知刘备的谋略深不可测。古人有言：'一日纵敌，数代之患。'应当尽快杀掉他。"由于曹操正在招揽天下英雄，一心想让天下相信他的信义，所以没有听郭嘉的话。

※ 评析

使用人才要运用恰当的方法。曹操对吕布用的就是明察的方法，对刘备就是从长远角度考虑的。吕布有勇无谋，刚愎自用，日后对自己弊多利少，所以除掉了他；刘备前来投奔，如趁机杀之，就会失去人心，对己没有好处，故将其放过。这也成就了曹操爱才的美名，为后来一统三国打下了坚实的基础。

古人礼乐　去伪存真

※ 原文

（是曰：）《家语》曰：子路问孔子曰："请释古之道，而行由之意，可乎？"子曰："不可也。昔东夷慕诸夏之礼，有女而寡，为内私婚，终身不嫁。不嫁则不嫁矣，然非贞节之义矣。仓吾娆取妻而美，让与其兄。让则让矣，然非礼让之让也。今子欲舍古之道而行子之意，庸知子意以非为是乎？"语曰："变古乱常，不死则亡。"《书》云："事弗师古，以克永代，匪说攸闻。"

（非曰：）赵武灵王欲胡服，公子成不悦。灵王曰："夫服者所以使国，礼者所以使事。圣人观乡而顺宜，因事而制礼，所以利其人而厚其国。夫剪发文身，错臂左衽，瓯越之人也；黑齿雕题，鳀冠秫缝，大吴之国也。故礼服莫同，而其便一也。乡异而用变，事易而礼易。是以圣人谋可以利其国，不一其用；谋可以便其礼，不法其故。儒者一师而俗异，中国同礼而离教，况于山谷之便乎？故去就之变，智者不能一；远迩之服，贤圣莫能同。穷乡多异俗，曲学多殊辩。今叔父之言，俗也。吾之所言，以制俗也。叔父恶变服之名，以忘效事之实，非寡人之所望也！"公子成遂胡服。

（是曰：）移风易俗，莫善于乐。

（非曰：）孟子曰："天道因则大，化则细。因也者，因人之情也。"

※ 译文

（正论：）《孔子家语》中记载：有一次子路问孔子："如果抛弃古人的伦理道德，凭自己意愿去做事，可以吗？"孔子说："不可以。从前东方没有教化的人仰慕华夏礼仪，有的女子成了寡妇，为她暗中招个女婿，但是终身不让改嫁，但这并不符合贞节的真正本义。仓吾之地有个叫娆的人娶了个漂亮的妻子，就把妻子让给了哥哥。这也不是出于礼仪的谦让。现在你想抛开古人伦理按自己心愿做事，怎知你不是想把错误的当作正确的推行呢？”古语说：“改变古人的礼仪，打乱世代相传的规矩，不是死就是亡。”《尚书》中说：“行事不效法古人，就能使国家世代相传，还从来没有听说过。”

（反论：）赵武灵王想改穿胡服，他的叔父公子成对此很不高兴。灵王说：“衣服的穿戴，是为了生活方便，有利于国家；礼仪法规，是为了办事方便。圣人入乡随俗，因地制宜，从实际出发制定礼仪，才会给百姓带来好处，才会使国家富强。剪发纹身，衣襟向左开，这是越国人的风俗；染黑牙齿，额头上涂花纹，用鱼皮做帽子，这是吴国人的风俗。所以说礼仪服饰虽有不同，但目的却是一样的。地域不同，使用的东西自然不同，事情在变化，礼仪风尚也要变化。所以圣人应追求能使国家便利的行为，而不能使规范固定不变；只追求方便的礼仪规范，绝不会食古不化。老师可以是同一个人，但学生却来自生活习俗不同的地方。中原地区礼仪制度相同，但文化习俗不同，更何况是生活在崇山峻岭中的百姓呢？是舍是留，连智者也不能强求；远近服饰的差别，圣人也不能统一。穷乡僻壤的风俗大多千奇百怪，邪辟玄妙的理论大多与众不同。现在叔父所谈的是一般的习俗，我所说的，只是想造就一种新的风俗。叔父讨厌服饰的变化，但是对办事又没有任何效果。我不希望这样！”赵武灵王说服了公子成，于是他也穿起了胡服。

（正论：）移风易俗，没有比音乐更能影响人了。

（反论：）孟子说：“遵循上天的法则就会成就大事，改变就会消亡。所谓天道，就是遵循人的愿望。”

※ 原文

（是曰：）李寻曰：“夫以喜怒赏诛，而不顾时禁，虽有尧舜之心，犹不能致和平。善言古者，必有效于今；善言天者，必有征于人。设上农夫欲令冬田，虽肉袒深耕，汗出种之，犹不生者，非人心不至，天时不得也。”《易》曰：“时止则止，时行则行，动静不失于时，其道光明。”《书》曰：“敬授人时，故古之王者，尊天地，重阴阳，敬四时月令，顺之以善政，则和气可立致，犹桴鼓之相应也。”

（非曰：）太公谓武王曰：“天无益于兵胜，而众将所居者九。自法令不行而任侵诛；无德厚而用日月之数；不顺敌之强弱而幸于天；无智虑而候氛气；少勇力而望天福；不知地形而归过于时；敌人怯弱不敢击而信龟策；士卒不勇而法鬼神；设伏不巧而任背向之道。凡天地鬼神，视之不见，听之不闻，不可以决胜败。故明将不法。”司马迁曰：“阴阳之家，使人拘而多忌。”范晔曰：“阴阳之道，其弊也巫。”

※ 译文

（正论：）李寻说：“如果凭一时的高兴或恼怒，而不是根据客观实际来赏罚，即使有尧、舜的智慧与仁爱，也不能使天下太平。谈论历史，必须是对现实有益，才算得上善于论古；谈论天道，必须对人的行动有所帮助，才算得上懂天意。如果高明的农夫突发奇想，要在严冬耕田种地，即使付出再多的努力，也不会长出庄稼来。这倒不是没有用心，而是违背了时令。”《周易》中说：“该终止时就终止，该行动时就行动，动静都不失时机，才有光明的前途。”《尚书》中说：“崇敬天道，上天才赏赐我们。所以过去的帝王尊重天地阴阳的变化，遵守四季的节令，而后才用良好的政策去顺应天时，因此祥和之气就会出现，这就像击鼓而有声响一样。”

（反论：）姜太公对武王说：“上天对战争胜负没有决定性影响，战争胜利的因素，将领的作用占九成。法令执行不畅，随意杀戮无辜；不用厚德待人而一味依赖阴阳术数；不根据敌军强弱，而寄希望于天命；不靠智谋取胜，而是依据天象好坏；不鼓舞士气，而祈求上天恩赐；不了解地形却埋怨天时不利；敌军畏惧却不敢出击，而是占卜测吉凶；士兵不勇敢却拜祭鬼神；埋伏不巧妙，而使敌人逃掉，以上这些，都是失败的原因。天地鬼神是看不见、听不到的，所以不能决定胜败，所以英明的将领从不这样做。”司马迁说：“阴阳家容易使人拘泥于行动，顾虑重重。”范晔说：“阴阳术数的弊端是装神弄鬼。”

※ 评析

古人所留传下来的文化道德，有好也有坏，所以我们应该慎重选择，坚持去其糟粕，取其精华的原则，与我们的实际应用情况结合起来，合适的便继承和发扬，相悖的便弃之不用，这样我们才会更好地推动自身和事业的完善与发展。

知臣忠奸　治国之要

※ 原文

（是曰：）翼奉曰：“治道之要，在知下之邪正。人诚向正，虽愚为用，若其怀邪，智益为害。”

（非曰：）夫人主莫不爱己也。莫知己者，不足爱也。故桓子曰：“捕猛兽者，不令美人举手；钓巨鱼者，不使稚子轻预。非不亲也，力不堪也。奈何万乘之主，而不择人哉？故曰：夫犬之为猛，有非则鸣吠，而不遑于夙夜。此自效之至也。昔宋人有沽酒者，酒酸而不售，何也？以有猛犬之故。夫犬知爱其主，而不能为其主虑酒酸之患者，智不足也。”

※ 译文

（正论：）西汉人翼奉说："治国之道的要害在于知晓下属的邪正。人如果诚实正直，有点愚笨也可以任用。若心术不正，越聪明反而越会坏事。"

（反论：）人主没有不爱自己的。那些不了解自己的人，是不值得爱的。所以桓子说："捕猛兽的事，不能让美女去干；钓大鱼的事，不能让孩子去做。不是不相信他们，而是因为他们的能力无法胜任。一国之君又岂能不择人而用呢？以猛犬为例吧，它之所以厉害，是因为它听到一点动静便狂吠不已，而且不分昼夜。这是自觉到极点的缘故呀。然而能不能说这样很好呢？从前宋国有个卖酒的，酒放酸了就卖不出去，为什么呢？原来是因为他家养的狗太凶。那狗只知道爱主人，却不知为主人如何卖酒，酒放酸了卖不出去，主人生活十分困难。这是因为狗的智力有限。"

※ 评析

作为一个领导者，如果不了解下属，就无法开展自己的工作，就更不要说做到知人善任了。只有先知道了下属有无才能，才大才小，而后才能根据他们的德才加以合理应用。所以，能够协调组织好所领导的团体，就会产生促进事业前进的巨大推动力。

为人处世　重在得法

※ 原文

（是曰：）语曰："巧诈不如拙诚。"

（非曰：）晋惠帝为太子，和峤谏武帝曰："季世多伪，而太子尚信，非四海之主，忧不了陛下家事。"武帝不从，后惠帝果败。

※ 译文

（正论：）古语说："做人乖巧圆滑不如笨拙诚实。"

（反论：）晋惠帝当太子时，大臣和峤进谏晋武帝说："现在世道险恶，而太子过于讲信义。这就不具备君王的素质，恐怕将来无法应付险恶的局势，继承不了陛下的基业。"晋武帝不听，后来晋惠帝果然失败。

※ 评析

诚实与圆滑都是为人处世的方法，其关键之处就是对什么样的人就要采取什么样的方法来应付，或是以诚相待，或是机智处之。如面对的是奸佞小人，以诚相待必会深受其害；如面对的是忠信之人，以圆滑对待，必会失去人心。

口才要好　做事要实

※ 原文

（是曰：）《左传》曰："孔子叹子产曰：'言以足志，文以足言，不言谁知其志？言之无文，行而不远。晋为伯，郑入陈，非文辞而不为功。慎辞也哉！'"《论语》曰："诵诗三百，授之以政，不达；使于四方，不能专对，虽多，亦奚以为？"

（非曰：）汉文帝登虎圈，美啬夫口辩，拜为上林令。张释之前曰："陛下以绛侯周勃，何如人也？"上曰："长者。"又问曰："东阳侯张相如，何如人也？"上复曰："长者。"释之曰："此两人言事，曾不能出口，岂效此啬夫喋喋利口捷给哉？且秦以任刀笔之吏，争以亟疾苛察相高。然其弊，徒文具耳，亡恻隐之实，以故不闻其过，陵迟至于二世，天下土崩。今陛下以啬夫口辩而超迁之，臣恐天下随风而靡，争口辩，无其实。且下之化上，疾于影响，举错之间，不可不审。"帝乃止。

※ 译文

（正论：）《左传》中说："孔子称赞子产说："言语能充分表达思想，文辞能充分表述想法。话都说不好，谁又会知晓他的思想呢？说话没有文采，就不会产生大的影响。晋国能成为霸主，使郑国主动到晋国议事，如没有子产的能言善辩，是不可能的。如何讲好话，可要认真对待啊。"《论语》中说："熟读《诗经》三百篇，让他主持政事，不能胜任；派他出使诸国，又不能以诗句去答对，读诗再多又有什么用呢？"

（反论：）汉文帝到上林苑去看虎，对管理虎的人的口才很赏识，想拜他为上林苑的长官，张释之说："陛下认为周勃这人如何？"文帝说："他是位长者。"又问："东阳侯张相如怎么样？"文帝又说："他也是位长者。"张释之说："这两位长者经常张口结舌，哪像这位一样能说会道呢？陛下知道，秦朝所用的刀笔小吏，争相比赛看谁对人更苛刻，他们的通病就是空有口头文章而没有真才实能。所以国君就难以听到自己的过失。这种风气延续到了秦二世，才使国家到了不可收拾的地步。现在陛下因这个管理虎圈的小吏口齿伶俐就破格提拔，恐怕天下会从此追随这种风气，只知争口舌之能，而缺少实际行动。况且上行下效，下边很快受到影响，比阳光和声音传播的速度还快。陛下这样做，不可不慎重啊！"于是文帝打消了念头。

※ 评析

只会夸夸其谈，没有真才实学，就不能委以重任。赵王重用只会纸上谈兵的赵括，结果长平惨败，四十万大军覆灭。如果有真实才能，言语上表达不出来，但能落到实处，这样的人还可以利用；如果言行统一，既有口才，又有实才，这样的人便可大胆地去重用。

形式不一　本质相同

※ 原文

（是曰：）太史公曰："《春秋》推见至隐，《易》本隐以之显，《大雅》言王公大人而德逮黎庶，《小雅》讥小己之得失，其流及上。所言虽殊，其合德一也。相如虽虚辞滥说，然其要归，引之节俭，此与诗之讽谏何异？"

（非曰：）扬雄以为，赋者，将以讽也，必推类而言，极靡丽之辞，闳侈钜衍，竞于使人不能加也。既乃归之于正，然览已过矣。往时武帝好神仙，相如上《大人赋》以讽帝。帝反飘飘有凌云之志。由是言之，《赋》劝而不止，明矣。又颇类俳优，非法度所存。贤人君子，诗赋之正也。

※ 译文

（正论：）太史公说："《春秋》的笔法是从史实的表象中推出它的隐含意义的，而《周易》要以隐晦的语言来推求明显可见的人事表现，《诗经·大雅》说的是王公大臣的事情，其意是想以德教化百姓，《诗经·小雅》是通过对利弊得失的分析，去影响上层统治者。它们的内容虽不同，但合乎仁德的宗旨是一致的。司马相如虽然文采浮华，但目的还是想归结到俭朴上来的，这与《诗经》的讽谏之意有什么不同呢？"

（反论：）扬雄认为，作赋的意图就是讽谏。赋一定要按类排比，用华丽的辞藻和宏大富丽的形式，使人无法更改其内容。虽然它的目的在于正面引导、讽谏，但看完后，人们却忘了主题。武帝曾好神仙之事，司马相如就献上《大人赋》来讽谏皇帝。武帝读罢，反而飘飘欲仙，更加仰慕神仙了。由此看来，赋这种文体根本起不到规劝的作用，倒很像是滑稽剧，将被正确的法度淘汰。贤人君子的言论才是正统的诗赋。

※ 评析

赋与其他文体只是表达的方式和语言不同而已，但其本质却与古代诸多文体有着相同的地方。虽然古人对赋这种文体褒贬不一，有的说它辞藻华丽，内容空洞；有的说它虚无缥缈，缺少实意。但不管怎样，对于我们后人，它总有许多可取的地方，所以也不能片面分析。

君臣共事　国运必昌

※ 原文

（是曰：）《淮南子》曰："东海之鱼名鲽，比目而行；北方有兽，名曰娄，更食更候；南方有鸟，名曰鹣，比翼而飞。夫鸟兽鱼鲽，犹知假力，而况万乘之主乎？独不知假天下之英雄俊士，与之为伍，岂不痛哉？"

（非曰：）狐卷子曰："父贤不过尧而丹朱放，兄贤不过周公而管蔡诛，臣贤不过汤武而桀纣伐。况君之欲治，亦须从身始，人何可恃乎？"

※ 译文

（正论：）《淮南子》说："东海中有一种鲽鱼，总是并排而游；北方有一种娄兽，总是轮流捕食、守窝；南方有一种鹣鸟，永远比翼双飞。这些鸟兽鱼类都知道互相扶助，更何况是万乘之君呢？如果君主不懂得借助英豪之力，与他们齐心协力治理天下，这真是让人痛心呀！"

（反论：）狐卷子说："做父亲的再没有比尧更贤明的了，但尧的儿子丹朱却被流放；做兄长的再没有比周公贤明的了，但他的两个弟弟管和蔡却被杀戮；做臣子的再没有比成汤和武王更贤明的了，但夏桀和纣王却遭到他们的征讨。君主想治理天下，就必须亲掌大权，身边哪个人是值得信任的呢？"

※ 评析

君王即使再英明神武，单凭一己之力也是很难实现宏图大业的，必须有贤臣的辅佐，才能得天下，治天下。从远古的尧、舜到后来的商、周，就因为有许多像伊尹、吕望、姜尚等这样的谋臣辅佐，才创造了不朽的功业，从而流传后世。

患己不立　患不逢时

※ 原文

（是曰：）孔子曰："不患无位，患己不立。"

（非曰：）孔子厄于陈蔡，子路愠，见曰："昔闻诸夫子，积善者，天报以福。今夫子积义怀仁久矣，奚居之穷也？"子曰："由，未之识也。吾语汝。汝以仁者为必信耶？则伯夷、叔齐为不饿首阳；汝以智者为必用耶？则王子比干不见剖心；汝以忠者为必报耶？则关龙逢不见刑；汝以谏者为必听耶？则伍子胥不见杀。夫遇不遇者，时也；贤不肖者，才也。君子博学深谋而不遇时者众矣！何独丘哉？"

※ 译文

（正论：）孔子说：“不要担心没有地位，就怕自己品行不端，无法立身。”

（反论：）孔子被困在陈国和蔡国，子路不太高兴，对孔子说：“从前听老师说，多做善事就一定会得到上天的报答。你仁义道德已经做了好久了，为什么会落到今天如此境地呢？”孔子说：“子路，你还不明白，我来告诉你。你以为仁者必定会有人相信吗？如果真是这样，伯夷和叔齐就不会在首阳山饿死了；你以为智者就会被任用吗？如果真是这样，王子比干就不会被纣王剖心验证了；你认为忠实之人都有回报吗？如果真是这样，那么夏桀的忠臣关龙逢就不会被斩首了；你以为忠告就一定有人听吗？如果真是这样，伍子胥就不会被夫差所杀了。所以说，贤者能否遇到施展才华的机会，在于天时；贤与不贤，是个人才能问题。博学多识而没有机遇的人多了，何止我孔丘一人呢？”

※ 评析

人是否圣贤是才能的问题，能不能够发挥自己的才能就是时机问题了。怀才不遇、生不逢时，是很多有才之人得不到重用的缘故，这就提醒有才能的人，不但要努力增长知识才干，更重要的是要创造和把握施展才华的机会，这样才不会被埋没。

为民谋利　摆脱桎梏

※ 原文

（是曰：）神农形悴，唐尧瘦癯，舜黎黑，禹胼胝，伊尹负鼎而干汤，吕望鼓刀而入周，墨翟无黔突，孔子无暖席。非以贪禄位，将欲起天下之利，除万人之害。

（非曰：）李斯以书对秦二世云：“申子曰：‘有天下者而不恣睢，命之曰以天下桎。’若尧舜然，故谓之‘桎’也。夫以人徇己，则己贵而人贱；以己徇人，则己贱而人贵。故徇人者贱，而所徇者贵，自古及今，未有不然。夫尧禹以身徇天下，谓之‘桎’者，不亦宜乎？”

※ 译文

（正论：）神农面容憔悴，唐尧瘦弱不堪，虞舜皮肤黝黑，大禹手足磨出老茧，背鼎的伊尹帮助成汤夺取了天下，屠牛的吕望帮助武王打败了商纣，墨子四处奔波传播思想，家里烟囱都不冒烟，而孔子连席子也没有暖热过。他们这些人如此忙碌，并不是为了俸禄权位，而是想为天下人谋利益，为苍生消除祸患。

（反论：）李斯上书秦二世说：“申不害说过：‘拥有天下的人不肆意横行，这叫以天下为桎梏。’像尧、舜那样，使天下成了自己的‘桎梏’。如果有人为你而死，那么你就会显得尊贵而别人显得低贱；相反的话，就是你低贱而他人高贵了。自古至今都是这样。尧和禹为天下牺牲自己，说他们把天下当作‘桎梏’，不是很中肯吗？”

※ 评析

拥有博爱胸怀，能为天下人谋福利者，必定会受到世人的尊重与爱戴。古代的三皇五帝就是如此。人生短暂，如何让生命更有意义、更有价值，就成了我们一生所要思考的问题了。所以我们理应一生多做善事，为社会的进步和国家的发展多做一些贡献，这样才不至于一生碌碌无为。

举荐贤能　勿求虚名

※ 原文

（是曰：）《论语》曰：“举逸民，天下之人归心焉。”魏文侯受艺于子夏，敬段干木，过其庐，未尝不式。于是秦欲伐魏，或曰：“魏君贤，国人称仁，上下和洽，未可图也。”秦王乃止。由此得誉于诸侯。

（非曰：）韩子曰：“夫马似鹿，此马值千金。今有千金之马，而无一金之鹿者，何也？马为人用，而鹿不为人用。今处士不为人用，鹿类也。所以太公至齐而斩华士，孔子为司寇而诛少正卯。”

赵主父使李疵视中山可攻否，还报曰：“可攻也，其君好见岩穴之士、布衣之人。”主父曰：“如子之言，是贤君也，安可攻？”李疵曰：“不然。夫上尊岩穴之士，则战士殆；上尊学者，则农夫惰。农夫惰则国贫，战士殆则兵弱。兵弱于外，国贫于内，不亡何待？”主父曰：“善。”遂灭中山。

※ 译文

（正论：）《论语》中说：“推举被人忘却的人才，天下百姓就信服了。”魏文侯曾受教于孔子的学生子夏，因为很尊敬孔子的另一学生段干木，所以当坐车路经其家时，没有一次不俯身抚轼致礼的。秦国想攻打魏国时，有人说：“魏国君主很贤明，大家都称赞他讲仁义道德，君臣关系很融洽，不能攻打魏国。”秦王于是收回了命令，魏文侯因此在各诸侯国中名气更大了。

（反论：）韩非子说：“马体形像鹿，这马就会价值千金。如今有值千金的马，却没有值一金的鹿，这是为什么呢？因为马有可用之处，而鹿没有这样的用途。如果有能之士未能被君王使用，他们就像鹿一样了。所以姜太公到齐国后，就把那些只会夸夸其谈的人给斩了；孔子做司寇时也因为这个道理把少正卯给杀了。

赵武灵王让李疵去中山国探察敌情，李疵回来说：“可以打，中山君喜欢召见岩洞中的隐士和平民。”赵武灵王说：“如你所说，中山君是位圣贤明君，怎么能够攻打呢？”李疵说：“并非如此。君主敬隐士，战士就会减少；君主尊学者，农夫就会懒散。农夫懒散，国家就会贫困衰弱；士兵少了，军队力量就会削弱。兵弱于外，国贫于内，怎么会不亡国呢？”赵武灵王说：“好！”很快便把中山国给灭了。

※ 评析

作为一国之君，能够礼贤下士，尊重贤能，必定会使许多有才之士慕名而来，从而得到更多贤才的辅佐。如果把尊贤当成日常的事务，却不知用贤去巩固统治，发展国力，其结果必然事与愿违，这样的尊贤也只是徒有虚名罢了。

治国之道　各有所需

※ 原文

（是曰：）《汉书》曰：陈平云：“吾多阴谋，道家所禁，吾世即废，亦已矣，终不能复起，以吾多阴祸也。”其后玄孙坐酎金失侯。

（非曰：）后汉范晔论耿弇曰：“三代为将，道家所忌。而耿氏累叶以功名自终。将其用兵，欲以杀止杀乎！何其独能崇也？”

※ 译文

（正论：）《汉书》中记载陈平的言论：“我所用的阴险权谋多是道家所禁止的，这些谋略恐怕在我这一代要被废弃了，如果我的后代没有我那么显赫的话，就因为我使用的谋略太阴损的缘故啊！”后来他的玄孙因为上贡的金子不合皇室要求而被罢免了侯位。

（反论：）后汉的范晔在谈到耿弇时说：“三代为将是道家所忌讳的，可是耿氏家族却历代以功绩卓著，善始善终。将帅用兵是以暴易暴、以杀制杀，他怎么能世代独享这些荣耀呢？”

※ 评析

道家的思想多是养生之道，主张清静无为，多适用于各朝初建后民生凋敝的时期。儒、法两家的思想更加切合封建统治者的治国之需，所以成了后人的治世之术。至于说到哪种思想更加切合实际需要，这还要看各国统治者的喜好，但更重要的是要切合国情的实际需要。

权位可贵　争之有害

※ 原文

（是曰：）《易》曰：“崇高莫大于富贵。”又曰：“圣人之大宝曰位。”

（非曰：）孙子为书谢春申君曰：“鄙谚曰：‘厉人怜王。’此不恭之言也。虽然，古无虚谬，不可不审察也。此为劫杀死亡之主言也。夫人主年少而矜材，无法术以知奸，则大臣主断图私，以禁诛于己也。故杀贤长而立幼弱，废正嫡而立不义，《春秋》戒之，曰：‘楚王子围聘于郑，未出境，闻王病，反问病，遂以冠缨绞王杀之，因自立也。齐崔杼之妻美，庄公通之，崔杼率其党而攻庄公，庄公走出，逾于外墙，射中其股，遂杀之，而立其弟。近代李兑用赵，饿主父于沙丘，百日而杀之。淖齿用齐，擢闵王之筋，悬于庙梁，宿昔而死。’夫厉虽肿胞之疾，上比前代，未至绞缨、射股也；下比近代，未至饿死、擢筋也。夫劫杀死亡之主，心之忧劳，形之困苦，必甚于厉矣。由此观之，厉虽怜王，可也。”

※ 译文

（正论：）《周易》说：“人类最崇高的事业是富贵。”又说：“圣人的最大法宝是权位。”

（反论：）孙子为了谢春申君，上书说：“谚语说：‘厉人怜王’，这虽是不恭敬的言辞，但自古没有虚伪和荒谬的意思，不可不认真思索。这句民谚专指那些被人杀害的亡国之君。身为一国之君，年轻却恃才自傲，没有办法识别忠奸，这时大臣就会专权谋利，这样他们就会杀长立幼，或废嫡立不义。《春秋》曾以此劝诫道：‘楚王子围要到郑国访问，还没出国境就听说楚王病了，就返回去探望病情，趁机用帽带把楚王勒死，自立为楚国国王。齐国崔杼的妻子长得很漂亮，齐庄公与她私通，崔杼就率领部下攻打齐庄公，庄公翻墙逃跑时被箭射中大腿，崔杼赶上将他杀死，后立庄公的弟弟为王。李兑在赵国为官，把主父围在沙丘，百日后活活饿死。淖齿在齐国为官，将齐闵王抽筋悬于庙梁上，一宿后就死了。’厉病虽是肿胞之病，如果与以上相比，还比不上用帽带勒死、箭矢穿股、饿死、抽筋的办法残害国君。而那些被残害的君王，心底所承受的压力与劳苦，身体所遭受的摧残，远比厉病痛苦得多。由此看来，‘厉人怜王’这句话是有道理的。”

※ 原文

（是曰：）《易》曰：“备物致用，立成器以为天下利者，莫大于圣人。”

（非曰：）庄子曰：“圣人不死，大盗不止。虽重圣人而治天下，则是重利盗跖也。为之斗斛以量之，则并与斗斛而窃之；为之权衡以称之，则并与权衡而窃之；

为之符玺以信之，则并与符玺而窃之；为之仁义以教之，则并与仁义以窃之。何以知其然耶？彼窃钩者诛，窃国者为诸侯。诸侯之门，而仁义存焉，则是非窃仁义圣智耶？故逐于大盗，揭诸侯，窃仁义，并斗斛、权衡、符玺之利，虽有轩冕之赏弗能劝，斧钺之威弗能禁，此重利盗跖。而使不可禁者，是乃圣人之过也。故曰：‘国之利器，不可以示人。’彼圣人者，天下之利器也，非所以明天下也。”

※ 译文

（正论：）《周易》中说：“能为人民准备必需的物品，设置完备的器械谋求天下人的福利，就没有能比圣人更伟大的了。”

（反论：）庄子说：“圣人不死，大盗永远不会停止。虽然圣人能够治理天下，实际上是为盗跖这样的大盗提供了最大的方便。发明斗斛是为了称量东西，结果连斗带升一起被偷走了；发明秤锤、秤杆也是为了称量，结果也都给偷走了；发明兵符、玉玺是为了让人遵守信用，结果兵符、玉玺也都被偷走了；为教导百姓制定了仁义礼制，结果仁义也被盗走了。这是如何知道的呢？那些盗窃帘钩的人被杀了，而窃取国家的人却成了诸侯。只要当了诸侯，仁义道德也就有了，这还不是将仁义、贤明、智慧都盗窃了吗？所以世人便争做大盗，争当诸侯，纷纷去盗窃仁义，以及斗斛、符玺等。高官厚禄不能阻止他们，刀钺斧锯不能威慑他们。导致这种失控的后果，都是圣人的过失呀！所以老子说：‘国家最厉害的武器是不能让人看到的。’真正的圣贤才是最厉害的武器，这样的人是不能暴露于天下的。”

※ 评析

高贵的权位、富足的生活是人人向往的，如果为了追逐这些功名利禄，就不顾天理人伦，弑父杀君，是终究要遭报应，受世人唾弃的。如果把有限的生命和精力都投入到争权夺利之上，那还怎能体会到生活的一丝清静与安乐呢？更不会感到生活的美丽与洒脱了，如此岂不可悲？

穷要思变　变能通达

※ 原文

（是曰：）《论语》曰：“君子固穷，小人穷斯滥矣。”

（非曰：）《易》曰：“穷则变，通则久。是以自天佑之，吉无不利。”太史公曰：“鄙人有言：‘何知仁义？以飨其利者为有德。’故伯夷丑周，饿死首阳山，而文武不以其故贬王；跖、蹻暴戾，其徒诵义无穷。由此观之，‘窃钩者诛，窃国者为诸侯。诸侯之门，仁义存焉’非虚言也。今拘学或抱咫尺之义，久孤于代，岂若卑论侪俗，与代沉浮而取荣名哉？”

（是曰：）东平王苍曰：“为善最乐。”

（非曰：）语曰：“时不与善，己独由之。”故曰：非妖则妄。

※ 译文

（正论：）《论语》说：“君子再穷也能坚守操行，小人受穷就无所不为了。”

（反论：）《易经》中说：“穷则思变，变革才能通达，通达才能长久。所以上天会保佑他们，他们就会大吉大利。”太史公说：“边鄙之人有句俗语：‘怎样来知晓仁义呢？能够给自己带来好处就是德。’所以，伯夷反对周王伐纣，饿死在首阳山，但文王、武王并不因此而受到贬低；盗跖、蹻残忍无道，但盗徒们对他却赞赏有加。由此可知，‘窃钩者诛，窃国者为诸侯’，‘诸侯之门，仁义存焉’并不都是空话。现在有人死抱书本不放，固守自己的小仁小义，长期立身世外，跟不上潮流，哪如随波逐流，与时代共沉浮，求取功名富贵好呢？”

（正论：）东汉的东平王刘苍说：“做善事是最快乐的事。”

（反论：）古语说：“时代不利于做善事的，人就随心所欲吧。”因此说，不成为妖孽就会狂妄不驯。

※ 评析

真正的君子即使遇到再艰难的处境，也能够坚守原则，固守节操，“富贵不能淫，贫贱不能移，威武不能屈”是其处世的准则。而小人则不然，在贫穷中便露出了虚伪狡诈的真面目。君子取义成仁，体现的是一种高尚的精神境界。但是在发展的道路上如果仍然墨守成规，抱残守缺，势必会成为前进路上的绊脚石，此时就需要我们有开拓创新的探索精神，才能推动事业的迅速发展。

物势之反　君子之道

※ 原文

（是曰：）庞统好人伦，勤于长养，每所称述，多过于才，时人怪而问之。统曰：“当今天下大乱，正道陵迟，善人少而恶人多，方欲兴风俗，长道业，不美其谈，则声名不足慕也。不足慕企，而为善少矣。今拔十失五，犹得其半，而可以崇迈代教，使有志者自励，不亦可乎？”

（非曰：）《人物志》曰：“君子知自损之为益，故功一而美二；小人不知自益之为损，故伐一而并失。由此观之，则不伐者，伐之也；不争者，争之也；让敌者，胜之也。是故郤至上人，而抑下滋甚。王叔好争，而终于出奔；蔺相如以回车取胜于廉颇；寇恂以不斗取贤于贾复。物势之反，乃君子所谓道也。”

※ 译文

（正论：）三国的庞统喜欢谈人伦，善于品评人物，但他所称赞的人，多数名过其实。时人觉得很奇怪，问他为什么这样做，他说：“当今天下大乱，正道衰微，善人少而恶人多。我想兴风俗，扬道义，如不大力称赞他们，那么名声就没有吸引力了。人们不追求名声，行善的人就更少了。虽然提拔十人，只有五个合格的，但还能得到一半人才，可以让他们受人尊重，从而使之声名远播，这样便能让他们勉励自己，这难道不是好事吗？”

（反论：）《人物志》中说：“君子时常反省自己，才能有所长进，所以他们知道吃亏受损的好处，因为一份功劳可以换来两份的美誉；浅薄的小人不知道占便宜实际上是一种损失，结果损害了功劳与名誉。由此看来，不自夸的人却能有所成就；不争名利的人却名利双收；能够对敌方让步的却战胜了对方。正是因此，春秋时的郤至善于抬高别人，实际上是压倒对方以抬高自己；王叔爱争高低，结果被迫出逃；蔺相如引车回避战胜了廉颇；寇恂不与贾复争斗，却得到了更贤明的美誉。物极必反，这就是君子常说的‘道’。”

※ 评析

三国争霸，蜀国实力弱小，而且缺少人才，庞统夸大其词地表扬人才，便能吸引更多的贤才投奔蜀国，所以说这是一种招揽人才的策略。后者所说的君子反省自身，是追求完善的一种个人修养，是处世为人的一种生活态度，所以两者应区别对待。

一事两面　各有道理

※ 原文

（是曰：）《孝经》曰：“居家理，治可移于官。”

（非曰：）郦生落魄，无以为衣食业。陈蕃云：“大丈夫当扫天下，谁能扫一室？”

※ 译文

（正论：）《孝经》中说：“处理家务能井井有条的，那么这样的人就可以让他去做官。”

（反论：）汉高祖的谋臣郦食其落魄时，都不能养家糊口。东汉名臣陈蕃说：“大丈夫应当扫除天下，怎能只甘心做些家务事呢？”

※ 评析

处理家务有条有理的人，说明他拥有一定的处事能力，由此推断其适合为官。一屋不扫何以扫天下，说的是一个人志向的大小。只甘心于居家生活的人，其志向定不会过于远大。

自身自律　唯才是用

※ 原文

（是曰：）公孙弘曰："力行近乎仁，好问近乎智，知耻近乎勇。知此三者，知所自理，知所以自理，然后知所以理人。天下未有不能自理而能理人者也。此百代不易之道。"

（非曰：）《淮南子》曰："夫审于毫厘之计者，必遗天下之数；不失小物之选者，惑于大事之举。今人才有欲平九州、存危国，而乃责之以闺阁之礼，修乡曲之俗，是犹以斧剪毛，以刀伐木，皆失其宜矣。"

（是曰：）商鞅谓赵良曰："子之观我理秦，孰与五羖大夫贤乎？"赵良曰："夫五羖大夫，荆之鄙人也，闻缪公之贤，而愿望见，行而无资，自鬻于秦客，被褐饭牛。缪公知之，举之牛口之下，而加之百姓之上，秦国莫敢望焉。今君之见秦也，因嬖人景监以为主，非所以为名也。"

（非曰：）《史记》曰："蔺相如因宦者缪贤见赵王。"又曰："邹衍作《谈天论》，其语宏大不经，然王公大人尊礼之。适梁，梁惠王郊迎，执宾主之礼；如燕，昭王拥帚先驱。岂与仲尼菜色陈、蔡，孟轲困于齐、梁同乎哉？"卫灵公问陈于孔子，孔子不答；梁惠王谋攻赵，孟轲称太王去邠。持方枘欲纳圆凿，其能入乎？或曰：伊尹负鼎而辅汤以王；百里奚饭牛，缪公用霸。作先合，然后引之大道。邹衍其言虽不轨，亦将有牛鼎之意乎？

※ 译文

（正论：）西汉大臣公孙弘说："身体力行就接近于仁，勤学好问就接近于智，能知廉耻就接近于勇。明白这三条道理，就知道如何自律了。知道了如何自律，就知道了如何管理他人。天下还没有连自己都管不好却能管好他人的人。这是一成不变的真理。"

（反论：）《淮南子》中说："能把毫厘之差算得清楚的人，一定不了解天下大势；对小事斤斤计较，对大事就会有困惑之感。现在如有人胸怀平九州、救危国的大志，不让他去做大事，反而以三从四德的礼仪要求他，这就像拿斧头割汗毛、用小刀伐树木一样不合情理。"

（正论：）商鞅问赵良："在治国方面，我与百里奚谁更贤明？"赵良道："百里奚是荆楚的普通百姓，他听说秦缪公贤明，就想投奔他，但因没有路费，就为奴卖给秦国，穿着破衣给人家喂牛。秦缪公知道后提拔他做了左相，秦国人都不敢仰视他。现在你被秦王任用，是由秦王的侍从景监引荐，不是因名声才被任用的呀。"

（反论：）《史记》中说："蔺相如由宦官缪贤的推荐被赵王起用。"又说："邹衍作的《谈天论》夸大其词，十分荒诞，但君主大臣照样尊重他。他去魏国时，魏惠王亲迎郊外，以宾主之礼接待他；到燕国去，燕昭王亲自打扫道路欢迎他。这怎能与孔丘受困于陈、蔡的面带饥色，以及孟轲困于齐、梁相比呢？"卫灵公请教孔子兵法，孔子不回答；魏惠王攻打赵国想听听孟子的意见，孟子却建议让他给赵国一片土地。这好比用方榫头打入圆卯眼一样，怎能打入呢？还有个说法：伊尹扛鼎拜见商汤，终于帮助商汤一统天下；百里奚给人喂牛，秦缪公起用他，成就了霸业。可见想干一件大事，就得放弃以前的事，而后总结出成就大业的道理，才能成就大事。邹衍的学说虽然不正统，但也隐含着施展抱负的深意。"

※ 评析

人自省后方可自知，自知后才能知人，知人后才能合适地用人。一个胸怀大志的人，往往不拘小节，但对大事一点也不糊涂，给人一种大智若愚的感觉。

有用之才得以任用，有的是通过他人引荐，有的是因名声被推举，两者相比，当然后者更显得实至名归。至于反论中邹衍受到各国国君尊重的原因，还是因为其才能有可用之处，其宣扬的学说有令人信服的地方，这与好的名声就相去甚远了。

直言劝谏　秉性之举

※ 原文

（是曰：）陈仲举体气高烈，有王臣之节；李元礼忠平正直，有社稷之能。陈留蔡伯喈以仲举强于犯上，无礼长于接下。犯上为难，接下为易，宜先仲举而后元礼。

（非曰：）姚信云："夫皋陶戒舜，犯上之征也；舜理百揆，接下之效也。故陈平谓王陵言：'面折庭诤，我不如公；至安刘氏，公不如我。'若犯上为优，是王陵当高于良、平，朱云当胜于吴、邓乎？"

※ 译文

（正论：）东汉的陈蕃性格刚烈，具有帝王之臣的操行；李元礼忠诚正直，具有治理天下的能力。蔡邕认为陈蕃敢于犯上劝谏，李元礼厚待下属，不摆架子。犯上最难，善于待下较易，所以陈蕃应在先，李元礼应在后。

（反论：）晋人姚信说："皋陶劝诫虞舜，是冒犯国君的行为；虞舜善于管理百官，这是平易近人的原因。所以汉丞相陈平对王陵说：'在君王面前敢直言劝谏，以理力争，我不如你；要说到巩固刘氏政权，你不如我。'如果认为犯上最高，那王陵要高于张良、陈平，刘秀的直臣朱云也要比吴汉和邓禹强了，这样说合适吗？"

※ 评析

敢于直言劝谏君主的臣子多是性情刚烈、秉性耿直之人，如果非要与其他性格的臣子比较谁更贤能，就有点勉强了。不顾生命危险犯上进谏的臣子必定忠心耿耿，但能够善于抓住君主好恶在有利时机进忠言的臣子，也不能就说其才能比不上犯上之臣。所以，忠臣各有表示忠心的方式，不必评头论足，非要分出个你高我低来。

游侠之士　长短并存

※ 原文

（是曰：）《史记》曰："韩子称：'儒者以文乱法，而侠士以武犯禁。'二者皆讥，而学士多称于世。至如以术取宰相、卿大夫，辅翼其世主，固无可言者。及若季次、原宪读书怀独行，议不苟合当世，当世亦笑之。今游侠，其行虽不轨于正义，然其言必信，其行必果，已诺必诚，不爱其躯，赴士之阨困，羞伐其德，盖亦有足多者。

且缓急，人之所时有也。虞舜窘于井廪，伊尹负于鼎俎，傅说匿于傅岩，吕尚困于棘津，夷吾桎梏，百里奚饭牛，仲尼厄匡，菜色陈、蔡，此皆学士所谓有道仁人也，犹遭此灾，况以中材而涉近代之末流乎？其遇害何可胜道哉！而布衣之徒，设取予然诺，千里诵义。故士穷窘而得委命，此岂非人之所谓贤豪者耶？诚使乡曲之侠，与季次、原宪比权量力，效功于当代，不同日而论矣。曷足小哉！"

（非曰：）《汉书》曰："天子建国，诸侯立家，自卿大夫以至庶人，各有等差。是以人服事其上，而下无觊觎。孔子曰：'天子有道，政不在大夫。'百官有司，奉法承令，以修所职，越职有诛，侵官有罚。然故上下相顺，而庶事理焉。周室既微，礼乐征伐，出自诸侯。桓、文之后，大夫世权，陪臣执命。陵夷至于战国，合纵连横，力政争强。由是列国公子，魏有信陵，赵有平原，楚有春申，皆藉王公之势，竞为游侠，鸡鸣狗盗，无不宾礼。而赵相虞卿弃国捐君，以周穷交魏、齐之厄；信陵无忌窃符矫命，杀将专师，以赴平原之急，皆以取重诸侯，彰名天下。

"扼腕而游谈者，以四豪为称首。于是背公党之议成，守职奉上之义废矣。及至汉兴，禁纲疏阔，未之匡改也。魏其、武安之属，竞逐于京师；郭解、剧孟之徒，驰骛于闾阎，权行州域，力折公侯。众庶荣其名迹，觊而慕之，虽陷刑辟，自与杀身成名，若季、路、仇、牧，死而不悔也。曾子曰：‘上失其道，民散失矣，’非明王在上，示之好恶，齐之以礼法，人曷由知禁而反正乎？古之正法：五伯，三王之罪人也；而六国，五伯之罪人也；夫四豪者，六国之罪人也。况于郭解之伦，以匹夫之细微，窃杀生之权，其罪也，不容于诛矣！”

※ 译文

（正论：）司马迁在《史记·游侠列传》中说：“韩非子认为舞文弄墨的学子败乱了法度，以武力挟持的游侠触犯了禁令。这两种人都受到了他的批评，但有学问的人却常称赞他们。那些以权术谋取相卿之职的人，辅佐各自时代的君王，他们的事迹都被收入了史书，自不必说了。至于像孔子的弟子季次和原宪，本是穷人出身，勤奋读书，胸怀超凡脱俗，不与世沉浮，有人讥笑他们也不以为然。当代游侠的行为虽然有悖于传统法治，但他们讲义气，言必信，行必果，有时甚至不惜生命相助他人，是扶危济贫的正人君子。所以说这些行侠仗义的人也有值得称道的地方。

“再说人生在世，难免有遇到困境的时候，比如从前舜的父亲要害他，把他困在了井里；伊尹是个背鼎做饭的厨师，在向成汤讲做饭技巧时才受到重用的；傅说曾是个打土墙的奴隶；姜太公曾被困在荆棘壁林中，以钓鱼打发时光；管仲曾被齐桓公囚禁；百里奚曾给人喂过牛；孔子曾受困于陈、蔡两国。这些人都是被人所称道的有道德和修养的读书人，也遭到了这样的苦难，更何况是生活在乱世的平常人呢？他们所遇的灾难真是一言难尽呀！身处乱世的游侠，给自己定下济世救人、一诺千金的准则，于是英名便传颂四海。可见，当善良的人走投无路时，就希望得到游侠的帮助，这难道和人们所称颂的豪杰不一样吗？即便是乡间的侠士，同季次、原宪这样的圣德之人相比，对时代所起的作用，也是不能相提并论的，怎能轻视游侠呢？”

（反论：）班固在《汉书》中说：“天子和诸侯建立国家，从朝中官员到平民百姓，都要有严格的等级制度。这样臣民才会忠心敬上，百姓也不会有非分之想。孔子说：‘天子治国有道，就能平安无事，国家政权就不会旁落。’百官各得其所，遵守法令，各尽其职，越权被诛，侵权受罚。这样才能维护上下和顺，各种事情才能处理好。周朝衰弱时，礼乐制度和征伐叛逆的大权都落到了诸侯手里。齐桓公、晋文公之后，手下的大夫掌权，臣僚以天子名义发号施令。这种情况持续到战国，为了合纵连横，各诸侯国竞相以强权和武力相互征伐。于是各国公子——魏国的信陵君、赵国的平原君、齐国的孟尝君、楚国的春申君，凭借王公势力大肆收罗游侠，招来些鸡鸣狗盗之士，使百姓不得安宁，而他们却得到了君主的厚待。赵国丞相虞卿抛弃国家去救患难之交的魏齐；信陵君魏无忌窃符假传王令，让朱亥用锥杀死了将军晋鄙，夺取军权为平原君赵胜解了赵国之围。他们用这些欺上瞒下的方法得到了重用，因此才扬名天下。

“人们兴致勃勃地谈起大侠时，都把信陵君、平原君、孟尝君、春申君当作首领。这样就形成了背弃国家、结党营私的后果，而忠于国家的大义就被遗弃了。当大汉朝统一天下后，有了无为而治的宽松国策，但这种风气仍没有得到纠正。魏其侯窦婴和武安侯田蚡这类人，在京城中互争高低；郭解、剧孟之类，在巷尾横行霸道，骚扰百姓，他们的势力连公侯王子都得避让三分。许多百姓把他们当作英雄，羡慕万分。即便他们身犯国法，身受刑罚，还自以为能流芳百世，有如季布、子路或李牧这些勇士，死而无悔。曾子说：‘君主失去了治理天下的原则，人民就会妻离子散。’如果不是圣明的君主当政，告诉百姓如何分清好坏，而后以礼法教育约束他们，百姓怎知国家禁止什么，如何走上正道呢？古代的看法认为：春秋五霸是尧、舜和周文王的罪人，六国则是五霸的罪人，依此类推，信陵君等四公子就是六国的罪人。像郭解这类游侠，窃取了生杀大权，他们所犯的罪过就是杀头也算够客气了！”

※ 评析

行侠仗义，打抱不平是游侠所好之事，这样的行为确实深受许多平民百姓的称道。但在侠义之道上，有时也必然会践踏国家的法度，这样从大的角度分析，仗义之士又成了不仁之人。在做仗义之事时，要权衡利弊，最好是在不触犯国家法律的基础上去采用合理的方式行仁义之举，这样才会受到周围人的赞许与支持。

臣应举贤　但勿越权

※ 原文

（是曰：）《尸子》曰：“人臣者，以进贤为功；人主者，以用贤为功也。”《史记》曰：“鲍叔举管仲，天下不多管仲之贤，而多鲍叔之能知人也。”

（非曰：）苏建常责大将军青曰：“至尊重而天下之贤士大夫无称焉。愿观古今名将所招选择贤者。”大将军谢曰：“自魏其武安之厚宾客，天子尝切齿。彼亲附士大夫，招贤黜不肖者，人主之柄也；人臣奉法遵职而已，何与招士？”其为将如此。

※ 译文

（正论：）《尸子》中说：“人臣以推荐贤者为功；人主以任用贤者为功。”《史记》说：“鲍叔牙推荐管仲，天下人很少有赞美管仲的，而是称赞鲍叔牙有知人之能。”

（反论：）苏建经常责备大将军卫青：“你自恃功高，所以天下贤士都不称颂你，希望你能像古今名将那样招揽贤才。”卫青惭愧地说：“自魏其侯、武安侯大宴宾客，招贤纳士后，天子对此十分反感。所以亲近士大夫，招揽贤士，罢黜不肖之人，这是人主的权力；大臣只要依法尽职责就可以了，何必招贤纳士呢？”卫青终生就是这样做的。

※ 评析

作为臣子，为君主举荐贤能之士是无可厚非的，但其中也要讲究适度，把握原则，如果超越了为臣的权限，就有可能遭到群臣的嫉妒和君主的反感，给自己带来不利的影响。与其如此，倒不如谨守自己的职责权限，勿沾越权争功之嫌。

各家言论　皆有其理

※ 原文

班固云：“昔王道既微，诸侯力政，时君事主，好恶殊方，是以诸家之术，蜂起并作，各引一端，崇其所善，以此驰说，取令诸侯。其言虽殊，譬犹火水相灭，亦能相生也。仁之与义，敬之与和，事虽相反，而皆相成也。”

《易》曰：“天下同归而殊途，一致而百虑。”此之谓也。

※ 译文

班固说：“从前王道衰微，诸侯竞相治理各自国家，由于各国君主好恶不同，所以诸子百家的学说便产生了。他们各执己见，宣扬自己的观点，并到处游说，争取诸侯采纳。虽然他们的学说各不相同，但就像水火关系一样，相灭又相生。仁与义，敬与和，虽不相同，但相辅相成。”

《周易》中说：“天下人的目标是一致的，只不过实现目标的途径不同罢了；天下的道理是一样的，只不过思考的方式有差距而已。”《周易》说的就是这个意思。

※ 评析

各家有各家的道理。评论的角度、评论者的立场等诸多因素都会对同一问题产生分歧。况且，同一事物本来就不是孤立存在的，都与外界有一定的联系，即使是在不同的发展阶段也会有不同的评析标准与原则，所以对待以上这些历史问题，我们应该全面、辩证而客观地分析，切不可以点概面，或是固执己见。

适变十五

本篇论述了如何制定与时势相符的治国策略。时代在变，治国方针也要随之改变。即在不同的历史阶段，其治国方略也得适应当时社会的发展变化，所以执政者应把握社会脉搏，顺应时代变化，制定符合社会需要的治国方略。

事有因循　应时而变

※ 原文

昔先王当时而立法度，临务而制事，法宜其时则理，事适其务故有功。今时移而法不变，务易而事以古，是则法与时诡，而时与务易，是以法立而时益乱，务无而事益废。此圣人之理国也，不法古，不修今，当时而立功，在难而能免。

由是言之，故知若人者，各因其时而建功立德焉。何以知其然耶？桓子曰："三皇以道治，五帝用德化，三王由仁义，五伯用权智。"五帝以上久远，经传无事，唯王霸二盛之类，以定古今之理焉。

※ 译文

从前先王根据当时的实际情况制定法规，根据实际需要制定政策，政策与实际相符合，国家就治理得好，办事适应时务，就能出成绩。形势变了，政策还生搬硬套，就会使制度与时代脱节，这样一来，即使制度法规再完善，也是徒劳，甚至使制度更加混乱。所以圣人治国，既不效法古人，也不贪图时宜。而是因时而变，但求实际。这样即使遇到困难，也易于解决。

由此可知，圣人治国，并非一定要效法古代，更不必完全遵循既定的法礼，关键是要顺应时势。否则就会被淘汰。怎么能够说明这一点呢？桓范说："三皇时代用道治天下，五帝时用德化育天下，三王用仁义教导百姓，春秋五霸用权术和智谋制伏天下。"五帝以前的事已太久远，经传上也没有记载，只有"王道"和"霸道"传下来了，所以只能用它们来权衡利弊得失，以作为我们验证古今治国的经验教训了。

※ 评析

每个人都有对事物的独到看法，一旦在脑中形成固定模式，就很难改变，所以每个人都存在一个适时应变的过程，治理国家、管理企业也是如此。当以前的管理方法不能适应新出现的情况时，就要适时地采用先进的管理方法和理念去完善或代替以前的旧方法，这样才会使国家不断发展，企业不断进步。在现代的市场化管理体制下，一味地抱残守缺、因循守旧就意味着死亡。

黄老之术　无为而治

※ 原文

《道德经》曰："我无为而人自化。"《文子》曰："所谓无为者，非谓引之不来，推之不往，谓其循理而举事，因资而立功，推自然之势也。"故曰：汤武，圣主也，而不能与越人乘舲舟，泛江湖。伊尹，贤相也，而不能与胡人骑原马，服騊駼。孔、墨，博通也，而不能与山居者入榛薄，出险阻。

由是观之，人智于物，浅矣，而欲以昭海内，存万物，不因道理之数，而专己之能，则其穷不远。故智不足以为理，勇不足以为强，明矣。然而君人者，在庙堂之上而知四海之外者，因物以识物，因人以知人也。

夫冬日之阳，夏日之阴，万物归之，而莫之使。至精之感，弗召自来。待目而昭见，待言而使令，其于理难矣。

皋陶喑而为大理，天下无虐刑；师旷瞽而为太宰，晋国无乱政。不言之令，不视之见，圣人所以为师，此黄老之术也。

※ 译文

《道德经》中说："我无为，人民就会自我教化。"《文子》中说："所谓的无为，并不是叫他不来，推他不走，任何事不做。而是说按规律办事，借助一定条件取得成功，也就是所说的顺其自然。"所以说，商汤和周武王虽是圣主，却不能和越人乘船游江湖；伊尹是贤相，却不能和胡人一道骑马驰骋；孔子、墨子虽是博学之人，却不能与山里人共同钻山入林，出入险境。

由此可知，人的能力是有限的，如想眼观四海，胸怀万物，不掌握规律，单凭一己之力，是难以打破时空局限的。一人之智，不能穷尽全部真理；一人之勇，不能无敌于天下。这是很浅显的道理。所以，居于庙堂之上的君臣，要去了解天下的形势，做到由此知彼，因人知人，把别人的优势转化为自己的优势。

冬天的太阳，夏天的阴凉，万物都自觉而向往。没有人强迫它们这样做。所以说这是精诚的感召，万物才不请自来。如果等到目光给予示意，号令下达后才这样做，那就有些勉为其难了。

皋陶是个哑巴，他当大禹的大理时，天下没有酷刑；师旷是个瞎子，他做宰相后，晋国没有乱政。像这样的不言之令，不视之见，就是圣人所要师法的。这就是"黄老之术"的治术。

※ 评析

道家老子所推崇的无为而治，并非不管不问，无所事事的意思，而是讲求依据自然规律，抓住有利时机以达到无为而治的效果，最好的例子莫过于汉朝时的“文景之治”了。由于战乱导致民生凋敝，此时文景二帝采用老子无为而治的思想，给百姓休养生息的机会，才迅速恢复了国力，使百姓安居乐业。可见，老子所倡导的无为而治的治国思想，在一定的历史时期也对社会的发展起到过积极的推动作用，但前提是要合乎时势，顺应自然规律。

七教三至　儒家之言

※ 原文

孔子闲居，谓曾参曰：“昔者明王内修七教，外行三至。七教修而可以守，三至行而可以征。明王之守也，则必折冲千里之外；其征也，还师衽席之上。”

曾子曰：“敢问‘七教’？”

孔子曰：“上敬老则下益孝，上敬齿则下益悌，上乐施则下益亮，上亲贤则下择交，上好德则下无隐，上恶贪则下耻争，上廉让则下知节，此之谓七教也。”

昔明王之治人也，必裂土而封之，分属而理之。使有司月省而时考之，进贤，退不肖。哀鳏寡，养孤独，恤贫穷，诱孝悌，选才能，此七者修，则四海之内无刑人矣。上之亲下也，如腹心，则下之亲上也，如幼子之于慈母矣。其于信也，如四时，而人信之也，如寒暑之必验。故视远若迩，非道迩也，见明德也。是以兵革不动而威，用利不施而亲，此之谓“明王之守，折冲千里之外者也”。

※ 译文

孔子闲居之时，对曾参说：“以前的英明帝王，内修七教，外行三至。做到了七教，就可使内政巩固，做到有备无患；做到三至，就可对外征讨。明主的防御，能够决胜于千里之外；只要率军出击，必定能够凯旋。”

曾子问：“请问先生，什么是‘七教’呢？”

孔子说：“‘七教’是说执政人要做到以下七点：为上者能尊敬老人，臣民就会对老人更加孝顺；为上者能尊重长者，臣民就会对长者更加敬爱；为上者能乐善好施，臣民就会行事磊落，忠心耿耿；为上者能亲近贤人，臣民就会选择有德之人相交；为上者好德，臣民就不会欺上瞒下；为上者厌恶贪婪之辈，臣民就不会争名夺利；为上者提倡谦让，臣民就会谨守节操。”

以前的明主治理天下，必须划分土地分封诸侯，让他们分别治理。而后让有关主管按月考察，推荐贤德之人，辞退不良之辈，同情抚恤鳏寡之人，抚养孤儿，救济贫穷百姓，奖勉孝悌行为，选拔有才之士，这七项工作做好了，天下就不会有犯法之人了。君爱臣民如腹心，臣民爱君王就会像幼儿对待慈母一样；君王守信能如四季时令般准确，臣民守信就如寒暑一样灵验。所以视远若近，并非是事物在近处，而是明德所致。兵革未动就显出威力，不施利害就使人亲近，这就是所说的“明王之守”，居千里之外就能产生威力的原因。

※ 原文

曾子曰：“何谓‘三至’？”

孔子曰：“至礼不让，而天下治理；至赏不费，而天下之士悦；至乐无声，而天下之人和。”何则？昔者明王必尽知天下良士之名。既知其名，又知其实，既知其实，然后因天下之爵以尊之。此谓“至礼不让而天下治”。因天下之禄，以富天下之士，此之谓“至赏不费而天下之士悦”。如此，则天下之明誉兴焉，此谓之“至乐无声而天下之人和”。故仁者莫大于爱人，智者莫大于知贤，政者莫大于能官。有德之君，修此三者，则四海之内，供命而已矣。此之谓“折冲千里之外”。故曰：明王之征，犹时雨之降，至则悦矣。此之谓“还师衽席之上”。故扬雄曰：“六经之理，贵于未乱；兵家之胜，贵于未战。”

此孔氏之术也。

※ 译文

曾子问：“什么是‘三至’呢？”

孔子说：“至礼而不谦让，天下得治；至赏而不浪费，士人皆喜；至乐而无声息，举国相和。”为什么这样说呢？以前英明的君主对天下名士皆知。既知其名，又知其实，而后才以权力和爵位使他们受到世人尊重，这就叫“至礼不让而天下治”。以利益和俸禄使天下士人富足，这就叫“至赏不费而士人悦”。这样一来，天下就会因美誉而得以宣扬，这就叫“至乐无声而天下和”。所以说仁者的最高原则是爱人，智者的最高原则是知贤，当政者的最高原则是善理百官。有德之君如能做好这三方面，则四海之内就会服从指令，这就是所谓的“在千里之外即有冲击力量”。所以明君的征讨就像及时雨一样，无论何时到来都会受到欢迎。这就叫“还师衽席之上”。扬雄说：“《六经》的道理，贵在社会尚未动乱前就能得到治理；军队还未出动就能取得胜利。”

这便是儒家的治国之术。

※ 评析

春秋时期，百家争鸣，孔子所宣扬的儒家学说是当时的主要学派之一，其中心思想为以仁政治国，虽然没有受到当时统治者的重视，但自从汉朝提出“罢黜百家，独尊儒术”的口号后，儒家的治国思想便归于正统，成了中国封建社会的治国要术。孔子生前奔走各国游说的愿望当时虽未实现，但身后其思想得以流传百世，教育后人。

墨家之术　节俭治国

※ 原文

墨子曰：“古之人未知为宫室，就陵阜而居，穴而处，故圣王作为宫室。为宫室之法，高足以避润湿，边足以圉风寒。宫墙之高，足以别男女之礼。谨此则止，不以为观乐也。故天下之人，财用可得而足也。当今之王为宫室则与此异矣。必厚敛于百姓以为宫室，台榭曲直之望，青黄刻镂之饰，为宫室若此，故左右皆法而象之。是以其财不足以待凶饥，振孤寡，故国贫而难理也。为宫室不可不节。

“古之人未知为衣服，时衣皮带茭，冬则不轻而暖，夏则不轻而清。圣王以为不中人之情，故圣人作，诲妇人。以为人衣。为衣服之法，冬则练帛，足以为轻暖，夏则絺绤，足以为轻清，谨此则止，非以荣耳目，观于人也。是以其人用俭约而易治，其君用财节而易赡也。当今之王，其为衣服，则与此异矣。必厚敛于百姓，以为文彩靡曼之衣，铸金以为钩，珠玉以为珮。由此观之，其为衣服，非为身体，皆为观好也。是以其人淫僻而难治，其君奢侈而难谏。夫以奢侈之君，御淫僻之人，欲国无乱，不可得也。为衣服不可不节。”

此墨翟之术也。

※ 译文

墨子说：“古人还不知道建造宫室时，只能居于山陵高地，钻挖洞穴藏身。到三王时才建造宫室。其办法是以高地避开潮湿，四周足以抵御风寒，墙高能够无碍男女大礼就可以了，所以非常简陋，不足以观赏，享乐。所以，当时百姓都感到财用充足。当今王侯，所造的宫室大不相同了。他们向百姓横征暴敛，建造宫室台榭，是为了宏伟壮观，用各种颜色刻镂彩画以作装饰，左右上下争相效仿，结果财用匮乏，难以抵御灾年饥荒，无法救济孤寡贫民。这就使国家困难无法得到治理。所以建造宫室应讲求节约。

“古人不知做衣服，就披兽衣，挂草叶，冬天穿得笨重却暖和，夏天挂的轻便又清凉。三王觉得这样不雅观，就让妇女学纺织、做衣裳。穿衣的原则是冬天穿丝制的棉衣，轻巧而暖和，夏天穿麻布制的纱衣，轻便又凉爽。当时穿衣不是为了炫耀美丽，让人观看。因此，当时人们生活节俭，便于管理。帝王的生活也十分俭朴，很容易奉养。现在则不同了，君王对百姓大肆搜刮，来制作华美的服装，以黄金铸造带钩，以美玉装点衣服。所以说他们穿衣服不再是为了身体之需，而是为了美观。因此便有了上行下效，有些人生活变得淫逸邪僻，难以管理。君主奢侈腐化，不听忠言。用奢侈腐化的君主统治淫逸邪僻的臣民，国家不出乱子是不可能的。所以说，制作衣服也应提倡节俭。"

这就是墨家的治国之术。

※ 评析

墨家当时所提出的这种节俭治国的思想，主要表达的是对当时统治者奢侈浮华的生活方式的不满。虽然单以节俭便可使国富民强这一观点有点偏颇，但其所倡导求实节俭，以保证国力、安定百姓的想法是具有积极意义。即使在今天高度发达的物质文化社会里，这种节俭的生活方式也是我们理应遵守的，因为它永远不会过时，更何况勤俭节约是中华民族的传家宝，所以永远都不能丢弃。

法家之术　功过参半

※ 原文

商子曰："法令者，人之命也，为治之本。一兔走，百人逐之，非以兔可分为百，由名分之未定也。卖兔满市，盗不敢取者，由名分之定也。故名分未定，虽尧舜禹汤，且皆加务而逐之。名分已定，则贫盗不敢取。故尧舜圣人之为法令也，置官也，置吏也，所以定分也。名分定则大诈贞信，巨盗原悫，而各自治也。"

申子曰："君如身，臣如手，君设其本，臣操其末。为人君者，操契以责其名。名者，天地之网，圣人之符。张天地之网，用圣人之符，则万物无所逃矣。动者摇，静者安，名自正也，事自定也。是以有道者，因名而正之，随事而定之。昔者尧之治天下也，以名，其名正则天下治；桀之治天下也，亦以名，其名倚而天下乱。是以圣人贵名之正也。"

李斯书曰："韩子称'慈母有败子而严家无格虏'者。何也？则罚之加焉必也。故商君之法，刑弃灰于道者。夫弃灰，薄罪也，而被刑，重罚也。夫轻罪且督，而况有重罪乎？故人弗敢犯矣。今不务所以不犯而事，慈母之所以败子，则亦不察于圣人之论矣。"

此商鞅、申、韩之术也。

※ 译文

商鞅说："法令是人的生命，是治国的根本。一只兔子在前面跑，后面可能有百人追逐，不是因为兔子可分成百只，而是因为兔子属于谁还不明确，谁都可能占有。卖兔子的满街都是，盗贼却不敢去拿，那是因为兔子属于谁早已确定。所以说，如果名分未定，就是尧、舜、禹、汤也可能会去追逐，名分确定了，即使再穷的盗贼也不敢去抢。因此，圣人制定法令，委派官吏，实质上是在定名分。名分确定后，即使是骗子也会坚守诚信的，即使是大盗也会老实起来的，这样他们便能安守本分了。"

申不害说："君如身，臣似手，君制定根本，臣处理日常事务。作为君主，就要以法令来核查臣子，看是否名副其实。名分就像是天地之网，圣人之符。张网持符，天下万物就无处可逃。动者尽其动，静者尽其静，使之各负其责，事情自然各有归属，整个国家也会显得井然有序。因此有道之人用名分去纠正那些不合名分的现象，从而随事实定名分。以前尧治天下时，就是以名分处理日常事务的，名分正了，天下就会得治；桀治理天下时，也是以名分处理日常事务的，但由于名不正，才导致了天下大乱。所以，圣人对'名正'是看得很重的。"

李斯在给秦二世的上书中说："韩非子认为：'慈爱之家出败子，严厉之家无悍奴。'这是为什么呢？因为严厉的惩罚可防止出现败子和凶悍的家奴。商鞅变法，对在路上乱倒垃圾者都处以刑罚。乱倒垃圾是小过，而判刑却是重罚。轻罪都要严惩，更何况重罪呢？所以人人不敢违法。现在如不致力于防止他人犯法，就无异于慈母娇惯儿子而出败子，这就违背了圣贤的理论。"

以上所说的就是商鞅、申不害，以及韩非子的治国之术。

※ 评析

商鞅、韩非子所倡导的以严刑酷法来治理国家的方法，虽然在一定的历史时期也曾有助于君主巩固自己的统治，但多是战乱时代的不法之法。而从历史的长河中来看，和平的稳定时期仍是历史的主流，所以严刑酷法也只能在某一时刻占据主导地位，其绝大部分时间里，它理应配合仁政，以治国的辅助手段来使用，这样才能保持更长久的治世状态。

百家之术　各有利弊

※ 原文

由是观之，故知治天下者，有王霸焉，有黄老焉，有孔墨焉，有申商焉，此所以异也，虽经纬殊制，救弊不同，然康济群生，皆有以矣。今议者或引长代之法，诘救弊之言；

或引帝王之风，讥霸者之政，不论时变，而务以饰说。故是非之论，纷然作矣。言伪而辩，顺非而泽，此罪人也。故君子禁之。

※ 译文

由以上所举事例可知，治国之术种类繁多，有王霸之术、有黄老之术、有孔墨之术、有申商之术，他们之间各有区别，而且自成一家，各持己见，其来源自是不同，而就当时所使用的目的来看，都是为了富国强民。如今，有的人施行历代的制度，也不考虑时代变化，硬要提倡拨乱反正的观念；有的人以历代帝王的礼乐之风讥讽成就霸业的政治措施，不顾时势的变迁，将谬论说得头头是道。因此，是非之论纷纷出笼，措辞虚伪，强加诡辩，把荒谬的观点粉饰得油光鲜亮，这都是历史的罪人啊！所以，君子是要制止这种做法的。

※ 评析

治国的方法必须要顺应时势，更重要的是要适时而变。无论是道家、儒家，还是墨家、法家，其各家的思想都有可取之处，但同样也存在着各自的缺陷，所以我们对任何一家所持的思想既不可全盘否定，也不可过于夸大其词，最好的方法是要学会扬长避短，利用各家之长、避开各家之短，为现代的治国方略积累一些积极有益的经验。

正论十六

本篇论述了诸子百家的思想学说。百家争鸣，各有道理，也各有弊端，出发点不同，得出的结论就不同。只有取其精华，除其糟粕，才能得到真实客观的结论，才能从古代政治理论中获得更多的财富和精髓。

六艺之理　教化臣民

※ 原文

孔子曰："六艺于治一也。《礼》以节人，《乐》以发和，《书》以导事，《诗》以达意，《易》以神化，《春秋》以义。"

故曰：入其国，其教可知也，其为人也，温柔敦厚，《诗》教也；疏通知远，《书》教也；广博易良，《乐》教也；洁净精微，《易》教也；恭俭庄敬，《礼》教也；属辞比事，《春秋》教也。故《诗》之失愚；《书》之失诬；《乐》之失奢；《易》之失贼；《礼》之失烦；则《春秋》之失乱。其为人也，温柔敦厚而不愚，则深于《诗》也。疏通知远而不诬，则深于《书》也。广博易良而不奢，则深于《乐》也。洁净精微而不贼，则深于《易》也。恭俭庄敬而不烦，则深于《礼》也。属辞比事而不乱，则深于《春秋》也。

※ 译文

孔子说："《礼记》《诗经》《乐经》《尚书》《周易》和《春秋》这六本著作虽内容不同，但在教育人民、讲求政治目的的方面是一致的。《礼记》是用来规范人行动的，《乐经》是用来培养人心志的，《尚书》是用来指导为人处世的，《诗经》是用来表达情意的，《周易》是用来预测变化的，《春秋》是用来明辨道义的。"

所以说，到了一个国家，便能很容易感觉是用什么方法来教化民众的。如果民风淳朴敦厚，这是《诗经》教化的结果；如果百姓通达事理，目光远大，是《尚书》教化的结果；如果民众心胸广阔，平易近人，是《乐经》教化的结果；如果民众心志纯洁，识鉴精微，是《周易》教化的结果；民众恭敬俭约，谦逊庄重，是《礼记》教化的结果；民众善于言辞，微言大义，是《春秋》教化的结果。所以，没有了《诗经》的教化，人就会愚昧；没有了《尚书》的教化，言辞就多诬陷不实之语；没有了《乐经》的教化，人就会浮奢淫逸；没有了《周易》的教化，百姓就会狡猾险恶；没有了《礼记》的教化，社会风气就烦乱不安；没有了《春秋》之教，道义就会混乱。为人温和敦厚而不愚鲁，这是深受《诗经》熏陶的缘故。为人如果通达事理，眼光远大而不失实，这是深受《尚书》教化的结果。为人心胸广博、平易近人而不骄奢淫逸，这是深受《乐经》教化的结果。为人心志纯洁，识鉴精微而不邪恶，是深受《周易》教化的结果。为人恭敬俭约，谦逊庄重而不烦乱，是深受《礼记》教化的结果。为人善于言辞，微言大义而事理清晰，是深受《春秋》教化的结果。

※ 评析

古人十分看重读书的教化作用，尤其是汉代确立独尊儒术后，四书五经更是成为后人的必读之作。如本节提到的《诗经》《尚书》《春秋》等著作更是中华古典文学的瑰宝，其思想的博大精深和内容的丰富充实，确实值得我们现代人去认真品味一番。但如果把经典之作视为金科玉律，就可能会禁锢我们的思想，只有用我们现代人的观点去伪存真，我们才能从中吸取精华，提出适应时势的新观点、新主张。

诸子百家　各有长短

※ 原文

自仲尼没而微言绝，七十子丧而大义乖。战国纵横，真伪纷争，诸子之言，纷然散乱矣。

儒家者，盖出于司徒之官，助人君顺阴阳，明教化者也。游文于六经之中，留意于仁义之际，祖述尧舜，宪章文武，崇师仲尼，此其最高也。然惑者既失精微，而僻者又随时抑扬，违离道本，苟以哗众取宠，此僻儒之患也。

道家者，盖出于史官，历纪成败，秉要执本，清虚以自守，卑弱以自持，此君人南面者之术也。合于尧之克让，《易》之谦谦，此其所长也。及放者为之，则欲绝去礼乐，兼弃仁义，独任清虚，何以为治？此道家之弊也。

阴阳家者，盖出于羲和之官，敬顺昊天，历象日月星辰，敬授人时，此其所长也。及拘者为之，则牵于禁忌，泥于小数，舍人事而任鬼神，此阴阳之弊也。

法家者，盖出于理官，信赏必罚，以辅礼制，此其所长也。及刻者为之，则亡教化，去仁爱，专任刑法，而欲以致治，至于残贼至亲，伤恩薄厚，此法家之弊也。

名家者，盖出于礼官，古者名位不同，礼亦异数。孔子曰："必也正名乎？"此其所长也。及缴者为之，则苟钩析乱而已，此名家之弊也。

墨家者，盖出于清庙之守，茅屋采椽，是以贵俭；养三老五更，是以兼爱；选士大射，是以上贤；宗祀严父，是以右鬼；顺四时而行，是以非命；以孝示天下，是以上同。此其所长也。及弊者为之，见俭之利，因以非礼，推兼爱之意，而不知别亲疏。此墨家之弊也。

纵横家者，盖出于行人之官。孔子曰："使乎，使乎！"言当权事制宜，受命而不受辞，此其所长也。及邪人为之，则上作谖而弃其信。此纵横之弊也。

杂家者，盖出于议官，兼儒墨，合名法，知国体之有此，见王理之无不贯，此其所长也。及荡者为之，则漫羡而无所归心，此杂家之弊也。

农家者，盖出于农稷之官，播百谷，劝耕桑，以足衣食。孔子曰："所重人食。"此其所长也。及鄙者为之，则欲君臣之并耕，悖于上下之序，农家之弊也。

※ 译文

孔子去世之后，他那奥妙精微的言论就断绝了，孔子的七十多个弟子去世后，儒家的主旨思想就凌乱不堪了。战国时期的各国形势比较混乱，造成真伪纷争的局面，诸子百家的学说便杂乱纷繁起来。

儒学，大都出自司徒之类的官员，其职责是辅佐君主，顺和阴阳，宣扬教化。儒家信徒研读六经，注重仁德品质的修养，效法尧舜和周文王、周武王，拜孔子为宗师，这是儒家的高明之处。但一些迷惑的人偏持己见，失去了儒学的精髓，不守正统的人，随时代变迁时而贬低，时而抬高，背离了儒学本旨，有的甚至哗众取宠以显示自我。这都是浅薄的儒士导致的祸患。

道家大都出自史官，他们记述了历代王朝成败、存亡的经验教训，懂得为政的要点和根本，以清静无为自守，以卑下柔弱自持，为的是保持本来面目。他们把这一原则作为君主治国安邦的根本。道家思想与尧的谦让和《周易》的谦恭十分相符，这就是道家的长处。后世的道家学徒多狂放不羁，主张抛弃礼乐束缚，以及仁义道德，只求以清静无为来治理天下。这就是道家的短处。

阴阳家多出自负责天文历法的官员。他们尊崇上天，观察推算日月星辰的运行规律，制定农业四时节令。这就是阴阳家的长处。后来有些人拘泥于阴阳之说，受制于忌讳，只重阴阳卜卦、鬼神仙道等方术，舍弃人事自由，信仰鬼神。这就是阴阳家的短处。

法家多来自管理刑狱的官员。他们注重信用，赏罚分明，强调以法制治理天下。这就是法家的长处。后来由于苛刻的官员只重法治，不讲教育，抛弃仁爱，只顾用刑，想以此实现大治，甚至残害亲人，薄情寡义。这就是法家的短处。

名家大多来自掌管礼制的官员。古人身份地位不同，礼仪规矩也不同。孔子说："一定要正名分。"正名分就是名家的长处。后来一些吹毛求疵之人利用它治理天下，由于过分追逐名分而忽略了实际，结果把名分搞得乱七八糟。这就是名家的短处。

墨家大多来自管理宗庙的官员。他们住茅屋草房，崇尚节俭；赡养有德有才的老人，以兼爱为荣；选拔贤能之士，提倡尊重人才；重视宗庙祭祀，崇信鬼神；顺从四时节令，反对天命；以孝心明示天下，要求臣民效忠天子。这些就是墨家的长处。后来的心志迷惘的墨家之徒，只看到俭约的好处，便抛弃了礼制，只知推崇兼爱，而不辨亲疏。这就是墨家的短处。

纵横家大多来自处理外交事务的官员。孔子说："使者啊，使者啊！这是一份难做的差使。"其意是说应因事制宜，权衡利弊，以外交辞令完成任务，这就是纵横家的长处。后来出现了一些奸诈的纵横家，崇尚欺诈，抛弃信义。这就是纵横家的短处。

杂家大多来自议事的官员。杂家糅合了儒、墨两家思想，以及名、法两家的主张。他们精通治理之道，明白要想实现盛世必采诸子百家之长，这就是杂家的长处。后来一些学识浅薄的人恣意放纵，言行不着边际，务求广博，没有宗旨，使人不明要领。这就是杂家的短处。

农家大多来自管理农业的官员。他们种植百谷，鼓励耕种和养蚕，以求丰衣足食。孔子说："最重要的是百姓和粮食。"这就是农家的长处。后来一些目光短浅的人，主张让国君也去耕种，这就违背了上下的等级关系。这就是农家的短处。

※ 评析

本节论述一气呵成，对儒、道、阴阳、法、名、墨、纵横、杂、农等诸子百家的学说一一进行了利弊的分析，并引用了历史人物的评语作为论据，从而令评析更为全面客观，更为宽广精深。如果各家对自己所持观点争论不休，各自标榜本学派的治国之术，是难以得到共识的。但以我们现代人的眼光来看待，就能更好地去把握主流，从而做到趋利避害，扬长避短，采用各家之精华来齐家、治国、平天下。

因时而变　不拘一格

※ 原文

文子曰："圣人之从事也，所由异路而同归。秦楚燕魏之歌，异转而皆乐；九夷八狄之哭，异声而皆哀。夫歌者，乐之微也；哭者，哀之效也。愔于中而应于外，故在所以感之矣。"

范晔称："百家之言政者，尚矣！大略归乎宁固根柢，革易时弊也。而遭运无恒，意见偏杂，故是非之论，纷然乖当。"

尝试论之：夫世非胥庭，人乖鷇饮，理迹万肇，情故萌生。虽周物之智，不能研其推变；山川之奥，未足况其纡险，则应俗适事，难以常条。

何以言之？若夫玄圣御代，则大同极轨，施舍之道，宜无殊典。而损益迭运，文朴递行，用明居晦，回穴于曩时，兴戈陈俎，参差于上世。及至戴黄屋，服衣，丰薄不齐，而致治则一。亦有宥公族，黥国仇，宽躁已隔，而防非必同。此其分波而共源，百虑而一致者也。若乃偏情矫用，则枉直必过。故葛屦履霜，弊由崇俭，楚楚衣裳，戒在穷奢。疏禁厚下，以尾大陵弱；敛威峻法，以苛薄分崩。斯曹魏之刺，所以明乎国风；周秦末轨，所以彰于微灭。故用舍之端，兴败资焉。

是以繁简唯时，宽猛相济，刑书镌鼎，事有可详，三章在令，取贵能约。大叔致猛政之褒，国子流遗爱之涕。宣孟改冬日之和，平阳循画一之法。斯实弛张之弘致，庶可以征其统乎？

数子之言，当世失得，皆悉究矣。然多谬通方之训，好申一隅之说。贵清净者，以席上为腐议；束名实者，以柱下为诞辞。或推前王之风，可行于当年，有引救弊之规，宜流于长世。稽之笃论，将为弊矣。

由此言之，故知有法无法，因时为业，时止则止，时行则行，动不失其时，其道光明。非至精者，孰能通于变哉？

※ 译文

文子说："圣人做事，虽道路不同，但目的是一样。秦、楚、燕、魏的歌曲，虽曲调不同，但都有欢乐之意；九夷八狄的哭声虽有区别，却都有悲伤之情。所以说，歌声是快乐的表现；哭泣是悲伤的表现。内心安静祥和，就容易在外表上流露出来，流露出来，就会让他人受到感染。"

范晔说："诸子百家关于政治的言论都是很高深的，但总结起来就是要巩固政权，消除弊端，以顺应时势。由于各家遭遇不一，意见偏颇庞杂，所以标准不同，往往会议论纷纷，产生矛盾。"

对此而言，现在已不是远古的赫胥氏、大庭氏的那个含哺而嬉，鼓服而游的时代了，人们的欲求也不易于满足了，到处是钩心斗角，人的情欲萌生，即使有光照万物的智慧，也不可能穷尽世道人心的变迁；就是山川再险峻幽深，也无法比喻人心的难测。所以，在处理、应对事物之变时，就不能用常规的办法解决。

为什么这样说呢？假如由圣人来治世，大同理想的法规和免除劳役之道，就应该没有什么不同。但现在法令的增补或废除、文明和朴素交替施行，或是发扬光大，或是保守传统，只在过去的范围里摇摆。兴兵打仗与和平交错出现，也只是与前人的方式有所不同罢了。就是身居帝位，穿上皇服，虽然厚薄华美不同，但把国家治理好的愿望却是一致的。有时为了统治的需要，对达官贵人表示宽大，对乱臣贼子施以刑罚，虽然宽松程度不同，但防止为非作歹的目的却相同。这就是说，不同时代的政治制度，虽形式各异，但本质相同；虽然思维方式千差万别，但目标一致。至于故意矫情用事，就会矫枉过正。比如，穿凉鞋过冬，就犯了过分俭朴的错误；天天衣冠楚楚，就犯了穷奢极侈的过失；禁令宽松，对下属要求不严，就会出现尾大不掉、欺凌弱小的情况；权力过于集中，刑法过于严厉，就容易导致分裂割据的局面。曹魏时文人写诗讽刺时事，就可明白当时的国家风气；周秦末年，政治衰败，在许多小事上就已经表现出来了。所以说或用或舍某种制度，是决定国家兴盛成败的关键。

政令的繁与简，要根据时代的要求决定，宽政与猛政要相互协调。刑书铸刻在鼎上，固然详细，但约法三章贵在简明。太叔因用猛政想改变国势衰败，结果王孙只有哀悼的眼泪。晋国的赵盾一改其父赵衰的平和政策，而平阳侯曹参代萧何为相后，却仍用旧法。这些都是政治或张或弛的例子，难道可以强求它们都一样吗？

诸子百家的言论，论述的都是当代的功过得失，我们已经认真地研究过了。但世人对此大多存在误解，只偏好于某一学说，而不知为政之道。尊崇清静无为的道家，视儒家学说为迂腐；拘泥于名家的学说，却认为道家的言论荒诞可笑；或推崇古代的王者之风，认为今世仍可实行，有的征引纠救时弊的方法，认为应当流传后世。其实，这些理论学派都有各自的弊病。

由此可见，治国有无某种法规是由时势需要所决定的，用与不用应以时势为准。不适应就要停止，适应时代就要应用，推行政令不失其时，前途就是一片光明。如果对世事人情不精通，又怎么能够掌握权变的奥妙呢？

※ 评析

采取什么样的方法治理国家，要根据时势决定，只有在不违背时代要求的情况上，才会坚守治国的根本，才能够实事求是地革除时弊，创立新政。对古法拘泥不化，就是因循守旧，终有被淘汰的一天；抛弃古法，一味地追求独树一帜，就会碰更多的钉子，栽更多的跟头。

历史在作为决策的参考时，决策者还要懂得吸收对现代治国有用的方法和经验，不可产生厚古薄今的想法，更不可按照传统的治国思想或是拿诸子百家之一的学说生搬硬套。因为每个事物都有其产生的条件，所以，看问题应该采用辩证、历史、发展的眼光，能够做到古为今用而又不拘泥于古，才是最终目的。

卷四

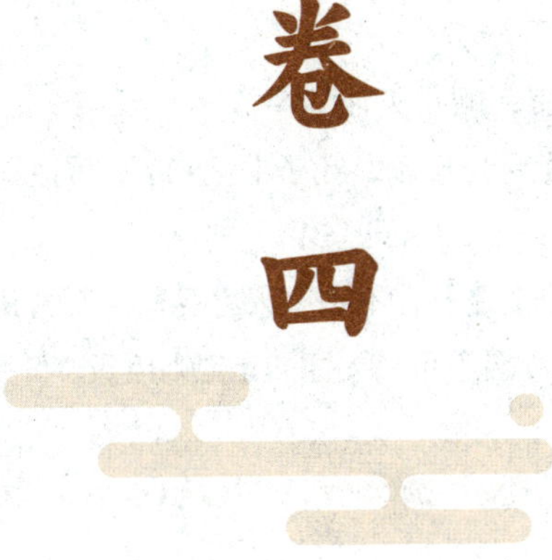

《易》曰："汤武革命，顺乎天而应乎人。"《书》曰："抚我则后，虐我则仇。"《尸子》曰："昔周公反政，孔子非之曰：'周公其不圣乎！以天下让，不为兆人也。'"

惧戒十七

本篇论述了统治者如何吸取经验教训的诸多历史故事。君王尊显，人人羡慕，但做君王却也有做君王的难处。一言一行稍有不慎，则致王图霸业自毁，国政家政俱亡。国人叹“殷鉴不远”，唐人称“以古为镜”。凡想成就大业的人，都不能不吸取前人的教训，以古鉴今。

无德之君　臣民反之

※ 原文

《易》曰：“汤武革命，顺乎天而应乎人。”《书》曰：“抚我则后，虐我则仇。”《尸子》曰：“昔周公反政，孔子非之曰：‘周公其不圣乎！以天下让，不为兆人也。’”

董子曰：“虽有继体守文之君，不害圣人之受命。”古语曰：“穷鼠啮狸，匹夫奔万乘。”故黄石公曰：“君不可以无德，无德则臣叛。”孙卿曰：“能除患则为福，不能除则为贼。”

※ 译文

《周易》中说：“商汤和周武王的革命，上顺天意，下应民心。”《书经》中说：“爱护我的，我就拥戴他做君王，残害我的，我就把他视为仇敌。”《尸子》中说：“从前周公把统治权还给周成王，孔子责备他说：‘周公这是不明智的选择呀！把统治天下的权力让给成王，却不为民众着想。’”

董仲舒说：“即使有继承先王成法的君主，也不妨碍圣人接受使命。”古语有云：“逼急了的老鼠也会咬狸猫，平常人被逼得走投无路时也会奋起反抗。”所以黄石公说：“君主不能没有道德品行，否则，臣民就会反叛他。”荀子说：“能为老百姓铲除祸害的人能得到幸福，否则就会被人民视为盗贼。”

※ 评析

天道轮回，富贵无常。作为统率一国臣民的君主，如果不知戒惧，不懂得“水能载舟，亦能覆舟”的道理，只知凭借手中权力为所欲为，欺压臣民，迟早会有灭亡的一天。

施恩予民　先修其身

※ 原文

何以明之？昔文王在酆，召太公曰："商王罪杀不辜，汝尚助余忧人，今我何如？"

太公曰："王其修身、下贤，惠人，以观天道。天道无殃，不可以先唱；人道无灾，不可以先谋。必见天殃，又见人灾，乃可以谋。与民同利，同利相救，同情相成，同恶相助，同好相趋。无甲兵而胜，无衡机而攻，无渠堑而守。利人者天下启之，害人者天下闭之。天下非一人之天下也，取天下若逐野兽，得之而天下皆有分肉。若同舟而济，皆同其利；舟败，皆同其害。然则皆有启之，无有闭之者矣。无取于民者，取民者也；无取于国者，取国者也；无取于天下者，取天下者也。取民者民利之，取国者国利之，取天下者天下利之。故道在不可见，事在不可闻，胜在不可知。微哉！微哉！

"鸷鸟将击，卑身翕翼；猛兽将搏，俛身俯伏；圣人将动，必有愚色。惟文惟德，谁为之式？弗观弗视，安知其极？今彼殷商，众口相惑。吾观其野，茅草胜谷；吾观其群，众曲胜直；吾观其吏，暴虐残贼，败法乱刑。而上不觉，此亡国之则也。"文王曰："善。"

※ 译文

怎么才能证明呢？周文王在酆地时，召见姜太公问："商纣王捏造罪名杀害无辜，你还提醒我应为百姓操心，现在我该怎么做呢？"

姜太公说："你应努力提高自己的品德修养，礼贤下士，善待百姓，顺应民心，同时观察上天的运行规律。如上天不降灾难，大王就不能首倡义旗；如果人事没有灾祸，大王就不可图谋推翻商王。只有遇见天灾，看到人祸时，才可谋事。大王应该与百姓寻求共同利益，有了共同利益才可互助，有了共同情感才可相辅相成，有了共同的憎恨才可互相协助，有了共同爱好才可相互迎合。如能这样，即使没有强劲的军队也能取胜，没有好的时机也能攻城取地，没有壕沟也能防守。给百姓带来好处的人，天下人打开城门欢迎他；给百姓带来祸害的人，天下人就紧闭城门拒绝他。天下并不是一个人的，争夺天下就像狩猎一样，得到后应与天下人分享。就好像同坐一条船，大家齐心协力共达彼岸，而后才可共享利益；如不齐心协力，船翻了大家都会受到损害。对大家有利，到处都有打开大门的人，就不会有关闭大门的人了。不向百姓索取财富，就可以取得民心；不向国家索取利益，就可以取得政权；不向天下索取利益，就可以取得帝位，成为君王。取信百姓的人，百姓使他得利；取信国家的人，国家使他得利；取信天下的人，天下使他得利。可见规律是看不到的，事情的变化是听不到的，胜败的苗头也是无法预见的。真是玄妙啊！

“凶猛的老鹰在扑击时，会俯低身子、收缩翅膀；猛兽搏击时也总是低下身子；圣人若要有所动作，必定要韬光养晦。说到美德，谁可以作为学习的榜样呢？不仔细观察，又如何知道它的穷尽呢？现在商朝上下谣言四起，人人疑惑。我发现田地中的荒草比庄稼还茂盛；我观察文武百官多是些曲意逢迎纣王的奸佞小人，压过了正直的人；我观察各地的官吏凶恶残酷，牟取暴利，可是纣王丝毫不知，这是国家将亡的征兆呀。”周文王听后说：“确实如此呀。”

※ 评析

姜太公在此论述的不仅仅是对君主所言的为君之道，同时也是每位当政者的为官之道，更是为人处世之道。如果为官者以权谋私，只顾自己享受荣华富贵，忘却了以天下为己任，定会被世人所唾弃。只有与民同心同德，为国尽心尽力，时刻牢记“为官一方，造福于民”的责任，才会受到百姓的拥戴与支持，才会留下好的政绩，使声名远播。

高山为谷　深壑成陵

※ 原文

鲁昭公薨于乾侯。赵简子问于史墨曰：“季氏出其君，而民服焉，诸侯与之；君死于外而莫之或罪，何也？”对曰：“物生有两、有三、有五、有陪贰。故天有三辰，地有五行，体有左右，各有妃耦。王有公，诸侯有卿，皆其贰也。天生季氏，以贰鲁侯，为日久矣。民之服焉，不亦宜乎！鲁君世从其失，季氏世修其勤，民忘君矣。虽死于外，其谁矜之？社稷无常奉，君臣无常位，自古以然。故《诗》曰：‘高岸为谷，深谷为陵。’三后之姓于今为庶，主所知也。在《易》卦，雷乘乾曰‘大壮’，天之道也。政在季氏，于此君也，四公矣。民不知君，何以得国？是以为君，慎器与名，不可以假人。”

※ 译文

鲁昭公死于乾侯（今直隶成安县东南）。赵简子问史墨：“季氏赶走国君鲁昭公，但百姓依然顺服，诸侯照样亲近他，鲁昭公死于国外也没人去惩罚他，这是为什么呢？”史墨回答：“事情的存在有的成双、有的成三、有的成五、有的相互辅助。因此天有三辰，地有五行，身体分左右，人各有配偶，君王有诸侯，诸侯有士卿，都是有人辅佐的。上天安排季氏辅佐鲁侯，时间已经很久了。百姓顺从他，不也是很正常的吗？鲁国国君多养成了放纵安逸的习性，季氏世代勤恳，用心扶正，百姓早就忘记了他们的国君。所以鲁昭公死在国外，也没有人去可怜他了。社稷没有固定的统治者，君臣的地位也不是固定不变的，自古就是如此。所以《诗经》中说：‘高山可变成河谷，深谷也可变成山陵。’三王的后代在今天成了平民百姓，这是君主知道的。在《周易》卦中，代表雷的震卦在乾卦之上，叫作大壮，这是上天的常理。政权到了季氏手里，已经历了四代国君，百姓不知道谁是国君，君王又如何掌握国政呢？因此做国君要谨慎地对待车马、服饰和爵号，且不可随便拿来借人。”

※ 评析

作为一国之君，如想巩固自己的统治，重要的是要有驾驭臣子的能力，要任人唯贤，知人善任，只有这样才会使政权稳固，国家强盛。中国古代的历代明君，如汉高祖刘邦、唐太宗李世民等，在用人方面都可以说是我们学习的榜样。如果不善于用人，亲近奸佞小人，疏远贤能之士，就可能会使大权旁落，甚至丢掉江山社稷。

子贡游说　救鲁灭吴

※ 原文

孔子在卫，闻齐田常将欲为乱，而惮鲍、晏，因移其兵以伐鲁。

孔子会诸弟子曰：“鲁，父母之国，不忍观其受敌，将欲屈节于田常以救鲁。二三子谁使？”子贡请使，夫子许之。遂如齐，说田常曰：“今子欲取功于鲁实难，若移兵于吴则可也。夫鲁，难伐之国，其城薄以卑，地狭以泄；其君愚而不仁，大臣伪而无用，其士民又恶甲兵之事，此不可与战。夫吴，城高以厚，地广以深，甲坚以新，士选以饱，重器精兵尽在其中，又使明大夫守之，此易伐也。”

田常忿然作色曰：“子之所难，人之所易；子之所易，人之所难。而以教常，何也？”子贡曰：“夫忧在内者攻强，忧在外者攻弱。今君忧在内矣。吾闻子三封而三不成，是则大臣不听也。今君破鲁以广齐，战胜以骄主，破国以尊臣，而子之功不与焉，则交日疏于主。是君上骄主心，下恣群臣，求以成大事，难矣。夫上骄则恣，臣骄则争，是君上与主有隙，下与大臣交争也。如此，则子之位危矣。故曰不如伐吴。伐吴而不胜，民人外死，大臣内空，是君上无强臣之敌，下无民人之过，孤主制齐者唯君也。”田常曰：“善。然兵业已加鲁矣，不可更，如何？”子贡曰：“子缓师。吾请救于吴，令救鲁而伐齐，子以兵迎之。”田常许诺。

※ 译文

孔子在卫国时，听说齐国田常要起兵作乱，取代齐君。可田常害怕鲍氏、晏氏反对，故想先伐鲁以增加自己的威势。

孔子召集众弟子说：“鲁国是我们亲人居住的地方，我们岂能忍心看它遭受敌人的入侵，所以我们要让田常放弃自己的打算来挽救鲁国。你们谁愿出使齐国？”子贡请求出使，孔子答应了。子贡到了齐国之后，对田常说：“现在你想以攻打鲁国来取得功劳那就错了，倒不如调兵攻打吴国，倒可以成功。鲁国是不易攻取的国家，因为他的城墙既薄弱又低矮，土地又贫瘠，君主愚昧而残暴，朝臣自私又不中用，士兵百姓又怕打仗，因此你不能够跟他打。而吴国的城墙高大坚厚，土地广阔深厚，兵器铠甲既坚锐又新颖，士兵训练有素，粮草充足，还派了英明的将领守城，这就容易攻打了。”

田常听了大怒，说道：“你说难打的，我倒认为容易；你所说的容易的，大家却说是难的，你对我说这些话，到底是什么意思？”子贡说：“忧患在朝廷以内的人，应该去攻打强国；忧患在朝廷以外的人，才去攻打弱国。我听说你三次受封都没有成功，是因为朝中有反对你的人。现在你以攻下鲁国来扩充齐国的土地，如果胜利了，只会使你的君主更骄傲，使率兵之臣更加尊贵，可是功劳却与你无关，你和君主的交情就更疏远了。这样的话，你对君主骄傲，对下臣放肆，想因此成大事，必定非常困难。凡是君王骄傲了，他就会放肆；臣子骄傲了，他们就会互相争夺，这样你就会与君主有积怨，与群臣有争斗。如果到了这个地步，你在齐国的地位就有威胁了，所以我认为你不如去攻打吴国。吴国打不赢，但士兵在外战死，大臣率兵出战，朝廷中就没有人与你对抗了，下面也没有百姓的埋怨，此时才是你孤立君主、控制齐国的大好时机。”田常说：“很好！但我的军队已经到达鲁国了，不可能更改了，怎么办呢？”子贡说：“你只要按兵不动，我去吴国求救，请吴王讨伐齐国，你趁机再发兵迎击就是了。”田常答应了。

※ 原文

子贡遂南说吴王曰：“王者不绝世，霸者无强敌，千钧之重加铢而移。今以万乘之齐而私千乘之鲁，与吴争强，其为患滋甚。且夫救鲁，显名也；伐齐，大利也。以抚泗上诸侯，诛暴齐以服晋，利莫大焉。存亡鲁，实困强齐，智者不疑也。”吴王曰：“善。然吾实困越，越王今苦身养士，有报吴之心。子待吴先伐越，然后乃可。”

子贡曰：“越之功不过鲁，吴之强不过齐，而王置齐而伐越，则齐已平鲁矣。王方以存亡继绝为名，而畏强齐伐小越，非勇也。勇者不避难，仁者不穷约，智者不失时，义者不绝世，以立其义。今存越示天下以仁，救鲁伐齐，威加晋国，诸侯相率而朝吴，霸业成矣。且王必或恶越，臣请东见越君，令出兵以从，此则实空越，而名从诸侯以伐也。”吴王悦，乃使子贡之越。

※ 译文

子贡于是向南游说吴王夫差，说道："做天子的是不会让诸侯属国被人消灭的，做霸主也不会允许天下有另外的强敌出现，这好比千钧的重量稍加东西就会移动，是会破坏均衡的。现在齐国私下攻打弱鲁，想和吴国争强，我替你感到危险。如果救鲁，虽只是表面上的仁义，但讨伐齐国却有极大的好处。这样既可以安抚泗水一带的诸侯，也可打击蛮横的齐国，降伏强大的晋国，没有比这更大的好处了。名义上是挽救鲁国的危亡，实际上阻止了齐国实力的扩张，这个道理，聪明的人是不会有疑虑的。"吴王说："不错。但我曾与越国交过战，现在越王不辞辛苦，教养士卒，有报复我的意思。你等我把越国拿下来，再照你的话行事吧。"

子贡说："越国的实力比不上鲁国，吴国也没有齐国强大，现在你放了齐国去攻打越国，等你打下越国时，齐国就已经灭掉鲁国了。如果你以保存危亡、延续将灭的名义去攻打小小的越国，害怕强大的齐国，这不是勇者的表现。真正的勇者是不会躲避困难的，仁者是不会见死不救的，智者是不会失掉机会的，义者是不会让一个国家灭亡的，而是借此建立道义。现在你应该借保存越国之意来表示自己的仁德，解救鲁国，讨伐齐国，向晋国显示你的威势，到时诸侯各国必定会来朝见吴国，到那时称霸诸侯的大业就成功了。如果你真的厌恶越国，我可以替你去面见越王，叫他出兵帮助你，以使他国内空虚，名义上是跟随诸侯去讨伐就是了。"吴王听了非常高兴，就派子贡去了越国。

※ 原文

越王郊迎，自为子贡御，曰："此蛮夷之国也，大夫何足俨然辱临之？"子贡曰："今者吾说吴王以救鲁伐齐，其志欲之而畏越，曰'待吾伐越乃可'。如此则破越必矣。且无报人之志而令人疑之，拙也；有报人之志而使人知之，殆也；事未发而先闻，危也。三者举事之大患也。吴王为人猛暴，群臣弗堪；国家疲于数战，士卒不忍；百姓怨上，大臣内变；子胥以谏死，太宰嚭用事，顺君之过以安其私：此王报吴之时也。诚能发卒佐之以激其志，而重宝以悦其心，卑辞以尊其礼，则伐齐必矣。此圣人之所谓屈节以期远者也。彼战不胜，王之福也。若胜，必以兵临晋。臣还北请见晋君，共攻之，其弱吴必也。其锐兵尽于齐，重甲困于晋，而王乘其弊，灭吴必矣。"越王许诺，乃使大夫种以三千人助吴。吴遂伐齐于召陵，果以兵临晋，遇以黄池。越王袭吴之国，遂灭吴。孔子曰："夫其乱齐、存鲁，吾之始愿也。若乃强晋以疲吴，使吴亡而越霸，赐之说也。"美言伤信，慎言哉！

※ 译文

越王勾践到城外亲自迎接，并给子贡驾车，对子贡说："越国是个落后不开化的地方，你这样的贵人怎么肯自降身份来到这里了呢？"子贡说："现在我已说服了吴王去救鲁伐齐，吴王心里愿意，就是顾虑越国，他说：'等我攻打越国之后再伐齐。'真要如此的话，他攻破越国是必然的。如果没有报仇的心意却使人怀疑，是很笨拙的；有报仇的心意却被对方知道了，也是不安全的；仇还没有开始报就被探知到了风声，更是很危险的。这三点是成事的最大禁忌。吴王是凶狠残暴的人，臣属们都难以忍受；国家屡次征战，疲惫不堪，兵士们也难以忍受；百姓们怨声载道，朝中大臣有了更迭；伍子胥因进谏被杀，太宰嚭把持政权，只顺着君主的好恶行事，以保全自己。这些都是你应该报复吴王的机会，如果你能派兵协助吴王以激发他的斗志，用金银财宝获取他的欢心，用谦恭的言辞和礼仪奉承他，他定会去攻打齐国。这就是圣人所言的失去节操以图长治久安。他输了，那是你的福气；如果赢了，必定会乘胜攻打晋国。到时我就再去面见晋王，让他一同来攻吴，则吴国的势力定会被削弱。等他的精锐军队在齐国消耗得差不多了，重兵又被晋国所牵制，你就可以趁此机会去攻打他，绝对可以灭掉吴国。"越王答应依计行事，于是派大夫文种率领三千士兵协助吴国攻齐。吴国讨伐齐国，在召陵打了一仗。胜利后又带兵向晋国进逼，和晋国在黄池一战，结果大败。越王听到消息后便乘机进攻吴国，并最终灭掉了吴国。孔子说："扰乱齐国，挽救鲁国，是我最初的愿望。使吴国疲败来让晋国强大，灭掉吴国让越国称霸，这是子贡游说的结果。"但花言巧语会败坏信誉，一定要小心呀！

※ 评析

儒家思想本有重农轻商之意，其主旨思想更是强调行仁义，轻言利。但孔子的学生子贡却是个例外，因为他是靠经商致富的，经常游走在各诸侯国间，练就了高超的口舌之能，所以才能凭着三寸不烂之舌达到救鲁、乱齐、灭吴、强晋、使越称霸的目的。由此可见，雄辩的口才对许多事情的成败有着至关重要的作用。

赵高乱政　废长立幼

※ 原文

秦始皇游会稽，至沙丘，疾甚。始皇令赵高为书，赐公子扶苏，未授使者，始皇崩。

赵高因留所赐扶苏玺书，而谓公子胡亥曰："上崩，无诏封王诸子，而独赐长子书。长子至，即位为皇帝，而子无尺寸之地，为之奈何？"胡亥曰："固然也。吾闻明君知臣，明父知子。父既捐命，不封诸子，何可言也！"赵高曰："不然。方今天下之权，存亡在子与高及丞相耳，愿子图之。且夫臣人与见臣于人，制人与见制于人，岂可同日而道哉！”胡亥曰：“废兄而立弟，是不义也；不奉父诏而畏死，是不孝也；能薄而材谫，强因人之功，是不能也。三者逆德，天下不服。”

高曰：“臣闻汤、武杀其主，天下称义焉，不为不忠。卫君杀其父，而卫国载其德，孔子著之，不为不孝。夫大行不细谨，大德不辞让，乡曲各有宜而百官不同功。故顾小而忘大，后必有害；狐疑犹豫，后必有悔。断而敢行，鬼神避之，后有成功。愿子遂之也。”胡亥喟然叹曰：“今大行未发，岂宜以此事干丞相哉！”高曰：“时乎时乎，间不及谋。赢粮跃马，唯恐后时！”

※ 译文

秦始皇巡游会稽山，来到沙丘时，病得很严重，便叫赵高写遗诏赐位给公子扶苏。遗诏写好后，还没来得及交给使者，就去世了。

赵高扣留了赐给扶苏的玺印和遗诏，对公子胡亥说：“皇上去世，没有遗命封诸子为王，只是赐给了扶苏遗诏。等扶苏来到，就会成为皇帝，可是你却什么也没有分到，该怎么办呢？”胡亥说：“事实就是这样。我听说圣贤的君王最了解他的臣子，聪明的父亲最清楚他的儿子。我父亲当然知道哪个儿子应该继位，哪个儿子不该受封。既然父亲不下令封赐诸子，那还有什么好说的呢？”赵高说：“话可不能这么说。现在天下的大权，都在你、我和丞相李斯的手中。我们要谁生谁就生，要谁死谁就死，你仔细考虑一下。让别人向自己称臣和自己向别人称臣，控制别人和受他人控制，怎么能够相提并论呢？”胡亥说：“废兄长而立幼弟，是不仁义的；不遵从父亲的遗诏，却妄想嗣位为帝，阴谋篡位，这是不孝的；自己才能拙劣，依靠别人出力帮忙，是无能的表现。这三件事都是违背道德的，天下人是不会心服的。”

赵高说：“我听说商汤、周武王杀了他们的君王，天下人都称赞他们是仁义之举，不能算是不忠。卫出公杀了他的父亲，卫国人因此称赞他的德行，孔子还在《春秋》中记载过，不能算是不孝。做大事者不可拘泥于小事，美好的德行不必计较琐屑的礼节。乡里的日常琐事与朝廷百官所担负的责任各不相同。所以凡事如只顾细节而忽略大局，必定要有祸患；犹豫不决，就会招来灾难。只要果断干练，敢作敢为，鬼神也会畏惧躲避，事必能成。希望你能按我的意见去做。”胡亥长叹了口气，说：“现在皇上刚去世，还未发丧，怎能拿这件事来打扰丞相呢？”赵高说：“时机是很要紧的，如果错过了再作打算就晚了。就像携带干粮骑马赶路一样，最怕的是耽误时机了。”

※ 原文

胡亥既然高之言，乃谓丞相斯曰：“上崩，赐长子书，与丧俱会咸阳而立为嗣。

书未行，今上崩，未有知者。事将何如？”斯曰：“安得亡国之言耶！”高曰：“君自料才能孰于蒙恬？功高孰于蒙恬？谋远不失孰于蒙恬？无怨于天下孰与蒙恬？长子旧而信之孰于蒙恬？”斯曰：“五者皆不及蒙恬，而君责之何深也？”

高曰：“高故内官之厮役也，幸得以刀笔之吏进入秦宫，管事二十余年，未尝见秦免罢丞相、功臣有封及二世者也，卒皆以诛亡。皇帝二十余子，皆君之所知。长子刚毅而武勇，信人而奋事，即位必用蒙恬为丞相，君侯终不怀通侯之印归于乡里，明矣。高受诏教习胡亥学法，仁慈笃厚，轻财重士，秦之诸子皆莫及也，可以为嗣。君计而定之。”

斯曰：“斯，上蔡闾巷布衣也，上幸擢为丞相者，固将以存亡安危属臣也。岂可负哉！夫忠臣不避死而庶几，孝子不勤劳而见危，君其勿复言。”高曰：“盖闻圣人迁徙无常，就变而从时，见末而知本，观指而睹归。物固有之，安得常法哉！”

※ 译文

胡亥同意了赵高的话，赵高就找到丞相李斯说：“皇上去世，赐遗诏给长子，叫他赶来参与丧事，到咸阳会齐，准备立其为帝。但遗诏还没来得及送，皇上就去世了。现在还没有人知道皇上去世的消息。你说这事该怎么办呢？”李斯说：“怎么能说这种亡国的话呢？”赵高说：“你估量一下自己的才能比蒙恬怎样？你的功劳可比蒙恬高？你可曾比蒙恬更能深谋远虑？你可比蒙恬更不会结怨于天下人？你可比蒙恬更能得到长子扶苏的信任？”李斯说：“这五种情况我都比不上蒙恬，但你为什么这么责备我呢？”

赵高说：“我原本只是宫内一个供人驱使的奴役，侥幸因娴熟狱法，而得到机会进入宫廷，掌管事务已经二十多年了，从来没有见过被秦王罢免的丞相或功臣是曾经连封两代相继为官的，这些大臣最后都是被诛杀而死。皇帝的二十多个儿子，他们的为人你都知道。长子扶苏刚强果断，威武勇敢，肯相信人，又善于鼓动人，使他们为己所用。他继承皇位后，必会任命蒙恬为相，如此一来，你肯定不可能带着通侯的印绶回家享福，这是很明确的。我受皇上所托，教胡亥学习法令诸事，他慈祥仁爱，敦厚笃实，轻财重人，秦国其他公子都比不上他，所以他可以继承皇位。你最好计划一下，确立他为太子。”

李斯说：“我李斯原不过是上蔡民间的一个普通百姓，侥幸得皇上提拔而官拜丞相，原本是要把国家存亡的重担托付给我。我岂能辜负先皇对我的恩德呢？赤胆忠心的忠臣不会因为怕死就心存侥幸之理的，谨身侍亲的孝子也不会做危险的事，你就不要再说了。”赵高说：“我听说聪明人处世灵活多变，不固执己见。这样的人能抓住局势变化的关键去顺应潮流；看到事物的细微变化，就能预知它的发展方向，知道它最后的结果。事物的发展本来就存在着变数，怎么能固执于永恒的规律呢？”

※ 原文

“方今天下之权悬命于胡亥，高能得志焉。且夫从外制中谓之惑，从下制上谓之贼。故秋霜降者草花落，水风摇者万物作，此必然之效也。君侯何见之晚也。”斯曰：“吾闻晋易太子，三世不安；齐桓兄弟争位，身死为戮；纣残贼亲戚，不听谏者，国危丘墟。三者逆天，宗朝不血食，斯其犹人哉，安足与谋！”

高曰：“上下合同，可以长久；中外若一，事无表里。君听臣之计，则长有封侯，世世称孤，必有乔、松之寿，孔、墨之智。今释此而不从，祸及子孙，足为寒心。善者因败为福，君何处焉？”斯乃仰天而叹，垂涕太息曰：“既已不能死，安托命哉！”乃听高立胡亥，改赐玺书，杀扶苏、蒙恬。

※ 译文

“现在天下的大权与命运都掌握在胡亥手中，我有办法实现我的想法。如果依附外面的扶苏来挟制掌握大权的胡亥，那是不明智的，以臣子的身份挟制君上，那是乱臣贼子。所以秋天寒霜降落，草木零落凋谢，春天温暖冰化，万物复苏，是必然的结果。你怎么到现在还不明白这个道理呢？”李斯说：“我听说晋献公因废太子而改立庶子奚齐，从而召至三代人争斗不息；齐桓公与他的弟弟公子纠争夺王位，后来公子纠被杀了；商纣王杀了叔父比干，不听忠臣劝谏，导致国都成为一片废墟，国家也灭亡了。这三件都是违背天理的，弄得宗庙无人祭祀。我李斯也是个大丈夫，你又何必与我商量呢？”

赵高说：“上下同心，就可以保有长久的富贵；内外相应，事情会水到渠成，不会出现差错。你要是听我的计策，就可以长久享有侯爵，还可恩泽万代，你也可以像王子乔和赤松子两位仙人那般长寿，像孔子和墨子两位圣贤那般聪慧。现在你不肯听从我的意见，不但自身性命难保，还会殃及子孙，我真替你担心呀。善于处事的人能趋福避祸，你打算怎么办呢？”李斯只得仰天长叹，流着泪说：“既然不能以死来报答皇上，还能到哪儿去寄托我的命运呢？”于是李斯就听从了赵高的计谋，改立胡亥为太子，篡改秦始皇所赐的遗诏，杀了扶苏和蒙恬。

※ 评析

赵高是中国历史上臭名昭著的乱臣贼子之一，他煽动胡亥和李斯，共同废长立幼，天理难容，人人得而诛之。李斯出身平民，深得秦始皇器重，竟也听信贼言，也只能留下个被世人唾弃的恶名。回头审视我们身边形形色色的人，像赵高这样的奸佞小人也不在少数，如果有这样的人在我们耳边进谗言，我们是否也能明辨忠奸，始终保持清醒的头脑呢？

秦朝暴政　陈胜起义

※ 原文

秦二世末，陈涉起蕲，兵至陈。张耳、陈余说涉曰：“大王兴梁、楚，务在入关，未及收河北也。臣尝游赵，知其豪杰，愿请奇兵略赵地。”于是陈王许之，与卒三千。从白马渡河，至诸郡县，说其豪杰曰：“秦为乱政虐刑，残灭天下。北为长城之役，南有五岭之戍，外内骚动，百姓罢敝，头会箕敛，以供军费，财匮力尽，重以苛法，使天下父子不相聊生。今陈王奋臂为天下倡始，莫不响应。家自为怒，各报其怨，县杀其令丞，郡杀其守尉。今已张大楚，王陈，使吴广、周文将卒百万西击秦。于此时而不成封侯之业者，非人杰也。夫因天下之力而攻无道之君，报父兄之怨而成割地之业，此一时也。”豪杰皆然其言。乃行收兵，下赵十余城。

※ 译文

秦二世末年，陈涉在蕲州起兵，当攻占陈县后，张耳和陈余对陈涉说：“大王动员梁楚的军队，目标是要攻入关内，没有时间收复河北，我们曾去过赵国，对那里的豪杰和地理情况非常熟悉，希望你能派遣一支军队，出人意料地去攻取赵地。”陈涉听从了他的计谋，拨给两人三千军队。张耳、陈余他们从白马津渡河，到了河北诸县，就向当地的豪杰游说：“秦国的暴政酷刑残害天下已经几十年了。在北方征集劳役修筑长城，在南方广召兵丁戍守五岭，弄得全国骚动，鸡犬不宁，百姓们苦不堪言，官吏们又经常到百姓家中聚敛财物，以供应军队的开支，财匮力尽，民不聊生；又以严刑峻法使家人父子都不得安宁。现在陈王奋臂而起，首举义旗，倡导天下百姓推翻暴政。楚国两千余里的地方没有不响应的，家家奋起，各自报复和攻杀他们的官吏，县里的令丞被杀了，郡中的守尉也被杀了。现在已经建立了大楚国，以陈胜为王，又命吴广、周文率领百万大军西去攻秦。有这么大好的机会还不去成就封侯的功业，这就不是人中的豪杰了。以天下人的力量，讨伐无道的暴君，报父兄的仇恨，并能成其霸业，这是最好的机会了。”当地的豪杰之士都认为这话很对，于是纷纷起兵，攻占了赵地十多座城池。

※ 评析

有道的明君就会受到百姓的拥护与爱戴，无道的昏君就会遭到百姓的唾弃与讨伐。自秦二世继位后，天下百姓的生活更困苦不堪，在被逼到无路可走的情况下，自然会有人站出来反抗，因为天下是人民的天下，得民心者得天下，失民心者失天下。当今社会也不例外，作为各个阶层的领导干部，如果能够体贴关心下属，爱护一方百姓，定会使自己的事业兴旺发达，否则就会不得民心或被法律严惩。

韩信拒谏　兔死狗烹

※ 原文

韩信既平齐，为齐王。项王恐，使盱眙人武涉往说齐王，使三分天下。信不听。

武涉已去，蒯通知天下权在韩信，欲为奇策而感动之，以相人说韩信曰："仆尝受相人之术。"韩信曰："先生相人何如？"对曰："贵贱在于骨法，忧喜在于容色，成败在于决断，以此参之，万不失一。"信曰："先生相寡人如何？"对曰："愿请间。"信曰："左右远。"蒯通曰："相君之面，不过封侯，又危不安。相君之背，贵乃不可言。"信曰："何谓也？"

※ 译文

韩信平定齐国后，被汉王刘邦封为齐王。项羽知道后有些惊恐，就派盱眙人武涉去游说韩信，让韩信和汉王、项王三分天下。韩信拒绝了。

武涉走了以后，齐国人蒯通看出当今天下大势，主动权操纵在韩信手中，于是想用特殊的计策来打动他。首先运用的就是他曾经学过的相术来劝说韩信，他说："我曾经学过相术，懂得相法。"韩信说："先生的相术如何呢？"蒯通回答说："人的贵贱，表现在他的骨相上；人的喜忧，表现在他脸上的气色中；人的成败，表现在他对事情有无决断力，从这三个方面看相，保证万无一失！"韩信说："那你就看看我的命运究竟如何吧。"蒯通回答说："请齐王命侍从退下！"韩信说："身边的人都退下吧！"蒯通说："从你的面相看，将来最高不过封侯，而且还会遭到凶险；从你的脊背看，将军真是贵不可言。"韩信说："这话是什么意思？"

※ 原文

蒯通曰："天下初发难，俊雄豪杰建号一呼，天下之士云合雾集，鱼鳞杂沓，熛至风起。当此之时，忧在亡秦而已。今楚汉分争，使天下无罪之人肝胆涂地，父子暴骸、骨肉流离于中野，不可胜数。楚人起于彭城，转斗逐北，至于荥阳，乘利席卷，威振天下。然兵困于京、索之间，迫西山而不能进者，三年于此矣。汉王将数十万之众，距巩、洛，阻山河之险，一日数战，无尺寸之功，折北不救，败荥阳，伤成皋，还走宛、叶之间，此所谓智勇俱困者也。夫锐气挫于险塞而粮食竭于内藏，百姓罢极怨望，无所依倚。

“以臣料之，其势非天下圣贤固不能息天下之祸。当今两主之命悬于足下。足下为汉则汉胜，与楚则楚胜。臣愿披腹心，输肝胆，效愚计，恐足下不用也。诚能听臣之计，莫若两利而俱存之，三分天下，鼎足而居，其势莫敢先动。夫以足下之贤圣，有甲兵之众，据强齐，从燕、赵出空虚之地而制其后，因民之欲，西向为百姓请命，则天下风起而响应矣，孰敢不听！割大弱强，以立诸侯，诸侯已立，天下服听而归德于齐。案齐之故，有胶、泗之地，怀诸侯以德，深拱揖让，则天下之君王相率而朝于齐矣。盖闻天与不取，反受其咎；时至不行，反受其殃。愿足下熟虑之。”

※ 译文

蒯通说：“天下的英雄豪杰们起义发动抗秦，只要有人振臂一呼，天下有志之士就会聚集到一处，就如云雾相涌，鳞次栉比，猛得像火花飞溅，暴风疾起；当时大家所考虑的只是如何消灭暴秦罢了！但现在的情况是楚王项羽与汉王刘邦争夺天下，使天下无辜百姓苦不堪言，父死子亡，尸横遍野，难以计数。楚国人自彭城起义后，转战南北，战无不胜，现在把汉王围困在荥阳，乘战场上的得利，席卷中原，天下震动。然而他的军队在京、索二地之间无法动弹，被西山阻挡，已经三年了！汉王率领了几十万部队，占据了巩与洛阳二地，依靠山河的有利地形抵抗楚兵，每天战斗数次，却不能得到寸土之地；常常打败仗，无法挽救，后来又有荥阳之败，成皋的伤亡，现在又逃亡到了宛城和叶县之间，这就是智谋和勇气都达到了窘境的地步了！攻方战场上锐气受挫，被山险挫阻；守方粮草空虚，百姓怨声载道，日夜盼望战争早日停止，因为他们已经到了走投无路的地步了。

“按我的估量，在这种情势下，只有最圣贤的人才能够平定天下这场祸患。目前刘、项两王的命运，就掌握在了你的手中。你替汉王出力，就是汉王的胜利；你替楚王出力，就是楚王的胜利。我现在把内心的真实想法告诉你，肝胆相照，以诚相待，献上我不成熟的意见，但我恐怕你不采纳。如能听我的意见，你最好保持中立，让他们双方都存活下去，这样你就可以与他们三分天下，成鼎足之势。在这种形势下，刘、项双方谁都不敢先动手。以你的聪明与才智，拥有众多的军队，占据着强大的齐国，牵制着燕国和赵国，再出兵去夺取刘、项双方兵力不到的地方，牵制他们的后方，顺着百姓的愿望，出兵向西为百姓请愿。阻止楚汉争斗，那天下百姓自会纷纷响应你，那时谁还敢不听从你的命令呢！而后分割大国的土地，削弱强国的势力，用来分封给失去土地的各路诸侯，各诸侯有了立足之地，谁还敢不听命于你呢，并且还会感念你的恩德。根据从前的齐国故地，拥有胶河、泗水流域等地方，你现在用恩泽来安抚诸侯，对他们礼遇谦让，则天下君王定会相继来齐国朝拜于你！我听说‘天赐给你你不取，就会受到祸害，时机来了你不去把握，就会遇到灾难’。希望你好好地考虑一下这件事吧。”

※ 原文

韩信曰：“汉王遇我厚，载我以其车，衣我以其衣，食我以其食。吾闻之：乘人之车者载人之患，衣人之衣者怀人之忧，食人之食者死人之事，吾岂可向利背义乎！”

蒯通曰：“足下自以为善汉王，欲建万世之业，臣窃以为误矣。始常山王、成安君为布衣时，相与为刎颈之交，后争张黡、陈泽之事，二人相怨。常山王奉项婴头鼠窜，归于汉王。汉王借兵东下，杀成安君泜水之南，头足异处，卒为天下笑。此二人相与，天下至欢。然而卒相擒者，何也？患生于多欲，人心难测也。今足下欲行忠信以交于汉王，必不能固于二君之相与也，而事多大于张黡、陈泽。故臣以为足下必汉王之不危己，亦误矣。大夫种、范蠡存亡越伯勾践，立功成名而身死亡。

“谚曰：‘野兽尽而猎狗烹，敌国破而谋臣亡。’夫以交友言之，则不如张耳之与成安君也；忠信言之，则不过大夫种之于勾践也。此二人者，足以观矣。愿足下深虑之。且臣闻勇略震主者身危，而功盖天下者不赏。臣请言大王功略：涉西河，虏魏王，擒夏说，引兵下井陉，诛成安君，徇赵、胁燕、定齐，南摧楚人之兵二十万，东杀龙且，西向以报，此所谓功无二于天下，而略不世出者也。今足下载震主之威，挟不赏之功，以归楚，楚人不信；归汉，汉人震恐：足下欲持是安归乎？夫势在人臣之位而有震主之威，名高天下，窃为足下危之！”韩信谢曰：“先生且休矣，我将念之。”

※ 译文

韩信说：“汉王待我十分恩厚，把他的车给我坐，把他的衣服给我穿，还把他的饭给我吃。我听古人说：乘过他人车子，就要给人家分忧解难；穿过人家衣服，就该给人家排除忧患；吃过人家饭，就得给人家卖命，我怎么可以做唯利是图之人而背弃信义呢！”

蒯通说道：“你自认为与汉王友善，想帮助他建立万世功业。我却认为是你错了！想当初常山王张耳和成安君陈余，二人关系如生死兄弟，后来因为张黡、陈泽之事，两人就变成了仇敌。常山王背叛项王，捧着项王使者项婴的头逃走，投降了汉王。汉王凭借他的部队，向东进军，在泜水之南杀掉了成安君，结果是身首异处。这样的交情最终被天下人耻笑；当初两人的感情可以说是最深厚的了，然而到头来弄得你死我活，这是什么原因呢？原因就在于彼此贪得无厌，因为人心是变幻莫测的。现在你以忠信与汉王相交，势必不会比陈余、张耳二人的交情更深厚，而你们之间争的是江山，远比陈泽、张黡事件重大得多。所以我认为你过分相信刘邦不会加害你，是错误的！越国大夫文种和范蠡把已亡的越国恢复，使勾践称霸于诸侯，结果功成名就后，一个被杀，一个逃亡。

“谚语说：‘当野兽被捉完后，接着就会把猎狗给杀了；敌国被攻破了，接着谋臣就会被杀。’至于说到朋友之间的情感，总比不上张耳和陈余之间的深厚；以忠信的道德标准来看，也很难有像大夫文种对勾践这样忠心耿耿的，由这两类人你可以看清人情世故。希望你好好考虑一番。而且我还听说勇猛、谋略会使主子震动，那他的生命就危险了，功绩超过天下所有的人，就达到了顶点，无法赏赐了。现在我讲一下你的功绩吧：你打过西河，掳了魏王，擒了夏说，带兵通过井陉，杀了成安君；攻打赵国，威胁燕国，平定齐国；南下摧毁楚国二十万大军，东进杀了楚将龙且，西向汉王报捷，可以说你的功劳天下独一无二了，而且再也没有人能够超过你了。现在你有震动主子的威势，拥有无法赏赐的功绩；如归附楚国，楚人不会信任你；帮助汉人，汉人又怕你，你在这种情势下往哪儿去呢？现在的你毕竟还居于臣子的地位，但却威胁到了君主的安全，而且名声还天下无双，我真为你感到惊恐不安。”韩信感谢他的好意说：“先生不要说了，让我考虑考虑。”

※ 原文

后数日，蒯通复说曰：“夫听者事之候，计者事之机也，听过计失而能久安者，鲜矣。听不失一二者，不可乱以言；计不失本末者，不可纷以辞。夫随厮养之役者，失万乘之权；守儋石之禄者，缺卿相之位。故智者决之断也，疑者事之害也，审毫厘之小计，遗天下之大数，智诚知之，决不敢行者，百事之祸也。故猛虎之犹豫，不如蜂虿之致螫；骐骥跼躅，不如驽马之安步；孟贲之狐疑，不如庸夫之必至也；虽有舜、禹之智，沉吟而不言，不如喑聋之指麾也。夫功者难成而易败，时者难得而易失也。时不再来，愿足下详察之。”

韩信犹豫不忍背汉，又自以为功多，汉王终不夺吾齐，遂谢蒯生。蒯生曰：“夫迫于苛细者，不可与图大事；拘于臣虏者，固无君王之意。”说不听，因去，佯狂为巫。

※ 译文

几天以后，蒯通又来劝说韩信：“善于听取意见的人，定能预见到事物发展的征兆；遇事能仔细考虑，才能掌握成败的时机，听取错误的意见或做了错误的决定却能够长久无事，实在是少见的事。如果听取了诸多意见，却一次失败都没有，那定是个智者，因为旁人的闲言碎语是无法迷惑他的。如果考虑问题，从来不舍本逐末，倒能权衡利弊，那定是个胸有成竹的人，旁人的花言巧语是无法搅乱他的，从而可以做到随遇而安。心甘情愿受他人的奴役，就不会得到帝王基业，留恋于有限的俸禄，就会失去做将相的地位。当机立断的是聪明人，遇事迟疑不决定会坏事。对小事过于精打细算，就会遗忘天下大事；如果能预知事情的变化，却因为迟迟不能下定决心去做，就成了事情失败的根源。所以常言道：猛虎利爪足以伤人，但因犹疑不决反被人擒，还不如小蜜蜂以尾端的毒刺蜇人；千里马犹疑不前，反不如劣马稳步前进；大力士孟贲犹疑不前，倒不如平庸之人能够达到目的。虽有舜、禹般的智慧，却一语不发，反不如聋哑人打手势的效果好。其重要的意义就是能付诸行动。功业不容易开创却容易失败，时机难以遇到却又很容易错过。机会错过了就不会再有，请大王好好想想吧。”

韩信还是犹疑不决，不忍背叛汉王，还自认为功勋卓越，刘邦是不会把他的齐国夺去的，于是谢绝了蒯通的建议。蒯通说：“拘泥于琐屑事情的人，是不可以与之谋划大事的；局限于做人臣子或奴仆的，是不会有当君王的雄心大志的。”蒯通看到劝说韩信无效，就离开了，害怕此事被人发觉而招来杀身之祸，就装作算卦的疯子远走他乡了。

※ 评析

凭借韩信的才能，如果能听取蒯通之谏，即使不能成功，也定可自保，但可惜的是他没有采纳，而最终使自己命丧吕后之手。韩信的失败给我们的启示是：欲做大事者不可拘于小节，当遇到合适的机会时就要果断行事。正所谓：当断不断，反受其乱。韩信的失败就在于以妇人之心拘泥于刘邦的小恩小德，才终至一败涂地。

七国之乱　自作自受

※ 原文

吴王濞以子故不朝（孝文帝时，吴太子入朝，侍皇太子饮博，争道，不恭，皇太子引博局投吴太子，杀之）。及削地书至，于是乃使中大夫应高挑胶西王，无文书，口报曰：“吴王不肖，有宿夕之忧，不敢自外，使喻其欢心。”

王曰：“何以教之？”高曰：“今者主上兴于奸雄，饰于邪臣，好小善，听谗贼，擅变更律令，侵夺诸侯之地，征求滋多，诛罚良善，日以益盛。语有之曰：‘舐糠及米。’吴与胶西，知名诸侯也，一时见察，恐不得安肆矣。吴王身有内病，不能朝请二十余年，常患见疑，无以自白。今胁肩累足，犹惧不见释。窃闻大王以爵事有谪，所闻诸侯削地，罪不至此，此恐不得削地而已。”

王曰：“然，有之。子将奈何？”高曰：“同恶相助，同好相留，同情相成，同欲相趋，同利相死。今吴王自以为与大王同忧，愿因时循理，弃躯以除患害于天下，抑亦可乎？”王矍然骇曰：“寡人何敢如是？今主虽急，固有死耳，安得勿戴？”高曰：“御史大夫晁错荧惑天子，侵夺诸侯，蔽忠塞贤，朝廷疾怨，诸侯皆有背叛之意，人事极矣。彗星夕出，蝗虫数起，此万世一时而愁劳，圣人之所起也。故吴王内欲以晁错为讨，外随大王后车，彷徉天下，所向者降，所指者下，天下莫敢不服。大王诚幸而许之一言，则吴王帅楚王略函谷关，守荥阳敖仓之粟，距汉兵，治次舍，须大王。有幸而临之，则天下可并，两主分割，不亦可乎？”

王曰：“善。”七国皆反，兵败伏诛。

※ 译文

吴王刘濞是汉高祖刘邦的哥哥刘仲的儿子，因为儿子吴太子被皇太子所杀，故称病不入朝（汉孝文帝刘恒当政时，吴王的太子入京，陪伴皇太子喝酒博弈，因棋局发生争执，吴太子态度不恭敬，皇太子就以棋盘击打吴太子，把吴太子打死了）。等到汉景帝削除吴地的文书到达，吴王就派中大夫应高去挑拨胶西王刘卬（刘邦长子齐悼惠王刘肥的儿子）。应高没有用文书通知，只是口头报告说：“我主吴王不才，他有往日之忧，不敢离开本国到外边来，因此派我来告知他的心事。”

胶西王说：“有何见教？”应高说：“现在皇上被小人蒙蔽，喜好蝇头小利，听信谗言，擅自更改法令，侵夺诸侯土地，征求愈来愈多，对忠良的诛杀也一天一天地厉害。如俗语所说：‘吃完了米糠，就会吃到米粒。’吴与胶西是有名的诸侯，同时被验察，恐怕不得安宁了。吴王因身体不适不上朝请安已有二十余年之久，担心被猜疑，没有办法讲清事情的原委，虽然现在敛起肩膀，叠起双脚，表现出害怕的样子，但还是怕不被谅解。我听说大王你因卖官爵之事而有罪，何况诸侯被削土地，其罪远比不上卖官爵那么大，此事恐怕不只是削地那么简单。”

胶西王说：“是的，那你说该怎么办呢？”应高说：“憎恶对象相同的可以互相帮助，兴趣相同的可以互相团结，情况相同的可以互相成全，欲望相同的可以互相追求，利益相同的可以互相死难。现在吴王自认为与大王有同样的忧患，所以想借此时机，顺应天理，以牺牲生命为天下除去祸患，你觉得怎样？”胶西王很惊骇地说：“我怎敢这样做？皇上虽然逼得很急，作为臣子只能以死相报，岂能不去拥戴他呢？”应高说：“御史大夫晁错迷惑天子，侵夺诸侯的土地，堵塞了忠良进言的道路，朝中大臣都有怨恨之心，各诸侯也都有反叛之意，他现在是内外交困。彗星出现，蝗灾发生，这是千载难逢的好机会，而且忧愁劳苦之时正是圣人产生的时机。所以吴王想以讨伐晁错为名，追随大王车乘之后，打遍天下，所到之地无不投降，所往之地无不克服，天下就没有不敢不顺从的。大王若真能听我良言相劝，那么吴王就率领楚王攻打函谷关，守住荥阳敖仓的米粟，以抗拒汉兵。修建军营，等待大王的到来。如大王真能够到来，天下就可统一，两个君主来分割天下，不也是可以吗？”

胶西王说：“好，就这么办。”于是吴、楚、赵、胶西、济南、淄川和胶东这七国的诸侯王起兵反叛，结果失败，都被诛杀。

※ 评析

七国之乱与蒯通劝谏韩信起事不同，韩信身处乱世，能打出一片天下便是英雄。而七国之乱处在汉朝统治比较繁荣稳定的时期，所以说它上逆天意，下违民心，就其目的而言也是为了满足个人的野心和私欲，所以最终也只能以失败告终。

刘安谋反　自食其果

※ 原文

淮南王安怨望厉王死，欲谋叛逆，未有因也。及削地之后，其为谋益甚。与左吴等日夜按舆地图，部署兵所从入。召伍被与谋，被曰：“上宽赦大王，复安得亡国之言乎！臣闻子胥谏吴王，吴王不用，子胥曰：‘臣今见麋鹿游于姑苏之台。’臣今亦见宫中生荆棘，雾露沾衣也。臣闻聪者听于无声，明者见于未形，故圣人万举万全。昔文王一动而功显于世，列为三代，此所谓因天心以化者也，故海内不期而随。此千岁之可见者。夫百年之秦，近世之吴楚，亦足以喻国家之存亡矣。臣不敢避子胥之诛，愿大王无为吴王之听。

※ 译文

淮南王刘安为其父厉王之死而心存怨恨（厉王刘长，是汉高祖的少子、淮南王刘安的父亲，因谋反被孝文帝装进槛车中，准备载送到蜀郡以示惩戒。不想刘长在到达雍县时因不食而死。孝文帝因怜念同族之情，把厉王原有领地分封给他的三个儿子，刘安被封为淮南王），常有反意，只是找不到机会。等他被削地之后，谋反意图更加强烈了。日夜与左吴等人根据地图谋划进兵的路线，并且召伍被商议此事，伍被劝说他：“皇上宽赦大王，你怎可说这等亡国灭族的话呢？我听说伍子胥谏吴王夫差，吴王不听。伍子胥说：‘臣就要看到姑苏之台被夷为平地，麋鹿就要在上边游乐了！’如今我又将看到国破人亡，宫中生满荆棘，露水打湿衣服了。我听说聪明的人能听到没有发出的声音，明智的人能在事前看到事后的结果，所以圣人有所举动，永远是安全无失的。从前周文王一动就功显千秋，成为三王之一，这就是所说的顺应天意而为的人，所以天下人不经约定，自会响应。这就是今日可以看到千年前的事。距今百年的秦国，近世的吴、楚，也可以说明国家存亡的道理，臣不敢为逃避诛杀而不效仿伍子胥那样进谏，希望大王不要像吴王那样不听从我的劝告。

※ 原文

“昔秦绝圣人之道，杀术士，燔《诗》《书》，弃礼义，尚诈力，任刑罚，转负海之粟致之西河。当是之时，男子疾耕不足于糟糠，女子纺织不足以盖形。遣蒙恬筑长城，东西数千里，暴露兵师常数十万，死者不可胜数，僵尸千里，流血顷亩，百姓力竭，故欲为乱者十家而五。又使徐福入海求异物及延年益寿之药，还为伪辞曰：‘臣见海中大神，曰：‘以令名振男女与百工之事，即得之矣。’秦皇大悦，遣振男女三千人，资之种种百工而行。徐福得平原广泽，止王不来。于是百姓悲痛相思，欲为乱者十家而六。又使尉佗逾五岭攻百越，尉佗知中国劳极，止王不来，使人上书，求女无夫家者三万人，以为士卒衣补，秦皇可其万五千人。于是百姓离心瓦解，欲为乱者十家而七。客谓高皇帝曰：‘时可矣。’高皇帝曰：‘待之，圣人当起东南间。’不一年，陈胜、吴广发矣。高皇始于丰沛，一唱天下不期而响应者，不可胜数。此所谓蹈瑕候间，因秦之亡而动者也。百姓愿之，若旱之望雨，故起于行阵之中而立为天子，功高三皇，德传无穷。”

※ 译文

“过去秦国废绝圣人之道，坑杀儒生，焚烧《诗》《书》，丢弃礼仪，崇尚暴力，滥施刑罚，把沿海的粟米转运到西河。当时，男子虽努力耕作却连饭也吃不饱，女子终日纺织却依然衣不蔽体。派蒙恬修筑长城，东西长达数千里，几十万军队在外行军打仗，死伤不计其数，尸横遍野，流血千里，百姓实在无法忍受，想作乱的十家中便有五家。又让徐福入东海求奇异的不死之药，徐福回来后骗秦始皇说：‘我见到了海中大神，说用良家童男女和百工匠人就可以了。’秦始皇非常高兴，征发童男女三千人，让徐福带着各种工匠出发了。徐福找到一片平原大泽留在那里，自立为王，就再没有回来。所以百姓悲痛，思念子女，有意造反的十家中便有了六家。秦始皇又派尉佗翻过五岭攻打百越，尉佗知道中原疲敝到了极点，就留在南越称王，也没回来，尉佗还派人上书秦始皇，请求派未嫁女子三万人，替士兵缝补衣服，秦始皇批准了一万五千人。所以百姓离心瓦解，想造反的人十家中就有了七家。有人对汉高祖刘邦说：‘时机来到了。’汉高祖说：‘先等一等，东南方将有圣人起义。’不到一年，陈胜、吴广起义了。汉高祖在丰沛起兵，义兵一举，天下不约而同起来响应的人不可胜数，这便是所说的乘机而起，趁秦朝将要灭亡时而发动起义。百姓盼望之情好比久旱渴望大雨一样，所以才能起兵讨伐，而后贵为天子，功业自比三王要高，德传后世。”

※ 原文

“今大王见高皇得天下之易也，独不观近世之吴楚乎？夫吴王赐为刘氏祭酒，授几杖，不朝，王四郡之众，地方数千里，内铸铜以为钱，东煮海以为盐，上取江陵木为船，国富人众。举兵而西，破于大梁，败于狐父，奔走而东，至于丹徒，越人擒之，身死绝祀，为天下笑。夫以吴越之众不能成功者，何也？诚逆天道而不知时也。方今大王之兵众不能十分吴楚之一，天下安宁又万倍于秦，愿大王从臣之计。大王不从臣之计，今见大王事必不成而语先泄也。臣闻微子过故国而悲，于是作《麦秀》之歌，是痛纣之不用王子比干也。故孟子曰‘纣贵为天子，死曾不若匹夫。’是纣先自绝于天下久矣，非死之日而天下去之也。今臣亦窃悲大王弃千乘之尊，必且赐绝命之书，为群臣先，死于东宫也。”于是王气怨结而不扬，涕满眶而横流，即起，历阶而去。

※ 译文

“现在大王只看到高祖得天下很容易，却没看到近代吴、楚的下场吗？吴王刘濞被赐为刘氏祭酒，赐授几杖，又特许可不入朝见驾。吴王拥有东阳、鄣、吴、豫四郡的百姓，统治着方圆几千里的土地，采山之铜铸造钱币，煮东方海水取盐，伐江陵之木造船，国家富裕，百姓众多。却发动叛乱向西攻击，在大梁被击败，后又败于狐父，只得东逃，当逃到丹徒时被越人捉住，死在此处，被天下人耻笑。凭吴、楚的众多人马却不能成功，这是为何呢？因为这是有悖于天理的呀！如今大王的兵力还不到吴、楚的十分之一，而且天下安定又远比秦时强万倍，希望大王能够听从我的意见。如若不然，我看大王还没有成功，可能就已走漏了消息。我听说微子经过故国时心里十分悲伤，于是作了《麦秀》之歌，以表达他痛惜商纣王不能听王叔比干的劝谏。所以孟子说：‘商纣王虽为天子，死的方式却连一个平常人都比不上。’可知是纣王被天下人抛弃已经很久了，并不是他死时百姓才背弃他的。现在大王放弃千乘的王位，如果起兵事败后必定会被朝廷赐死，在群臣之前死在东宫，我真为你感到悲哀呀！”淮南王刘安听后，气志郁结，泪流满面，起身沿着台阶而去。

※ 原文

后复问伍被曰：“汉庭治乱？”被曰：“窃观朝廷之政，君臣之义，父子之亲，夫妇之别，长幼之序，皆得其理，上之举措遵古之道，风俗纲纪未有所缺。南越宾服，羌僰入献，东瓯入降，广长榆，开朔方，匈奴折翅伤翼，失援不振。虽不及古太平之时，然犹为治也。王欲举事，臣见其将有祸而无福也。”王怒，被谢死罪。王曰：“陈胜、吴广无立锥之地，千人之众，起于大泽，奋臂大呼而天下响应，西至于戏而兵百万。今吾国虽小，然而胜兵者可得十余万，非直适戍之众，凿棘矜也，公何以言有祸无福？”被曰：“秦无道，残贼天下。兴万乘之驾，作阿房之宫，收太半之赋，发闾左之戍，父不宁子，兄不便弟，政苛刑峻，天下熬然若焦，民皆引领而望，倾耳而听，悲号仰天，扣心而怨上，故陈胜一呼，天下响应。当今陛下临制天下，一齐海内，泛爱蒸庶，布德施惠。口虽未言，声疾雷霆，令虽未出，化驰如神，心有所怀，威动万里，下之应上，犹影响也。而大将军材能不特章邯、杨熊也。大王以陈胜、吴广喻之，被以为过。”

※ 译文

后来淮南王刘安又问伍被：“汉朝是安定还是乱世？”伍被说：“我暗中观察朝廷之政、君臣之礼、父子之亲、夫妇之别、长幼之序，都符合事理，皇上的举动完全遵从古代的礼法，社会风气和国家法纪没有缺漏。南越臣服，羌僰进贡，东瓯投降，拓展长榆，开拓朔方，匈奴败北，难有东山再起之时。虽然目前的情形比不上古代的太平盛世，但还可以说是安定的。大王想要发动叛乱，我认为有百害而无一利。”淮南王大怒，伍被请求原谅自己的死罪。淮南王刘安说：“陈胜、吴广开始无立锥之地，聚集千余人起兵于大泽乡，举臂一呼便天下响应，大兵西行至临潼戏水时已聚集了百万之众。现今我国虽不算大，但坚甲精兵也有十多万，军队可不是戍守边疆的乌合之众，武器也不是镰刀棍棒，你为什么说是有祸无福呢？”伍被说：“秦朝无道，残害天下。动员万乘之车修筑阿房宫，取百姓收入的大半作为赋税，凡居住在里门以东的人都被派去戍守边疆，父亲不能保全儿子，兄长不能保护弟弟，苛政酷刑使得天下百姓处在水深火热之中，于是人人伸着脖子盼望着，侧着耳朵倾听着，仰天悲号，怨恨皇上，此时陈胜一号召，天下人都纷纷响应。现在皇上君临天下，一统四海，泛爱百姓，广施德行和恩惠。皇上即使闭口不语，也有雷霆之势，即使不发号令，也有高于神明的教化速度，心中只要有个想法，其声威就会震动万里之外，百姓自会响应，像如影随形、声响随应一般。统兵大将的才能又比章邯、杨熊强得多。大王用陈胜、吴广的情形来比较，我认为你是错误的。”

※ 原文

王曰：“苟如公言，不可徼幸耶？”被曰：“被有愚计。”王曰：“奈何？”被曰：“今朔方之郡田地广，水草美，民徙者不足以实其地。可伪为丞相御史请书，徙郡国豪杰任侠及有耐罪以上，赦令除，家产五十万以上者，皆徙其家属朔方之郡，益发甲卒，急其会日。又伪为左、右都司空，上林中都官诏狱，逮诸侯太子幸臣。如此则民怨，诸侯惧，即使辩武随而说之，倘可徼幸十得一乎？”王曰：“此可也。”欲如伍被计。使人伪得罪而西，事大将军、丞相。一日发兵，使人即刺杀大将军青，而说丞相以下如发蒙耳。又欲令人衣求盗衣，持羽檄，从东方来，呼曰“南越兵人”，欲因以发兵。未得发，会事泄，诛。

※ 译文

淮南王说：“按你这么说，连侥幸的机会都没有了？”伍被说：“我有个计策。”淮南王问：“什么计策？”伍被说：“现在朔方郡田地广阔，水草丰美，从别处迁去的百姓数目不多，不足以填满这个地方。我的计谋是假造一道丞相或御史的奏折，建议凡郡国的豪杰仁侠和有轻罪的人，赦免他们的罪行，凡有五十万以上家产的都要强迫至朔方郡来，并多派士兵催促他们赶快集合起程。再假造左、右司空，都司空、上林中都官的诏狱书，逮捕各诸侯的太子与宠臣。这样百姓就会有怨恨之心，诸侯就会有恐惧感，然后再派善辩之人去游说他们，或者侥幸有十分之一的成功机会吧！”淮南王说：“这个方法不错。”于是打算按照伍被的计策去实行，派人假装有罪西入京师，侍奉大将军和丞相，等待淮南发兵反叛，派去的人就刺杀大将军，并且游说丞相，使他听从自己调遣。又准备派人穿上追捕盗贼的衣服，手拿羽毛檄文，从东方赶来，大呼“南越的大军打来了”，想趁机发兵。结果没等到发兵，事情就败露了，淮南王等被诛杀。

※ 评析

淮南王父子的悲剧就是因为没有自知之明，被一时的私欲冲昏了头脑，心里只记得仇恨，却忽略了双方的实力。在无视君王与百姓的前提下起兵谋反，最后落个被诛杀的下场，也实属正常。在当今社会中，此类人也不在少数，无视国家法律和人民利益，为了个人私利而以身试法，结果害人不说，最终也会使自己家破人亡，这不得不引起我们的深思呀！

忠臣良将　赤胆为国

※ 原文

后汉灵帝以皇甫嵩为将军，讨破黄巾，威震天下，而朝政日乱，海内虚困。故信都令阎忠干说嵩曰：“难得而易失者，时也。时至不旋踵者，机也。故圣人顺时以动，智者因机以发。今将军遭难得之运，蹈易骇之机，而践运不抚，临机不发，将何以保大名乎？”嵩曰：“何谓也？”忠曰：“天道无亲，百姓与能。今将军受钺于暮春，收功于末冬，兵动如神，谋不再计，摧强易于折枯，消坚甚于汤雪。旬月之间，神兵电扫，封户刻石，南向以报德，威名震本朝，风声驰海外，虽汤武之举未有高将军者也。今身建不赏之功，体兼高人之德，而北面庸王，何以求安乎？”

嵩曰：“夙夜在公，心不忘忠，何故不安？”忠曰：“不然。记有之，亲母为其子抡秃出血，见者以为爱子之至。使在于继母，则过者以为误也。事之情一矣，所以从观者异耳。当今政理衰缺，王室多故，将军处继母之位，挟震主之威，虽怀至忠，恐人心自变。窃为将军危之！且吾闻之，势得容奸，伯夷可疑；苟曰无猜，盗跖可信。今拥兵百万，势得为非，握容奸之权，居可疑之地，虽竭忠信，其能喻乎？此田单解裘所以见忌也。愿将军虑之。”

※ 译文

东汉灵帝任命皇甫嵩为将军，讨伐并打败了黄巾军，威名远播。当时朝廷政事日益混乱，四海之内百姓生活困苦。因此信都令阎忠劝皇甫嵩说：“难以获得又易失去的是时机。时机到来就要抓紧时间，连转动脚跟的瞬间也不可耽误，就是要抓住机遇。圣人适时而采取行动，聪明人利用时机成就事业。现在将军遇到难得的机遇，同时也面临着可能突发的灾难。但你面对机遇却不去占有，面对祸难不赶紧行动，这怎能保持你崇高美好的名望呢？”皇甫嵩说：“你到底要说什么呢？”阎忠说道：“天道并不亲附某一个人，百姓从来都是跟从于有能耐的人。将军你在暮春时由皇上任命去讨伐逆贼，冬天快结束时就凯旋，你用兵神速，计谋定下就不用改动，消灭这么强大的敌人就好像折断一根枯枝般容易，销熔坚硬的金属竟然比融化冰雪还简单，只十个月的时间，你统领的神兵就以闪电般的速度消灭了贼兵，取得了封侯立碑的丰功伟绩，报答了皇上对你的恩德，你的威信名声震动当世，声誉远播四海，即使商汤、周武王所建的功绩也无法与你相比啊。如今将军立下了无法赏赐的战功，拥有极高极美的德行，但你却面向北方侍奉昏庸无能的君主，凭什么来求得安身呢？”

皇甫嵩说：“我日夜为国操劳，时刻不忘效忠皇上，有何不安？”阎忠说：“并非如此。我记得有位母亲在给儿子治突起的头疮时，把儿子的头弄破出血了，看到的人都认为这是母亲太疼爱儿子导致的。如果这事发生在继母身上，她就会受到别人的责备，认为那是故意虐待养子。同一件事情，因旁观者角度不同，就会有不同的认识。如今朝政衰败，王室多有变故，皇甫将军处于继母般的位置上，负有功高震主之势，即使有忠心，恐怕也得不到他人理解。我暗中为将军的安危担心呀！我听说，权势过大、地位过高容易宽容邪恶，就算他是与伯夷相似的好人，也会被误解。如一个人处于不被误会猜忌的位置，即使他是像盗跖一样的坏人也会被信任的。如今你拥兵百万，权势足可成就一番事业，你手中握有容奸藏贼的大权，处于被猜疑的位置，虽你全力效忠天子，但难以得到信任，这正是田单脱去外衣而遭猜忌的原因呀，望将军三思。”

※ 原文

“昔韩信不忍一飧之遇，而弃三分之业，利剑以揣其喉，方发悔毒之叹者，机失而谋乖也。今主上势弱于刘、项，将军权重于淮阴，指挥足以振风云，叱咤足以兴雷电。赫然奋发，因危抵颓，崇恩以绥先附，振武以临后服。征冀方之士，动七州之众。羽檄先驰于前，大军响振于后。蹈流漳河，饮马孟津。诛阉宦之罪，除群怨之积。虽童儿可使奋拳以致力，女子可使褰裳以用命，况厉熊罴之卒，因迅风之士哉？功业已就，天下已顺，然后请呼上帝，示以天命，混齐六合，南面称制。移宝器于将兴，推亡汉于已坠，实神机之至会，风发之良时也。夫既朽之木不雕，衰世之朝难佐。若欲辅难佐之朝，雕朽败之木，是犹逆坂走丸、迎流纵棹，岂云易哉？且今宦竖群居，同恶如市，上命不行，权归近习，昏主之下难以久居，不赏之功谗人侧目。如不早图，后悔无及。”

嵩惧曰：“非常之谋不施于有常之势。创图大功，岂庸才所致？黄巾细孽，敌非秦、项，新结易散，维以济业。且民未忘主，天不佑逆。若虚造不异之功，以速朝夕之祸，孰与委忠本朝，守其臣节？虽云多谗，不过放废，犹有令名，死且不朽。反常之论所不敢闻。”

忠知说不用，因亡去。

※ 译文

“以前韩信因刘邦给过他一顿饭的恩惠便放弃了三分天下、自立为王的大业，后来被刘邦尖锐的刀剑刺向咽喉时，他才悔恨慨叹。之所以有此结局，全因错失机遇和谋划失误。如今皇上的势力比刘邦、项羽小得多，而将军的权力远比韩信大得多，只要一声令下，便可一呼百应，有电闪雷鸣般的气势。将军一旦起事，趁衰势夺取将要灭亡的朝廷，再推崇自己的恩德来安抚之前归附你的诸侯，依靠武力管制刚刚臣服的诸侯。招募冀州之士，动员全国民众。发布羽书檄文、率大军跟进。横渡漳河，孟津饮马。诛杀有罪的宦官，消除百姓怨恨。如能做到这些，就是小孩子也会奋起追随你。就是妇女也会提起衣角为你效劳，更何况英勇的将士、有志的士人呢？功成名就后，天下都会归顺于你，你便可请示上天，以告天下，统一全国，建立帝业了。在王朝建立时迁移传国的神器，在旧王朝将灭之时推翻它，实为天赐良机，奋发起事的好机会。况且汉朝已形将朽木，难以辅佐。辅佐将亡的王朝，这无异于雕琢朽木，逆着斜坡滚珠，迎着水流划船，实在太困难了。况且朝中宦官、小人结党营私，狼狈为奸，皇命无法执行，权力被小人掌握，在昏庸无能的君主前想长久做官是不可能的，取得丰功伟绩就会遭到嫉妒与冷落，如不及早谋划，到时后悔莫及。”

皇甫嵩恐惧地说：“不合常理的谋划不能在寻常形势下使用。创建宏图大业，岂是平庸之才所能达到的？黄巾军这些孽党是不能与秦王朝、项羽相提并论的。刚聚合起来的乌合之众很容易散乱，所以我只能辅佐朝廷，况且老百姓并没有忘记天子，上天是不会扶助叛逆者的，如果痴心妄想建立不切实际的功业，终将招致祸端。哪能与竭力效忠朝廷相比？谨守臣子节操，即使招来谗言也不过是被流放或罢职，这样还可留个好名声，死了也会永垂不朽。所以，违背常理之言我不能听从。”

阎忠知道他的话不能被皇甫嵩采纳，于是就逃走了。

※ 评析

世人敬仰的总是忠臣良将，而乱臣贼子则是人人得而诛之的。皇甫嵩作为统兵大将，在国家危难之际举兵剿贼，为保卫汉朝社稷立下了不朽的功勋，但是他并没有自恃功高，而是明辨是非曲直，认清了敌我情势，不被小人的谗言所迷惑，一心效忠主上，实在堪称后人楷模。

廉丹附贼　罪有应得

※ 原文

王莽时，寇盗群发，莽遣将军廉丹伐山东。丹辟冯衍为掾，与俱至定陶。莽追诏丹曰：“将军受国重任，不能捐身中野，无以报恩塞责。”丹惶恐，夜召衍以书示之。

衍因说丹曰：“衍闻之，顺而成者，道之所大也；逆而攻者，权之所贵也。是故期于有成，不问所由；论于大体，不守小节。昔逢丑父伏轼而使其君取饮，称于诸侯；郑祭仲立突而出忽，终得复位，美于春秋。盖以死易生，以存易亡，君之道也。诡于众意，宁国存身，贤者之虑也。故《易》曰：‘穷则变，变则通，通则久。是以自天佑之，吉，无不利。’若夫知其不可而必为之，破军残众，无补于主，身死之日，负义于世，贤者不为，勇者不行。且衍闻之，‘得时无怠。’”

※ 译文

王莽夺权时，国内盗贼猖獗。王莽派将军廉丹讨伐崤山以东的贼寇。廉丹征召冯衍做他的谋士，与他一起到达定陶。王莽派人追上廉丹传达旨意说：“将军身受国家的重任，如不能在沙场上为国捐躯，就不能报答皇恩和尽忠职责。”廉丹非常害怕，他夜里把冯衍叫来，把诏书拿给他看。

冯衍于是劝廉丹说：“我听说顺从时运成就事业，是常道所推崇的；逆反常规攻伐旧制，这是权变者所重视的。所以希望有所成就的人便不需遵守什么原则；论定事物的大纲政要就不能信守小节规范。从前齐国的逢丑父在齐、晋两国交战中，预料到齐顷公可能被擒，便与顷公换了座位，并让顷公借着下车取水的名义逃走，因此他的行为被各路诸侯所称赞。春秋时郑国的祭仲被宋庄公挟持，被迫废去郑昭公扶立公子突为郑厉公，郑昭公忽被迫逃亡。后来，祭仲又重新扶立忽归复王位。用自己的死换取了国君的活命，用暂时的妥协换取了国君的王位，这是君子所遵循的原则啊！不遵循常人的思维方式，使国家平安，得以自保，这是贤者该做的事呀！《周易》中说：'贫穷才使之变化，变化才能通达，通达才可恒久。能遵循这些变通的原则，就没有不能成功的事。此时有如上天保佑一样，无往而不利。'假如明知这样做不能成功，还定要去做，其结果只能是损兵折将，对主上无好处，而自己也落个身败名裂的下场，像这样的事，圣贤的人是不会做的，勇武的人也不会做的。况且我冯衍听到过这样的说法：'获得机遇的时候千万不要松懈。'"

※ 原文

"张良以五代相韩，椎秦始皇于博浪之中，勇冠乎贲育，名高于太山。将军之先为汉信臣。新室之兴，英俊不附。今海内溃乱，民怀汉德，甚于诗人之思召公也。爱其甘棠，而况子孙乎！民所歌舞，天必从之。方今为将军计，莫若屯据大郡，镇抚吏士，砥砺其节；百里之内，牛酒日赐，纳雄杰之士，询忠智之谋，要将来之心，待纵横之变，兴社稷之利，除万人之害，则福禄流于无穷，功烈著于不灭。何为军覆于中原，身膏于草野，功败名丧，耻及先祖哉？圣人转祸而为福，智士因败而为功。愿将军深计而无与俗同。"

丹不能从，进，及睢阳，复说丹曰："盖闻明者见于未形，智者虑于未萌，况其昭晰者乎？凡患生于所忽，祸发于细微。败不可悔，时不可失。公孙鞅曰：'有高人之行，必负非于世；有独见之虑，必见赘于民。'故信庸庸之论，破金石之策，袭当世之操，失高明之德。夫决者，智之君也。疑者，事之役也。时不再来，公勿再计。"丹不听，进，及无盐，与赤眉战死。衍乃亡命河东。

※ 译文

"张良祖上五代都在韩国为相，所以在博浪操铁锤谋刺秦始皇，他的勇敢超过了孟贲、夏育，他的美名盖过了泰山。将军的祖上是汉朝的忠信臣属。新朝虽然出现，但天下豪杰并没有真心归附于它。现在国内大乱，百姓们感念汉王朝的恩德，超过周朝诗人们对召公的思念。诗人因思念他，连他拴过马、休息过的甘棠都不忍砍伐，更何况他的子孙呢！百姓以歌舞颂扬拥戴的人，祈求上天对他们的帮助。现在我为将军出谋划策，你不如把军队屯驻在大的郡城，安抚官吏士卒，磨炼他们的气节。百里之内的百姓每天都会送来牛和酒，以犒劳你的将士；招纳英雄豪杰，向他们征求忠诚和智慧的谋略，树立长远的目标，等待天下的大变，然后兴办有利于社稷的事情，为民除害，如此你的福禄将会没有穷尽，你的功绩将会永垂青史。为什么让自己的军队在中原大地灭亡呢，尸体像草木那样腐烂，落个功败垂成的下场，使先人与你一同受辱。圣人善于转祸为福，谋士能反败为胜，希望将军能好好地谋划，想法千万不可与世俗观念苟同。”

廉丹没有听从冯衍的建议，继续进军，等到了睢阳后，冯衍又一次劝说廉丹：“善于洞察明见的人在事物没形成前就能预见它，聪明的人在事情没有发生前就开始考虑它，更何况是那些清晰明了的事情呢？祸患的发生一般都是由于疏忽造成的，它是从微小之时逐渐发展形成的。失败了再后悔是于事无补的，时机是不可错过的。商鞅曾说：‘有比常人高的行为能力，就会遭到世人的非议；有独到的见解和智谋，就会被普通人认为是多余的。’所以凡人常常听信平庸的话语，破坏如金石一般的策谋，承袭当世普通人的规范，丢弃高明的德行。决断是智慧的主宰。犹豫就会被事物所役使。时机一旦错过，就不会再重新拥有，希望你一定要再三考虑呀。”廉丹仍不听从，继续进兵，到达无盐与赤眉军大战，结果战死。冯衍于是逃亡到了黄河以东的地区。

※ 评析

王莽夺取东汉王朝政权，建立新朝，使天下老百姓怨声载道，叫苦不迭，这就表明其行为违背了民意和天道，是迟早要失败的。而身为汉朝名将的廉丹分不清形势，居然依附王莽，而且不听他人良言相劝，最后也只能落个曝尸荒野，死有余辜的下场。

王元进谄　隗嚣反叛

※ 原文

来歙说隗嚣遣子入侍，嚣将王元以为天下成败未可知，不愿专心内事，遂说嚣曰：“昔更始西都，四方响应，天下喁喁，谓之太平。一旦坏败，大王几无所措。今南有子阳，北有文伯，江湖海岱，王公十数而破。牵儒生之说，弃万乘之基，羁旅危国，以求万全，此循覆车之轨，计之不可者也。今天水完富，士马最强。北取西河、上郡，东收三辅之地，按秦旧迹，表里山河，元请以一丸泥为大王东封函谷关。此万代一时也，若计不及此，宜畜糗粮，养士马。据隘自守，旷日持久，以待四方之变。图王不成，其弊犹足以霸。要之，鱼不可脱于泉，神龙失势，即还与蚯蚓同。”

嚣然元计。虽已遣子入质，犹负于险厄，欲专制方面，遂背汉。

※ 译文

刘秀的大臣来歙劝说隗嚣派遣自己的儿子入朝侍奉皇上。隗嚣手下的将官王元认为天下的成败还不能预知，因此不愿意真心实意地侍奉朝廷，于是他劝说隗嚣道："从前更始皇帝刘玄定都长安，天下豪杰群起响应，都随声附和并归附于他，认为天下已经太平。刘玄的功业一旦毁坏灭亡，将军连安身之处都找不到。现在国内子阳割据称雄南方，文伯称霸北方，五湖四海，称王称公的有数十人。如果你听从儒生的言论，舍弃诸侯的基业，受制于不安定的国家，以求得万无一失，那只能是沿着前人失败的道路走下去，这种打算是不可取的。现在天水郡完整富饶，兵马最为强大，如果你占据此地，北可以攻取西河郡和上郡，东可以收复长安附近的三辅所辖的地区，依照原来秦国的边界，以山河为屏障来自卫，我王元请求用一弹丸之泥便可为大王封锁东方的函谷关。这确是极为难得的机遇呀，如果这个计划不能实现，就应该储备粮草蓄养兵马，去占据险隘防守，拖延时间，等到四方发生变乱再趁机起兵。即使图谋王位不能成功，那残余的势力也足可称霸一方。总之，鱼是离不开水的，龙一旦丧失依靠，就和蚯蚓差不多了。"

隗嚣同意他的谋划。尽管他已经送儿子入朝做了人质，但他还是依仗地势的险要，想称霸一方，于是就背叛了汉朝。

※ 评析

隗嚣是个反复无常的小人。他起先听从了来歙的建议，送儿子入朝侍奉皇上，这原本能使他光宗耀祖，但他不识时务，后又违背了承诺，听信了王元的鼓动，不顾儿子的性命和国家的安危，竟然起兵谋反。在没有分清形势之下的贸然出击，只会使自己落个身败名裂的下场，不免被后人所耻笑。

程昱进言　曹操纳谏

※ 原文

魏太祖与吕布战于濮阳，不利。袁绍使人说太祖连和，使太祖遣家居邺，太祖许之。

程昱见曰："窃闻将军欲遣家居邺，与袁绍连和，诚有之乎？"太祖曰："然。"昱曰："意者将军殆临事而惧，不然，何虑之不深也？夫袁绍据燕、赵之地，有并天下之心，而智不能济也。将军自度能为之下乎？将军以龙虎之威，可为韩、彭之事耶？昱愚不识大旨，以为将军之志，不如田横。田横，齐一壮士耳，犹羞为高祖之臣。今将军欲遣家居邺，将北面而事袁绍。夫以将军之聪明神武，而反不羞为袁绍之下，窃为将军耻之。今兖州虽残，尚有三城，能战之士，不下万人。若与文若、昱等收而用之，霸王之业可成也。愿将军更虑之。"

太祖乃止。

※ 译文

魏太祖曹操与吕布在濮阳大战，形势对曹操十分不利。这时袁绍派人劝说曹操与他联合起来，让曹操把家眷迁到邺地，曹操答应了。

程昱去见曹操说：“我私下听说将军想把自己的家搬到邺地居住，与袁绍联合，真有这件事吗？”曹操说：“是呀！”程昱说：“大概将军你是遇事畏惧，不然为什么考虑得这么肤浅？袁绍占据燕赵的广大地区，有吞并天下的野心，只是他的才智不足以实现他的野心。将军自己斟酌一下，你愿意屈居成为他的手下吗？将军你具有龙虎般的英雄气概，难道愿当他的韩信、彭越吗？我程昱愚笨，不懂得大体，我认为将军的气节还不如田横。田横只是齐地的一个勇士，却还知道把作为汉高祖的臣子当作一种羞耻。现在将军打算把家搬到邺地，面北侍奉袁绍。凭借将军的聪明才智反而不把作为袁绍的下属当作羞耻，我真暗中替你感到惭愧啊！当前兖州虽被攻破，但我们仍有三座城池，有战斗力的士兵也不下万人，如果加上荀彧和我们，齐心协力，定能成就一番霸业。希望将军重新考虑一下。”

魏太祖听从了程昱的劝告，才没有把家搬移到邺地。

※ 评析

拥有审时度势的眼光，就能洞晓大势所趋。曹操听了程昱的良言相劝后，茅塞顿开，果断地放弃了搬家至袁绍处的决定，不因一时之利而苟安，不因一时之败而弃业，能忍一时，才能成就大事。程昱在此所起的作用就是关键时刻的参谋作用，提醒主上要保持清醒的头脑，不要为一时之利而忽视了长远的大计。

听信谗言　张邈反曹

※ 原文

袁绍为盟主，有骄色，陈留太守张邈正义责之。绍令曹操杀邈，操不听。邈心不自安。及操东击陶谦，令其将陈宫屯东郡。宫因说邈曰：“今天下分崩，雄杰并起，君拥十万之众，当四战之地，抚剑顾盼，亦足以为人杰。而反受制于人，不亦鄙乎？今州军东征，其处空虚。吕布壮士，善战无前。君迎之，共处兖州，观天下之形势，俟时事之变通，此亦纵横之一时也。”

邈从之而反曹公。

※ 译文

袁绍当了讨伐董卓联军的盟主之后，非常傲慢，陈留郡的太守张邈义正词严地谴责他。袁绍命令曹操去杀张邈，曹操不肯听从袁绍的命令。因此，张邈的心里很是不安。等到曹操去东方攻打陶谦的时候，他派手下大将陈宫率兵屯据在东郡，陈宫乘机劝说张邈："现在天下四分五裂，英雄豪杰纷纷起事，你拥有十万大军，占据四方必争的兵家要地，如果你手持宝剑威慑四方，也足可以成为人中豪杰，但现在反而受制于人，难道不觉得目光太短浅了吗？现在兖州的军兵都东征而去，正好兵力空虚，吕布是位勇敢的壮士，英勇善战，无人可比，你把他迎接来，共同驻守兖州，观察天下的形势发展，等待时局的变化，这样就可纵横天下于一时了。"

张邈采纳了陈宫的建议，反叛了曹操。

※ 评析

张邈原本是很得曹操器重的一员大将，他还是个正直而勇敢的人，曾当面责备骄横一时的袁绍，可见其胆略非同一般。但如此英勇的人却一时听信了陈宫的谗言，背弃了与曹操之间的深情厚谊，犯了反叛曹操的致命错误，最终走向灭亡也是理所当然。正所谓一失足成千古恨，又是令后人引以为戒的例子呀！

钟会反魏　姜维复蜀

※ 原文

钟会、邓艾既破蜀，蜀主降。会构艾，艾槛车征。会阴怀异图，厚待蜀将姜维等。维见而知其心，谓可构成扰乱，徐图克复也。乃诡说之曰："闻君自淮南以来，算无遗策，晋道克昌，皆君为之。今复定蜀，威名震世，民高其功而主畏其谋，欲以此安归乎？夫韩信不背汉于扰攘，而见疑于既平；大夫种不从范蠡于五湖，卒伏剑而妄死。岂暗主愚臣哉？利害使之然也。今君大功既立，大德已著，何不法陶朱泛舟绝迹，全功保身，登峨眉之岭而从赤松游乎？"会曰："君言远，我不能行。且为今之道，或未尽于此也。"维曰："其他则君智力之所能，无烦于老夫矣。"由是情好欢甚，自称益州牧以叛，欲授维兵五万人，使为前驱。魏将士愤发，杀会及维。

※ 译文

钟会、邓艾共破蜀国后，蜀主刘禅投降了。钟会陷害邓艾，派人用囚车去押解邓艾。钟会暗中有反叛的图谋，他厚待蜀国降将姜维等人。姜维由此明白了他的用心，想以离间计来造成混乱，再慢慢设法收复失地，恢复蜀汉政权。于是假意对钟会说："听说你从淮南领兵打仗到如今，谋算从未失策过，晋王司马氏家族的兴旺昌隆，全是你的功劳啊。如今你又安定了蜀国地区，你的威名震动当今天下，百姓们都认为你劳苦功高，主上已经对你的才智产生畏惧，你想靠这平安回师吗？韩信在混乱的年代没有背弃汉王刘邦，而在天下太平的时候被猜疑；越国的大夫文种不听范蠡的劝告没去五湖隐居，最终含冤自杀身亡。难道他们只是像人们所说的是昏庸的君主和愚忠的臣子吗？不是，只是由于涉及自身利害而不得不那样做罢了。现在你已经创立了丰功伟绩，德行远播天下，为什么不效仿陶朱公驾一叶轻舟在五湖上隐居保全自己的功劳与性命呢？或者登上峨眉山与赤松子一起云游呢？”钟会说：“你说得太远了，我暂时做不到。况且目前的情况也还没有达到这一地步。”姜维说：“除此之外的其他方面凭你的才智和能力是可以预见的，我就不用再多说了。”于是钟会与姜维交情越来越好，他自称益州牧反叛了魏国，并想给姜维五万兵马，让他做自己的前部先锋官。魏国将士非常愤怒，群起杀死了钟会和姜维。

※ 评析

姜维是诸葛亮重点培养的蜀国名将，他足智多谋，能征善战，但在此鼓动钟会联合反魏确有许多不妥之处。因为当时的大势所向终要归于统一，百姓也盼望息武止兵，休养安生，所以说姜维反魏是逆潮流而行，既不得人心，也不符合大势所趋，失败也就成了必然的。姜维复兴蜀国的忠心可嘉，但不辨时势的眼光可叹。

名为救国　实则谋反

※ 原文

晋怀帝时，辽东太守庞本私憾杀东夷校尉李臻，鲜卑索连、木津等，托为臻兴义，实因而为乱，遂攻陷诸县。大单于慕容廆之长子翰言于廆曰：“臣闻求诸侯莫若勤王，自古有为之君，靡不仗此以成事业者也。今连、津跋扈，王师覆败，苍生屠脍，岂甚此乎？竖子外以庞本为名，内实幸而为寇，辽东倾没，垂已二周，中原兵乱，州师屡败，勤王仗义，此其时也！单于宜明九伐之威，救倒悬之命，数连、津之罪，合义兵以诛之。上则兴复辽邦，下则并吞二部，忠义彰于本朝，私利归于我国。此则吾鸿渐之始也，终可以得志于诸侯。”廆善之，遂诫严讨连、津，斩之，立辽东郡。

※ 译文

晋怀帝的时候，辽东太守庞本因私仇杀害了东夷的校尉李臻，事后鲜卑的将领索连、木津等人假托为李臻报仇而起事，实际上是凭借这一借口反叛作乱，接着他们攻克了辽东各个县城。当时自封为单于的慕容廆的长子慕容翰对他说：“我认为向诸侯求援不如为王室尽忠，自古以来有作为的君主没有一个不是凭借这种方法成就事业的。现在索连、木津等人横行霸道，朝廷的军队屡遭败绩，老百姓们也惨遭杀戮，还有超过这样的灾难吗？几个小子以讨伐庞本为名，其本意是借机造反，辽东全境覆灭已近两年了；目前中原地区也战乱频繁，各州军队也屡遭惨败，为王室出力来主持正义，正是很好的时机呀！父王你应该显赫九伐（九伐指制裁诸侯违犯王命行为的九种办法）的神威，挽救处于困境中的国家命运，历数索连、木津的罪行，并联合正义的军队讨伐他们，这样对上可以恢复辽东的郡制，对下还可以吞并索连、木津二路叛军，那么我们在朝廷中就可以落个忠义的美名，而且私下我们还可以获得一些利益。这正是我们像飞鸿一样走到高位的开始呀，最终我们便能够在诸侯竞争中实现自己的愿望。”慕容廆觉得儿子说得十分有理，于是就下令征讨索连、木津，并最终擒获斩杀了二人，重新控制了辽东郡局势。

※ 评析

名为救国，实则反叛，索连等人自以为做得天衣无缝，殊不知螳螂捕蝉，黄雀在后，当与朝廷军队争斗得两败俱伤时，慕容廆打着平反的旗号应时而出，不仅消灭了叛军，还博得了忠义之名，真可谓一箭双雕。能够把握时机获取权力，这便是慕容廆成功的根本原因，可见，抓住有利时机对事业的成败有着至关重要的作用。

得道多助　失道寡助

※ 原文

前秦秦王苻生杀害忠良，秦人度于一时，如过百日。权翼乃说东海王坚曰：“今主上昏虐，天下离心。有德者昌，无德受殃，天之道也。一旦有风尘之变，非君王而谁？神器业重，不可令他人取之。愿君王行汤武之事，以从民心。”坚然之，引为谋主，遂废生，立坚为秦王。

※ 译文

东晋列国时，前秦厉王苻生残杀忠良，秦国人过一个时辰就像过一白天那样漫长。权翼于是劝说东海王苻坚说：“当今皇上昏庸残暴，失去了天下百姓的拥护。有德行的人兴盛发达，没有才德的人遭殃，这就是天道呀！一旦天下局势发生重大的变化，天下不是君上你的还能是谁的呢？帝位社稷关系重大，千万不能让他人获得，希望你能以商汤、周武王伐桀、纣的举动来顺应民意。”苻坚听从了权翼的想法，把权翼当作自己的谋士，参与谋划军机大事，最终废掉了苻生，自立为秦王。

※ 评析

多行仁义之举的君王就会受到臣民的拥护与爱戴，如果是无德的昏庸之主，则必然遭到抛弃和反对，让有德之人取而代之，以顺民心，正国事。苻坚适时地废掉苻生，自立为王，就属于这种情况。自古至今，国家有动乱，往往由于君主昏庸无德所致，所以说，得道者多助，失道者寡助。

范晔反叛　性命不保

※ 原文

宋孔熙先者，广州刺史默之子也，有奸才，善占星气，言："江州分野出天子，上当见弑于骨肉。"及大将军彭城王义康幽于安城郡，熙先谓为其人也，遂说王詹事范晔曰："先君昔去广州，朝谤纷纭，藉大将军深相救解，得免艰危。曩受遗命，以死报德。今主上昏僻，殆天所弃。大将军英断聪敏，人神相属，失职南垂，天下愤怨。今人情骚动，星文舛错，时至则不可拒，此之谓乎？若顺天下人之心，收慕义之士，内连宠戚，外结英豪，潜图构于表里，疾雷奋于肘腋，然后诛除异义，崇奉明圣，因人之望，以号令天下，谁敢不从！小人维以七尺之躯，三寸之舌，立功立事而归诸君子。丈人谓为何如？"晔甚愕然。

※ 译文

南朝宋文帝时任员外散骑侍郎的孔熙先，是广州刺史孔默之的儿子，他有偏才，善于占卜观天象。他说："从江州地区的分野来看，江州要出一位天子，当今的皇上要被他的亲骨肉所杀。"等到大将军彭城王刘义康被贬到安城郡时，孔熙先认为这就是即将成为天子的那个人，于是劝说彭城王的谋士范晔说："我的父亲当初去广州时，朝廷中有许多人纷纷诽谤诬蔑他。多亏大将军刘义康尽力相助，才得以免除祸患。我现受父亲的嘱托，要以死来回报大将军的恩德。当今圣上昏庸无道，可能是上天要废弃他。大将军英明神武、机智果断，百姓、神明都愿归附于他，但他却被罢职发配到了南部边陲，普天之下人人都为他感到不公。现在天下人心骚动，天象混乱，这正是世人所期盼时机的到来，这是不可错过的事情呀。如果我们顺应天意和百姓的心愿，网罗正义之士，联合朝廷中有名望的亲戚贵族，结交天下英雄豪杰，暗中谋划，里应外合，接着在宫内突然起兵，而后杀掉不顺从的人，拥立圣明的天子，借助彭城王的名望来号令天下，有谁还敢不从呢！小人我愿用这七尺之躯，三寸不烂之舌，为你们建功立业，不知老人家您意下如何？"范晔感到非常吃惊。

※ 原文

熙先重曰："昔毛琢竭节，不容于魏武；张温毕议，见逐于孙权。彼二人者，国之信臣，时之俊乂，岂疵瑕暴露，言行玷缺，然后至于祸哉？皆以廉直劲正困于邪枉，高行妙节不得久容。丈人之于本朝，不深于二主，人间雅誉，有过于两臣，谗夫侧目，为日久矣。比肩竞逐，庸可遂乎！殷铁一言而刘班碎首，彭城斥逐，徐童见疑，彼岂父母之仇，万代之怨？寻戈拔棘，自幼而然，所争不过荣名、势利、先后之间耳。及其末也，唯恐陷之不深，发之不早。戮及百口，犹曰不厌。是岂书籍远事？可为寒心悼栗者也！今建大勋，奉贤哲，图难于易，以安易危，比之太山而去累卵，何苦不就？且崇树圣明，至德也；身享宰相，大业也；授命幽居，鸿名也；比迹伊、周，美号也。若夫至德、大业、鸿名、美号，三王五伯所以覆军杀将而争之也。一朝包括，不亦可乎？又有迩于此者，愚则未敢道。”晔曰：“何谓？”熙先曰：“丈人奕叶清华而不得连姻帝室，国家作禽兽相处，丈人曾未耻之？”晔门无内行，故熙先以此为激。晔默然，自是情好遂密，阴谋构矣。熙先专为谋主，事露皆伏诛。

※ 译文

孔熙先接着说：“从前毛玠对魏武帝曹操忠心耿耿，却不能被曹操所容；张温对孙权侃侃而谈，却被孙权放逐。这两个人可以说是国家的忠臣、当代的豪杰，难道他们是因为缺点暴露，或是言行不当而招致祸害屈辱的吗？他们都是因为太廉洁耿直被曲解而陷入窘境，因为他们高尚的品行不能长期被人所容。你在本朝受到的信任程度并不比曹操对毛玠、孙权对张温的信任深，可是你在百姓中的威望远远超过那两个忠臣。想陷害你的人对你怒目而视已经很久了，而你却同他们并肩争斗，这如何能够办得到呢？在此之前，殷铁只因一句话，就使刘班的脑袋被击碎，彭城王被驱逐出京，徐童也被猜忌，难道他们只因为父兄的仇恨或是存有万代的宿怨吗？其实他们动刀用兵，视对方为眼中钉、肉中刺，早就是这样了。他们之间所争夺的其实就是名利、权势，到后来双方就怕自己陷得不深、下手不早，杀了百人还说没有满足。这难道是书中记载的远古故事吗？这难道不是令人心寒、恐惧的事吗？现在是建功立业的时候，崇奉明主治理国家，使难办的事变得容易，用安全代替危险，紧紧依靠泰山为屏障，远离危险的累积之卵，为什么不前去争取呢？况且尊奉树立圣明之人，这是盛大的德行啊！自己享有崇高的位置就是很好的功业；接受王命，功成后身退，这是崇高的名望啊！与伊尹、周公那样主持朝政的大臣齐名，这是多么美好的名声啊！像那些德行、功业、名声、美号，三王和春秋五霸之所以要冒着军队覆灭、将帅被杀的危险，就是要争夺这些东西啊！有朝一日占有了这些东西不也是顺理成章的吗？还有比这更实际的事情，可是我不敢说出来。”范晔说：“为什么呢？”孔熙先说：“老人家你世代富贵，却不能和皇室联姻，朝内一些人不把你当人看，难道你不认为这是一种耻辱吗？”范晔本来品行不端，孔熙先用这些话去激将范晔。范晔顿时默不作声，从此以后二人的关系相处很好，后来他们阴谋发动叛乱。孔熙先成了主谋，事情败露后双双被杀。

※ 评析

范晔原本是世代为官的正直官员，在此听信孔熙先的谗言，阴谋反叛朝廷，到头来祸及自身，不但使清白毁于一旦，还性命不保，实在让人悲叹。可见，做什么事都要三思而后行，对别人的言行也不可轻信，如果鲁莽行事，轻信于人，必会因失足而遗恨终生。

杨坚建隋　北周灭亡

※ 原文

周大将军郭荣奉使诣隋高祖，高祖谓荣曰："吾雅尚山水，不好缨绂，过藉时来，遂叨名位。愿以时归第，以保余年，何如？"荣对曰："今主上无道，人怀危惧，天命不常，能者代有。明公德高西伯，望极国华，方据六合，以慰黎庶，反效童儿女子投坑落阱之言耶！"高祖大惊曰："勿妄言，族矣。"及高祖作相，笑谓荣曰："前言果中。"后竟代周室。

※ 译文

南北朝时，北周大将军郭荣奉命来到隋高祖杨坚那里，高祖杨坚当时正在定州。高祖杨坚说："我平常喜好山水，厌恶冠饰和印绶这些俗物，只是被时势所迫，才不得已居于高位，只不过徒有虚名罢了，我想适时退隐回家，安度晚年，你觉得如何？"郭荣说："当今皇上昏庸无道，人们心中都怀有恐惧之感。天命并不是固定授予某一人的，有能力的人代代都会出现。明公你的德行比文王还高，声望压倒了国中的精英，你应当夺取天下来抚慰黎民百姓；可是你现在却效仿妇孺，说些落井下石的话！"高祖杨坚非常害怕，连忙说："不要胡言！否则要灭族的。"当杨坚当了宰相后，笑着对郭荣说："你所说过的话果然应验了。"后来杨坚最终取代了北周王朝。

※ 评析

杨坚灭周建隋，武王伐纣兴周，都证明了有道德的君主得天下，无道德的君主失天下。当今社会，各级干部只有真心诚意地为国家、为人民办实事，才会得到人民的拥戴，反之，则会遭到人民的唾弃，有的甚至还会遭到法律的制裁。

杨谅信谣　造反被杀

※ 原文

隋高祖崩，葬于太陵。初疾也，玺书征汉王谅。谅闻高祖崩，流言杨素篡位，大惧，以为诈也。发兵自守，阴谋为乱，南袭蒲州，取之。

司兵参军裴文安说谅曰："兵以拙速，不闻巧迟。今梓宫尚在仁寿，比其征兵东进，动移旬朔。若骁勇万骑，卷甲宵征，直指长安，不盈十日，不逞之徒擢授高位，付以心膂，共守京城，则山东府县非彼之有。然后大王鼓行而西，声势一接，天下可指麾而定也。"谅不从，乃亲率大军屯于并、介之间。上闻之大惧，召贺若弼议之。弼曰："汉王，先帝之子，陛下之弟。居连率之重，总方岳之任，声名震响，为天下所服，其举事毕矣。然而进取之策有三：长驱入关，直据京师，西拒六军，东收山东，上策也—如是，则天下未可量；顿大军于蒲州，使五千骑闭潼关，复齐旧境，据而都之，中策也—如是，以力争；若亲居太原，徒遣其将来，下策也—如是，成擒耳。"

※ 译文

隋高祖杨坚死后，葬在太陵。在其病重的时候，曾派使臣奉命召杨谅进京。杨谅当时身在并州镇守，听说高祖驾崩，后又听到杨素意欲篡夺皇位的流言，非常害怕，以为高祖死后，京都所派来的诏书是假的。所以他调兵遣将，进行防卫，阴谋发动叛乱。他向南攻打蒲州，占据了这个地方。

司兵参军裴文安劝说杨谅道："用兵打仗力求速战速决，没有听说过行动迟缓却能成功的。现在先皇的棺木尚存放于仁寿宫中，朝廷派人统兵东来，起码得需要十天半月的时间。如果你派几万勇猛的骑兵身披铠甲连夜出征，直接攻向长安城，用不了十天就可占领长安，然后再提拔那些不得志的人，授予他们显赫的权位，选派亲信之人为骨干，来共同防守京城，那么崤山以东的州府县城就不再归杨素所有了。然后你再擂鼓向西发兵，声威和气势震慑四方，那么天下就可以挥手即得了。"杨谅没有听从裴文安的建议，而是亲率大军屯据在并州和介休之间。皇上杨广听到这一消息后，非常害怕，立即召见大将军贺若弼商议此事。贺若弼说："汉王是先帝的儿子，陛下的弟弟，身居地方最高长官，担负重任，声威远扬，众所周知，普天之下的人无不臣服于他，所以他才起兵反叛。他们的战略有以下三种：长驱直入函谷关，直捣京都，向西抵抗朝廷的六军，向东占据崤山以东的土地，这是上策。如果这样，天下归谁还很难说；其次是把大军屯据在蒲州，派五千骑兵封锁潼关，夺取过去北齐的土地，而后在这个地方建都，这是中策，如果这样，我们还可以与他力拼；如果杨谅自己驻守太原，只派手下将领前来进攻，这是下策，如果这样，他就定会被我们擒获。"

※ 原文

上曰："公试为朕筹之，计将何出？"弼曰："萧摩诃，亡国之将，不可与图大事。

裴文安，少年虽贤，不被任用。余皆群小，顾恋妻孥，苟求自安，不能远涉。必遣军来攻蒲州，亲居太原，为之窟穴。臣以为必出下策。”果如弼所筹。乃以杨素为将，破之。

※ 译文

皇上说：“你为我估计一下，他可能使用什么样的计策呢？”贺若弼说：“杨谅手下的萧摩诃是个亡国之将，杨谅不可能与他谋划大事。裴文安虽然年轻而贤能，但不被重用。其余的人都是一些小人，顾念贪恋妻子儿女，只知苟求自身的安全，他们绝不会远征，因此杨谅必会派军队来攻取蒲州，自己留守太原，以当作他的老巢。所以我以为杨谅必定采取下策。”事情果然如贺若弼所料。于是皇上任用杨素为大将，打败了杨谅。

※ 评析

杨谅听信谣传，不辨真伪便贸然反叛，而且起兵后不听裴文安的劝告，放弃直捣京都的上策，刚愎自用地采用固守太原的下策，不仅在军事实力上处于弱势，在军事谋略上更是输了一招，所以也就注定了失败的结局。由此可知，做事前要深思熟虑，明白何事可为，何事不可为。能为之事，就要勇往直前，而且还要选择最为有利的方案，这样做起事来才会游刃有余，甚至有事半功倍的效果。

财迷心窍　功败垂成

※ 原文

隋炀帝亲御六军伐高丽，礼部尚书楚国公杨玄感据黎阳反。李密说玄感曰：“天子远征辽左，地去幽州，悬隔千里，南有巨海之限，北有胡戎之患，中间一道，路极艰危。今公拥兵，出其不意，长驱入蓟，直扼其喉。前有高丽，退无归路，不过旬日，资粮必尽，举麾一召，其众自降，不战而克，计之上也；关中四塞，天府之国，有卫文升，不足为意。今若率众而入长安，天子虽还，失其襟带，据险临之，故当必克，万全之策，计之中也；若随近逐便，先向东都，顿兵坚城之下，胜负俱未可知，此计之下也。”玄感利洛阳宝货，曰：“公之下策，我之上策也。”遂围之。

玄感失利，宵溃，王师追斩之。李密乃亡，归翟让。

※ 译文

隋炀帝亲自率领六军攻打高丽，时任礼部尚书、楚国公的杨玄感依靠黎阳反叛。李密劝说杨玄感道：“天子远征辽东，那个地方距离幽州有千里之遥。南面有大海的阻隔，北面有胡人军队的隐患，中间夹着的道路又极其险恶。如果你率兵出其不意地攻打蓟地，把守住这条路的咽喉要塞。出征高丽的隋军在前有敌军阻挡、后退没有出路的情况下，不出一个月军粮必定会消耗殆尽，挥手一召，隋军兵士自动投降，不用出战便可战胜他们，这是上策；关中之地四面都有要塞，是天府之国，虽然有刑部尚书、京兆内史卫文升守卫，但他构不成威胁，现在如果你统率部众直取长安，天子即使从高丽回来，也失掉了根本之地，我们就可凭借险要关口据守长安，所以一定会取得成功的，这是万全之策，是中计；如果贪图便宜，首先攻打洛阳，使大军集聚在坚固的城池下，是胜是负就难以预料了，这是下策。”杨玄感贪图洛阳的财宝，说道：“你所说的下策正是我心中的上策呀。”于是率军围攻洛阳。

杨玄感最终失利，连夜溃败逃亡，被朝廷的军队追上后杀死。李密见自己的意见没有被采纳，只好投奔了翟让。

※ 评析

人为财死，鸟为食亡。杨玄感本来据有夺权的大好时机，上策可稳操胜券，中策可得以自保，只有下策胜负难料。但杨玄感贪图洛阳的金银财宝，偏偏固执地选择了下策，失败自是在所难免。从中我们得到的经验是：做大事者不可贪图一时的小利，否则就会因小失大，得不偿失。

杨广无道　李渊灭隋

※ 原文

隋炀帝初猜忌唐高祖。知之，常怀危惧。为太原留守，以讨击不利，恐为炀帝所遣，甚忧之。

时太宗从，在军中，知隋将亡，潜图义举，以安天下，乃进曰：“大人何忧之甚也？当今主上无道，百姓愁怨，城门之外，皆已为贼。独守小节，必旦暮死亡。若起义兵，实当人欲。且晋阳用武之地，足食足兵，大人居之，此乃天授，正可因机转祸，以就功业。既天与，不取，忧之何益？”高祖大惊，深拒之。太宗趋而出，明日，复进说曰：“此为万全之策，以救灭族之事。今王纲弛紊，盗贼逼天下，大人受命讨捕，其可尽乎？贼既不尽，自当获罪。且又世传李氏姓膺图谶，李金才位望隆贵，一朝族灭。大人既能平贼，即又功当不赏，以此求活，其可得乎？”高祖意少解，曰：“我一夜思量，汝言大有道理。今日破家灭身亦由汝，化家为国亦由汝。”于是定计，乃命太宗与晋阳令刘文静，及门下客长孙顺德、刘弘基等募兵。旬日之间，众且一万。斩留守副王威、高君雅，以其诡请高祖祈雨于晋祠，将为不利故也。用裴寂计，准伊尹放太甲、霍光废昌邑故事，尊炀帝为太上皇，立代王侑以安隋室，传檄诸郡以彰义举。

秋七月，以精甲三万，西图关中。高祖仗白旗誓众于太原之野，引师即路，遂亡隋族，造我区夏。

※ 译文

隋炀帝开始就猜忌李渊，李渊知道后，常常心怀恐惧。李渊当太原留守时因讨伐突厥不利，他担心被隋炀帝责罚，对此非常忧虑。

当时李世民也跟随在军队中，他知道隋朝将亡，便密谋起事，安定天下。于是进见李渊说："父亲为何这么慌张呢？如今皇上荒淫无道，百姓生灵涂炭，城外到处都是贼人强盗，如父亲还拘于小节，恐怕我们就要有灾难了。如我们起兵反叛，正合民心呀！而且晋阳是用武的好地方，粮草、兵马充足，拥有此地，这乃上天的恩赐呀，我们正可凭此有利时机转祸为福，成就功业。如果连上天恩赐的机会都不好好把握，担忧有什么用？"李渊十分畏惧，严厉地拒绝了李世民的建议。李世民疾走出去。第二天，李世民又劝说李渊："这是万全之策，可以挽救灭族的危险。如今朝廷纪律松弛，盗贼遍行天下，父亲接受王命讨逐贼人，但贼人能驱逐得尽吗？贼人不能捕尽，我们就会有罪了。况且世人又都传说李氏的姓应验图谶，所以李金才位高显贵，虽然没有罪过，但还是在一个早晨就被灭族了。如果父亲能将贼人剿尽，即使功劳再高也不会受赏，凭这求得名声，又怎能得到呢？"李渊的脸色缓和了一些，说道："我整夜都在考虑你的话，觉得你说得很有道理。今天即使家破人亡也由你了，变家为国也由你了。"李渊于是打定主意，命令李世民与晋阳县令刘文静，以及其门客长孙顺德、刘弘基等人招募士兵。十天之内，就有上万人应征而来。李渊等人杀了副留守王威和高君雅，因为他们欺骗高祖去晋祠求雨，其实是打算对李渊不利。李渊采用晋阳宫副监裴寂的计策，仿照伊尹放逐太甲、霍光放逐昌邑王的方法，尊奉隋炀帝为太上皇，立代王杨侑为皇帝，以安定隋王朝；而后散布檄文至各郡县，以表明他们的正义之举。七月，派三万精兵向西攻取关中。李渊手持白旗在太原的郊外宣誓起义，率领军队征讨隋军，并最终灭亡了隋王朝，缔造了大唐基业。

※ 原文

由此观之，是知天下者非一人之天下也，天下人之天下也。所以王者必通三统，明天命所受者博，非独一姓也。昔孔子论《诗》，至于"殷士肤敏，裸将于京"，喟然叹曰："富贵无常，不如是，王公其何以诫慎，民萌其何以劝勉！"《易》曰："安不忘危，存不忘亡。是以身安而国家可保也。"故知惧而思诫，乃有国之福者矣。

※ 译文

从唐王朝取代隋朝的历史可以看出：天下并非某一个人的天下，而是天下人的天下。所以想一统天下的人一定要明白“三统”的道理，明白取天下是顺天而为，且不可把天下占为己有。从前孔子在《诗经》中讲到“殷士肤敏，祼将于京”（意为殷朝的士人品德聪敏，看出殷商将亡，纷纷去扶助周室），感叹道：“荣华富贵就如云烟。如果富贵和贫穷固定在某个地方永不更迭，那么王公贵族还有什么害怕的呢？老百姓还怎么会积极进取呢？”《周易》说：“平安的时候不忘记危难，幸存的时候不忘记消亡。能做到这一点，身家性命就能长久保持平安，国家也就不会灭亡了。”所以有危机感而又常常心存警惕，这才是国家的福分呀！

※ 评析

由上可知，大唐的建立，少不了秦王李世民的功劳，他再三劝说父亲李渊起兵讨隋，才在不贻误时机的情况下缔造了唐朝基业。隋朝气数已尽，关键就看谁能把握时机取而代之了，李世民正是看准了这一点，才使李渊的处境转危为安。

本篇惧戒讲述的是诸多历史典故，无论是正面的例子，还是反面的教材，都给了我们许多思考，比如：作为上层领导应该爱护关心下属；欲做大事必要有远见卓识的眼光和顺势而为的行动；既要善于听取他人意见，又要明辨是非，不可轻信于人。

时宜十八

本篇讲述了顺应时势、随机应变的能力。俗话说：“机不可失，时不再来。”做任何事都要有个关键性、决定性的时刻或机会，得之则成，失之则败。本篇告诉我们如何捕捉良机并得而不失的几种办法。掌握时宜的关键要素有三：一要判断形势；二要变通灵活；三要博学多识。

事同形异　因时而变

※ 原文

夫事有趋同而势异者，非事诡也，时之变耳。何以明其然耶？昔秦末，陈涉起蕲民至陈。陈豪杰说涉曰：“将军披坚执锐，帅士卒以诛暴秦，复立楚社稷，功德宜为王。”陈涉问陈余、张耳两人，两人对曰：“将军瞋目张胆，出万死不顾一生之计，为天下除残贼。今始至陈而王之，示天下以私。愿将军无王，急引兵而进，遣人立六国后，自为树党。如此野无交兵，诛暴秦、据咸阳，以令诸侯，则帝业成矣。今独王陈，恐天下解也。”

※ 译文

有时事情的发展趋向相似，但实际上却有明显区别。这并不是事情本身有很大变化，而是因为时势变化所导致的。如何说明这一原因呢？秦朝末年陈胜在蕲地带领民众（今安徽宿县）起义，攻占了陈地。陈地的豪杰父老劝陈胜说：“将军披坚执锐，率领士卒讨伐暴秦，恢复楚国社稷，功德无比，应该成为帝王。”陈胜征求陈余、张耳的意见，他们都说：“将军怒发冲冠，挺身而出，不顾个人生命危险，只为天下人除暴君。现在刚夺取陈地就要称王，这是追求富贵的私心。希望将军最好不要现在称王，应趁机迅速率兵西进，派人扶立齐、楚、燕、韩、赵、魏六国之后，为自己树党友。如能这样，不费多大力气就能除掉残暴的秦皇，攻取咸阳，号令诸侯，那时你帝王之业才算告成。现在你在陈地为王，恐怕会使军心涣散。”

※ 原文

及楚汉时，郦食其为汉谋挠楚权，曰：“昔汤伐桀，封其后于杞。武王伐纣，封其后于宋。今秦失德弃义，侵伐诸侯社稷，灭亡六国之后，使无立锥之地。陛下诚能复立六国后，此其君臣百姓必皆戴陛下德，莫不向风慕义，愿为臣妾。德义以行，陛下南面称霸，楚必敛衽而朝。”汉王曰：“善。”

※ 译文

到了楚汉相争时，郦食其为刘邦谋划削弱楚的势力，他说：“以前商汤伐夏桀，推翻夏朝后封夏桀的后人于杞地（今河南杞县）。武王伐纣时，推翻商朝后封纣王的后代于宋地（今河南商丘县南）。如今秦皇背弃德义，侵夺各诸侯国的土地，残害六国之后，使他们无立身之处。陛下如能分封六国之后，则六国臣民必会感恩戴德，效忠于你，甘做臣民。这样你的德义就会传遍天下，陛下就能南面称霸，楚地百姓也必会臣服于你。”刘邦说：“说得好！”

※ 原文

张良曰：“诚用客之谋，陛下事去矣。”汉王曰：“何哉？”良因发八难，其略曰：“昔者汤伐桀，封其后于杞者，度能制桀之死命也。今陛下能制项籍之死命乎？其不可一也；武王入殷，表商容之间，释箕子之囚，封比干之墓。今陛下能封圣人之墓，褒贤者之间乎？其不可二也；发巨桥之粟，散鹿台之财，以赈贫民。今陛下能散府库以赐贫穷乎？其不可三也；殷事已毕，偃草为轩，倒载干戈，示天下不复用武。

今陛下能偃武修文，不复用兵乎？其不可四也；放马华山之阳，示无所为。今陛下能放马不复用乎？其不可五也；休牛桃林之野，示天下不复输积。今陛下能乎？其不可六也；且天下游士，离亲戚，弃坟墓，去故旧，从陛下者，日夜望咫尺之地。今复六国，立韩、魏、燕、赵、齐、楚之后，余无复立者，天下游士各归事其主，从亲戚，反故旧，陛下与谁取天下乎？其不可七也；且楚惟无强，六国去者复挠而从之，陛下安得而臣之哉？其不可八也。诚用客之谋，则大事去矣。”时王方食，吐哺，骂郦生曰：“竖儒！几败我事！”趣令销印。此异形者也。

※ 译文

张良知道后，对刘邦说：“如果你采纳了郦食其的计策，则大业必败无疑。”刘邦问：“为什么呢？”张良便提出了八条不可分封六国后代的理由，他说：“商汤讨伐夏桀，把夏桀的后人封于杞地，是因他有把握打败夏桀。如今陛下有把握战胜项羽吗？这是其一；武王伐纣时，用特殊的标记在商容的里门做上标示，以表示对贤者的敬重；又放出狱中的箕子，对比干坟墓进行整修。现在陛下能做到整修圣人坟墓，标出贤者里门，去智者门前致敬吗？这是其二；周武王把商纣王存积的粮食和鹿台中的钱财都赐给了贫苦百姓。现在陛下你能做到这些吗？这是其三；伐纣结束后，把战车改为官车，把兵器放置仓库中，以示天下不再动武打仗。现在陛下能放弃武装从事文德教化，不再用兵征战吗？这是其四；把战马放到华山南坡，以告天下不再乘马打仗。现在陛下能放马南山，从此不再用马征战吗？这是其五；把牛群放归山林，以示天下不再运输粮草。现在陛下能做到吗？这是其六；天下游士离亲别友，追随于你，是想为此获得封地。恢复六国秩序，则四方谋士就会各归其家，与亲人团聚。如此一来，还有谁来帮你呢？这是其七；况且楚国目前最为强大，六国已经灭亡，如果再去复兴它们，别国就会附庸它。陛下你又怎能使楚国臣服于你呢？这是其八。如果你真听从了郦食其的计谋，那么你的大业就难以实现了！”此时汉王正在进餐，听了张良的话后，气得把吃进口中的饭吐了出来，大骂郦食其：“书呆子，几乎坏了我的大事！”立即销毁了复立六国的印信。这就是事同形异的例子。

※ 评析

陈余、张耳劝陈胜重立六国与郦食其劝刘邦重立六国，事情相似，但时势不同。陈胜立六国可以增强自己的实力，因为当时天下的共同敌人是以暴政统治臣民的秦朝。六国被立，不但会感谢陈胜的恩德，还会同仇敌忾地讨伐暴秦，这样就可达到强己弱敌的目的。楚汉之争时，项羽几乎一直处于强盛时期，也曾深得百姓拥戴，此时如果刘邦以所得之地重立六国，不但削弱了自己的实力，所立六国也不一定会臣服于处于劣势的刘邦，而是倒向实力强大的项羽，所以说刘邦立六国无异于作茧自缚，搬起石头砸自己的脚，最终只会弱己强敌，甚至使自己的大业毁于一旦。

事虽同，但由于时不同，所以就要对事情客观、发展地分析，如果照抄照搬老方法、老传统，不仅会束缚了手脚，对事情的发展也是有害无益。

时异事变 巨鹿取胜

※ 原文

七国时，秦王谓陈轸曰："韩、魏相攻，期年不解。或曰救之便，或曰勿救便，寡人不能决，请为寡人决之。"轸曰："昔卞庄子方制虎，管竖子止之，曰：'两虎方食牛，牛甘必争，争必斗，斗则大者伤、小者死。从伤刺之，一举必有两虎之名。'今韩、魏相攻，期年不解，必是大国伤，小国亡。从伤而伐之，一举必有两实。此卞庄刺虎之类也。"惠王曰："善。"果如其言。

初，诸侯之叛秦也，秦将章邯围赵王于巨鹿。楚怀王使项羽、宋义等北救赵。至安阳，留不进。羽谓义曰："今秦军围巨鹿，疾引兵渡河，楚击其外，赵应其内、破秦军必矣。"宋义曰："不然。夫搏牛之虻，不可以破虱。今秦攻赵，战胜则兵疲，我承其弊；不胜，则我引兵鼓行而西，必举秦矣。故不如斗秦、赵。夫击轻锐，我不如公，坐运筹策，公不如我。"

羽曰："将军戮力而攻秦，久留而不行，今岁饥民贫，士卒半菽，军无见粮。乃饮酒高会，不引兵渡河，因赵食，与并力击秦，乃曰'承其弊'。夫以秦之强，攻新造之赵，其势必举赵。赵举而秦强，何弊之承？且国兵新破，王不安席，扫境内而属将军。国家安危，在此一举。今不恤士卒而徇私，非社稷臣也。"即夜入义帐中斩义。悉兵渡河，沉舟破釜，示士卒必死，无还心，大破秦军。此异势者也。

※ 译文

战国时，秦惠王对陈轸说："韩、魏两国相攻一年多了，还没有停息。有人对我说应当解救他们，有人却说不解救比较好。寡人不知如何是好，你就为我出个主意吧。"陈轸说："从前卞庄子准备刺杀猛虎，当地的一位童子对他说：'那两只虎正要吃牛，当吃得甘美时必定发生争夺，有争必斗。一旦争斗，大虎便会受伤，小虎便会被咬死。那时你再出手杀虎，岂不一举两得。'如今韩、魏相攻，战事已一年有余。最后结果必定是大国伤，小国亡。到时大王再出兵讨伐，便可一举灭掉两国，这和卞庄刺虎的道理一样呀！"秦惠王说："说得好。"于是便采纳了陈轸的建议，结果完全与之相同。

当初诸侯反秦。秦将章邯把赵王困于巨鹿。楚怀王命项羽、宋义等人前去解救。当军队行至安阳时便停止不前了。项羽对宋义说："如今秦军在巨鹿困住赵王，我们应尽快带兵渡河，楚兵在外围攻打，赵兵在巨鹿城中内应，里应外合，定能击败秦军。"宋义说："并非如此，攻击牛背上的虻虫，却不能除掉牛身上的虱子。现在秦军全力攻赵，如秦军得胜，必会筋疲力尽。我们再趁机攻打疲惫之师，定能灭掉秦朝；如果秦军失败，我们就乘势直驱咸阳，定能实现我们灭秦的大业！我们现在最好静观其变，让秦赵相斗，等到有利时机再出兵。论披甲持兵，冲锋陷阵，我宋义不如你。但运用谋略你就不如我宋义了。"

项羽说："您奉命攻秦，却久久按兵不动，况且今年粮食歉收，百姓穷困，因此士兵只能吃些豆类蔬菜，军中已无半点粮草。而您还饮酒作乐，大会宾客，不肯引兵渡河去赵国取粮，共击秦军，却说要等着秦军疲惫。秦军这样强盛，攻打新建的赵国，其大势也必破赵，赵国被灭后，秦朝就会更加强大，我们哪还有机会呢？何况我们楚军刚经历失败，楚怀王坐卧不安，将全部兵力交予将军，国家的安危就在此一举了。现在将军不念国家，不为士卒着想，却私下把儿子送到齐国为相，你是不能够安定社稷的。"当夜项羽闯入大帐把宋义杀了，接着率领全军渡河，破釜沉舟，以向士兵表示必死的决心，最后项羽率军大败秦军。以上所说的也是事同而势异的例子。

※ 评析

采用坐山观虎斗的方法，要符合形势的变化，而后才能抓住有利的时机。秦惠王采纳陈轸坐山观虎斗的意见，符合了两个弱者争斗，其最终结果总是有利于自己的原则。因为当时最为强大的是秦国，静观其他六国间的争斗，实质上有助于加速统一六国的步伐。此处宋义也采用坐山观虎斗的策略，实是墨守成规，因为楚、赵等国都是新兴势力，一己之力是无法与秦兵抗衡的，如果坐等时机，秦兵必会灭赵，而自己的实力只会有减无增。所以，项羽在此果断地破釜沉舟，抱必死之决心而又出人意料地给秦兵以一击，才为推翻暴秦打下了良好的基础。由上可知，形势与时势不同了，就要采取适时和适势的策略，这样才会取得理想的效果，达到预期的目的。

背水一战　胜败不同

※ 原文

韩信伐赵，军井陉，选轻骑二千人，人持一赤帜，从间道升山而望赵军，诫曰："赵见我走，必空壁逐我，若疾入赵壁，拔赵帜，立汉赤帜。"信乃使万人先行，出，背水阵。平旦，信建大将之旗，鼓行出井陉口。赵开壁击之，大战良久。于是信弃旗鼓，走水上军。水上军开入之，复疾战。赵空壁争汉旗鼓，逐韩信。韩信等已入水上军，军皆殊死战，不可败。信出奇兵二千骑，共候赵空壁逐利，则驰入赵壁，皆拔赵旗，立汉赤帜二千。赵军已不能得信等，欲还归壁，皆汉赤帜，而大惊，以为皆已得赵王将矣。遂乱，遁走，赵将虽斩之，不能禁也。于是汉兵乘击，大破之，虏赵军。

诸将效首虏，皆贺信。因问曰："兵法背右山陵，前左水泽。今者反背水阵，然竟以胜，此何术也？"信曰："兵法不曰：'陷之死地而后生，置之亡地而后存？'且信非得素拊循士大夫也，此所谓驱市人而战之，其势非置之死地，使人人自为战。今与之生地，皆走，宁尚可得而用之？"

又，高祖劫五诸侯兵，入彭城。项羽闻之，乃引兵去齐，与汉大战睢水上，大破汉军，多杀士卒，睢水为之不流。此异情者也。

※ 译文

韩信攻打赵国，把军队驻扎在井陉（今河北鹿泉市西南）。他选出轻骑精兵两千，命每人手持一面红色汉军旗帜，抄小路前行，以隐蔽自己去探听赵军动静，并在行前嘱咐士兵说："赵军见我军败退，必会全军前来追击，到时你们快速冲入赵军营地，拔掉赵国旗帜，换上我军旗帜。"韩信于是用一万人马做先锋出发，而后背向河水摆开阵势。天亮时分，韩信命士兵插旗吹号，擂起战鼓，率领另一路人马开出井陉。赵军不知是计，便开门迎战，双方展开了很久的对峙战。韩信诈败，抛旗弃鼓而逃，退至水边军阵之中。水边军队见敌人走入阵中后，便回身与赵军再战。赵军果真全军出动，大家争相掠夺汉军旗鼓，追逐韩信等人。韩信见时机已到，就会合水边军队，共同拼命作战，赵军无法抵抗。韩信先派出的两千骑兵，等赵军倾巢出动时，就冲入赵军营地，换上了汉军的旗帜。赵军此时敌不过韩信背水而战的军队，便想收兵回营，当看到营中尽是汉军旗帜时，认为汉军已经俘获了赵王和将帅。于是军中大乱，纷纷逃亡。赵将虽竭力制止，连杀数人，但仍无法阻止。汉军乘此出击，大破赵军，从而俘获了不少赵国将兵。

战后，大家向韩信称贺。有人问："兵法上讲，排兵布阵，右应背山，左应对川，但将军你却背水为阵打了胜仗，这是为何呢？"韩信说："兵法上曾说把军队置于死地，才能激发他们的斗志，而后才可绝处逢生；把士兵放置在危险的境地，才能力争存活，获得胜利。况且我现在所领导的军队并非平日我训练最有素养的，这无异于'驱赶着赶集市的人打仗'！在这种形势下，如不把军队安于'死地'，就无法使他们为生而奋战，也就无法取胜。现在如把他们置于可逃生的地方，他们定会逃跑，哪还能命令他们呢？"

再举一例，汉高祖刘邦曾夺取过五路诸侯之兵，占领了彭城。项羽得信之后，便领兵离开齐国，回师征伐汉军，在睢水河激战。楚军大败汉军，汉兵死伤无数，尸体堵塞睢水河。以上说的就是事同而情异的例子。

※ 评析

决胜三要素中的“情”在此起了主要作用，相似的事件，由于当事人的心情态度不同，最后所得的结果也就不同。韩信背水一战，可以说是出奇制胜，因势利导，把士兵置于死地而激发了他们的斗志，这就是所说的置之死地而后生。刘邦同样背水迎敌，却遭惨败，不仅因为面对的是强敌，更重要的是侵占了楚军都城，楚军收复失地的强烈愿望激发了自己的斗志，所以汉军被打得溃不成军。这就是事同但“情”有别的战争例子。

应时而变　不拘一格

※ 原文

汉王在汉中，韩信说曰：“今士卒皆山东人，跂而望归。及其锋东向可以争天下。”后汉光武北至蓟，闻邯郸兵到，世祖欲南归，召官属计议。耿弇曰：“今兵从南来，不可南行，渔阳太守彭宠，公之邑人；上郡太守，即弇父也。发此两郡，控弦万骑，邯郸不足虑也。”世祖官属不从，遂南驰，官属皆分散。

后汉李傕等追困天子于曹阳。沮授说袁绍曰：“将军累世台辅，世济忠义。今朝廷播越，宗庙残毁。观诸州郡，虽外托义兵，内实相图，未有忧在社稷恤人之意！且今州城粗定，兵强士附。西迎大驾，即定邺都，挟天子而令诸侯，畜士马以讨不庭，谁能御之？若不早定，必有先之者。夫权不失机，功不厌速，愿其图之。”绍不从。魏武果迎汉帝，绍遂败。

梁武帝萧衍起义兵，杜恩冲劝帝迎南康王，都襄阳，正尊号，帝不从。张弘策曰：“今以南康置人手中，彼挟天子以令诸侯，节下前去，为人所使。此岂岁寒之计耶？”帝曰：“若前途大事不捷，故当兰艾同焚；若功业克建，谁敢不从？岂是碌碌受人处分于江南，立新野郡以集新附哉？”不从。遂进兵，克建业而有江左。

此“情”与“形”“势”之异者也。随时变通，不可执一矣。

※ 译文

刘邦在汉中时，韩信对他说：“大王的士卒都是山东人，他们都踮着脚向东张望，盼望回乡，正可以利用这股锐气，率军东进，以夺取天下。”光武帝刘秀率军北至蓟地（今北京西南），听说邯郸军队来到，就想撤军南归，他召集官员商议。耿弇说：“我们军队是从南方来的，不能再回去了。渔阳太守彭宠是你的老乡，上郡太守是我的父亲，集合这两郡兵马，就有上万之多，所以，邯郸来军是不足为惧的。”其他官员不听从耿弇的建议，于是就向南撤兵了，官员谋士们也都各奔东西了。

东汉李傕追劫汉献帝，把他困于曹阳（今河南陕县西）。沮授对袁绍说：“将军世代为台辅大臣，忠义济世。如今天子流亡，宗庙残毁。各州郡军兵都对外声称是义兵，内心却别有意图，毫无忧国之心。现在将军已占有冀州地区，兵强马壮。你如西迎天子圣驾，随后在邺地建都，便可挟天子以令诸侯，指挥兵马讨伐那些不朝拜天子的叛逆，如此一来，谁还是你的敌手呢？如不及时行动，必会有人抢先。因为计谋是不应错过时机的，做大事要贵在速战速决。希望你早日定夺。”但袁绍没有听从沮授的建议。后来曹操迎取汉献帝，袁绍因此而败。

南北朝时，梁武帝萧衍起事，杜恩冲劝他迎取南康王（南康王指萧宝融，南齐和帝。南康在今江西赣州），建都襄阳，以正名分，梁武帝没有听从。张弘策说：“如果南康王落入他人之手，他就可挟天子以令诸侯，以后将军前去称臣，必要听他人号令。这难道是乱世之时的打算吗？”梁武帝说：“如果前途事业不能成功，我宁愿与兰花和艾草共焚，与敌同归于尽；如果我们大功告成，谁又敢反抗我们呢？我岂能碌碌无为，受制于人。”萧衍不听张弘策的意见，率兵攻克了建邺，占据了长江以南的大片领土。

以上就是情与形、势各不相同的一类事例。所以说要随时而变，不可固执己见。

※ 评析

“挟天子以令诸侯”的事中国古代历史上屡见不鲜，但有的成功，有的失败，其原因就是“情”“形”“势”不同所造成的。如果天子成为天下共同反对的对象，还要挟天子以令诸侯，必会使自己成为众矢之的，这无异于引火烧身。只有当天子在臣民中还有一定的威信时，挟天子以令诸侯，才有利用的价值。

卷五

孔子曰："未见颜色而言谓之瞽，"又曰，"未信则以为谤己。"孙卿曰："语而当，智也；默而当，智也。"尸子曰："听言，耳目不惧，视听不深，则善言不往焉。"是知将语者，必先钧于人情，自古然矣。

钓情十九

本篇论述了如何察言观色和进言献策。在封建制度下，任何美好的政治理想都必须经过君主的认可才有实施的可能，因而取得君主的信任便成了实现人生价值的先决条件。所谓“钓情”，钓的就是君主的隐情。尽管君心难测，但其喜怒好恶总会在一定条件下显露出来，当时的游说者要善于营造足以导致君主泄露其情的环境条件，然后察言观色，投其所好，以达到自己的目的。

说话之难　予欲无言

※ 原文

孔子曰：“未见颜色而言谓之瞽，”又曰，“未信则以为谤己。”孙卿曰：“语而当，智也；默而当，智也。”尸子曰：“听言，耳目不惧，视听不深，则善言不往焉。”是知将语者，必先钓于人情，自古然矣。

韩子曰：“夫说之难也，在知所说之心可以吾说当之。说之以厚利，则见下节而遇卑贱，必弃远矣。说之以名高，则见无心而远事情，必不收矣。事以密成，语以泄败，未必其身泄之也，而说及其所匿之事，如是者身危。贵人有过端，而说者明言善议以推其恶者身危。贵人或得计而欲自己为功，说者与知焉则身危。强之以其所不为，止之以其所不能已者身危。”

又曰：“与之论大人，则以为间己，与之论细人，则以为鬻权。论其所爱，则以为借资，论其所憎，则以为尝己。顺事陈意，则曰怯懦而不尽；虑事广肆，则曰草野而居侮，此不可不知也……彼自智其计，则勿以其失当之；自勇其断，则勿以其敌怒之。”

※ 译文

孔子说：“不观察对方脸色就贸然说话，这样的人就像瞎子。”还说：“没有得到对方的信任，就贸然提意见，就会让人误以为是诽谤。”（《论语·子张》中有：“信而后谏，未信，则以为谤己也。”以上这句话是孔子的学生子夏的话，作者可能记忆有误）荀子说：“说话时要恰到好处，这就是聪明，不说话时就保持沉默，这也是聪明。”尸子说：“听话的人如果耳目不专一，精力不集中，此时就不要向对方透露真实话语。”从以上先贤之语中我们明白：欲游说君主，就要先摸清对方的态度，自古至今成功的说客都是如此。

韩非子说："游说之难在于先要掌握游说对象的心理变化，而后才可去顺应对方。如果用厚利去游说，就会被视为气节低下，这样就会被疏远。如果你用清高的名声去游说，就会被认为不切实际，并非真心，一定不会采纳你的意见。事情必须保密才能成功，而游说者的失败多由泄露机密所致。可能泄露并非有意，而是无意中触及的，这样就会有危险了。权贵之人有过失，游说者若直言不讳地触及，就会有生命危险。权贵之人想以良谋独建功勋，游说者却预先得知，就会有生命危险。当权者不愿做的事偏要坚持，当权者要做的事偏要制止，也会有性命之忧。"

韩非子还说："与对方议论他人，就会被认为是在离间他们的关系，与对方议论小人，就会被怀疑出卖他的权势。称颂对方所爱之人，会被认为要以他所爱之人做依靠，批评对方所恶之人，会被认为是试探对方的态度。顺应对方意见进言，会被认为胆小懦弱，不敢直言；多方思考，直抒己见，又会被认为粗野无礼，这也是不可不明白的。如果对方以为自己计谋高明，就不要指责他的失误，以免使其窘迫；如果对方认为自己果敢有为而自负，就不能指责对方过失而使其发怒。"

※ 原文

荀悦曰："夫臣下所以难言者，何也？言出乎身则咎悔及之矣。"故曰：举过揭非，则有干忤之咎，劝励教诲，则有挟上之议。言而当，则耻其胜己也，言而不当，则贱其愚也。先己而同，则恶其夺己明也，后己而同，则以为从顺也。违下从上，则以为谄谀也，违上从下，则以为雷同也。言而浅露，则简而薄之，深妙弘远，则不知而非之。特见独智，则众恶其盖己也，虽是而不见称，与众同智，则以为附随也，虽得之不以为功。谦让不争，则以为易容，言而不尽，则以为怀隐。进说竭情，则以为不知量。言而不效，则受其怨责，言而事效，则以为固当。利于上不利于下，或便于左则不便于右，或合于前而忤于后，此下情所以常不通。

仲尼发愤，称"予欲无言"者，盖为语之难也。何以明其难也？

※ 译文

荀悦说："做臣子的人为何难以开口呢？话一出口，稍有闪失，就会有性命之忧，灾祸就可能来到。"所以说，指责君主的过失，就可能有冒犯龙颜、违逆君命的罪过，劝勉教诲，就会受到责难。如果话语中肯，就会因比对方强而使其心有耻辱感，如果话语不对，就会被认为愚蠢而受鄙视。意见相同，你说得比对方早，就可能遭到忌恨，说得晚，就可能被认为是见风使舵，没有主见。如果违下从上，会被认为是溜须拍马，违上从下，又会被认为是随声附和。意见与众相同，会被认为俗不可言，发表独到见解，又被认为是沽名钓誉。语言浅薄，就会受到轻视，如果博大精深，又让人难以理解就会受到非议。有独到的见解，就会遭受众人痛恨。即使私下得到认可也不会得到称赞。如果与众相同，又会被认为是随众从俗，有成效也被视为无功。言语谦让不争，会被认为没有能力；言而不尽，会被认为内怀隐情；言无不尽，会被认为不识时务。没有成效，就会受到埋怨责备；收到成效，会被认为本该如此。利于上的话就不利于下，有利于此的就难利于彼，合于前的就难合于后。这就是臣子难以游说君主的原因。

孔子曾激愤地说："我什么也不想说了。"就是针对游说之难而发的。怎么才能证明这些呢？

※ 评析

说话确有许多难处，好人的一片真心话语，却可能被误认为别有企图；小人的流言蜚语，却被认定是忠心之言，所以说话让人难以把握。正是因为说话之难，不是无话可说，而是不知从何开口，或者是难以把握说话的效果，难怪孔子感叹"予欲无言"。

说话也是有技巧性的，不仅要注意到平常说话的场合、地点和时机，更要研究说话对象的性格、内心情感等，只有掌握了对方的性情，才能采用针对性的说话方式去交谈，从而达到预期的目的。

形势易识　明言难辨

※ 原文

昔宋有富人，天雨坏墙，其子曰："不筑，且有盗。"其邻人亦云。暮而果大亡，其家智其子而疑邻人之父。郑武公欲伐胡，乃以其子妻之，因问群臣："吾欲用兵，谁可伐者？"关其思曰："胡可伐。"乃戮关其思，曰："胡，兄弟之国也，子言伐之，何也？"胡君闻之，以郑为亲己而不备郑，郑人袭胡，取之。此二说者，其智皆当矣，然而甚者为戮，薄者见疑，非智之难也，处智则难。

卫人迎新妇，妇上车，问："骖马，谁马也？"御曰："借之。"新妇谓仆曰："拊骖，无苦服。"车至门，拔教："逆母，灭橹，将失火。"入室，见臼，曰："徙牖下，妨往来者。"主人大笑之。此三言，皆要言也，然而不免为笑者，早晚之时失矣。此说之难也。

※ 译文

从前宋国有家富户，因为连降大雨，冲倒了院墙，儿子说："赶快把墙垒起来吧，别招了盗贼。"他的邻居也这么说。天黑后，他家果然招了盗贼，被偷了许多财物。

富人以为儿子很聪明，却怀疑邻居偷了他家的东西。郑武公想要伐胡，却先把女儿嫁给了胡人，并询问群臣："我想用兵打仗，你们看应该讨伐哪个国家？"关其思说："可以伐胡。"郑武公便杀掉关其思，说："胡国是我们兄弟邻邦，你竟说讨伐它，是什么意思？"胡人听说后，以为郑国亲近自己，就没有了防备之意，郑国趁机便灭掉了胡国。富人的邻居与关其思的话都对，但一个受怀疑，一个被杀，可见使人为难的并不是聪明与否，而是如何使用聪明。

卫国有家娶媳妇，新娘子上车后问："车辕两边的骏马，是谁家的？"车夫说："借来的。"新娘子对仆人说："抽打两边的骏马，不要累坏了驾辕的服马。"车到了夫家门口，新娘子催促说："赶快把婆母接出来，灭掉灯火，不然可能失火。"入新房后，看到有个舂米石臼，就说："把它放到窗下吧，在这里会妨碍通行的。"引得众人大笑。新娘子的三句话都很正确，却遭受嘲笑，原因就是时机不当。这就是说话的难处。

※ 评析

认清形势容易，但却无法把握说话所产生的效果。富人的儿子和邻居都看到了墙倒可能招致盗贼，但言语后的结果是一个被夸奖聪明，一个成为怀疑对象，这就是因说话者与说话对象的亲疏关系所造成的。新娘子三句话并无过错，但却遭到嘲笑，就是因为场合和时机不对所造成的，因为古时新娘子初入婆家门是不能指手画脚的，正是因为违反了这一规矩，才被人所笑。

钓情之法　种类繁多

※ 原文

说者知其难也，故语必有钓，以取人情。何以明之？

昔齐王后死，欲置后而未定，使群臣议。薛公田婴欲中王之意，因献十珥而美其一，旦日因问美珥所在，因劝立以为后，齐王大悦，遂重薛公。此情可以物钓也。

申不害始合于韩王，然未知王之所欲也，恐言而未必中于王也。王问申子曰："吾谁与而可？"对曰："此安危之要，国家之大事也，臣请深维而苦思之。"乃微请赵卓、韩晁曰："子，皆国之辩士也，夫为人臣者，言何必同？尽忠而已矣。"二人各进议于王以事。申子微视王之所悦，以言于王，王大悦之。此情可以言钓也。

吴伐越，越栖于会稽，勾践喟然叹曰："吾终此乎？"大夫种曰："汤系夏台，文王囚羑里，重耳奔翟，齐小白奔莒，其卒霸王。由是观之，何遽不为福乎？"勾践既得免，务报吴。大夫种曰："臣观吴王政骄矣，请尝之。"乃贷粟以卜其事。子胥谏勿与，王遂与之。子胥曰："王不听谏，后三年，吴其墟矣！"太宰嚭闻之，谗曰：

“伍员貌忠而实忍人。”吴杀子胥，此情可以事钓也。

※ 译文

游说者知道游说之难，所以在进言前先行试探，以了解对方的所好。如何证明呢？

以前齐威王的王后死了，想再立新的王后，便召集群臣商议。薛公田婴便想讨好威王，就借机献上十对耳环，其中一对尤为精美。第二天，他暗中探听到威王把最精美的耳环送给了谁，便建议威王立那位夫人为后。威王很是高兴，便对田婴大加赞扬。这个事例就是以物钓情。

申不害刚开始与韩昭王共事时，还不知道他的好恶，恐怕自己的言行不合韩王胃口。韩昭王问申不害：“我们与哪个国家结盟更好？”申不害说：“这是关系到国家安危的大事，容我仔细考虑一番。”于是便私下找到赵卓、韩晁说：“你们都是能言善辩之士，作为臣子，所说未必都能符合君主意见，只要忠心行事就行了。”于是二人分别向韩昭王陈述己见，申不害暗中察看韩昭王反应，然后向韩王进言，韩王很满意他的议论。这就是以言钓情。

吴国伐越，勾践被困于会稽（今浙江绍兴），他感慨万分地说：“我真的要死在此地吗？”大夫文种说：“商汤曾被夏桀关在夏台，文王被商纣王囚在羑里，晋国公子重耳受到谗害，出逃戎狄，齐桓公曾到莒国避难，但最后都成就了霸业。由此看来，怎么能知道现在的困境不是将来转祸为福的开端呢？”勾践在获得吴王夫差的信任后，被放回了越国，并决心报仇雪耻。大夫文种说：“我看吴王非常骄横，可以借粮去试探一下。”伍子胥劝夫差不要借粮给越国，但夫差不听，还是借给了越国。伍子胥说：“大王不听我良言相劝，三年之内，吴国必会成为一片废墟。”太宰伯嚭趁机向吴王进谗言：“伍子胥这个人外貌忠厚，其实残忍。”吴王因此便杀了伍子胥。这就是以事钓情的例子。

※ 原文

客以淳于髡见梁惠王，惠王屏左右，再见之，终无言，王怪之，让客。客谓淳于髡，髡曰：“吾前见王，王志在驰逐，后复见王，王志在音声，是以默然。”客具以报王，王大骇曰：“淳于先生，诚圣人也。前有善献马者，寡人未及试，会生来。后有献讴者，未及试，又会生至。寡人虽屏人，然私心在彼。”此情可以志钓也。

智伯从韩魏之君伐赵，韩魏用赵臣张孟谈之计，阴谋叛智伯。张孟谈因朝智伯，遇智果于辕门之外。智果入见智伯，曰：“二主殆将有变，臣遇张孟谈，察其志矜而行高，见二君色动而变，必背君矣。”智伯不从，智果出，遂更其姓曰辅氏。张孟谈入见赵襄子曰：“臣遇智果于辕门之外，其视有疑臣之心。入见智伯而更其族，今暮不击，必后之矣。”襄子曰：“诺！”因与韩魏杀守堤之吏，决水灌智伯军，此情可以视钓也。

殷浩仕晋，有盛名，时人观其出处，以卜江左兴亡，此情可以贤钓也。

《钤经》曰：“喜，色洒然以出；怒，色麃然以侮；欲，色熰然以愉；惧，色惮然以下；忧，色瞿然以静。”此情可以色钓也。

由是观之，夫人情必见于物。能知此者，可以纳说于人主矣。

※ 译文

梁惠王的宾客将淳于髡推荐给惠王，惠王屏却左右，两次独见淳于髡，但淳于髡没说一句话。惠王觉得很奇怪，责备推荐淳于髡的那个宾客，宾客转问淳于髡这是为什么。淳于髡说：“我第一次见大王，大王心里想着骑马驰骋；第二次见大王，大王心里想着欣赏音乐，所以我才没有开口。”宾客把这话转告给了梁惠王，梁惠王吃惊地说：“淳于先生真是圣人呀！他第一次见我时，正好有人来献马，我还未试骑，淳于先生就来了。他第二次见我时，又有人来献唱，我还未来得及听，淳于先生又到了。虽然当时我屏退了左右，但心思确实不在这里。”这就是以志钓情的例子。

晋国末年，权臣智伯率领韩、魏两家伐赵。韩、魏接受了赵臣张孟谈的策略，阴谋背叛智伯。张孟谈在朝见智伯时，在辕门外遇到了智果。智果入见智伯说：“韩、魏两家可能要背叛你。我遇到了张孟谈，见他神情傲慢，走路时高抬腿，韩、魏二君脸色不同往常，他们可能有二心。”智伯不听。智果出走后，便改智姓为辅氏。张孟谈入见赵襄子说：“臣在门外碰到智果，看他眼色对臣有怀疑之心。他见过智伯后就改了族姓，若不及时发动进攻，就没有机会了。”赵襄子说：“不错。”便与韩、魏两家联合，一起杀死了守堤的军官，决开河水冲灌智伯的军队。这就是以视钓情的例子。

殷浩是晋朝官员，久负盛名。当时人们习惯以他是做官还是隐居来预测东晋的兴亡。也就是说，通过智者的态度就能预测未来，这就是以贤钓情。

《钤经》中说：“心中高兴，脸色就显得轻松；心中有气，脸上就有怒色；心存私欲，脸色就显得轻薄；心有恐惧，脸色就显得畏缩；心有忧虑，脸色就显得静穆。”这就是以色钓情的例子。

由此可知，人的内心情感一定会从言谈神色上表现出来。能够明白这些道理的人，就可向他人游说了。

※ 评析

游说的方法种类繁多，既可借助于物，也可借助于人。以上总共谈到七种钓情之法。田婴献耳环得宠是以物钓情；申不害运用的就是以言钓情；伍子胥被杀就是以事钓情；淳于髡知梁惠王就是以志钓情；智果看出张孟谈有反心就是以视钓情；殷浩是否入仕就是以贤钓情；《钤经》中所述就是以色钓情。综上所述，如果游说者善于察言观色，了解游说对象的好恶，而且又善于利用外物或他人，则游说的结果必会更易达到预期的目的。

反之，如果说话不讲策略，不讲技巧，仅凭主观随意性去与对方周旋，只能失败而归。

诡信二十

本篇讲述了诡信、诚信与道义之间的问题。文中说有时候诡诈就是忠信，为什么这样说呢？首先信分大小，做事时要弃小信而守大信。其次人分敌我，对敌守信就是对己不忠。要忠于自己的国家利益，就必须对敌方使用诡诈。因此，诡与信主要看使用的对象和目的。

坚守大信　宁死不屈

※ 原文

楚子围宋，宋求救于晋。晋侯使解扬如宋，使无降楚，曰：“晋师悉起，将至矣。”郑人囚而献诸楚，楚子厚赂之，使反其言。许之。登诸楼车，使呼宋人而告之，遂致其君命。楚子将杀之，使与之言曰：“尔既许不谷而反之，何故？非我无信，尔则弃之，速即尔刑！”

对曰：“臣闻之，君能制命为义，臣能承命为信。信载义而行之为利，谋不失利，以卫社稷，民之主也。义无二信，信无二命。君之赂臣，不知命也。受命以出，有死无殒，又何赂乎？臣之许君，以成命也。死而成命，臣之禄也！寡君有信臣，下臣获考，死又何求！”楚子舍之以归。

颜率欲见公仲，公仲不见。颜率谓公仲之谒者曰：“公仲必以率为伪也，故不见率。公仲好内，率曰好士。公仲啬于财，率曰散施。公仲无行，率曰好义。自今以来，率且正言之而已矣。”公仲之谒者以告公仲，公仲遽起而见之。

※ 译文

楚国攻打宋国，宋国向晋国求救。晋国派解扬去宋国，让宋国不要屈服，说："晋国已全军赶来，快要到达了。"解扬路过郑国时被郑军俘获，献给了楚国，楚王用厚礼收买解扬，让他对宋国说相反的话。解扬假装应允。当他登上攻城的楼车后，对宋国人所传告的还是晋国所命其传告的原话。楚王想杀他，就对他说："你已经答应了我，为何又要背叛许诺？不是我无信，是你食言，所以我要杀掉你。"

解扬说："我听过这样的道理：君王下达的正确命令就是义，臣子认真执行就是信。臣子的信用必须以符合君主的大义为前提，这样才会有利于国家。因此臣子的所有谋划不能损害国家利益，以此来保卫国家，这是我的本分，所以我不能执行与国君的命令有冲突的事。你以财物收买我，证明你不明白这个道理。我按照我的君主的命令出使宋国，只求以死报国，绝不有辱使命，你岂能以财富收买我呢？我假意应允，只不过是为了完成君命，如能牺牲自己完成君命，也是臣下的福分呀。我们君主有守信之臣，臣下能完成任务，我是死得其所，还有什么可求的呢！"楚王于是赦免了他，让他回归了晋国。

颜率想见韩相公仲，公仲不见他，颜率对公仲的近侍说："公仲必定认为我不诚实，才不愿见我。公仲好女色，我却说他好贤士；公仲吝啬钱财，我却说他乐善好施；公仲品行不好，我却说他有正义感。从今往后，我只好改说真话了。"公仲的近侍把这番话转告给了公仲，公仲立刻接见了颜率。

※ 评析

信可分为大信和小信，对国家和集体的信可谓大信，对家庭和个人的信可称之为小信。解扬的例子就是弃小信而守大信，他诡诈欺骗敌人，以求不辱君命而信守诺言，其精神实为可嘉。由此可知，诡诈也是一种谋略，能够把信与计谋完美结合起来是很难做到的，因为善谋者常常被人当作奸诈而无信的人。所以说创造性地运用诡诈，提炼为人生之谋，就可使我们在做事时更能游刃有余。

苏秦得城　不辱燕国

※ 原文

齐伐燕，得十城。燕王使苏秦说齐，齐归燕十城。苏秦还燕，人或毁之曰："苏秦左右卖国，反复之臣也，将作乱。"燕王意疏之，舍而不用。苏秦恐被罪，入见王曰："臣，东周之鄙人也，无尺寸之功，而王亲拜之于庙，礼之于庭。今臣为王却齐之兵，而功得十城，宜以益亲。今来而王不官臣者，人必有以不信伤臣于王者。且臣之不信，王之福也。使臣信如尾生，廉如伯夷，孝如曾参，三者天下之高行，而以事王，可乎？”燕王曰：“可也。”苏秦曰：“有此臣，亦不事主矣。孝如曾参，义不离其亲，宿昔于外，王又得使之步行千里，而事弱燕之王哉？廉如伯夷，义不为孤竹君之嗣，不肯为武王之臣，不受封侯而饿死于首阳之下。有廉如此者，王又安能使之步行千里，而进取于齐哉？信如尾生，与女子期于梁柱之下，女子不来，水至不去，抱梁柱而死。有信如此，何肯扬燕、秦之威，却齐之强兵哉？”

※ 译文

齐国伐燕，连夺十座城池。燕王派苏秦去游说齐国，齐国归还了十座城池。苏秦回国后，有人在燕王面前诋毁苏秦说：“苏秦是反复无常的卖国贼，恐怕将来会作乱。”燕王听后就有意疏远他，不想再用他了。苏秦害怕被降罪，入见燕王说：“臣本是东周郊外的一介平民，寸功未立，却被大王任用于宗庙之职，受到如此崇高礼遇。如今臣为大王退去齐军，收回国土，立了大功，本应得到你的信任才对。现我归来，大王却不理不睬，这必定是有人在背后中伤我，认为我不守信用，其实臣的不信正是大王的福分呀！如果我像尾生那样守信用、像伯夷那样廉洁、像曾参那样孝悌，有了这三人的高洁品行，你认为可以吗？”燕王说：“当然可以！”苏秦说：“有了这些高尚品行，我就不会来侍奉你了。像曾参一样孝敬的人，就不会离开父母而独自在外过夜，你又怎能让他不远千里，来辅佐弱小而处于危难的燕国之君呢？像伯夷一样廉洁的人，为了高义之名连孤竹国国君的地位都放弃了，连周武王的臣子都不愿当，宁可饿死在首阳山下，你又怎能让他到千里之外的齐国游说，去建功立业博取富贵呢？像尾生一样守信的人，在桥下与女子约会，女子没来，大水淹至也不离开，最后抱着桥柱而死。你又怎能让这样的人去宣扬燕、秦的声威，以吓退强大的齐国呢？”

※ 原文

“且夫信行者，所以自为也，非所以为人也，皆自覆之术，非进取之道也。且三王代兴，五霸迭盛，皆不自覆。君以自覆为可乎？则齐于营丘，足下不窥于边城之外。且臣之有老母于东周，离老母而事足下，去自覆之术，而行进取之道。臣之趋固不与足下合者，足下皆自覆之君也；仆者，进取之臣也。臣所谓以忠信得罪于君也。”

燕王曰：“夫忠信，又何罪之有也？”对曰：“足下不知也。臣邻家有远为吏者，其妻私人。其夫且归，其妻私者忧之。其妻曰：‘公勿忧也，吾已为药酒待之矣。’后二日，夫至，其妻使妾奉卮酒进之。妾知其药酒也，进之则杀主父，言之则逐主母，乃佯僵弃酒，主父大怒而笞之。妾之弃酒，上以活主父，下以存主母，忠至如此，然不免于笞者，此以忠信得罪也。臣之事，适不幸而类妾之弃酒也。且臣之事足下，亢义益国，今乃得罪，臣恐天下后事足下者，莫敢自必也。且臣之说齐，曾不欺之也。后之说齐者，莫如臣之言，虽尧舜之智，不敢取之。”

燕王曰：“善！”复厚遇之。

由是观之，故知谲即信也，诡即忠也，夫谲诡之行乃忠信之本焉。

※ 译文

“再说讲信义，是为完善自己的品行，而不是为他人效力，是为保全自我而不是为建功立业。夏、商、周三王相继兴起，齐桓公、晋文公、秦穆公、楚庄王、越王勾践相继称霸，并不是只为自保，大王却认为自保就是对的吗？如果齐王不从营丘扩展领土的话，你的眼光也不会窥视边境之外。再说，我家还有老母在东周，我离别老母侍奉你，抛弃自足之道来建功立业。我的追求是不符合你的意愿的。你只求自保，而我却是积极进取之臣。看来我的忠信得罪了君主。”

燕王说：“忠信又有何过错呢？”苏秦说：“你不明白这个道理。我有一个在外为官的邻居，其妻与人私通。男主人将要回家时，那情夫很是害怕，妻子却说：‘不用担心，我准备下毒毒死他。’两天后丈夫回来了，妻子就让侍妾捧着毒酒给他。侍妾心知这是毒酒，男主人喝下就会死去；但说出真相主妇就会被赶出家门。于是，假装跌倒把毒酒洒了。男主人大怒之下用皮鞭抽打侍妾。侍妾泼掉毒酒，既保住了男主人性命，又保护了女主人地位。忠心耿耿还是不免受皮肉之苦。这就是以忠信而得罪的例子。我现在所做之事，与那侍妾倒掉毒酒很相似呀。我一心侍奉你，只求有益于国，现却有了罪，我怕今后再也没有人敢坚守高义去侍奉你了。况且我游说齐王时，并没有欺骗他，今后有谁再去游说齐王的话，即使有尧舜那样的智慧，也不一定能收回十城呀！”

燕王说：“说得好！”便恢复了对苏秦的厚待。

由以上的例子可知，欺骗就是诚信，诡诈就是忠实，欺骗诡诈的行为就是忠信之本。

※ 评析

不问是非黑白，只顾个人诺言，不能成为真君子，只能是不明事理的糊涂虫。因为明智的人既知守信，也知权变。在日常生活或工作中，我们往往也会遇到两难的境地，有些事做了会违背道义，不做就会违背承诺。怎么办呢？只有弃小信而守大义了，因为鱼与熊掌是不可能兼得的。如果想两方面都顾及，那就什么也办不好，这种僵化的守信只会是庸才所为，这样的人是永远干不成大事的。

忠疑二一

本篇讲述了毁谤与赞誉的是非问题。忠于一方，必会受到另一方的疑忌；你所效忠的这一方也会因听信谗言，诽谤你，疑忌你。所以有志于功名的人，对忠心反而受疑的可能应有充分的思想准备，以增强自己的心理承受能力。

毁誉难辨　忠奸难分

※ 原文

夫毁誉是非，不可定矣。以汉高之略，而陈平之谋，毁之则疏，誉之则亲。以文帝之明，而魏尚之忠，绳之以法则为罪，施之以德则为功。知世之听者，多有所尤，多有所尤即听必悖矣。

※ 译文

毁谤与赞誉，肯定与否定没有固定的标准。以汉高祖刘邦那样的雄才大略，丞相陈平那样的足智多谋，有人毁谤陈平时，刘邦还疏远了他。当听到有人赞誉陈平时，又信任了他。以汉文帝那样的英明神武，对忠诚的太守魏尚因报战功时多说了几颗首级，就被绳之以法。后经冯唐的辩解后，魏尚又重新得到重用，并建立了大功。因此，可以清楚地知道，爱听别人汇报的人，耳朵常出毛病，一旦出错，结论必然相反。

※ 评析

忠疑是一种历史现象，是非有时也很难让人说清楚，再加上一些小人背后的流言蜚语，就更让人难以分辨了。面对这种情况，就需要用人者有明辨是非的眼光和能力，如果误听身边小人谗言而疏远了有才能的人，不仅会埋没了人才，影响了声誉，更会阻碍事业的发展。

事之情一　观者异耳

※ 原文

《吕氏春秋》云："人有亡斧者，意其邻之子，视其行步、颜色、言语、动作、态度，无为而不窃斧者也。窃掘其谷而得其斧，他日复见其邻之子，动作、态度，无似窃斧者也。其邻之子非变也，己则变之。变之者无他，有所尤矣。

郑之故，为甲裳以帛，公息忌谓郑之君曰："不若以组。"郑君曰："善！"下令，令官为甲必以组。公息忌因令其家皆为组。人有伤之者曰："公息忌所以欲用组者，其家为甲裳多以组也。"郑君不悦，于是乎止，无以组。郑君有所尤也。郑之故为甲，以组而便也，公息忌虽多为组，何伤？以组不便，公息忌虽无以为组，亦何益？为组与不为组，不足以累公息忌之说也。凡听言不可不察。

※ 译文

《吕氏春秋》中有个寓言："有个人丢了斧子，认为是邻居的儿子所为，因此他看邻家儿子走路的样子、脸色、神态和言行，没有不像是偷斧子的。后来他无意中找到了自家的斧头，再看邻家儿子，觉得动作、神态没有一点像是偷斧子的人。邻家儿子没有任何改变，只是这个人对邻家儿子的前后看法不同罢了。"改变的原因不是别的，只是当初判断错了而已。

郑国过去喜欢用丝帛缝制铠甲，公息忌对郑国国君说："用帛不如用丝带。"国君说："就依你。"于是下令制铠甲时一定要用丝带。公息忌因此也让家人制作铠甲时用丝带。有人在国君面前中伤他说："公息忌用丝带制甲，是因为他家制铠甲都用丝带。"国王听后便下令不准再用丝带制铠甲。显然，在此郑君判断出现了错误。如果郑国之前用丝带制铠甲有利，公息忌家用再多的丝带又有什么妨害呢？如果用丝带制铠甲没有好处，公息忌即使不用丝带，又有何妨碍？所以说不管公息忌用丝带还是不用丝带，都不能证明公息忌有错。凡是听人之言，不可不认真考虑呀！

※ 原文

楼缓曰："公父文伯仕于鲁，病而死，女子为自杀于房中者二人。其母闻之，勿哭。其相室曰：'焉有子死而勿哭乎？'其母曰：'孔子，贤人也，逐于鲁而是人弗随之。今死而妇人为自杀。若是者，必其于长者薄而于妇人厚。'故从母言之，是为贤母，从妻言之，是不免于妒妇也。"故其言一也，言者异则人心变矣。

乐羊为魏将而攻中山，其子在中山，中山之君烹其子而遗之羹，乐羊尽啜之。文侯曰："乐羊以我故，食其子之肉。"堵师赞曰："其子且食之，其谁不食？"乐羊罢中山，文侯赏其功而疑其心。

《淮南子》曰："亲母为其子扢秃，出血至耳，见者以为爱子之至也，使在继母，则过者以为戾也。"事之情一也，所以观者异耳。从城上视牛如羊，视羊如豚，所居高也。窥面于盘水，则圆于亏，面形不变，其故有所圆有所亏者，所自窥之异也。

※ 译文

楼缓说："公父文伯在鲁国做官，因病而亡后，有两名侍妾在家中为他自杀。公父文伯的母亲听后并不悲伤。鲁国大臣说：'哪有儿子死了母亲不哭的？'公父文伯的母亲说：'孔子是个贤明的人，被鲁国弃置不用，去周游列国，文伯却不去追随孔子。现在他死了，侍妾为他而自杀。可见他对有德之人不亲近，却对侍妾非常宠爱。'这话从母亲口中说出，人们就认为是贤明的母亲，要是从妻子口中说出，人们就会认为他的妻子好争风吃醋。"由此可知，同样的话出自不同人之口，人们评价的结果就会不同。

乐羊被任命为魏国大将，领兵攻打中山国，但他的儿子在中山国。中山国君把他儿子煮了，做成羹汤送给乐羊，乐羊毫不犹豫全吃了。魏文侯知道后说："乐羊因为我才吃自己儿子的肉。"而堵师赞却说："连自己儿子的肉都敢吃，谁的肉他还不敢吃呢？"乐羊灭掉中山国后，虽然受到了魏文侯的赏赐，但从此受到了怀疑。

《淮南子》中说："亲生母亲为儿子治头疮，血流到耳朵上，别人就说这是疼爱儿子的缘故。如果是后母为儿子治头疮，也是这种情形的话，就会有人说：'太残酷了！'"对同样的事，站在不同的角度，就会有不同的结论。从城上往下看，常常把牛看成羊，把羊看成小猪。这是因为太高而看不清的缘故。在盘子里放上水，当镜子去看自己的影子，有时是圆脸，有时则不圆。自己的脸型并无改变，但影像时圆时不圆，这是因为照时的角度不同所致。

※ 评析

面对同样的事情，站在不同的角度，就会有不同的想法。判定事情，切不可钻牛角尖，偏听、偏信就会陷于盲目、偏狭，学会从不同角度看待问题，将会有意外的收获。

用无用二二

本篇论述了无用就是有用的道理。天地万物，都有其存在的价值与理由，都有其独特的功用。看似无用的东西，其实却有着常人难以想象的用途。

有用无用　无用有用

※ 原文

古人有言曰："得鸟者，罗之一目。然张一目之罗，终不能得鸟矣。鸟之所以能远飞者，六翮之力也，然无众毛之功，则飞不能远矣。"以是推之，无用之为用也大矣。故惠子谓庄子曰："子言无用矣。"庄子曰："知无用而始可与言用矣。夫天地非不广且大也，人之所用，容足耳。然则削足而垫之至黄泉，人尚有用乎？"惠子曰："无用。"庄子曰："然则无用之为用也，亦明矣。"

昔陈平智有余而见疑，周勃质朴，忠而见信。夫仁义不足相怀，则智者以有余见疑，而朴者以不足取信矣。汉征处士樊英、杨厚，朝廷若待神明。至，竟无他异。李固、朱穆以为处士纯盗虚名，无益于用。然而后进希之以成器，世主礼之以得众。原其无用，亦所以为用也。而惑者忽不践之地，赊无用之功，至乃诮讪远术，贱斥国华。不亦过乎？

※ 译文

古人说："罗网上的一个孔就能捕获鸟，但是只有一个孔的网是永远捕不到鸟的。鸟能够飞远，靠的是健壮的羽毛，如果只有健羽而无其他羽毛，也是飞不高的。"由此可知，看似无用的东西，却起着巨大的作用。所以惠子对庄子说："你的言论没有用处。"庄子说："知道无用才能跟他谈有用的问题。大地不是不广大，但人们所占之地不过能容下双脚就可以了。但如果把脚下以外的都削掉，直到黄泉，那么脚下这块地还有用吗？"惠子说："当然没用了。"庄子说："那么无用就是有用，这个道理不就明白了吗？"

从前陈平的智谋很多，却被刘邦疑忌；周勃的心地质朴而被认为忠实受到信任。可见仁义不需太过。智者因智谋有余就会受到疑忌；朴者因智谋不足却得到了信任。东汉征召隐士樊英、杨厚等人，朝廷待若神明。但他们到京后，也没有什么过人之处。李固、朱穆认为这种隐士只是欺世盗名之辈，没什么可用之处。但后来者却希望步这些人的后尘而成大器，君主之所以以礼相待，就是为了招揽更多的人才。考其"无用"的意思，也就是以"无用"为用，而不懂这个道理的人，就会忽视了足下的无用之地，冷落了无用的人，甚至排斥真才实学，轻视国家英才。这不是太过分了吗？

※ 评析

有用与无用本来是对立统一、相反相成的关系，没有无用也就无所谓有用。用刀割东西，起作用的是刀刃，刀背看似无用，但没有刀背又哪里有刀刃呢？种庄稼须留下空隙，空隙不打粮，看似无用，但没有空隙也就不会长出庄稼来。

我们不能孤立、静止地看问题，要善于透过现象看本质，看到事物的相互关系和变化情况，才能把握事物发展的方向。对于现代的领导者来说，能做到以发展变化的眼光分析问题，才不至于陷入绝对化，或是急功近利的泥潭。

恩生怨二三

本篇讲述了因恩情导致怨恨的问题。在现实生活中，有恩于人结果却反目成仇的事屡见不鲜。原因何在？本篇主旨便是要穷究人性的弱点，从而使你摆脱困惑，融洽人际关系，创造一个愉快的生活氛围。

知恩图报　勿生怨恨

※ 原文

《传》称谚曰："非所怨勿怨。寡人怨矣。"是知凡怨者，不怨于所疏，必怨于亲密。何以明之？高子曰："《小弁》，小人之诗也。"孟子曰："何以言之？"高子曰："怨。"孟子曰："固哉！高叟之为诗也。有越人于此，关弓射我，我则谈笑而道之。无他，疏之也。兄弟关弓而射我，我则泣涕而道之。无他，戚之也。然则小弁之怨，亲亲也。亲亲，仁也。"

晋使韩简子视秦师云："师少于我，斗士倍我。"公曰："何故？"对曰："出因其资，入用其宠，饥食其粟，三施而不报，所以来也。"

杜邺说王音曰："邺闻人情，恩深者其养谨；爱至者其求谨。夫戚而不见异，亲而不见殊，孰谓无怨？此《棠棣》《角弓》之所作也。"由此观之，故知怨也者，亲之也；恩也者，怨之所生也。不可不察。

※ 译文

《左传》中用了一句谚语："不该怨恨的不要怨恨。但有些人让人禁不住去怨恨。"由此可知，凡有怨恨的人，不是恨他疏远的人，就是恨他亲近的人。如何证明呢？高子说："《诗经·小弁》是小人之作。"孟子说："何以见得？"高子说："该诗充满怨恨情绪。"孟子说："太机械了！原来高子是这样来研究《诗经》的。如果有越国人在此，拉弓射我，我会边说边笑谈这件事。这并非别的原因，只因我和他毫无关系。如果我的兄弟用箭射我，我定会哭着诉说此事，这也没有其他原因，只因他是我的亲人。《小弁》诗中的怨恨情绪，是对亲人的热爱表现。热爱亲人，这是仁呀！"

秦、晋交战，晋惠公让韩简子察看秦国军容。韩简子说："秦军人数上不如我军多，但斗士比我们多一倍。"晋惠公问："为什么？"韩简子说："我们在外流亡时，秦国给了我们资助；回国时秦国护送我们；饥荒时，秦国又放粮救济我们。三次受恩惠却不报答，因此秦军前来攻打。"

杜邺游说王音时说："我听过这样的道理，人一般是对恩情深的，供养就少；对最亲爱的人，要求也少。关系亲近疏远没有区别，怎能不生怨气呢？这就是《诗经》中有《棠棣》《角弓》二诗的原因。它们就是写兄弟间的相互怨恨的。"由此可知，为何关系亲近却易生怨恨。所以说，恩情往往是产生怨恨的根源。这个道理是很容易明白的。

※ 评析

以德报怨，反目成仇的事屡见不鲜，这看起来不可思议，但实际上也大有一番道理。关系越是亲近，就觉得没有外人，认为相互之间的帮助是理所当然的。但实际上却并非如此，如果向亲近之人求助却得到回绝，定会心生怨恨。如果是素不相识的人，倒觉得是情理之中，心中不觉有什么，这就是因亲情所生怨恨的原因。对于曾经受过我们帮助的人，当我们有难求助于对方时却遭到了拒绝，心中也必生怨恨，暗骂对方忘恩负义。这也是由恩生怨的一个原因。总之，对人、对事能有宽容的心态，对他人的恩情能够适时地给予报答，我们就会少一些怨恨，多一些坦然。

诡顺二四

本篇论述了国君应当宽容和善地对待曾反对过自己的人。文中认为当天下未定之时，人们往往是各为其主。胜利的一方不应追究愿意归服的人往日的敌对立场。还有某些人为了自保依附了对方，并非出于本心，这也应予以宽容。只有对旧主忠贞不渝的人，也才会对新主忠诚不贰。反之，对旧主阳奉阴违，对新主也不会真心归附。

在君为君　各归其主

※ 原文

赵子曰："夫云雷世屯，瞻乌未定，当此时也，在君为君，委质事人，各为其主用，职耳。故高祖赏季布之罪，晋文嘉寺人之过，虽前窘莫之怨也，可谓通于大体矣。昔晋文公初出亡，献公使寺人披攻之蒲城，披斩其袪。及反国，郤、吕畏逼，将焚公宫而杀之。寺人披请见，公使让之曰：‘蒲城之役，君命一宿，汝即至。其后余从狄君以田渭滨，汝为惠公来，求杀余，命汝三宿，汝中宿至。虽有君命，何其速也？’对曰：‘臣谓君之入也，其知之矣。若犹未也，又将及难。君命无二，古之制也。除君之恶，惟力是视。蒲人、狄人，余何有焉？今君即位，其无蒲、狄乎？齐桓公置射钩而使管仲相，君若易之，何辱命焉？行者甚众，岂惟刑臣！’公见之，以难告，得免吕、郤之难。”

※ 译文

赵蕤说：“风云变幻，天下未定之时，此时的人跟随哪位君主，就为哪位君主服务，死心塌地侍奉他，各为自己的君主尽职尽责。所以汉高祖刘邦很赏识原为项羽手下的季布，而赦免了他的罪行；晋文公重耳原谅寺人披，以赞扬对主子的忠心。尽管过去遭受过他们的困辱，但并不怨恨。所以说他们都是明白大道理的人。晋文公重耳刚从晋国逃出来时，他的父亲晋献公命寺人披前往蒲城攻击他，结果斩去重耳的一只衣袖。等到重耳返回晋国成为君主时，郤芮、吕甥等晋惠公的旧臣，怕重耳报复他们，就想烧毁重耳的宫室来除掉他。寺人披知道后，请求重耳接见他。晋文公派人斥责他说：‘蒲城一战，献公命你一夜后赶到，你当即就到了。此后，我与狄国国君在渭水边打猎，你替惠公来杀我，惠公命你三夜后赶到，你第二夜就到了。虽有国君之命，但你为什么如此想要杀我呢？’寺人披说：‘我本以为你此次回国，应该明白该如何为君了。如果还不明白如何做国君，就仍会有危险。执行国君之命，是不能有二心的，这是亘古不变的法则。除掉国君所恨之人，只看自己有没有能力，至于对方是什么人，与我何干呢？现在，你当上了国君，难道就没有痛恨之人吗？齐桓公把管仲曾射中他衣带钩的仇恨都能搁置一旁，并重用管仲为相，要是你反其道而行之，何劳你派人责骂呢？想逃走的人多了，岂止我这受过宫刑的小臣呢？’晋文公便接见了他，寺人披把郤芮、吕甥的阴谋告诉了晋文公，才使他幸免于难。”

※ 原文

陈轸与张仪俱事秦惠王，惠王皆重之。二人争宠，仪恶轸于王曰：“轸重币轻使秦、楚之间，将为交也。今楚不善于秦而善于轸，轸为楚厚而为秦薄也。轸欲去秦之楚，王何不听之？”王乃召轸而问之。轸曰：“臣愿之楚。臣出必故之楚，以明臣为楚与否也。昔楚有两妻者，王闻之乎？”王曰：“弗闻。”轸曰：“楚有两妻者，人挑其长者，长者骂之；挑其少者，少者复挑之。居无何，有两妻者死，客为挑者曰：‘为汝娶少者乎？娶长者乎？’挑者曰：‘娶长者。’客曰：‘长者骂汝，少者复挑汝。汝何故娶长者？’挑者曰：‘居人之所，则欲其挑我。为我之妻，则欲其骂人。’今楚王明主，昭阳贤相。使轸为臣，常以国情输楚，楚王将不留臣，昭阳将不与臣从事矣。何故之楚？臣出故必之楚，足以明臣为楚与否也。”

轸出，仪入问王曰：“果欲之楚否？”王曰：“然。”仪曰：“轸不为楚，楚王何为欲之？”王复以仪言谓轸，轸曰：“然。”王曰：“仪之言果信矣。”轸曰：“非独仪知之，行道之人尽知之矣。子胥忠于君，而天下皆争以为臣，曾参、孝己爱于亲，而天下皆恶欲以为子。故卖仆妾不出闾巷售者，良仆妾也。出妇嫁于乡曲者，必善妇也。今轸若不忠于君，楚亦何以为臣乎？忠且见弃，轸不之楚，将何归乎？”

王以其言为然，遂厚待之。惠王终相张仪，轸遂奔楚。

※ 译文

陈轸和张仪共侍秦惠王，秦惠王很重用他们两人。两人因在秦惠王面前争宠，张仪便在惠王面前诽谤陈轸说：“陈轸身带重金，驾着轻车，往来于秦楚之间，本为两国的友好关系。但现在楚国对秦并不友好，对陈轸却不错，这说明陈轸为楚国考虑得多而为秦国考虑得少呀！陈轸想要离秦使楚，你为何不问问他呢？”秦惠王召见了陈轸，问他是否要离秦去楚，陈轸说：“我是想到楚国。我之所以一定要去楚国，是为表明我不是私下投靠楚国。从前楚国有个人娶了两个妻子，大王听过这个故事吗？”秦惠王说：“没有。”陈轸说：“楚国有人娶了两个妻子，有人去勾引那个年纪较大的，结果挨了一顿骂。后又去勾引年纪小的，她也反过来勾引他。不久之后，丈夫死了，有人问勾引过他妻子的人：‘要是让你娶其中一个的话，你要哪个？’那人说：‘年岁较大的。’问话的人有些迷惑：‘大老婆骂你，小老婆勾引你，为何要娶骂你的呢？’那人说：‘如果不做妻子，我当然愿意要勾引我的；若要做妻子，我就希望她能拒绝并责骂他人的挑逗。’如今楚王是明君，昭阳是贤相。如果我为臣的经常把秦国密情告诉楚国，楚王也就不会收留我了，昭阳也就不会任用我了。我又何必前去楚国呢？”

陈轸走后，张仪来到对秦惠王说：“陈轸是要去楚国吗？”秦惠王说：“是的。”张仪说：“如果陈轸没有为楚国效力，楚王为何要接纳他呢？”秦惠王便把张仪的话转告给了陈轸，陈轸说：“是这样的。”秦惠王说：“那张仪说的话都是真的了。”陈轸说：“不仅张仪明白，每个人都应该明白其中的道理。伍子胥忠于夫差，天下君主都想接纳他为臣；曾参、孝己对双亲十分孝顺，天下所有当父母的都想有曾参、孝己这样的儿子。如果卖婢妾还没出胡同就卖出去了，那定是非常好的婢妾。被休弃的媳妇又嫁给了本乡人家，那定是个好媳妇。现在如果我对秦国国君不忠，楚王又怎会把我当作忠臣呢？忠心一片反被抛弃，我不去楚国又往哪里呢？”

秦惠王觉得他言之有理，就重新厚待陈轸。但最终秦惠王还是任命张仪为相。

陈轸后来也投奔了楚国。

※ 评析

以上事例先说到齐桓公、晋文公宽宏大量，不计前嫌重用人才，这也是其成就大业的重要原因。作为领导者，如能有以上用人之举的话，就能够吸引更多的有才之士投其麾下，刘邦赏识季布，重耳重用寺人披，最终都成就了一代伟业。可见，做事能够不拘小节，能够团结有不同意见的人，才会得到更多人的拥护。

圣德明君　不计前嫌

※ 原文

韩信初为齐王时，蒯通说信，使三分天下，信不听。后知汉畏其能，乃与陈豨谋反。事泄，吕太后以计擒之。方斩，曰："吾不听蒯通之计，乃为儿女子所诈。岂非天哉！"

高祖归，乃诏齐捕通。通至，上曰："若教淮阴侯反耶？"曰："然。臣固教之。竖子不用臣之策，故令自夷如此。如彼竖子用臣之计，陛下安得夷之乎？"上怒曰："烹之！"通曰："嗟乎！冤哉也。"上曰："若教韩信反，何冤？"对曰："秦之纲弛而维绝，山东大忧，异姓并起，英俊乌聚。秦失其鹿，天下共逐之，于是高材疾足者先得焉。跖之犬吠尧，尧非不仁，狗固吠非其主，当是时，臣独知韩信，非知陛下也。且天下锐精持锋，欲为陛下所为者甚众，固力不能耳，又可尽烹耶？"高帝曰："置之！"乃释通之罪也。

※ 译文

韩信被封齐王时，蒯通劝他与项羽、刘邦三分天下。韩信没有听从。后来刘邦畏惧他的才能，韩信便与陈豨谋反，可惜事情败露，吕后用计擒住了韩信。被杀时，韩信感叹道："我后悔不听蒯通的话，竟被妇人所骗，这不是天意吗？"

高祖回朝后，下令逮捕蒯通。蒯通被押至长安后，高祖说："是你唆使韩信谋反的吗？"蒯通说："是的！我本来是那样对他说的，但他没有采用我的计策，才使其自寻死路。如能听从我的意见，你又怎能消灭他呢！"刘邦大怒说："煮了他！"蒯通说："我是冤枉的呀！"高祖说："你唆使韩信谋反，有什么冤枉的？"蒯通说："秦朝灭亡，华山以东大乱，各家纷纷起事，英豪就像乌鸦聚集时那么多。那时秦朝就像鹿失于野，天下人都去追赶，身材高大，跑得快的人才会先捉到它。盗跖的狗，见了唐尧也会狂叫，不是因为尧不仁，而是因为尧不是那狗的主人。我为韩信出谋划策，只知有韩信，并不知有你。再说，天下持锐锋，想要像陛下一样成就大事的人太多了，只是力量不足罢了，你能把他们全煮了吗？"刘邦说：

"放了他吧。"于是便赦免了蒯通。

※ 原文

初，吴王濞与七国谋反，及发，济北王欲自杀。公孙玃谓济北王曰："臣请试为大王明说梁王，通意天子。说而不用，死未晚也。"公孙玃遂见梁王，曰："夫济北之地，东接强齐，南牵吴越，北胁燕赵，此四分五裂之国。权不足以自守，劲不足以捍寇，又非有奇佐之士以待难也。虽坠言于吴，非其正计也。昔郑祭仲许宋人立公子突，以活其君，非义也。《春秋》记之，为其以生易死，以存易亡也。向使济北见情，实示不从之端，吴必先历齐，军济北，招燕赵而总之，如此则山东之纵结而无隙矣。今吴楚之王练诸侯之兵，驱白徒之众，西与天子争衡，济北独抵节坚守不下，使吴失与而无助，跬步独进，瓦解土崩，破败而不救者，未必非济北之力也。夫以区区之济北，而与诸侯争强，是以羔犊之弱，而捍虎狼之敌也。守职不挠，可谓诚一矣。功义如此，尚见疑于上，胁肩低首，累足抚襟，使有自悔不前之心，非社稷之利也，臣恐藩臣守职者疑之。臣窃料之，能历西山，经长乐，抵未央，攘袂而正议者，独大王耳。上有全亡之功，下有安百姓之名，德沦于骨髓，恩加于无穷，愿大王留意详维之。"

孝王大说，使人驰以闻，济北王得不坐，徙封于淄川。

※ 译文

当初，汉朝吴王刘濞发动七国之乱，事情败露后，济北王打算自杀。大夫公孙玃说："请允许我替你去游说梁王，让梁王向皇帝陈说我们的隐衷。如果梁王不答应，再死也不迟。"于是公孙玃便去求见梁王，说："济北东邻强大的齐国，南接吴、越诸国，北受燕、赵等威胁，这个四分五裂的国家，根本不能自守，也难以抵御强敌，又没有能人异士的辅佐，更没有对吴楚七国发难的警惕。尽管曾对吴王说了不该说的话，但也并非是济北王的真正意图。过去郑国的祭仲被宋国所迫，答应立宋女所生的公子突为国君，目的是为保护郑昭公。虽然这不符合臣子之义，但《春秋》一书还是记载了此事，就是因为这样做保全了郑昭公的性命，使郑国幸免于难。如果当初济北王说出真实想法，表示不服吴王，吴王就必会途经齐国，将大军屯集济北，招揽燕、赵军队归他指挥。这样华山以东各诸侯便会合纵成功，从而就无懈可击了。如今吴、楚指挥七国军队驱赶乌合之众，向西进攻朝廷以争夺天下，济北国拼死坚守，使吴兵失去援助，只能缓慢前行，最终以失败告终，这难道不是济北王的功劳吗。如果开始济北小国就与吴楚七国争强斗胜，那无异于以羊羔和牛犊般的弱小力量，去对抗猛如虎狼的敌人。济北王已做到了忠于职守，可称得上是忠诚不贰了。有如此的功劳和忠义，还遭到猜疑，只能缩肩低脑，叠脚弄衣，等待着处分，那就会后悔当初为何不与吴越结盟，以求一逞了。这对国家是无益的，而且我怕因此其他诸侯国也会怀疑自己忠于守职是否也会遭到猜疑而起二心。我暗中想象，如能经首阳山到达长安，经太后向皇帝慷慨陈词的人，也只有大王你了。对上有保全天下、免于亡国之功，对下有使百姓安居乐业的美名，你的恩德必将使人铭记于心，永不能忘。希望大王能把此事放在心上，仔细考虑。”

梁王很是高兴，派人快马赶到长安，济北王才得以幸免，后改封为淄川王。

※ 原文

陈琳典袁绍文章，袁氏败，琳归太祖。太祖谓曰：“卿昔为本初移书，但可罪状孤而已，恶止其身，何乃上及祖父耶？”琳谢曰：“楚汉未分，蒯通进策于韩信；乾时之战，管仲肆力于子纠。唯欲效计其主，助福一时。故跖之客可以刺由，桀之狗可以吠尧也。今明公必能进贤于忿后，弃愚于爱前。四方革面，英豪宅心矣。唯明公裁之。”太祖曰：“善！”厚待之。

※ 译文

三国时的陈琳在袁绍手下起草文书，袁绍失败后，便归附了曹操。曹操对陈琳说：“你过去为袁绍写檄文声讨我，书中罗列我的罪状就行了，为何还要骂我的祖父呢？”陈琳说：“当楚汉未分胜负时，蒯通劝说韩信与楚汉三分天下；齐鲁乾时之战，管仲全力为公子纠效命，射中了齐桓公衣带钩。这都是只想为其主出计效力啊。所以，盗跖的属下可以刺杀许由，夏桀的狗可以向尧狂叫。如现在你能忘记前嫌，对贤者甚至是对你有怨恨的人也加以重用，对即使与你有亲的也罢免，则四方之人就会改变态度归顺于你了。希望你能明白这个道理。”曹操说：“说得好！”于是厚待陈琳。

※ 评析

刘邦释放蒯通看重的是他的胆识和才能，曹操厚待陈琳看重的是他的忠心和文采，齐桓公重用管仲看重的是管仲的奇才大略，在此处三人都显现了自己的宽宏大度、不计前嫌的王者风范。领导者手握大权，如只知以权谋私，打击异己的话，这不仅危害国家，错怪他人，自己更是遗臭万年，遭人唾弃。只有以权为公，定成大业，才会受到世人的拥护与爱戴。

卖主求荣　人臣之耻

※ 原文

由是观之，是知晋侯杀里克，汉祖戮丁公，石勒诛枣嵩，刘备薄许靖，良有以也。故范晔曰："夫人守义于故主，斯可以事新主，耻以其众受宠，斯可以受大宠。若乃言之者虽诚，而闻之者未譬，岂苟进之悦，易以情纳，持正之忤，难以理求？诚能释利以循道，居方以从义，君子之概也。"

※ 译文

由上可知，晋惠公杀掉不忠于怀公的里克，汉高祖杀了不忠于项羽的丁公，石勒杀掉不忠于西晋的枣嵩，刘备看不起不忠于刘璋的许靖，都是这个道理啊。所以范晔说："人只有忠于旧主，才能以忠心侍奉新主，只有以人云亦云而受到宠信为耻辱，才可受到特殊恩宠。如果进言者忠心耿耿，但上者却听不进去，岂不是因奉承话容易被接受，而立论严正的逆耳忠言难以寻求吗？如能真正放弃功利，持以大道，为人方正，遵循其义，这就是君子的风度。"

※ 评析

团结和自己意见相同的人，这谁都能做到；团结和自己意见相左的人，就困难多了。历史上只有那些具有雄才大略的人，如齐桓公、晋文公、刘备、曹操等人，才可做到这一点。唐太宗李世民的手下谏臣魏徵，原本也是太子李建成的部下，但李世民看中了魏徵的才能，并对其深信不疑，而把他当作镜子来时时反省自己，真是难能可贵。

人们向来讨厌那些喜新厌旧、阿谀奉承、见风使舵之人，但一些明智的人臣总会选择贤明的君主侍奉，而不是固执地死守一生，如管仲、魏徵等。

难必二五

本篇说到了做忠臣、孝子的难处。即便是忠臣孝子，也未必能得到君主和父母的肯定，因为你的忠诚和孝顺并非都能被对方理解。即使对方很贤明也靠不住，如尧、舜、商汤、周武王、周公旦，哪一个不是公认的圣人呢？但伐君，囚父，弃子，杀兄之事就是他们的所作所为，由此可知，依赖他人是不可取的，关键还是靠自己。

忠不得信　孝不得爱

※ 原文

夫人主莫不欲其臣之忠，而忠未必信，故伍员沉于江，苌弘死于蜀，其血三年而化为碧。凡人亲莫不欲其子之孝，而孝未必爱，故孝己忧而曾参悲。此难必者也。何以言之？

魏文侯问狐卷子曰："父子、兄弟、君臣之贤足恃乎？"对曰："不足恃也。何者？父贤不过尧而丹朱放；子贤不过舜而瞽叟拘；兄贤不过舜而象傲；弟贤不过周公而管蔡诛；臣贤不过汤武而桀纣伐。望人者不至，恃人者不久。君欲理，亦从身始，人何可恃乎？"

※ 译文

凡是君主，没有不希望他的臣下对自己忠诚的，但忠心的臣子未必就能获得信任。所以，伍子胥被吴王夫差赐死后抛尸江中；苌弘忠于周灵王却被流放蜀地，刳肠而死，其血三年后化为碧玉。凡是做父母的，没有不希望儿子孝顺的，但孝子未必就能得到父母的疼爱。所以，孝己对父亲殷高宗尽管十分孝敬，但却因后母的谗言而忧虑，曾参因不被父母喜爱而悲伤。这就是所说的难必。为什么会这样呢？

魏文侯问狐卷子："父子、兄弟、君臣之间能够依赖对方的贤德吗？"狐卷子说："不能。为什么这么说呢？父亲再贤德也比不上尧，但尧的儿子丹朱却被尧放逐；儿子再贤德也比不上舜，但舜的父亲瞽叟却把舜囚禁起来；哥哥再贤德也比不上舜，但舜的弟弟象却高傲无礼；弟弟再贤德也比不上周公，但周公杀哥哥管公、放逐弟弟蔡公（按《史记·管蔡世家》）；臣子再贤德也比不上商汤和周武王，但夏桀、商纣正是被商汤和周武王所灭。所以，把希望寄予他人时，往往会落空；依赖别人更是不能长久。治理天下就得从自身做起，怎能总想依靠他人呢？"

※ 原文

汉时，梁孝王藏匿羊胜、公孙诡，韩安国泣说梁孝王曰："大王自度于皇帝孰与太上皇之与高皇帝及皇帝之与临江王亲？"孝王曰："弗如也。"安国曰："夫太上、临江，亲父之间，然而高帝曰：'提三尺剑取天下者，朕也！'故太上终不得制事，居栎阳。临江王，嫡长太子也，以言过废王临江。用宫垣事，卒自杀中尉府。何者？治天下终不以私害公。语曰：虽有亲父，安知其不为虎？虽有亲兄，安知其不为狼？今大王列在诸侯，悦一邪臣浮说，犯上禁，挠明法。天子以太后故，不忍致法于王。太后日夜泣涕，幸大王自改，大王终不觉悟。又如太后车即晏驾，大王尚谁攀乎？"语未卒，孝王出羊胜等。

※ 译文

西汉时，梁孝王把朝廷通缉的羊胜、公孙诡藏在了自己的家里，韩安国哭着劝说梁孝王："大王你自己想想，你和当今皇帝的关系，与当年太上皇与高祖的关系以及当今皇帝与临江王的关系相比，哪种关系更亲近呢？"梁孝王说："我与当今皇帝是兄弟之情，所以比不上太上皇与高祖以及当今皇帝与临江王的父子之情。"韩安国说："太上皇与高祖，当今皇帝与临江王，都是父子关系，但高祖皇帝却说，手提三尺宝剑夺取天下的是我，所以太上皇不能当朝治理，只能闲居在栎阳的宫殿；临江王是当今皇帝的嫡长子，因说话不谨慎而被废，后封为临江王。后由于修建王宫侵占了宗庙，被迫在中尉府自杀。为什么呢？因为治理天下不能因私事而妨害国家利益。所以才有这样的古语：虽有亲父，怎能知道他不是猛虎？虽有亲兄，怎能知道他不是豺狼？如今大王位列诸侯，喜听奸佞之臣的话，冒犯皇上，违背法度。皇帝因你有太后的宠爱，而不忍心用法治你的罪。太后日夜流泪，盼你能有悔过之心，但你却毫不觉察。如有一天太后去世，你又能依赖谁呢？"话还没说完，梁孝王就把羊胜等人交了上去。

※ 评析

生活中常有这种情况：忠于自己的人就在身边，却极力向外攀缘；关爱自己的人就在眼前，却熟视无睹，以致伤害了关爱我们的人的感情。当我们醒悟过来时，那些忠于我们的人早已另投别处，那些关爱我们的人早已远去，只能发出"失之弥珍，握之不惜"的感叹。

安身立命　重在自保

※ 原文

由是观之，安在其可必哉？语曰："以权利合者，权利尽而交疏。"又曰："以色事人者，色衰而爱绝。"此言财色不可必也。墨子曰："虽有慈父，不爱无益之子。"黄石公曰："王不可以无德，无德则臣民叛。"此言臣子不可必也。《诗》云："自求伊佑。"有旨哉！有旨哉！

※ 译文

由以上事例可知，事情哪有固定的模式可循呢？俗话说："凭借权利而结合的人，一旦失去了权利，交情也会随之疏远。"又说："依靠美貌侍奉他人的，一旦容貌老去，宠爱也就不复存在了。"这就是说财色不能永恒而不可依赖。墨子说："虽有慈父，但绝不会疼爱无用之子。"黄石公说："君主不能没有仁德，没有仁德，臣民就会反叛。”也就是说臣下和子女不可依赖。《诗经》上说：“凡事必须靠自己保佑才对！”这句话含义颇深呀！

※ 评析

每个人的一生都可看作一场戏，主角就是我们自己，所以我们要把自己的戏演好。面对现实，就有太多的人忽视了自身，缺少了自立，做事没有主见，爱随波逐流，更可悲的是把希望寄托于别人身上。自己的戏还是要自己演的，不懂的地方可以请教他人，但绝对不可找替身，因为人生不是拍电影。正所谓求人不如求己，如果做事光想依靠着别人，就会失去自我，最终也将一事无成。

运命二六

本篇讨论的是关于命运的话题。对于命运的有无，作者在此引用了许多不同的看法，有的认为有，有的认为无。似乎作者也是矛盾的。但从总的倾向看，作者认为善恶有报是正理，善恶不报是偶然。但报应并不取决于天地鬼神，而取决于个人的行为。祖先行善，后代得福；祖先作恶，后代受报。劝人行善积德永远是值得肯定的。命运虽然不可捉摸，但事在人为，只要保持积极的人生态度，总会创造出美好生活的。

以德论命　命由德定

※ 原文

夫天道性命，圣人所希言也。虽有其旨，难得而详。然校之古今，错综其纪，乘乎三势，亦可以仿佛其略。何以言之？荀悦云：“凡三光、精气变异，此皆阴阳之精也，其本在地而上发于天。政失于此，而变现于彼，不其然乎？”

今称《洪范》，咎征则有尧、汤水旱之灾；消灾复异，则有周宣。云汉“宁莫我听！”《易》称“积善余庆”，则有颜、冉短折之凶。善恶之报，类变万端，不可齐一，故视听者惑焉。

孔子曰“死生有命”，又曰“不得其死”，又曰“幸而免”者。夫死生有命，其正理也；不得其死，未可以死而死也；幸而免者，可以死而不死也。比皆性命三势之理也。

※ 译文

天道、性、命等问题，孔子很少谈及这些。孔子不是不明白这些道理，但他也难以说清楚。如果考察古今错综复杂的记载，单凭“三势”也可获知个大概。为什么呢？东汉史学家荀悦说：“凡是日、月、星辰与精气的变异，都可看作阴阳之气的精华。它的根本是在地下，向上生发而达于天。国家政治有所缺失，就会在天地间变异，难道不是这样吗？”

现在人们称道《尚书·洪范》篇，讲到明君反遭恶报，有尧和商汤时的水旱之灾。讲到消灾时却又与此不同，周宣王祈求降雨，夜望星空感叹：“星空不听我的祷告。”《易经》中说：“积善之家，必有余庆。”但孔子的弟子颜回、冉伯牛却短命而亡。善恶的报应千变万化，没有统一的规律，所以无论是自己观察，还是听别人讲，都感到十分迷惑。

孔子曾说“死生有命”，还说“不得其死”，又说“可以侥幸获免”。“死生有命”是正理；“不得其死”是不该死却死了；“侥幸获免”是本该死却没有死，这就是性命的三势之理。

※ 原文

推此以及教化，则亦如之。人有不教化而自成者，有待教化而后成者，有虽加教化而终不成者。故上智与下愚不移，至于中人，则可上可下。推此以及天道，则亦如之。

灾祥之应，无所疑焉。故尧汤水旱，天数也。《洪范》咎征，人事也。鲁僖淫雨，可救之应也。周室旱甚，难变之势也。颜冉之凶，性命之本也。

※ 译文

把这个道理类推到教化的问题上也是如此。人有不用教化而自我成才的；有通过教化而成为良善之人的；也有虽经教化却最终不能成为良善之人的。所以孔子说只有上智和下愚两类人是不能改变的，而普通人既可教化其从善，也可因误导而向恶。把这一道理类推至天道的问题上，也同样如此。

灾害和吉祥的报应是不应怀疑的。尧和商汤时的水旱灾害，可以说是自然规律。《洪范》中所说的行恶必报，指的是人事。鲁僖公时，连绵的阴雨经祈祷而止，这是灾害可救的应验；周宣王时的大旱，如何祈祷也无济于事，这就是灾难难以改变的例子。颜回、冉伯牛的短命，那是性命之本所致。

※ 原文

《易》曰："有天道焉，有地道焉，有人道焉。"言其异也。"兼三才而两之。"言其同也。故天地之道，有同有异。据其所以异，而责其所以同，斯则惑矣。守其所以同，而求其所以异，则取弊矣。迟速深浅，变化错乎其中，是故参差难得而均也。天地人物之理，莫不同之。故君子尽心焉，尽力焉，以邀命也。

《易》曰："穷理尽性以致于命。"此之谓也。

※ 译文

《易经》中说："有天道，有地道，有人道。"这是讲道的不同。又说："天、地、人三道兼而有之，即天有阴阳，地有柔刚，人有仁义。"这就是道的相通之处。如根据道的不同性质就否定相通之处，也就太糊涂了。如固守相通之处而否定差别，也是有害无利。道的快慢、深浅等种种变化存在于大道中，很难表现得那么均衡、明显。天、地、人三道都是如此。所以君子应尽心尽力去追求行善，获取善命。

《易经》中说："要想探求天下之理，一定要尽己所能，以实现最好的命运。"说的就是这个意思。

※ 评析

人人都想做命运的主人，不甘做命运的仆人，但面对命运我们又该如何把握呢？看到别人成功了，便说人家命好；自己失败了，就感叹命不如人。其实，命就是规律；运就是势的推移。规律是要去认识、去把握的。事在人为，讲的就是不能听从命运的安排，而是要积极主动地创造成功的条件，随着时间的推移，命运总有改变的时候。这就告诉我们：命运是可以把握的。当我们身处逆境时，不要气馁失望，更不要丧失斗志，只要相信自己、相信命运，胜利早晚会来到的；当我们身处顺境时，也不要忘记命运多变，时刻保持着乐观向上的精神和迎接困难的准备，我们便不易被突如其来的厄运所击倒。

至于如何看待"善有善报，恶有恶报"的说法，可以司马迁所言为参考：善恶有报是正理，善恶不报或是报应相反的话，那也只是偶然而已，切不可因为偶然的善无善报便不再行善，甚至去为非作歹。相信积德行善、奉献爱心是赢取天下拥护与爱戴的根本，只要坚持行善积德，总有一天会得到他人认可并获得相应回报，而为非作歹之徒，总有被绳之以法的那天，只不过不是不报，而是时候未到罢了。命运不是固定不变的，更不是以主观意志就可以改变的，所以客观条件就成了机遇，但机遇对任何人来说又是平等的，能否抓住它，就要看你的主观条件是否具备了。

还有一些人不相信命运，不相信命运的人不如珍惜当下，认真地做好当下应做之事，无须为将来的未知而烦恼。活着的一天，就是有福气，就该珍惜，不要心生怨念，因为当我们哭泣没有鞋子穿的时候，还会发现有人没有脚。

大私二七

本篇讲述了舍与取的辩证关系。“将欲取之，必先与之”。只有先懂得给予，才能得到回报。也就是说没有投入，就不会有回报的道理。贪图小利只能坏大事，而要获得大利就必须舍弃小私。

将欲取之　必先予之

※ 原文

《管子》曰：“知与之为取，政之宝也。”《周书》曰：“将欲取之，必故与之。”何以征其然耶？黄石公曰：“得而勿有，立而勿取，为者则已，有者则士，焉知利之所在？”彼为诸侯，己为天子，使城自保，令士自取。王者之道也。

《尸子》曰：“尧养无告，禹爱辜人，此先王之所以安危而怀远也。圣人于大私之中也为无私。”

汤曰：“朕身有罪，无及万方；万方有罪，朕身受之。”汤不私其身而私万方。

文王曰：“苟有仁人，何必周亲！”文王不私其亲而私万国。先王非无私也，所私者与人不同，此知大私者也。

由是言之，夫唯不私故能成其私；不利而利之，乃利之大者矣。

※ 译文

《管子》中说：“知道给予是获取的根源，这是为政者的法宝呀！”《周书》中说：“如要索取，必须先要给予。”如何证明这个道理呢？黄石公说：“得到的东西一定不要据为己有。就是君主建立的功业，也不要轻易夺取功名，只要尽力而为就可以了。争取功名是士大夫的所为，君主何必挂念功名利禄从何而来呢？”因为他们是诸侯臣子，自己是帝王。让城中人固守城池，让攻城的将士攻城拔寨。这才是帝王打天下、坐天下所采用的办法。

《尸子》中说：“尧抚养无助的穷人，禹爱护有罪之人。这就是古代帝王安居乐业和恩泽万民的原因，从而使臣民顺从自己的统治。圣明君主最大的私情所表现出来的却是无私。”

商汤说：“我一人有罪，不要对天下百姓进行报复；天下百姓有罪，请让我一人来承担吧。”商汤不偏爱自己而爱护天下万民。

周文王说：“如果有仁德之人，又何必非要是周族的亲属呢？”周文王不独爱亲族而爱及万民。古代的圣王不是无私心的，只不过他们的私心与众不同而已，这才是大私的道理。

由上可知，只有舍弃小的私心，才能拥有大的私利；只有舍弃小的利益，才会换来大的利益。

※ 评析

自私之心，人皆有之。但私心也有不同，有的人对眼前的大小利益都不惜一切代价极力争取，这样的人不懂得给予，一心只想向社会和他人索取，时间长了必会被社会淘汰，被他人疏远。欲成就大事者，必明舍得之理：先有舍才有得，不舍不得，小舍小得，大舍大得，舍即是得。舍是得的基础，欲得之必先予之，无舍尽得谓贪，人生之大害也，因而人生最大的问题不是获得，而是舍弃。领悟了舍得之道，对于为人处世都有莫大的益处。古代有作为的君主，无一不是如此，他们以大私代替世俗之人的小私，不仅掩盖了自己的私心，还取得了臣民的拥护与爱戴，从而留下了一代圣贤明君的美名。

败功二八

本篇论述了成败之间的辩证关系。虽然失败是成功之母，但失败并不一定都能换来成功，其前提是必须有勇气面对它，并勇于承担责任。处理不当，成功也可能成为失败之母。关键是因势利导，才有可能转败为胜。

吸取败因　转败为胜

※ 原文

《文子》曰：“有功，离仁义者必见疑；有罪，不失人心者必见信。故仁义者，天下之尊爵也。”何以言之？

昔者楚共王有疾，召其大夫曰：“不谷不德，少主社稷，失先君之绪，覆楚国之师，不谷之罪也。若以宗庙之灵，得保首领以没，请为‘灵’，若‘厉’，大夫许诸？”及其卒也，子囊曰：“不然！夫事君者从其善，不从其过。赫赫楚国而君临之，抚征南海，训及诸夏，其宠大矣。有是宠也，而知其过，可不谓之‘共’乎？”大夫从之。此因过以为恭者也。

※ 译文

《文子》中说："虽然有功，但失去了仁义，也定会被猜疑；如果有罪，但不失民心，也定会受到信任。"所以，仁义是天下最宝贵的东西。为什么这样说呢？

过去楚共王得病时，把大夫们召集到身边，说："我缺少仁德，年幼时就主持国政，却没有继承先王余绪，使楚军屡遭败绩，这是我的罪过呀。如果祖宗保佑我能寿终正寝的话，我请求你们给我加上'灵'（不勤而有名谓灵，即放纵本性，不见贤思齐的意思）或'厉'（滥杀无辜谓'厉'）的谥号，你们能同意吗？"楚共王死后，大夫子囊说："不能按大王的遗命来加谥号。为臣的原则是听从君主正确的命令而不能听从错误的。楚国是威名远播的大国，自共王执政后，对南方诸国或安抚或征讨，使天下无不归顺，即使中原华夏诸国也得以教化，足见其受上天恩德之大。如此大的恩宠，却能自责其过，难道不能谥为'共'吗？"大夫们听从了子囊的意见（《谥法解》：知过能改曰"恭"，"恭""共"互训）。这就是有了过错反而能得谥号"恭"的事例。

※ 原文

魏将王昶、陈泰兵败，大将军以为己过。习凿齿论曰："司马大将军引二败以为己过，过销而业昌，可谓智矣。夫忘其败而下思其报，虽欲勿康，其可得乎？若乃讳败推过，归咎万物，上下离心，贤愚释体，是楚再败而晋再克，谬之甚矣。夫人君苟统斯理，行虽失而名扬，兵虽挫而战胜，百败犹可，况再败乎？"此因败以成功者也。

故知智者之举事也，因祸为福，转败为功，自古然矣。

※ 译文

三国时魏将王昶、陈泰先后吃了败仗，大将军司马懿却把责任归于自己。习凿齿在《汉晋春秋》中说："司马懿把失败的责任自己承担，不但消除了过失，还使功业更加昌盛了，这就是明智人的行为。臣民不责怪他的失败却想为其效力，就算未曾想昌盛，又怎能昌盛不起来呢？如果楚共王、司马懿讳言失败，推卸责任，寻找借口，就会使上下离心离德，君主与臣民关系解体，走向对抗，那么楚国就会再遭败绩，晋国也会被再次攻破，这样错误就更大了。如果君主能明白这个道理，就算失败了，但美名仍可传扬天下，军事上即使有挫折，但战略上取得了胜利，失败了多次也没多大关系，更何况只打了两次败仗呢？这就是反败为胜的道理。

所以明智的人往往能因祸得福、转败为胜，自古就是这个道理。

※ 评析

回看人生，其实每个人的一生都不是一帆风顺的，而是经历了千难万苦，但同时苦难也赋予了我们许多：在跌倒中强健了我们的双腿；在泪水中铸造了我们的坚强；在失败中锻炼了我们的意志；在挫折中增添了我们的智慧……所以，我们应该感谢苦难的恩赐，正是这些苦难让我们领悟了人生的真谛，找到了通向成功之路的航标。人们常说的失败是成功之母，就是这个道理。小孩子不摔跤，就永远学不会走路；不呛几口水，就永远学不会游泳。

但是，转败为胜也是有条件的。首先要有勇气承认失败，不能推卸责任，怨天尤人；二是要善于总结失败的教训；三是要有百折不挠的毅力。三者缺一不可，否则，不但不能反败为胜，可能还会遭到更惨痛的失败。

昏智二九

本篇讲述了私欲和偏见对人的影响。各种因素在影响着人们正常的判断力，其中最主要是私欲和偏见。私欲主要是声色财货；偏见主要是喜怒哀乐。所以判断是非时，必须排除私欲，出于公心。与别人商量问题时，一定要回避那些与此事有直接利害关系的言辞，这对我们保持清醒的头脑，干好事业是非常有帮助的。

追求色利　足令智昏

※ 原文

夫神者，智之渊也，神清则智明。智者，心之符也，智公则心平。今士有神清智明而暗于成败者，非愚也，以声色、货利、怒爱昏其智矣。何以言之？

昔孔子摄鲁相，齐景公闻而惧，曰：“孔子为政，鲁必霸。霸则吾地近焉，我之为先并矣。”犁且曰：“去孔子如吹毛耳。君何不延之以重禄，遗哀公以女乐？哀公亲乐之，必怠于政，仲尼必谏。谏不听，必轻绝鲁。”于是选齐国中女子好者八十人，皆衣文绣之衣，而舞康乐。遗鲁君，鲁君受齐女乐，怠于事，三日不听政。孔子曰：“彼妇之口，可以出走。”遂适卫。此昏于声色者也。

※ 译文

神是智的根源，神清则智明。智是心思的表现，智慧公正就能心气平和。有些聪明的人做事却不明白成败之理，这并非愚蠢所致，而是声色、货利、怒爱等迷惑人心所造成的。为什么这样说呢？

从前孔子曾任鲁国国相，齐景公知道后很害怕，说：“孔子当相，鲁国必能成为霸主。一旦成为霸主，齐国离它最近，必会最先灭亡。”犁且说：“除掉孔子就像吹动一根羽毛那般容易。你何不以重金聘请孔子来齐国，送美女和乐舞给鲁哀公。鲁哀公喜欢美女和乐舞，必会荒废国事，此时孔子定会劝谏，哀公听不进去，孔子就会离开鲁国了。”于是，齐国便挑选了八十多名美女，身穿锦绣衣服，而且都能歌善舞，送给了鲁哀公。哀公接受女乐之后，果然荒废了国事，三日不过问政事。孔子说：“相信妇人之言，我该离开鲁国了。”于是便去了卫国。这就是昏于“声色”的例子。

※ 原文

太史公曰：“平原君翩翩浊代之佳公子也。然不睹大体。语曰：‘利令智昏。’平原君贪冯亭邪说，使赵陷长平四十余万，邯郸几亡。”此昏于利者也。

《后汉书·班固传》评曰：“昔班固伤司马迁云：‘迁博物洽闻，不能以智免极刑。’然固亦自陷大戮，可谓智及之而不能守。”古人所以致论于目睫耶。此皆昏于势者也。

尸子曰：“夫吴越之国，以臣妾为殉。中国闻而非之。夫怒，则以亲戚殉一言。夫智在公则爱吴越之臣妾，在私则忘其亲戚。非智损也，怒夺之也。”

好亦然矣。语曰：“莫知其子之恶。”非智损也，爱夺之也。

是故论贵贱，辨是非者，必自公心言之，自公心听之，而后可知也。故范晔曰：“夫利不在身，以之谋事则智；虑不私己，以之断义则厉。诚能回观物之智而为反身之察，则能恕而自鉴。”

※ 译文

司马迁说：“平原君是乱世之中的翩翩公子，但是他有时也不识大体。俗话说：‘利令智昏。’由于平原君相信冯亭的邪说，使赵国在长平一战中失掉四十万士卒，都城邯郸险些沦陷。”这就是昏于“利”的例子。

《后汉书·班固传》中评论说：“从前班固曾慨叹司马迁的遭遇，说：‘司马迁博学多识，却不能以智慧避免极刑。’但班固也身遭极刑，这就是虽然其智力足以通晓事理，行动上却不能恪守所了解的道理。”所以古人慨叹，人能明察秋毫，却看不到自己的眼睫毛。班固能看清别人的祸患，却看不到自己的祸患。这就是因“势”所昏。

尸佼说：“吴越两地的风俗，君主死了要以臣妾殉葬，中原的国君听后都表示反对。但中原的国君却会在盛怒之下因说错一句话而杀死自己的亲戚。所以说，智慧处在公正时，就会可惜吴越殉葬的臣妾，智慧处在私心时，就会连亲情也不顾。”

好恶也是如此。俗话说：“看不出自己儿子的过错。”这并不在于智力不够，而是由于溺爱的原因。

评论贵贱，明辨是非，必须出自公正之心，以公正之心来倾听，而后才会论析清楚。所以范晔说："如能抛开个人切身利害关系，则办事就不会有私心，判断是非就能严肃真诚。一个人如能有秉公而断的智慧并且反观自己，就能做到宽以待人，也能做到严于律己。"

※ 评析

聪明人办错事，或是办坏事，都是因为私心杂念作怪，做事时不能冷静思考、公正决断造成的。所以说，许多事情办糟了，并不是办事人智慧不足，而是由于一时发昏造成的。人们常说：利令智昏。其实能使智昏的并不仅仅是利、名、位、权、势等，所有的私欲都可能使人头脑发昏，认不清形势，做出错误的判断，导致失败的恶果。所以说想要保持清醒的头脑，就要减少自己的欲望，淡泊名利，这样才会养成一颗与世无争的平常心。

卑政三十

本篇讲述到治理国家不应以好高骛远、玄妙难行为贵，而应切合实际，求真务实，以符合国情、实事求是为基础，这是治国治民的根本出发点和良策。

治国之要　贵在务实

※ 原文

《淮南子》曰："济溺人以金玉，不如寻常之纆。"韩子曰："百日不食以待粱肉，饿者不肯。"此言政贵卑以济事者也。何以言之？韩非曰："所谓智者，微妙之言，上智之所难也，今为众人法，而以为上智之所难也，则人无从识之矣。故糟糠不厌者，不待粱肉而饱；短褐不完者，不须文绣而好。以是言之，夫治世之事，急者不得，而缓者非务也。今所治之政，人间之事。夫妇之所明，知者不用，而慕上智之所难论，则其于人过远矣。是知微妙之言，非人务也。"

故《尹文子》曰："凡有理而无益于治者，君子不言，有能而无益于事者，君子不为。故君子所言者，不出于名法、权术；所为者不出于农稼、军阵，周务而已。"

※ 译文

《淮南子》中说："对于溺水之人，给他金玉珍宝，不如给他一根救命的绳子。"韩非子说："让饥饿之人先饿上百日，而后许诺给他好酒好饭，他定会不答应。"也就是说：治国之策无所谓高低贵贱，关键是能成事。为什么这样说呢？韩非子说："智者微妙高深的道理，就是聪明的人也难以理解。现在为众人立法，却尽讲聪明之人难以明白的话，则普通人就更难懂了。所以，糟糠都吃不饱的人，是不会指望以美酒佳肴吃饱饭的；粗布短衣都穿不上的人，是不奢望有锦绣花衣穿的。所以说，治理国家，急迫是不能解决问题的，太缓慢了也于事无补。现在所治理的政事，都是民间杂事，因此，如不用平常人能明白的道理，而是用上智之人难以理解的事理去解释，那就离百姓太远了。因此，精妙高深之言，不是大众百姓所需要的。"

所以《尹文子》中说："凡是虽有道理但无益于治国的话，君子不去讲；虽有能力，但无益于事情本身的，君子不做。因此，君子不超越出名、法、权术的范围；君子所为不超出种田务农、行军布阵的范围。也就是说，要做有用的事。"

※ 原文

今世之人，行欲独贤，事欲独能，辩欲出群，勇欲绝众。夫独行之贤，不足以成化；独能之事，不足以周务；出群之辩，不可为户说；绝众之勇，不可与征阵。凡此四者，乱之所由生也。

故圣人任道以通其险，立法以理其差，使贤愚不相异，能鄙不相遗，此至理之术。

故叔孙通欲起礼，汉高帝曰："得无难乎？"对曰："礼者，因时世人情而为之节文者也。"张释之言便宜事，文帝曰："卑之！无甚高论，令今可施行。"由是言之，夫理者，不因时俗之务而贵奇异，是饿者百日以待粱肉，假人金玉以救溺子之说矣。

※ 译文

现在的人，品行想要比所有的人都高，办事想比所有的人都强，辩论想出类拔萃，勇力想超越众人。但是出众的品行并不能教化人民；高超的办事能力并不能应急而用；杰出的口才也不能游说千家万户；过人的勇敢也不能与众将士行军打仗。总之，这四种超众之处，不过是产生祸乱的根源而已。

所以明君顺应天地万物以通过险阻，制定法度来治理天下，使聪明人与愚笨人不相互轻视，使巧妙的与粗俗的不相互抛弃，这就是治理国家的最好方法。

所以叔孙通准备为朝廷制定礼仪，汉高祖说："制礼有困难吗？"叔孙通说："礼，是随着世俗人情而变的，以此来作为对人行动的节制和修饰。"张释之对文帝讲论利国便民的事，文帝说：“说得平实一些，不要唱高调，说些现在可以施行的。”由此可知，当权者如不根据时俗的具体情况去做急需之事，而一味地好高骛远，崇尚异奇，那就犯了让饿了多日的人等着吃美味佳肴的错误，或是和拿着金玉去救溺水者一样。

※ 评析

做事都应循序渐进、按部就班地去执行，如果当权者一味急于求成，安排工作不从本身的实际需要和可行性方面出发，这无异于拔苗助长，不但于事无补，还会使民众陷于水深火热之中，到头来不但祸国殃民，还会使自己走向反面，真可谓搬起石头砸自己的脚。治国要以脚踏实地、切实可行为原则，切忌好高骛远、脱离实际。

善亡三一

本篇论述了短期与长远、偶然与必然的问题。虽然善有善报、恶有恶报是天下必然的规律，但这必须从长远来看才行。有时做善事未必得善报，有人做恶事也未必得恶报，甚至反而有善报，这都是因为善或恶的积累还未达到一定程度，一旦时机成熟，才会显现。所以古人告诫我们：“勿以善小而不为，勿以恶小而为之。”

善恶之报　重在积累

※ 原文

《易》曰：“积善之家，必有余庆。”又曰：“善不积，不足以成名。”何以征其然耶？孟子曰：“仁之胜不仁也，犹水之胜火也。今之为仁者，犹以一杯水救一车薪之火也。火不熄则谓水不胜火，此又与于不仁之甚者也。”又，“五谷种之美者，苟为不熟，不如缔稗。夫仁亦在熟之而已矣。”《尸子》曰：“食所以为肥也，一饭而问人曰：‘奚若？’则皆笑之。夫治天下大事也，譬今人皆以一饭而问人‘奚若’者也。”

由是观之，故知善也者，在积而已。今人见徐偃亡国，谓仁义不足仗也；见承桑失统，谓文德不足恃也。是犹杯水救火、一饭问肥之说，惑亦甚矣。

※ 译文

《易经》中说：“积德行善之家，必有善报。”又说：“不积德行善，就不能成就名望。”如何证明呢？孟子说：“仁义的人战胜不仁义的人，就像水灭火一样。现在被唤为仁义的人，就像用一杯水去灭一车干柴燃起的烈火，火不灭就说水不能灭火。这就和不仁者过多而有仁爱之心的人过少，无法影响他们是一个道理。再比如五谷的种子，就算再好，但如不成熟，那还不如稗草的种子呢。所以，仁爱之人也与成熟有关呀！”尸佼说：“人肥胖是因为吃饭的缘故，如果只吃了一顿饭，就问别人：‘我胖了吗？’那定会遭到耻笑。治理天下是最大的事情，并非一日之功，而那些急于求成的人，就像因吃一顿饭就问自己是否胖了一样。”

由此可知，善德在于点滴的积累。如有人看到历史上徐偃王讲仁义却亡了国，就认为仁义不值得依仗；看到古代承桑国君讲文德而亡国，就认为文德不值得依仗。这就像用一杯水救火、吃一顿饭就问人是否胖了一样，真是糊涂呀！

※ 评析

荀子曾说：“不积跬步，无以至千里；不积小流，无以成江海。”积德行善亦如此。只有从最平凡的小事着手，从最简朴的小处着眼，坚持不懈，平凡中才会孕育出伟大，简单中才能造就出豪杰。可见一切伟大皆来自平凡，来自点滴的积累。社会上却有善良人受欺侮的事，但那是因为善良的人总想忍气吞声地给恶人一个改过自新的机会，所以说善良并不等于懦弱，更不能因此就说行善没有好报。如果看到有人行凶，却视而不见；有人欺侮到自己头上也逆来顺受，这就不是善良了，而是麻木不仁的表现。总之，正义战胜邪恶是必然的，务必要坚定不移地去行善积德，才会使我们的社会走向更高的文明。

诡俗三二

本篇论述了如何分析和判断不合理的社会现象。事与愿违或理与情相违背的现象在现实社会中屡见不鲜，这常常使我们为之困惑。但是只要明白其中道理，就会得到许多有益的启示：一、对子女不可溺爱，否则会使之走上邪路；二、虚心纳谏，这样可督促自己改正缺点，不断进取；三、明辨是非，不私下对他人评头论足，而是以大局为准绳。

世俗好恶　与事相悖

※ 原文

夫事有顺之而失义，有爱之而为害，有恶于己而为美，有利于身而损于国者。

何以言之？

刘梁曰："昔楚灵王骄淫暴虐无度，芋尹、申亥从王之欲，以殡于乾溪，殉之以二女。"此顺之而失义者也。鄢陵之役，晋楚对战，谷阳献酒，子反以毙，此爱之而害者也。

臧武仲曰："孟孙之恶我，药石也；季孙之爱我，美疢也。疢毒滋厚，药石犹生我。"此恶之而为美者也。

韩子曰："谓故人行私，谓之不弃；以公财分施，谓之仁人；轻禄重身，谓之君子；枉法曲亲，谓之有行；弃官宠交，谓之有侠；离俗遁世，谓之高悫；交争逆令，谓之刚材；行惠取众，谓之得人。不弃者，吏有奸也；仁人者，公财损也；君子者，人难使也；有行者，法制毁也；有侠者，官职旷也；高悫者，人不事也；刚材者，令不行也；得人者，君上孤也。此八者，匹夫之私誉，而人主之大败也。"

由是观之，夫俗之奸恶，与事相诡，唯明者能察之。

※ 译文

有的事顺从却不合道义，有本为爱人却反害了对方，有讨厌自己却反而对自己有帮助的，有利于己却有损于国家的。为什么呢？

刘梁说："从前楚灵王骄奢淫逸，暴虐无度，芋尹、申亥在灵王死后按其意愿，把他埋葬在乾溪，用两个女子一同殉葬。"这就是顺从主上之意而违背道义的例子。鄢陵之战，晋楚交兵，楚国统帅子反的仆人谷阳给子反敬酒以祝战胜，结果子反酒醉误事，导致大败，楚王逼子反自杀，这就是因爱而害了他。

臧武仲说："孟孙讨厌我，这像是治病的药石。季孙喜欢我，这是没有痛苦的疾病呀。疾病再厉害，药石还能把我救活。"这就是厌恶反而有益的道理。

韩非子说："为老朋友徇私舞弊的，称之为不弃朋友；把公有财产分给他人的，被认为是仁义之举；轻视官禄，重视自己生命的，称之为君子；不顾国法，庇护亲友的，称之为有品行；抛弃公职，包庇私友的，称之为侠肝义胆；隐姓埋名，脱离尘世的称之为品行高洁；相互争斗，违抗旨令的，称之为刚烈；以小的恩惠收买人心，称之为广得人心。所谓不弃故友是官吏不守法；所谓仁人之举是使公有财物受损；所谓君子之风是不能为国家所用；所谓有品行是破坏法纪；所谓侠肝义胆是官员在渎职；所谓高洁之行却不能使人效仿；所谓刚烈就会使命令无法执行；所谓得人心就会使君主孤立。这八种赞誉虽然使百姓得到了满足，但损害了君主的利益。"

由此可知，世俗人的好恶往往与事理相反，只有明智的人能够看明白这些。

※ 评析

顺从主上的反而违背道义，因为爱到极致反而伤害对方，厌恶他人的却反而使他人有益，赞誉某人的反而让其利益受损。这就是事与愿违，理与情悖。看待一件事，应多从不同角度分析，就会明白其中道理，得到启示。

息辩三三

本篇论述了如何考察和评判一个人的真正品德。文中说重要的是要观其行，而不是听其言。历史上的许多帝王只根据臣下的巧诈之言来选人用人，致使朝政昏乱，自身也深受其害。而齐威王根据即墨大夫和东阿大夫的政绩来评价他们，不受亲信谣言的左右，才使得齐国大治。

明察秋毫　善辨真伪

※ 原文

《中论》曰："水之寒也，火之热也，金石之坚刚也，彼数物未尝有言，人莫不知其然者，信著乎其体。故知行有本，事有迹。审观其体，则无所窜情。"

何谓行本？孔子曰："立身有义矣，而孝为本；丧纪有礼矣，而哀为本；战阵有列矣，而勇为本。"太公曰："人不尽力，非吾人也；吏不平洁爱人，非吾吏也。宰相不能富国强兵，调和阴阳，安万乘之主，简练群臣，定其名实，明其令罚，非吾宰相。"此行本者也。

※ 译文

《中论》中说："水是冷的，火是热的，金石是坚硬的，这几种东西不会说话，但人们还是了解它们的各自性质。原因就是这些品质表现在它们本身之上。由此可知，立身有本，做事有迹，只要仔细观察事物本质，就可全面了解事物。"

什么是行之本呢？孔子说："立身处世要有准则，孝是根本；办丧事要有礼仪，哀痛是根本；打仗要有陈列兵法，勇是根本。"姜太公说："百姓不尽力，就不是我的子民；官吏不奉公廉洁、关爱百姓，就不是我的官吏；宰相不能富国强兵，调和阴阳，巩固君主之位，不能选才用贤，使其名副其实，法纪严明，赏罚公平，就不是我的宰相。"这就是立身之本。

※ 原文

何谓事迹？昔齐威王召即墨大夫而语之曰："自子之居即墨也，毁日至，然吾使人视即墨，田野辟，人民给，官无留事，东方以宁。是子不事我左右以求誉也。"封之万家。召阿大夫而语之曰："自夫子之守阿也，誉日闻。然吾使人视阿，田野不辟，人民贫苦。赵攻甄，子不能救。魏取薛陵，子不能知。是子常以币事吾左右，以求誉也。"是日烹阿大夫及左右常誉之者，齐国大理。

汉元帝时，石显专权。京房宴见，问上曰："幽厉之君何以危？所任者何人也？"上曰："君不明，而所任巧佞。"房曰："知其巧佞，而用之也？将以为贤？"上曰："贤之。"房曰："然则，今何以知其不贤也？"上曰："以其时乱而君危知之。"此事迹者也。

由此言之，夫立身从政，皆有本矣；理乱能否，皆有迹矣。若操其本行，以事迹绳之，譬如水之寒，火之热，则善恶无所逃矣。

※ 译文

什么是事之迹象呢？以前齐威王召见即墨大夫，说："自你到即墨上任后，背后诽谤你的言论每天都有。可是我派人视察即墨，见荒地已开垦，人民安居乐业，官府及时断案，使东方显得宁静安定。看来这是因为你不亲近我亲信的缘故呀。"于是封赏给即墨大夫万家之邑。接着又召见东阿大夫，说："自你做东阿太守后，每天都听到有人说你好话。但我派人视察后，才知你那里田地荒芜，百姓贫苦。赵国攻打甄，你没有救助；卫国攻打薛陵，你却不知。看来是你以钱财收买我亲信的缘故呀。"当日便烹杀了东阿大夫和左右亲信中为东阿大夫说好话的人。齐国因此实现了大治。

汉元帝时，石显专政，京房暗中求见皇帝，说："周幽王和周厉王因为什么把国家搞乱的呢？他们重用的是些什么人呢？"元帝说："君主不明，信任的多是奸佞小人。"京房说："是因为明知是奸佞小人才任用的呢？还是因为他们有才能才任用的呢？"元帝说："当然认为他们有才能了。"京房说："那现在怎么知道他们不贤呢？"元帝说："是从国家混乱，君主危亡的情况而得知的。"这就是凡事必有迹象表现的道理。

由此可知，立身从政，都有根本准则。政治的清明或昏乱，臣子是否贤能都有可寻的迹象。如能把握根本，以事迹来考核，就能像水是冷的、火是热的一样，使人无法掩饰各自的善恶。

※ 评析

俗话说：画龙画虎难画骨，知人知面不知心。认识人比认识其他事物更困难，因为人是善于伪装掩饰自我的，而其他事物所呈现的就是原本的面目。所以认识人时就要学会“息辩”，学会通过人的外在表象去判断其内在的实质性人格。通过对他人言谈举止等外在表现的长期观察，我们就可识别对方的真面目、真性情。

对人如此，对事亦如此。作为上层的领导干部，若想了解属下的工作业绩，不能只听别人天花乱坠的夸耀，最好还是到基层去实地考察一番为好。听听百姓对为官者的评论，看看百姓的实际生活，属下的工作业绩是好是坏，就会一目了然了，甚至还会有许多让人意想不到的收获。

量过三四

本篇论述的是对不同的人要有不同的要求标准。人各有不同，所犯错误的性质也不一样。一般说来，对贤者的责备要严，对一般人的责备要宽。如孔子批评管仲，正是由于把他当作一流人才来看，才惋惜他没能成就更大的事业。对一般人如果像要求贤者那样，则普通人就毫无可取之处了。

金无足赤　人无完人

※ 原文

孔子曰：“人之过也，各于其党。观过，斯知仁矣。”何以言之？

太史公云：“昔管仲相齐，九合诸侯，一匡天下。然孔子小之曰：‘管仲之器小哉！’岂不以周道衰，桓公既贤，而不勉之至王，乃称霸哉？”

虞卿说魏王曰：“夫楚亦强大矣，天下无敌，乃且攻燕。”魏王曰：“向也，子云‘天下无敌’，今也，子云‘乃且攻燕’者，何也？”对曰：“今谓马多力则有之矣，若曰胜千钧则不然者，何也？夫千钧非马之任也。今谓楚强大则有矣，若夫越赵魏而开兵于燕，则岂楚之任哉？”

由是观之，夫管仲九合诸侯，一匡天下，而孔子小之；楚人不能伐燕，虞卿反以为强大，天下无敌，非诡议也，各从其党言之耳。不可不察。

※ 译文

孔子说：“人有各种各样的，错误也是如此。什么样的人就犯什么样的错误。观察某人的错误，就知道他是何种人了。”为什么这样说呢？

司马迁说：“以前管仲辅佐齐桓公时，九次与诸侯结盟，从而匡正天下，但孔子还是小看管仲，他曾说：‘管仲的气度太小了！’他认为在周室衰弱之际，齐桓公既然贤能，为何没在管仲的辅佐下成就帝王之业，而只是成就了霸业呢？”

虞卿游说魏王时说：“楚国是强大的，可说天下无敌。他们即将攻打燕国。”魏王说：“你说楚国天下无敌，现在又说想攻打燕国，是什么意思？”虞卿说：“如果说马有力气，这是对的，但如果有人说马能驮动千钧重物，就不对了。为什么呢？因为千钧之重不是马能驮得动的。我说楚国强大是对的，如果说楚国能越过赵、魏去攻打燕国，那楚国怎能做到呢？”

由此可知，管仲辅佐齐桓公九次与各诸侯会盟，而孔子还小看他；楚国无法越过赵、魏去攻打燕，虞卿却说楚国强大，这些并不是胡言乱语，而是根据他们所处的不同地位和集团来说的。这不能不加以观察和区别。

※ 评析

人的才能有高有低，用人的目的就是人尽其才，才尽其用。如果大材小用，就会埋没了人才。孔子认为管仲有辅佐帝王之才，但他只是辅佐齐桓公成就了霸业，所以才瞧不起他。但对于那些平凡的人，我们且不可犯求全责备的错误，最好应给予更多的谅解和宽容。为什么要区别对待呢？因为身居高位的人一旦犯了过失，很可能就是致命的，因为他的所作所为关系到全局的利益。只有给予更多的理解与鼓励，给予悔过自新的机会，才会调动他们的积极性和创造性，在自己的工作岗位上做出更杰出的成就。

势运三五

本篇论述了社会环境对个人品德的影响。人们的品质和社会风气并不是人的本性造成的，也不是从来就有的，而是统治者引导的结果。统治者的引导会形成一种势，势一旦形成就难以抗拒。因此明君在位时，是太平盛世；昏君在位时，社会风气就会遭到败坏。古语说：“上有好者，下必甚焉。”简言之，也就是上行下效，所以为人处世一定要做好表率。

时势之变　不可强逆

※ 原文

夫天下有君子焉，有小人焉，有礼让焉。此数事者，未必其性也，未必其行也，皆势运之耳。何以言之？《文子》曰：“夫人有余则让，不足则争。让则礼义生，争则暴乱起。物多则欲省，求赡则争止。”

《淮南子》曰：“游者不能拯溺，手足有所争急也，灼者不能救火，身体有所痛也。林中不卖薪，湖上不鬻鱼者，有所余也。故世治则小人守正，而利不能诱也。世乱则君子为奸，而刑不能禁也。”故《庄子》曰：“当尧、舜而天下无穷人，非智得也。当桀、纣而天下无通人，非智失也。时势适然。”《新语》曰：“近河之地湿，近山之木长者，以类相及也。四渎东流，而百川无西行者，小象大而少从多也。”

是知世之君子，未必君子。世之小人，未必小人。世之礼让，未必礼让。夫势运者，不可不察。

※ 译文

世上有正人君子，也有卑鄙小人，更有推崇礼让之风的。但上述情况，并非都是出于人的本性，或事出有因，或形势造就。为什么呢？《文子》中说：“生活富足了才会相互退让，不足时就会发生争斗。退让产生礼义，争斗产生暴乱。财物多欲望就减少，得到的多争斗就会停息。”

《淮南子》中说：“在水里游泳的人不能拯救溺水者，是因为他的手足抽不出时间来救人。火灾中被烧伤的人不能救火，是因为他的烧伤处疼得厉害。树林中没有卖柴的，湖边没有卖鱼的，是因为没有人缺少这些东西。所以，太平盛世里道德低下的人也会守法，无法以财利诱惑他。但在乱世的日子里，品德高尚的君子也会做坏事，无视法律的存在。”所以《庄子》中说：“尧舜时期，天下没有不得志的人，并非当时的人都有智慧。夏桀、商纣之时，天下无圣贤之人，并非当时的人都愚笨。这都是形势造成的。”《新语》中说：“靠近河边的土地总是湿的，靠近山边的树木总是很高大，这是事物互相影响的缘故。长江、黄河、淮河、济水都是东流入海，所以小的河流也没有向西流的，这是小河仿效大河，水少跟随水多的结果。”

由上可知，君子未必天生就是君子。世上的小人也并非天生就是小人。世人的礼让也未必出自本心。君子也好，小人也好，谦让也罢，都是时势所造就的，对此我们要心里明白。

※ 评析

时势造英雄，乱世出豪杰，不同的历史时期会造就不同的英雄。春秋战国和三国时期成就的是“春秋五霸”和曹操、刘备这样的英雄豪杰；“文景之治”“康乾盛世”等太平年代造就的是英明的君主和贤能的辅臣；抗日战争时期造就的是救国救民的民族英雄；改革开放时期造就的是成功的企业家和商业人士……但在乱世时期也造就了诸多的奸臣贼子。总而言之，各类的人并非天生而成，而是时势所造。所以说时势的变化给人带来了机会，它既能使人由好转坏，同样也能使人由坏转好，这就是势运。荀子说："蓬生麻中，不扶而直；白沙在涅，与之俱黑。"说的就是时势可以改变人。所以权势者在造势时一定要谨慎行事，否则，势一旦形成了，再想力挽狂澜，必会付出惨重的代价。

傲礼三六

本篇论述了以自己的傲慢无礼去衬托对方风度高雅的历史故事。故意对某人表示傲慢，反而会使其更受人尊重，因为这样才可使对方的高贵品德为人所知。这种方法比那些在大庭广众之中，对上级阿谀奉承之徒不知要高明多少倍。以下名士的忠诚与君子的风度就是我们学习的榜样。

以傲为礼　抬高他人

※ 原文

《左传》曰："无傲礼。"《曲礼》曰："毋不敬。"然古人以傲为礼，其故何也？欲彰夫人德耳。何以言之？昔侯嬴为大梁夷门监，魏公子闻之，乃置酒大会宾客，坐定，公子从车骑，虚左，自迎夷门侯生。侯生引公子过市，及至家，以为上客。侯生谓公子曰："今日嬴之为公子亦足矣。嬴乃夷门抱关者也，而公子亲枉车骑。稠人广众之中，不宜有所过，今公子故过之。然嬴欲就公子之名，故久立公子车骑市中，以观公子，公子愈恭。市人皆以嬴为小人，而以公子为长者，能下士也。"

张释之在廷中，三公九卿尽会立，王生老人曰："吾袜解。"顾谓张廷尉："为我结袜。"人或谓王生曰："独奈何廷辱张廷尉？"王生曰："吾老且贱，自度终无益于张廷尉。张廷尉方今天下名臣，吾故聊廷使跪结袜，欲以重之。"诸公闻之，贤王生而重廷尉。

由是观之，以傲为礼，可以重人矣。

※ 译文

《左传》中说："天下没有以傲慢为礼的。"《曲礼》中说："不要不恭敬。"然而古人确有以傲慢为礼的，这是为什么呢？是为了使对方的品德能展现在世人面前。为什么这样说呢？以前有个隐士叫侯嬴，曾是魏国都城的一个守门人。魏公子信陵君听说侯嬴是个贤者，就准备了丰盛的酒宴宴请他。当其他宾客都坐好后，信陵君就领一队车马，并空出左边的车位，亲自去迎接侯嬴。侯嬴领信陵君从市场而过，后到信陵君家中，侯嬴被以上宾之礼接待。侯嬴对信陵君说：“我今日为你做了很多事了。我原是东门看门的人，而你以魏国公子的身份屈尊为我驾车，而且又在集市中穿过，其实本不应去，我之所以这么做，就是为了成就你礼贤下士的声名，所以才让你和车马在市场中停留那么长时间。我当时暗中观察你的神态，你却更加谦恭了。市场上的众人都以为我是小人，认为你是有德之人，能礼贤下士。”

汉朝廷尉张释之和朝中三公九卿都在等着朝见皇上，有个叫王生的老人说：“我的袜带松开了。”回头对张廷尉说：“你给我系上吧！”有人对王生说：“为什么在大庭广众之下侮辱张廷尉呢？”王生说：“我老了，官职又小，自认为不能为张廷尉做些什么，而张廷尉是天下最有名望的大臣，我才故意让他当着大家的面跪下为我系袜带。我是想让他更被世人看重呀！”大家听后，认为王生是圣贤之人，从此也更加尊重张廷尉了。

由此可知，以傲为礼，能使人更受尊重。

※ 评析

以傲慢为礼看似不合情理，实际上很有深意。自己的傲慢可能会引来众多的非议，但却暗中成全了他人的美名，可见傲礼是以牺牲自己的名誉为代价，其目的是抬高别人，以求有益于国家和百姓。在此所说的傲礼与我们平日所说的傲慢截然不同，傲慢是一种自以为是、不知天高地厚的态度。但做到傲礼的前提是真诚。如果失去了真诚，即使表面谦恭，其实也失去了礼的意义。所以说没有诚意的谦恭是不可取的。相反，文中侯嬴、王生这些高风亮节的人，真可谓难能可贵了。

定名三七

本篇对古代社会伦理关系中最重要的一些范畴，如道、德、仁、义、礼、智、信、忠、顺，以及负面的范畴，如暴、虐、狂、恶、险、逆等，一一做了明确的界定。在界定时，不拘一格，博采众长，这样就能获得更为广泛的认可，从而使我们在社会实践中有了可遵循的准则。所以说本篇也是为准确表达思想和区别不同的事物所提出的依据和原则。

名正言顺　治国之需

※ 原文

夫理得于心，非言不畅；物定于彼，非言不辨。言不畅志，则无以相接；名不辨物，则识鉴不显。原其所以，本其所由，非物有自然之名，而理有必定之称也。欲辩其实，则殊其名；欲宣其志，则立其称。故称之曰道、德、仁、义、礼、智、信。夫道者，人之所蹈也。居知所为，行知所之，事知所乘，动知所止，谓之道。德者，人之所得也。各得其所欲，谓之德。仁者，爱也。致利除害，兼爱无私，谓之仁。义者，宜也。明是非，立可否，谓之义。礼者，履也。进退有度，尊卑有分，谓之礼。智者，人之所知也。以定乎得失是非之情，谓之智。信者，人之所承也。发号施令，以一人之心，谓之信。见本而知末，执一而应万，谓之术。

※ 译文

心里明白的道理，不借助语言，就不能表达出来；事物定下了名称，不借助语言，就无法同其他事物区别开来。不用语言表达自己内心的想法，就无法同他人沟通交流；不用名称来区分事物，就无法表明对事物本质的认识。但如寻根究底，并非事物生来就有名，也并非道理自来就有固定范畴。而要区分事物的本质就必须规定不同的名字；要传达内心的想法，就必须确立一定的范畴。因此才有了道、德、仁、义、礼、智、信等概念。道，就是人们所要遵循的规律。居家时知道要做什么；出行时知道去往何处；做事时知道自身具备的条件；行动时知道什么时候该停止。德，就是人所获得的，也能使他人各得其所的。仁，就是爱，得利除害，广爱无私就是仁。义，就是适宜，明辨是非、正误的界限就是义。礼，就是人们所遵守的行为规范，进退有度，尊卑有别就是礼。智，就是人们的知识与能力。判断得失、分辨是非的能力就是智。信，就是履行自己的承诺。发号施令时，以一人的意志为准则就是信。见到事物的开端就能预知发展的结果，能以不变应万变就是术。

※ 原文

《说苑》曰："从命利君，谓之顺。从命病君，谓之谀。逆命利君，谓之忠。逆命病君，谓之乱。君有过失，将危国家，有能尽言于君，用则留，不用则去，谓之谏。用则可，不用则死，谓之诤。能率群下以谏于君，解国之大患，除国之大害，谓之辅。抗君之命，反君之事，安国之危，除主之辱，谓之弼。"

《庄子》曰："莫之顾而进，谓之佞。希意导言，谓之谄；不择是非而言，谓之谀。好言人恶，谓之谗。称誉诈伪，以败恶人，谓之慝。不择善否，两容颊适，偷拔其所欲，谓之险。”古语曰：“以可济否，谓之和。好恶不殊，谓之同。以贤代贤，谓之夺。以不肖代贤，谓之伐。缓令急诛，谓之暴。取善自与，谓之盗。罪不知悛，谓之虐。敬不中礼，谓之野。禁而不止，谓之逆。禁非立是，谓之法。知善不行，谓之狂。知恶不改，谓之惑。”

太公曰：“收取天下珠玉、美女、金银、彩帛，谓之残。收暴虐之吏，杀无罪之人，非以法度，谓之贼。贤人不至，谓之蔽。忠臣不至，谓之塞。色取仁而实违之，谓之虚。不以诚待其臣，而望其臣以诚事己，谓之愚。分于道，谓之性。形于一，谓之命。

“凡人函五常之性，而刚柔、缓急、音声不同，系水土之气，谓之风。好恶、取舍、动静无常，随君上之情欲，谓之俗。”

※ 译文

刘向在《说苑》中说：“顺从命令，做有利于君主的事就是顺。顺从君命，却对君主不利就是谀。违背君主的命令，但对君主有利就是忠。违背君命又有害于君主就是乱。君主有过，可能会危害到国家利益，此时能陈述己见，君主采纳便留下来继续为官，不采纳便辞官，称谏臣；被采纳就辅佐君主，不被采纳就以死明志，称诤臣；能率领群臣进谏，解除国危的，称辅臣；违抗君主的错误命令，改变君主的过失，使国家转危为安的，消除了君主耻辱的，称弼臣。”

《庄子》中说：“一味地追名逐利就是佞；察言观色地讲话就是谄；说话不分是非，只知顺从就是谀；背后爱说别人坏话就是谗；表面称誉，实际上诅咒别人就是慝；不分善恶，两者兼容，笑容满面，而私下取自己所喜好的东西就是险。”古语说：“以可行的方法补救过失就叫和；对好恶采取一视同仁的态度就是同；以贤者取代贤者就是夺；以不贤取代贤者就是伐；发布法令宽缓，定罪却很苛刻就是暴；将好东西据为己有就是盗；自己有恶却不知悔改就是虐；恭敬却不合礼数就是野；有禁不止就是逆。禁止邪恶，树立正义就是法；善事不做就是狂；知错不改就是惑。”

姜太公说：“敛取天下珠宝、玉石、美女、金银、彩帛就是残；任用暴虐之吏，滥杀无罪之人，目无法度，就是贼。贤人不报效朝廷就是蔽；忠臣不报效朝廷就是塞；表面推崇仁爱，实际上却违背的就是虚；不以诚心待臣，却要求臣以诚待己就是愚；人之初称为性，秉受天地之性又称命。

“人都有仁、义、礼、智、信五种禀性，但也有刚柔、缓急、音声的差别，这是水土之气所导致的，这就是风；人的好恶、取舍、动静都没有固定模式，全凭君主的情趣爱好，这就是俗。”

※ 原文

或曰："乐与音同乎？"对曰："昔魏文侯问子夏曰：'吾端冕而听古乐，唯恐卧。听郑卫之音，则不知倦。敢问古乐之如彼，新乐之如此，何也？'子夏曰：'今君之所问者，乐也。所好者，音也。夫乐者，与音相近而不同。'文侯曰：'敢问何如？'子夏曰：'夫古乐者，天地顺而四时当，民有德而五谷昌，疾疫不作而无妖祥，此之谓大当。然后圣人为父子、君臣以为之纪纲。纪纲既正，天下大定，天下大定，然后正六律，和五声，弦歌《诗》《颂》，此之谓德音，德音之谓乐。'《诗》云：'莫其德音，其德克明。克明克类，克长克君，王此大邦。克顺克比，比于文王。其德靡悔，既受帝祉，施于孙子。'此之谓也。今君主所好者，溺音乎！郑音好滥，淫志也；宋音燕安，溺志也；卫音趋数，烦志也；齐音傲僻，骄志也。四者皆淫于色而害于德。是以祭祀弗用。此音、乐之异也。"

※ 译文

有人问："乐和音相同吗？"赵子说："以前魏文侯曾问子夏：'我正帽整衣听古乐，唯恐打瞌睡。而听郑、卫之音时一点也不感疲倦。为什么古乐是那样而新乐是这样呢，这是为什么呢？'子夏说：'现在大王问的是乐，而你喜欢听的是音。乐与音虽然相近，但性质不同。'文侯说：'有何不同呢？'子夏说：'古乐，是在天地正常运行，一年四时依次交替，百姓各得其所，五谷丰登，疾病不发，没有不祥之兆，可谓无所不当。而后圣人制定了父子、君臣关系的准则，以此作为治理的纲纪。有了纪，天下就得到了安定。天下安定，后正六律，和五声，而后配上琴瑟，歌唱《诗》与《颂》，这就是德音，德音就是乐。'《诗经》中说：'默然清静，显示德音，是非分明，善恶既分。能做师长，能为人君。统治大国，百姓顺从，上下亲近。至于文王，其德无限，上天福佑，延及子孙。'说的就是这个道理。现在你把喜好沉溺在音里了。郑音太滥，惑乱人心；宋音安闲，沉溺心志；卫音急促，烦乱心志；齐音狂邪，骄恣心志。这四国之音都能使人沉溺美色，有害品行，因此在祭祀大礼时不用它们。这就是乐、音的区别。"

※ 原文

或曰："音与乐既闻命矣，敢问仪与礼同乎？"对曰："昔赵简子问揖让周旋之礼于太叔，太叔曰：'是仪也，非礼也。'吉也闻诸先大夫子产曰：'夫礼，天之经也，地之义也，民之行也。天地之经，民实则之。则天之明，因地之性，生其六气，用其五行。气为五味，发为五色，章为五声。淫则昏乱，民失其性。是故礼以奉之。人有好恶、喜怒、哀乐，生于六气，是故审则宜类，以制六志。哀有哭泣，乐有歌舞，喜有施舍，怒有战斗。哀乐不失，乃能协于天地之性，是以长久。故人能曲直以从礼者，谓之成人。’”

或曰：“然则何谓为仪？”对曰：“养国子，教之六仪：祭祀之容，穆穆皇皇；宾客之容，俨恪矜庄；朝廷之容，济济跄跄；丧纪之容，累累颠颠；军旅之容，暨暨谘谘；车马之容，骓骓翼翼。此礼仪之异也。夫定名之弊在于钅瓜析辞。苟无其弊则定名之妙也。”

论曰：班固九流，其九曰杂家，兼儒墨，合名法。《傅子》曰：“杂才以长讽议。”由是观之，杂说之益，有自来矣。故著此篇，盖立理叙事，以示将来君子矣。

※ 译文

有人问：“音与乐我明白了，那仪与礼相同吗？”赵子说：“从前赵简子向太叔询问礼让和酬宾的礼节，太叔说：‘你问的是仪不是礼。’我曾听郑国大夫子产说：‘礼是天之经、地之义，是百姓必须遵循的准则。天地之常经，百姓确实把它奉为准则。以天的日月星辰为准则；依地的阴阳刚柔来行事。生成阴阳风雨晦明六气，采用金木水火土五行，散发酸咸辛甘苦五味，化成青黄赤白黑五色，显出宫商角徵羽五声。六气、五行、五味、五色、五声一旦错位，就会有昏乱，百姓就会迷失本性。所以制礼保持百姓的本性。人的好恶与喜怒哀乐生于六气，所以根据六气制礼，以约束好恶喜怒哀乐这六种情感。哀的表现是哭泣，乐的表现是歌舞，喜的表现是施舍，怒的表现是争斗。哀乐有度才能与六气协调，才能长久。所以，如能做到能屈能伸来顺从礼的规定，就可以视为成人了。”

有人又问：“仪究竟是什么呢？”赵子说：“供养国中的人才，教给他们六仪：祭祀时仪要肃穆正大；待客时仪要恭敬庄重；在朝时仪要威严整齐；丧礼上仪要悲哀憔悴；军队之仪要果敢刚毅；车马之仪要壮观整齐。这就是礼与仪的区别。定名的弊端在于过分抠字眼。如果没有弊端，那定名就很精妙了。”

班固在《汉书·艺文志》中把学派分为九等，第九等就是杂家。杂家取儒墨二家之长，融名法两家于一。《傅子·九品》说：“人分九品，第九品就是杂才，长于讽谏论辩。”

由此可知，杂取各家之说的好处，古代早已知晓。所以写这篇文章，以杂家思想阐明道理，综合叙述史事，以求对将来的君子有所启发。

※ 评析

世间万物都应该有名称，以正自己的名分，所说的国有国法，家有家规也是这个道理。在朝中要明君臣之礼，在家中要有长幼之分，如果没有名分，世界将是一片混乱。孔子曾说：“必也正名乎。”在此正名就是把名实脱节、名实错位的混乱状况纠正过来的意思。王安石说：“名实已明，则天下之理得矣。”意思就是说把名实的关系理顺了，一切就都可以摆正了。所以说，许多杂乱无章的问题都是因名实不符造成的。

给事物定名分，要注意其专一性，既不能言过其实，也不能断章取义，只有名副其实，才是最理想的目的。

卷六

臣闻周有天下，其理三百余年。成康之隆也，刑措四十余年而不用；及其衰也，亦三百余年。故五伯更起。伯者常佐天子，兴利除害，诛暴禁邪，匡正海内，以尊天子。五伯既没，贤圣莫续，天子孤弱，号令不行，诸侯恣行，强凌弱，众暴寡。

霸图三八

本篇是对隋唐前历史教训的回顾。每个朝代都有其兴衰荣辱的过程，兴盛时无不是励精图治所得，衰亡时无不是不修德业所致。从古代帝王夺取天下的历史可以看出，改朝换代都存在着必然的原因，并非是什么天命所为。帝王夺取天下多是通过以下过程实现的，即由友及朋，由朋及党，由党及群，与自己志同道合的人如滚雪球般越来越多，以自己为中心的势力范围逐渐扩大、蔓延，最终如火如荼，发展成不可遏止的局面。有朝一日，时机成熟，揭竿而起，天下响应，最终夺取政权。

列国纷争　胜败各异

※ 原文

臣闻周有天下，其理三百余年。成康之隆也，刑措四十余年而不用；及其衰也，亦三百余年。故五伯更起。伯者常佐天子，兴利除害，诛暴禁邪，匡正海内，以尊天子。五伯既没，贤圣莫续，天子孤弱，号令不行，诸侯恣行，强凌弱，众暴寡。田常篡齐，六卿分晋，并为战国。此人之始苦也。于是强国务功，弱国务守，合纵连横，驰车毂击，介胄生虮虱，民无所告愬。

※ 译文

我听说周朝统治天下，治世达三百多年。成康盛世之际，不用刑罚达四十余年。至其衰落，还延续了三百多年。所以五霸相继崛起。此后的霸者常以辅佐天子的名义出现，他们兴利除害，诛除暴虐，抑制邪恶，匡正天下，以尊天子。五霸之后，没有再出现能继承他们事业的贤人，周天子就失去了辅佐，变得十分孤弱。号令不被施行，诸侯胡作非为，以强凌弱，以众侵寡。田常篡夺齐国政权，范、中行、智、赵、魏、韩六卿分别掌握晋国政权，后来便有了诸侯鼎立的战国七雄。此后百姓便备受苦难。当时是强国攻打弱国，弱国只是忙于自保，合纵连横，战火纷飞，士兵的头盔铠甲生满虱子，百姓的疾苦无处诉说。

※ 评析

春秋五霸，战国七雄，诸侯相争，战火纷乱。各诸侯国之间的战斗，有胜有负，最终奠定五霸七雄的格局。不断的战火，也使得民不聊生，悲哉！

因势而变　豪杰并起

※ 原文

及至秦蚕食天下，并吞战国，一海内之政，坏诸侯之城，法严政峻，谄谀者众。使蒙恬将兵北攻胡，尉佗将卒以戍粤，宿兵无用之地，人不聊生。始皇崩，天下大叛，陈胜、吴广举于陈，武臣、张耳举于赵，项梁举吴，田儋举齐，景驹举郢，周市举魏，韩广举燕。穷山通谷，豪杰并起，而亡秦族矣。

※ 译文

等到后来秦国蚕食天下，并吞六国，天下政令统一，拆除各诸侯的城池，立严法，行苛政，阿谀谄媚的朝臣多。秦派大将蒙恬北击匈奴，派大将尉佗戍守粤地，兵将屯于边远无用之地，民不聊生。秦始皇死后，天下大乱，陈胜、吴广在陈地起义，武臣、张耳在赵地起义，项梁在吴地起义，田儋在齐地起义，景驹在郢地起义，周市在魏地起义，韩广在燕地起义，四海之内，豪杰并起，秦朝最终走向了灭亡。

※ 评析

陈胜起义也可以说是因势利导，更确切地说应是权衡利弊后的明智选择，逾期必死，倒不如就地起义，这样反倒能表现出大丈夫的英雄气概，从而成为了中国封建社会最早的农民起义军首领，在中国历史的卷帙中留下了多彩的篇章。顺势而为，可以使自己的思路更加开阔，在其引导之下，往往能有许多的奇思妙想，从而为解决问题提供更多的帮助。

楚汉之争　胜败有因

※ 原文

汉高祖名邦，字季，姓刘氏，沛国丰邑人，为泗上之亭长。秦二世元年，陈胜等起，胜自立为楚王。沛人杀其令，立高祖为沛公。时，项梁止薛，沛公往从之，共立义帝。约曰：“先入咸阳者王之。”

秦将章邯，大败项梁于定陶。梁死，章邯以为楚不足忧，乃北伐赵。楚使项羽等救赵，遣沛公别将西入关。沛公遂攻宛，降之。攻武关，大破秦军。入咸阳，与秦人约法三章。遣兵拒关，欲王关中。是时项羽破秦军于河北，率诸侯兵四十万至鸿门，欲击沛公，沛公因项伯自解于羽。

羽遂杀子婴而东都彭城。立沛公为汉王，王巴、汉。于是用韩信策，乃东伐，还定三秦。

田荣怨项王之不己立，杀田市，自立为齐王。羽北击灭齐，而使九江王杀义帝于郴。

汉王为之缟素发丧，临三日，以告诸侯。

汉王因羽之击齐，率诸侯之师五十六万，东袭楚，破彭城。羽闻之，留其将击齐，自以精兵三万归击汉。汉王与羽大战彭城下。汉王不利，出梁地，至虞，谓左右曰：“孰能为使淮南王黥布，令发兵背楚，留项王于齐数月，我之取天下可以万全。”随何乃使淮南，说布背楚。

※ 译文

汉高祖姓刘名邦，字季，沛国丰邑人，曾做过泗水亭长。秦二世元年，陈胜起义，自立为楚王。沛地人杀死县令，立刘邦为沛公。当时项梁的军队驻扎在薛地，刘邦后来投奔了他，共立楚王后代为义帝，怀王与诸将约定：“谁先攻入咸阳，谁就是关中王。”

秦朝大将章邯在定陶重创项梁的军队。项梁战死，章邯认为楚军不足为惧，于是北攻赵地。楚王派项羽率军解赵地之围，派刘邦为别将向西入关。刘邦于是攻打宛城，宛城投降了。后攻打武关，大败秦军。刘邦攻入咸阳后，与秦民约法三章。刘邦拒守函谷关，想在关中称王。此时，项羽在黄河北大败秦军，率各路诸侯士兵四十万抵达鸿门，想攻打刘邦。刘邦在项伯的帮助下，才得以逃生。

项羽杀掉子婴后，向东在彭城定都。封刘邦为汉王，管巴蜀之地。于是刘邦采用韩信之计，向东挺进，安定了三秦之地。

田荣埋怨项羽不立自己为王，就杀掉了田市，自立为齐王，项羽后来率军灭掉了齐。项羽派九江王在郴地杀了义帝。刘邦为义帝身穿重孝，操办丧事，哀痛三日，此事传遍了天下诸侯。

项羽前去攻打齐王，刘邦率军五十六万向东偷袭楚国，攻取了彭城。项羽听后，留下属将攻打齐国，自己率三万精兵回师攻打刘邦。两军在彭城大战。汉军失利，奔出梁地，逃到虞地，刘邦问手下大臣：“谁能出使淮南，劝说淮南王背叛项羽，使项羽的军队留在齐国数月，我夺取天下就有机会了。”大臣随何后来出使淮南，劝说淮南王黥布背叛项羽。

※ 原文

汉王如荥阳，使韩信击魏王豹，虏之。汉遂于楚相距于荥阳，楚围汉王，用陈平计，间得出。入关收兵，欲复东。辕生说汉王：“出军宛、叶，引项王南渡，使韩信等得集河北。”羽军引兵南渡，如其策。

韩信与张耳，以兵数万，东下井陉击赵，破之。乃报汉，因请立张耳为赵王，以抚其国。汉王从之。

十二月，汉王拒楚于成皋，飨师欲复战。郎中郑忠说曰：“王高垒深壁，勿与战，使刘贾佐彭越入楚地，焚其积聚，破楚师必矣。”项羽乃东击彭越，留曹无咎守成皋。时，汉数困荥阳、成皋，计欲捐成皋以东，屯巩、洛以距楚，用郦生计，复守成皋。

羽初东，嘱曹无咎曰：“汉挑战，慎勿与战，勿令汉得东而已。”咎乃出战死，汉王遂进兵取成皋。羽闻咎破，乃还军广武间，为高坛，置太公于其上。汉王遣侯公说羽，求太公。羽乃与汉约：中分天下，割鸿沟以西为汉，以东为楚。归汉王父母及吕氏。

项王解而东，汉王欲西，张良曰：“今汉有天下大半，而诸侯皆附，楚兵疲，食尽，此天亡楚之时，不如因其东而取之。”汉王乃追羽。与齐王韩信、魏相彭越期，会击楚，皆不会。用张良计，信等皆进兵围羽垓下，遂灭项氏。都洛阳。用娄敬策，徙都长安。

※ 译文

刘邦到荥阳，命韩信攻打魏地，俘虏了魏王豹。楚汉在荥阳对峙。楚军包围了汉军，刘邦采用陈平的计策，才得以脱身。刘邦入武关，招兵买马，想再次东下。辕生劝说：“请大王攻打宛、叶，引项羽率军南渡，使韩信聚兵黄河以北攻打项羽。”刘邦听从了辕生的建议，攻打宛、叶，项羽果真引军南渡，如辕生所料。

韩信、张耳领兵数万，东下井陉，攻取了赵地，后报告刘邦，请求立张耳为王，治理赵国。刘邦答应了。

十二月，刘邦在成皋与楚军相持不下，犒赏将士后想继续作战。郎中郑忠说：“大王应加固军垒，不可作战，派刘贾协助彭越入楚，烧毁他们的粮草，这样就能大破楚军。”项羽此时东攻彭越，留下曹无咎把守成皋。当时汉军多次被困荥阳、成皋，正想放弃成皋向东进发，驻扎在巩、洛两地间抵抗楚军。采用郦生的计谋，又可复守成皋。

项羽东进之初，叮嘱曹无咎：“汉军来挑战，不要出战，不让其东行就可以了。”曹无咎不听项羽叮嘱，出战后身亡。刘邦于是进兵成皋。项羽听说曹无咎战败，就回军广武间，建一高坛，把刘邦之父放在上面。刘邦派侯公游说项羽，请求放回父亲。项羽与刘邦订立盟约：平分天下，规定鸿沟以西归汉王，以东归楚王。后来便放回了刘邦的父母及妻子吕氏。

项羽撤兵东归，刘邦想领兵西去，张良说：“我们现在占有天下大半土地，各诸侯也一一归附，楚兵疲惫，粮草尽绝，这是上天要灭楚之时，不如趁楚军东归之机攻打它。”刘邦于是追击项羽，与韩信、彭越相约合力攻击楚军，二人却都不来会合。后采用张良之计，使韩信等人发兵，把项羽困在垓下，最终灭掉了项羽，建立了汉朝，定都洛阳。后又采纳娄敬的建议，迁都长安。

※ 评析

楚汉之争，胜败各有其因，绝非是天命所定。刘邦在实力上自始至终都可以说是处于弱势，在与项羽交战中少有胜绩，但最后还是战胜了项羽，建立了大汉王朝。分析其胜因，不外乎得民心、善用人、好计谋等几个原因。相反，项羽失败就在于失民心、好猜忌、刚愎自用、不善用人等几个原因，如此一来，则双方的胜败则是很正常的事了。

由以上我们可以总结出：不论是国家还是企业，只有以礼、以仁、以德来进行管理，让百姓和属下都能够安乐，这样他们就会自动协调各方面关系，以大局为重，许多问题就会迎刃而解，事业发展就会更为顺利。

平定反叛　各有奇招

※ 原文

有告楚王韩信反，用陈平计擒之，废为淮阴侯。

（高帝问诸将，将曰：“亟发兵抗竖子耳。”高帝默然。问陈平，平曰：“人之上书言信反，人有闻知者乎？”曰：“未有。”曰：“信知之乎？”曰：“不知。”平曰：“陛下精兵孰与楚？”曰：“不能过。”平曰：“陛下将用兵，有能敌韩信乎？”上曰：“莫及也。”平曰：“今兵不如楚精，将又不及，而举兵击之，是趣战也，窃为陛下危之。”上曰：“为之奈何？”平曰：“古者天子巡狩，会诸侯。南方有云梦，陛下弟出伪游云梦，会诸侯于陈。陈，楚之西界。信闻天子以好出游，其势必郊迎谒。而陛下因擒之，此特一力士之事。”高祖以为然，发使者告诸侯。上因随行。信果迎道中。帝预具武士，见信，即执缚之。田肯贺上曰：“甚善。陛下得韩信，又治秦中。秦，形胜之国也，带河阻山，悬隔千里，持戟百万，秦得百二焉。地势便利，其以下兵于诸侯，譬犹居台之上建瓴水也。夫齐，东有琅玡、即墨之饶，南有泰山之固，西有浊河之限，北有渤海之利，地方二千里，持戟百万，悬隔千里之外，齐得十二焉。此东西秦也，非亲子弟，莫可使王齐者。”上曰：“善。”赐金五百斤。）

※ 译文

有人密报楚王韩信意欲谋反，刘邦就以陈平之计擒获韩信，废为淮阴侯。

（高祖询问诸将，诸将说：“应赶快发兵讨伐韩信。”高祖低头不语。又问陈平，陈平说：“有人密报韩信谋反，还有人知道吗？”回答说：“没有了。”又问：“韩信知道此事吗？”回答说：“也不知道。”陈平问：“陛下的精兵与楚军相比如何？”高祖回答：“不如楚军。”又问：“陛下手下大将有比韩信强的吗？”高祖说：“没有比得上他的。”陈平说：“我们不如楚军强，将帅又比不上韩信，发兵攻楚，必是自讨苦吃，我认为这样不可。”高祖问：“那如何是好呢？”陈平说：“古时天子巡行各地，会盟诸侯。南方有云梦泽，陛下出巡假装游云梦泽，在陈地会盟诸侯。陈地是楚国西部边界。韩信听说你爱好游乐，必会到郊外迎接，陛下再趁机捉住他，这只不过是一个大力士就能做的事。”高祖深觉有理。便派使臣通告各诸侯此事，高祖随后出发。韩信果然路迎高祖，被高祖事先准备好的武士所擒。田肯祝贺高祖说：“太好了！陛下抓住了韩信，又治理了秦中。秦中优越便利，有黄河、太行山的天险为屏障，南北相距千里，守兵百万，秦拥有天下的百分之二。这里地势便利，如发兵攻打诸侯，就如从高台上倒水一样不可阻挡。齐地以东有富饶的琅玡、即墨，以南有险固的泰山，以西有浊河为界，以北有渤海，方圆二千余里，士兵百万，相隔千里，齐国拥有天下的十分之二。这和秦中一样的重要位置，不是自己的子弟，不可封为齐王。高祖说：“不错。”于是赐田肯黄金五百斤。）

※ 原文

陈豨为代相，与韩信、王黄等反，豨自立为代王，上自往破之。

（高祖赦赵、代吏人为豨所诖误者，赵相奏斩常山守、尉，曰：“常山二十五城，豨反，亡其二十五城。”上问曰：“守、尉反乎？”对曰：“不反。”上曰：“是力不足也。”赦之，复以为守、尉。上既至邯郸，喜曰：“豨不南据漳水，北守邯郸，吾知其无能为也。”问周昌曰：“赵亦有壮士可令为将者乎？”对曰：“见有四人焉。”谒，上谩骂曰：“竖子能为将乎？”各封之千户，以为将。左右谏曰：“从入蜀、汉，伐楚，功未遍行，今此何功而封？”上曰：“非尔所知也。陈豨反，邯郸以北皆豨有也，吾以羽檄征天下兵，未有至者，今惟邯郸中兵耳。吾何爱四千户不封此四人以慰赵子弟心！”皆曰：“善。”于是上曰：“陈豨将谁也？”曰：“王黄、曼丘臣，皆故贾人。”上曰：“吾知之矣。”乃各以千金购黄、臣等。其黄、臣等麾下受购赏，皆生得。以故，陈豨军遂败。初，韩信知汉畏恶其能。与陈豨谋反，高帝自将击豨，信称疾不从行，欲从中起。信舍人得罪信，囚之，欲杀舍人。舍人弟告信反状于吕后。吕后欲召，恐其党不就，乃与萧相国谋，诈令人从上所来，言豨已死矣，列侯群臣皆贺。相国诈信曰：“虽病，强入贺。”信入，吕后使武士缚信，斩之长乐宫。）

※ 译文

陈豨为代地相国，与韩信、王黄等人谋反，自立为代王，高祖亲自率兵平叛。

（高祖赦免赵、代两国被陈豨牵连的官吏，赵国相国上奏请求斩首常山的郡守与县尉，说：“常山有二十五座城池，陈豨谋反后强占了这些城池。”高祖问：“郡守、县尉也谋反了吗？”回答说：“没有。”高祖说：“这是因为他们力量不够呀。”所以赦免了他们，重新授予郡守、县尉之职。高祖到邯郸后，大喜过望，说：“陈豨南面不守漳水，北面不守邯郸，可知他是个无能之辈。”又问：“赵地有壮士可以为将吗？”周昌回答：“如今有四人。”四人进见，高祖骂道：“这些臭小子能做大将吗？”但还是封每人千户，拜为大将。左右进谏说：“自入蜀、汉，攻打楚国，还没有论功行赏过，如今这几人有何功劳呢，你要厚赏他们？”高祖说：“你们不知底细。陈豨谋反，邯郸以北尽归与他。我号令天下诸侯支援，却没有出兵。如今只有邯郸出兵，我怎能吝啬四千户的封邑而不分封这四人，以安慰赵国百姓呢？”群臣都说：“陛下圣明。”高祖又问：“陈豨的大将是谁？”有人说：“是王黄、曼丘臣，他们原是商人。”高祖说：“我明白了。”于是分别以千金悬赏王黄、曼丘臣等人。他们手下因悬赏活捉了王黄、曼丘臣等人，所以，陈军大败。开始，韩信明白刘邦猜忌自己的才能，想与陈密谋反叛，刘邦亲率大军攻打陈，韩信称病没有随行，想趁机起事。韩信的一个舍人得罪了韩信，韩信囚禁了他，并准备杀掉。舍人之弟把韩信谋反一事告诉了吕后。吕后想召见韩信，又怕他的党羽不肯遵从。后与丞相萧何商议，假称有人从高祖那里得胜归来，说陈豨已经被杀，请群臣前来祝贺。萧何欺骗韩信说：“就算有病，也要进宫祝贺呀。”韩信进宫，吕后便擒住了韩信，把他杀死在长乐宫。）

※ 原文

尉佗王南越反，高祖使陆贾赐尉佗印绶，为南越王，令称臣，奉汉约。

（陆生至南越，尉佗椎髻箕踞见陆生。陆生因进说曰：“足下中国人，亲戚、昆弟、坟墓在真定。今足下反天性，弃冠带，欲以区区之越与天子抗衡为敌国，祸且及身矣。且夫秦失其政，诸侯豪杰并起，唯汉王先入关，据咸阳。项王背约，自立为西楚霸王。诸侯皆属，可谓至强。然汉王起巴、蜀，鞭笞天下，制诸侯，遂诛项羽。五年间，海内平定，此非人力，天之所建也。天子闻君王王南越，不助天下诛暴逆，将欲移兵而诛王，天子怜百姓劳苦，且休之，遣臣授君王印绶。剖符通使，君王宜郊迎，北面称臣，乃欲以新造未集之越，屈强于北。汉诚闻之，掘王先人冢，夷灭王宗族，使一偏将将十万众以临越，则越杀王以降，如反覆手耳。”于是尉佗蹶然起，谢陆生。卒拜尉佗而还。初，南海尉任嚣病，且死，召龙川令赵佗谓曰：“闻陈胜作乱，豪杰叛秦相立，番禺负山险，阻南海，东西数千里，颇有中国人相辅，此一州之主也，可以立国。”即以佗行东海尉。后嚣死，佗移檄告诸郡曰：“盗兵即至，急绝新道，聚兵自守。”因稍以法诛秦所置长吏，以其党为假守，自立为南越武王。）

※ 译文

尉佗在南越谋反，高祖派陆贾赏赐给他印绶，封为南越王，命其称臣，服从汉朝。

（陆贾到南越后，尉佗以傲慢之礼接见他。陆贾劝谏说：“你是中原人，父母兄弟及祖坟皆在真定，如今你放弃人的天性，脱下汉服，改穿胡服，以小小的南越对抗天子，你马上就要大难临头了。秦朝政治混乱，天下诸侯豪杰并起，只有汉王首先入关，据守咸阳。项羽违背契约，自立为西楚霸王，诸侯都归附，应该说很强大了。但汉王从巴蜀兴起，横扫天下，降服诸侯，灭掉项羽。五年之内，平定天下，这并非人力所能做到的，看来是上天要让汉朝兴起呀。天子听说大王在南越称王，不帮天下人诛除暴秦，想用兵讨伐你，天子怜惜百姓的劳苦，想暂且休兵，特派我授你印绶。作为授你印绶的使者，大王应出郊迎接我，向北称臣。如果你想凭借新近建立而羽翼未丰的南越建国，不归顺汉朝。天子听后，必会挖掘你祖先坟墓，诛你宗族，派一偏将率十万军队兵临南越，南越人就会杀掉大王归顺汉朝，这易如反掌。”听到这里，尉佗赶忙向陆贾道谢。陆贾于是授予了他印绶回朝。开始，南海尉任嚣病重，临终时召见龙川县令赵佗说：“听说陈胜作乱，豪杰纷纷叛秦而立，番禺后有山岭为屏障，前有南海为阻隔，东西绵延数千里，如有中原人辅佐，你就可在此建国称王。”所以任命赵佗为东海尉。任嚣死后，赵佗发檄文以告诸郡说：“匪盗兵马快来到了，所以要赶快切断道路，招兵自守。”随后又诛杀了秦在南越所设官吏，以自己的同党代作郡守，自立为南越武王。）

※ 评析

历来人们对刘邦的“飞鸟尽，良弓藏；狡兔死，走狗烹；敌国破，谋臣亡”的做法褒贬不一。但在当时的情况下，如果内政不修，外祸相连，就很难得以治乱了。刘邦这种一点后手也不留的做法着实让人吃惊。刘邦在建国后平定陈豨时喜曰：“豨不南据漳水，北守邯郸，吾知其无能为也。”可见此时的刘邦已成了日臻成熟的大政治家、军事家，已具备了君临天下的谋略素质。刘邦对自己的能力已心中有数，他自信足以应付一切，所以便铲除了身边对自己有威胁的人。陆贾劝说南越王尉佗降汉，运用的就是攻心战术，南越王因为顾及亲情才向汉称臣的，这就是古人常说的“有所不忍者”。也就是说，每个人都有割舍不掉的东西，这往往成为一个人的致命弱点。

汉朝历史　曲折不平

※ 原文

高祖在位十二年，崩，年六十二。惠帝立，吕后临政。

（吕后时，陈平燕居深念。陆生曰："何念之深也？"平曰："生揣吾何念？"陆生曰："足下位为上相，食三万户侯，可谓极富无欲矣。然有忧念，不过患诸吕、少主耳。"平曰："然。为之奈何？"陆生曰："天下安，注意于相；天下危，注意于将。将相和，则士豫附；士豫附，天下虽有变，则权不分；权不分，则社稷计在两君掌握耳。何不交欢太尉，深相交结？"平用其计，竟诛诸吕。初，吕后之崩也，大臣诛诸吕。吕禄为将北军，太尉勃不得入北军。时，郦商子寄与吕禄善。于是乃使人劫郦商，其子往给说吕禄。吕禄信之，故与出游，而太尉乃得入北军诛吕氏也。）

景帝时，吴楚反，征平之。

（帝使太尉周亚夫东击吴楚，亚夫问父客邓都尉曰："策将安出？"客曰："吴兵锐甚，难争锋；楚兵轻，不能持久。方今为将军计，莫若引兵东，壁昌邑，以梁委吴，吴必尽锐攻之。将军深沟高垒，使轻兵绝淮泗口，吴粮道绝，使吴梁相弊。而粮食竭，乃以全制其极，破吴必矣。"条侯曰："善。"因请上曰："楚兵剽轻，难与争锋，愿以梁委之，绝其粮道，乃可制也。"上许之。亚夫至荥阳，吴方急攻梁，梁急，请救。亚夫引兵东北走昌邑，深壁而守。梁王使使请亚夫，夫守便宜，不肯往，坚不出，而使弓高侯等屯吴、楚兵后，绝其饷道。吴、楚兵乏粮，饥，欲退，数挑战，终不出。吴、楚既饿，乃引兵而去。亚夫出精兵追击，大破吴也。）

崩，太子彻立。（是为武帝。）

崩，子弗陵立。（是为昭帝。霍光辅政，上官桀害光宠，诈为帝兄燕王旦上书，称光行上林称跸，又私调校尉。帝不信，而上宫桀作伪果发，伏诛。）

崩，立武帝孙昌邑王贺。（贺，昌邑哀王髆之子。即位二十七日，事有千一百二十七条，霍光废贺为海昏侯也。）废，立武帝曾孙询。崩，立太子奭。崩，立太子骜。（是为成帝，委政诸舅王凤等，同日拜凤兄弟五人为侯，号曰："五侯。"五侯皆专政也。）

崩，立宣帝孙定陶恭王子欣。崩，立帝弟中山孝王衎。（是为平帝。帝年幼，为王莽所鸩。崩，立宣帝玄孙婴。是为孺子，莽废婴自立。）

※ 译文

汉高祖在位十二年后驾崩，终年六十二岁。汉惠帝即位，吕后临朝参政。

（吕后执政时，陈平时常退朝以后就深思。陆生问："你为何时常深思？"陈平反问："你猜我在考虑什么呢？"陆生说："你位居上相，俸禄三万户，可以说是富贵至极，没有什么可想的了。假使有忧虑，也不过是诸吕与少主争权罢了。"陈平说："是。但是该怎么办呢？"陆生说："天下安定，人们就注意丞相；天下危急，人们就注意将帅。将相融合，百姓就诚心归附；百姓诚心归附，就算天下有变乱，权力也不会分散；权力不分散，国家就会掌握在两个人手中。你为何不与太尉深交呢？”陈平采用陆生之计，后来诛杀了吕氏权臣。吕后死后，群臣诛杀了吕氏家族。吕禄担任北军大将，太尉周勃不能到北军掌管军权。郦商的儿子郦寄与吕禄友好。陈平就派人劫持郦商，让其子去劝说吕禄。吕禄听信了郦寄之言，与郦寄共同出游，太尉才有机会进入北军，诛杀吕氏。）

汉景帝时，吴、楚两地造反。景帝派兵平定了叛乱。

（景帝派太尉周亚夫东出吴、楚，周亚夫问其父的门客邓都尉：“我该怎么办呢？”邓都尉说：“吴国军队兵强马壮，斗志高昂，难以抵抗；楚国军队轻佻，不能长久维持。如今，将军最好带兵向东，坚守昌邑，放弃梁国让吴国攻打，吴兵必会全力攻梁，到时我们加强防御，派少量士兵掘开堤坝，断绝吴国粮道，让吴、梁相互残杀。等粮食枯竭时，再全力攻打吴军，必会取胜。”周亚夫说：“不错！”于是对景帝说：“楚兵凶悍，难以与其争锋，倒不如牺牲梁国，断其粮道，以制伏他们。”景帝同意了。周亚夫到荥阳时，吴国正竭力攻梁，梁地向亚夫求救。亚夫率兵奔向昌邑，加高城墙坚持防守。梁王派使臣向亚夫求援，亚夫为保证对作战有利，不去救援，而是派弓高侯带兵驻扎在吴、楚后面，断其粮道。吴、楚缺粮，士兵因饥饿想撤军，虽多次挑战，但亚夫就是坚守不出。吴、楚最后只得撤退。周亚夫派精锐部队在后追击，大败吴军。）

景帝驾崩，太子刘彻即位（即汉武帝）。

武帝驾崩后，其子弗陵即位。（即汉昭帝。霍光为辅臣，上官桀诬陷霍光骄纵，以皇帝的哥哥燕王刘旦为名上书，说霍光行幸上林苑用帝王仪仗，私自调用校尉，昭帝不信。后来上官桀的阴谋败露，被绳之以法。）

昭帝驾崩，汉武帝的孙子昌邑王刘贺即位。（刘贺是昌邑哀王刘髆的儿子，在位二十七天，但所做违礼之事有千余条，后被霍光废为海昏侯。）刘贺被废后，立武帝曾孙刘询为帝。刘询驾崩后，立太子刘奭为帝。刘奭驾崩后，又立刘骜。（即成帝。成帝把政权交予舅父王凤等人，在即位那天，封王凤兄弟五人为侯爵，号称五侯。五侯掌握了大权。）

成帝驾崩后，立宣帝之孙定陶恭王的儿子刘欣为帝。刘欣驾崩后，又立其弟中山孝王刘衎为帝。（即平帝。平帝因年幼被王莽毒杀。平帝驾崩后，王莽立宣帝玄孙刘婴为帝。即孺子婴。后王莽废婴称帝。）

※ 评析

汉朝的历史也是曲折不平的，虽有汉高祖刘邦、汉武帝刘彻这样的贤明君主，也有著名的“文景之治”，但在汉朝几百年的基业中，也曾出现过吕后专政、王莽篡权的时刻。但从结果来看，吕后和王莽最终也没有得到好的结果，一个被陈平所灭，一个被刘秀铲除，真可谓“恶有恶报”呀！

明帝刘秀　匡扶汉室

※ 原文

伪新室王莽者，成帝舅王曼之子，元帝王皇后之侄也。元帝崩，成帝即位，以元舅凤为大司马，兄弟五人皆为侯。曼早卒，凤将薨，以莽托太后，封为新都侯。五侯竞为僭，起治第舍，莽幼孤贫，独折节恭谨。当世名士，多为莽言，上由是贤之，拜为侍中。时，成帝废许后，立赵飞燕，飞燕女弟为昭仪。昭仪害后宫皇太子，帝无嗣，乃立定陶王欣为皇太子。莽以发定陵侯淳于长大奸，拜大司马，时年三十八。成帝崩，哀帝即位。立皇后傅后。封后父傅晏为孔乡侯。帝母丁后曰恭皇太后，舅丁明为安阳侯。莽乞骸骨，避丁、傅也。哀帝崩，时莽以侯在第。太皇太后令莽备佐丧事，复为大司马。征立中山王为帝，太皇太后临朝，莽秉政，百官总己以听于莽。平帝崩，莽征宣帝玄孙广成侯子婴立之，年三岁。遂谋居摄，如周公故事。

※ 译文

伪新朝皇帝王莽是成帝的舅父王曼之子，元帝王皇后的侄儿。元帝驾崩后，成帝即位，拜大舅王凤为大司马，王凤兄弟五人都加官晋爵。王曼英年早逝，王凤临终前把侄子王莽托付给太后，封为新都侯。五侯先后超越侯爵礼仪，建造华美宫室。只有王莽因年幼力孤，屈于人下，他待人恭敬、做事谨慎。当时的许多名士都替他说好话，皇上因此认定王莽是个贤人，封他为侍中。当时成帝废许皇后，立赵飞燕为皇后，其妹为昭仪。昭仪谋害后宫太子，皇帝因后继无人，就立了定陶王刘欣为太子。王莽因发现定陵侯淳于长与许贵人勾结，而被拜为大司马。时年三十八岁，成帝驾崩，哀帝即位，立傅后为皇后，傅皇后的父亲傅晏被封为孔乡侯，皇帝的母亲丁后封为恭皇太后，皇帝的舅父丁明封为安阳侯。王莽想以告老还乡来躲避丁、傅两人。哀帝驾崩时，王莽以侯爵的身份住在私宅里，太皇太后命王莽为哀帝主持丧礼，复封其为大司马，征立中山王为帝。太皇太后临朝听政，王莽执掌大权，文武百官多听命于王莽。平帝驾崩后，王莽立宣帝玄孙广成侯的三岁幼子刘婴为帝，后又谋划夺位，临朝执政，好似以前的周公。

※ 原文

东都太守翟义反，败死，莽自谓威德遂盛，获天人之助，用铜匮符命，遂即真。其九年，赤眉贼起。十四年，世祖起兵，与王匡等共立刘圣公为更始皇帝。莽遣王寻、王邑击更始。二人兵败于昆阳，汉兵遂入城中，人皆降。莽走渐台，藏于室中北隅间，校尉公孙宾就斩莽，遂传首诣更始于宛。

世祖光武皇帝讳秀，字文叔，南阳蔡阳人。高皇帝之九代孙也。王莽末，天下连岁灾蝗，寇盗蜂起。时世祖避吏新野，因卖谷宛，宛人李通以图谶说世祖。世祖于是与通弟李轶起于宛，兄伯升起于舂陵，邓晨起于新野，会众兵击长聚。

新市人王匡等立刘圣公为天子，而害伯升，号更始元年。更始使世祖为偏将军，徇昆阳。王莽闻汉帝立，大惧。遣大司徒王寻、大司空王邑，将兵百万，击世祖于昆阳。世祖破之。

三辅豪杰，共诛王莽，传首诣宛。更始以世祖行大司马事，持节北渡河，镇慰州郡。王郎诈为成帝子子舆，立为天子，都邯郸，遣使降下郡国，世祖灭之。

※ 译文

东都太守翟义谋反，事情败露被杀。王莽自认为德高望重，有上天和他人的辅佐，所以用铜制符命，不久代理皇帝，后又篡夺了帝位。王莽九年赤眉军起义；王莽十四年，世祖起兵，与王匡等人拥立刘圣公为更始皇帝。王莽命王寻、王邑攻打更始的军队，在昆阳大败。汉军入昆阳后，百姓都归降了汉军。王莽逃至渐台，藏在屋中北墙角，校尉公孙宾趁机杀了王莽，把头颅献给了宛地的更始皇帝。

汉世祖光武皇帝名秀，字文叔，南阳蔡阳人，是汉高祖的第九代子孙。王莽末年，天下蝗灾连年不断，各地匪寇蜂拥而起。当时世祖在新野逃避追捕，后到宛地卖谷子，宛人李通拿图谶游说世祖。世祖于是与通弟李轶在宛城起兵，兄长刘伯升在舂陵起兵，邓晨在新野起兵，合力攻打长聚。

新市王匡等人立刘圣公为帝，杀害了刘伯升，建号更始元年。更始封世祖为偏将攻打昆阳。王莽听说义兵拥立汉朝宗室为帝，十分害怕，就派大司徒王寻和大司空王邑率兵百万去昆阳讨伐世祖，世祖大败敌军。

三辅之地的豪杰诛杀了王莽，把他的头颅献给了宛地的更始帝。更始帝封世祖为大司马之职，持符节北渡黄河，镇守抚慰北方各州郡。王郎假称自己是成帝之子子舆，自立为帝，定都邯郸，派使臣到各郡国招降，世祖灭掉了王郎。

※ 原文

世祖威声日盛，更始疑虑，乃遣使立世祖为萧王，令罢兵，与诸将有功者还长安。遣苗曾为幽州牧，韦顺为上谷守，并北之郡。世祖辞不就征，斩苗曾等，自是始贰于更始。是时，长安政乱，四方背叛，皆平之。

赤眉贼入函关，攻更始。世祖遣邓禹引兵而西，以乘更始、赤眉之乱。于是诸将上尊号，乃命有司设坛于鄗南千秋亭五城陌，即皇帝位。十月，驾东都洛阳，赤眉降。平隗嚣，灭公孙述，天下大定。崩于南宫，时年六十三。

※ 译文

世祖刘秀的威望日渐盛大，更始帝心有疑虑，便派使臣封世祖为萧王，命世祖罢兵，与其他有功的将领共返长安。派苗曾担任幽州牧，韦顺任上谷守，共同管理北方诸州郡。世祖推辞，不愿接受封号，也不听从征召返回长安，所以便杀了苗曾等人，与更始朝分道扬镳了。当时，长安政治混乱，四方背叛，世祖先后平定了这些叛乱。

赤眉军攻入函谷关，直逼更始帝。刘秀派邓禹率兵西进，乘更始与赤眉混乱之际取事。于是诸将上尊帝号，命有司在鄗南千秋亭五城摆设祭坛，刘秀即皇帝位。十月移驾东都洛阳，赤眉军投降。平定了隗嚣，消灭了公孙述，统一了天下。世祖在南宫驾崩，时年六十三岁。

※ 评析

建立了东汉政权的刘秀，也是趁绿林、赤眉农民起义的混乱局面登上帝王宝座的。刘秀在平定各种反叛时区别对待，对铜马军施以恩惠，加以利用；对张步通过真假不定的战术加以迷惑，从而最终大败张步。对不同的敌人采用不同的策略，是刘秀在战略上取胜的关键。尤其是在平定王莽叛乱时，刘秀打着“复高祖之业”的旗号举兵，日渐在军民心目中树立了威望，并适时地与更始朝分道扬镳，从而成就了复国大计，这就是刘秀在政治上高人一等的地方。审时度势的能力和高瞻远瞩的眼光是刘秀成就大事必不可少的条件。从今天来看：像刘秀这样的皇帝是可遇而不可求的，中国几千年的历史，这样的皇帝屈指可数。

三国鼎立　战乱纷争

※ 原文

末孙灵帝用奄人曹节等。矫制诛太傅陈蕃、李膺，其党人皆禁锢。中平元年，黄巾贼起。

灵帝崩，太子辩即位。董卓入朝，因废帝为弘农王，而立献帝，李傕逼帝东迁。曹操迁帝都许，操薨，帝逊位于曹丕。

魏太祖武皇帝，沛国谯人也。姓曹，讳操，字孟德。灵帝时为典农校尉。汉末，奄竖擅权，何进谋诛奄竖，太后不听。进乃召四方猛将，使引兵向京师，欲以恐劫太后。董卓至，废帝为弘农王，而立献帝，京师大乱。太祖亡出关，至陈留，散家财，合义兵于己吾。与后将军袁术、冀州刺史韩馥、豫州刺史孔伷、兖州刺史刘岱，渤海太守袁绍同时俱起，合兵数万，推绍为盟主，曹公行称奋武将军。卓闻兵起，乃徙天子都长安。卓留兵屯洛阳，司徒王允与吕布杀卓。杨奉、韩暹以天子还洛阳。太祖至洛阳卫京邑，暹遁去。太祖以洛阳烧焚残破，奉天子都许。下诏责袁绍以地广兵强，专自树党，不闻勤王之师。绍遂攻许，太祖破之官渡，绍呕血死。太祖讨绍子谭、尚于黎阳，尚与熙奔辽东。太守公孙康斩尚、熙，送其首，遂平河北。

太祖征刘表，会表卒，子琮降。关中诸将马超、韩遂、成宜等反，曹公破之。天子策命公为魏王。二十五年，薨于洛阳。子丕嗣，受汉禅。崩，子叡嗣。崩，子齐王芳立。废，高贵乡公髦立。废，常道乡公奂立。奂禅晋。

※ 译文

刘秀的末代子孙汉灵帝任用宦官曹节等人。曹节等人假传圣旨诛杀了太傅陈蕃、李膺，并囚禁了两人的同党。中平元年（公元 184 年）爆发了黄巾起义。

灵帝驾崩后，太子刘辩即位。董卓入主朝政，废少帝为弘农王，立献帝刘协。李傕逼迫皇帝东迁，曹操迎献帝定都许昌，曹操死后，献帝被迫让位给曹丕。

曹操，字孟德，沛国谯地人。死后追封为魏武帝。灵帝在位时，曹操担任典农的校尉。汉朝末年，宦官当政，何进谋划诛杀宦官，太后不答应，何进就下令四方将领进京，想以此威胁太后。董卓后来率军至京师，废少帝为弘农王，拥立了汉献帝，京师随之大乱。太祖逃出关后，到了陈留，散尽家财，会合义兵于己吾。太祖与后将军袁术、冀州刺史韩馥、豫州刺史孔伷、兖州刺史刘岱、渤海太守袁绍同时举兵，合兵数万，推举袁绍为盟主，曹操为奋武将军。董卓听说盟军举兵，就挟持天子迁都长安，留军队屯守洛阳，后来司徒王允与吕布联合杀了董卓。杨奉、韩暹护送天子返回洛阳。曹操到洛阳保卫京城，韩暹逃跑了。太祖因洛阳被焚，残损破败，便尊奉天子定都许都。下诏谴责袁绍靠地广兵强，结党营私，不为王室效力。袁绍于是进攻许都，太祖在官渡大败袁绍，袁绍吐血而亡。太祖曹操在黎阳讨伐袁绍之子袁谭、袁尚，袁尚与袁熙逃往辽东。辽东太守公孙康杀了袁尚、袁熙，把二人的首级献给了曹操，从而平定了黄河以北。

接着太祖攻打刘表，正好刘表去世，刘表之子刘琮投降了太祖。关中诸将马超、韩遂、成宜等人反叛，被曹操一一打败。公元 216 年，汉献帝刘协策封曹操为魏王。献帝建安二十五年，曹操在洛阳去世。其子曹丕嗣位，当年接受了汉献帝的禅位。文帝曹丕驾崩后，其子曹叡继位，曹叡驾崩后，其子齐王曹芳即位。曹芳卒，高贵乡公曹髦即位。曹髦卒，常道乡公曹奂即位。最后，曹奂让位给司马昭，开始了晋朝的统治。

※ 评析

在三国鼎立的局面形成中，曹操可谓顺风顺水，先是挟天子以令诸侯，后又败袁绍、招降刘琮，以及后来打败关中名将马超、韩遂、成宜等人，逐渐统一了中国北方，从而在三国争霸中处于绝对的有利地位。虽然曹操从汉献帝那里得到了权威、巩固了政权，但并没有给子孙留下稳固的江山社稷，而使魏又被迫禅位于晋。从表面上看，禅位登基十分隆重，但政权并非是万世之业，它可能会在我们不经意间转瞬即逝。所以要做好分内事，还要懂得如何维护自己的地位，以免被他人排挤掉。

西晋代魏　三国一统

※ 原文

晋高祖宣皇帝名懿，字仲达，姓司马，河内温人也。仕于魏武之世，历文明二帝，居将相之位，平孟达，灭公孙度，擒王凌。魏明帝崩，遗诏使帝为太尉，与大将军曹爽辅少主，帝诛曹爽。宣帝崩，子师代为相。镇东将军毋丘俭，扬州刺史文钦反，征，平之。景帝崩，弟昭代为相，辅政为司空。诸葛诞据寿春，反，奉诏征，平之。伐蜀，擒刘禅，于时政出权臣，人君主祭而已。魏帝不能容，自勒兵攻相府，太祖用长史贾充计，逆战，舍人成济执杀魏帝。

太祖崩，子炎受魏禅。既受魏禅，用羊祜、杜预计，征吴，平之。立二十五年崩，太子衷立。

※ 译文

司马懿是河南温地人，字仲达，姓司马。早年追随曹操，魏文帝、魏明帝时官拜丞相，平息新城太守孟达的反叛，剪除公孙度的割据势力，擒获叛军王凌，屡建功勋，权倾朝野。魏明帝曹叡去世前，下遗诏封司马懿为太尉，与大将军曹爽共同辅佐少主曹芳，司马懿为独掌大权，利用皇帝杀了曹爽。司马懿死后，其子司马师接替他做了丞相，镇东将军毋丘俭和扬州刺史文钦谋反，司马师率军平定了叛乱。司马师死后，其弟司马昭又接替了丞相之职，辅佐皇帝行司空之权。诸葛诞在寿春反叛，司马昭奉命平叛。讨伐蜀国，俘虏了刘禅。此时魏国大权旁落到当权大臣手中，皇帝只是行使祭祀宗庙之权而已。魏帝无法容忍，亲自率兵围攻丞相府，司马昭采用长史贾充之计迎战，舍人成济杀了魏帝曹髦。

司马昭死后，其子司马炎取得魏国政权，而后又采用羊祜、杜预的计策灭掉了吴国。司马炎当政二十五年，死后由太子司马衷继位。

※ 评析

司马懿曾经追随于曹操，在文、明两帝时官拜丞相，为魏国立下赫赫战功，所以曾权倾一时，在辅佐少帝曹芳时独揽大权，铲除异己。其子司马师与司马昭相继担任丞相之职，降蜀灭吴，最终又废掉皇帝，所以才有了后来的司马昭之子司马炎代替魏国、建立西晋之举。三代专权，代魏称帝。从长久的形成过程来看，因属下权力过大而发展到功高震主的地步，才导致了臣夺君权的结果。

短命西晋　战乱不断

※ 原文

惠帝不惠，妃贾充女，为皇后，后秉权，杀杨骏，废太后，诛太宰汝南王亮，太保卫瓘，戮楚王玮，殒太子遹。用赵王伦为相国，伦恶司空张华、仆射裴顾正直，矫诏诛之。伦遂篡帝位。于是齐王攸之子冏，与帝弟成都王颖等起义兵诛伦。颖于是镇邺，并州刺史东瀛公腾，安北将军王浚，又起兵讨颖。颖败，挟天子南奔洛。后惠帝复位，帝弟长沙王乂谮冏，诛之。由是戎狄并兴，四方阻乱，遂分为三十六国。

惠帝立十四年，崩。弟豫章王炽立，都长安，为刘聪所杀。怀帝崩，立吴王晏子邺，是为愍帝。亦为刘聪所杀。

※ 译文

晋惠帝愚笨，贾充的女儿被立为皇后，独揽大权，杀了大臣杨骏，废除了太后，后又诛杀了太宰汝南王司马亮和太保卫瓘，杀死楚王司马玮后，又迫害太子司马遹。后任用赵王司马伦为相，司马伦厌恶司空张华和仆射裴顾的正直，便假托皇帝之名杀了他们，从而篡夺了帝位。此时齐王司马攸之子司马冏和惠帝之弟成都王司马颖等起兵诛杀了司马伦，司马颖得以镇抚邺地。并州刺史东瀛公司马腾和安北将军王浚又起兵讨伐司马颖，司马颖败退，胁迫天子向南逃至洛阳。后来惠帝复位，惠帝弟长沙王乂诬陷司马冏，并杀了他。从此戎狄少数民族兴起，四方割据混战，出现了三十六个国家。

晋惠帝在位十四年驾崩，其弟豫章王司马炽继位，定都长安，后被刘聪所杀。晋怀帝驾崩，立吴王司马晏之子司马邺为帝，即愍帝，愍帝后也被刘聪所杀。

※ 评析

晋惠帝昏庸无能，导致贾后专权，便有了后来一系列的杀忠臣、诛太后、废太子等乱行，朝野动荡不安，皇亲相互残杀，再加上西北少数民族的入侵，最终使西晋逐渐走向灭亡。西晋中后期，少数民族相继入驻中原，并逐渐巩固了自己的政权，从而导致西晋的最终灭亡和南北朝局面的形成。

淝水之战　东晋自保

※ 原文

中宗元皇帝睿，乃兴于江东。帝在位十六年崩，太子绍立。王敦威振内外，将谋为逆，肃宗征破之。三年，肃宗崩，至孝武帝曜立，简文皇帝三子。羝贼苻坚寇淮南，晋冠军将军谢玄等人大破坚于淝水。坚还长安。二十一年，帝崩。自后遂干戈相继，至安帝为桓玄所灭。宋祖刘裕平玄。至恭帝，遂禅位于宋。

※ 译文

东晋中宗元帝司马睿在江东兴起（司马睿，字景文，晋宣帝的曾孙）。司马睿在位十六年，死后太子司马绍继位。王敦权力极大，朝野内外都畏惧他三分。王敦想谋反，肃宗率兵征讨，打败了他。肃宗在位三年，死后孝武帝司马曜继位。他是简文皇帝的第三子。羝族人苻坚侵入淮南，东晋冠军将军谢玄率兵在淝水打败苻坚。苻坚退回长安。孝武帝在位二十一年。他死后天下的战乱就一直没有停息，到东晋安帝时被桓玄篡夺了政权。宋太祖刘裕平定了桓玄叛乱。到晋恭帝时，又把帝位交给了刘裕。

※ 评析

温峤对付王敦之法，称得上智慧中的经典。他先是讨好王敦以取得信任，而后再见机脱身。更难得的是：当他有脱身之机时，并未喜形于色，而是小心谨慎，采用妙计脱身，并预先消除了王敦的猜疑。其心机之缜密、性格之沉稳，令人感叹不已。

苻坚在位时励精图治，不但开创了前秦盛世，还统一了北方，是少数民族政权中较为有实力的一个政权。但使人感到遗憾的是他好大喜功、崇尚武力。由于刚愎自用，不能虚心听取群臣的建议，而最终导致了兵败淝水、遗恨千古的结局，实在让人可叹！

南征北战　成就帝业

※ 原文

高祖武皇帝姓刘，名裕，字德舆，彭城人。桓玄篡晋。高祖与刘毅、何无忌等潜谋匡复，起兵平玄。奉天子反正，因居将相之任，封豫州郡公，蜀贼谯纵称王，高祖遣将征平之。

姚泓僭号于西京，高祖征平之，擒泓。鲜卑慕容超据守青州，称燕王。高祖征擒超。

贼卢循据南海，因高祖北伐，乘虚下袭建业。高祖还，乃平之。刘毅据荆州，二于高祖。高祖遣将征，诛毅。荆州刺史司马休之反，征之。晋帝加高祖位相国，总百揆，扬州牧，封十郡，为宋公。晋安帝崩，大司马琅琊王即位，征帝入辅，禅位于宋。

永初元年六月丁卯，即帝位于南郊。设坛，柴燎告天。礼毕，备法驾幸建康宫，临太极前殿。大赦改元。在位三年崩。立太子义符。废，立宜都王义隆。弑，立武陵王骏。崩，立太子业。崩，立湘东王彧。崩，立太子昱。崩，立顺帝凖。逊位于齐萧道成，凡八代六十六年。

※ 译文

宋高祖武皇帝刘裕，字德舆，彭城人。桓玄篡夺晋朝政权。宋高祖刘裕与刘毅、何无忌等人暗中密谋重建晋朝，平定了桓玄之乱。辅助天子重新恢复帝位，刘裕因此被委以将相，封为豫州郡公。蜀地叛军谯纵割据称王，刘裕派将领讨伐并平定了叛乱。

姚泓在西京长安作乱，高祖派兵平定了叛乱，并擒获了姚泓。鲜卑人慕容超盘踞青州，自称燕王。高祖率兵讨伐，擒获了慕容超。卢循盘踞于南海郡，乘高祖北伐之机袭击了建业。高祖返回后，打败了卢循。刘毅在荆州背叛高祖。高祖派兵讨伐并杀死了刘毅。荆州刺史司马休之反叛，被高祖平定。晋帝加封刘裕为相，统领百官，做扬州牧时封给他十郡之地，加封为宋公。晋安帝死后，大司马琅琊王继位，让刘裕入朝辅佐他，最终迫于形势把帝位交给了刘裕。

永初元年（公元420年）六月丁卯日，刘裕在建康南郊登基，建土坛并烧柴祭天。礼仪结束后乘车回到建康宫，到太极前殿宣布执政。大赦天下，改用年号。在位三年后死去。太子刘义符继位，后来被废，宜都王刘义隆被立为皇帝。文帝被刘劭所杀，武陵王刘骏起兵讨伐刘劭，杀死刘劭后，刘骏又被立为帝。孝武皇帝死后，太子子业继位，子业被杀后，湘东王刘彧被立为帝。明帝死后，太子刘昱继位，刘昱被杀后，顺帝刘准继位，刘准最后把帝位交给了萧道成。宋共经历八代帝王，历时六十六年。

※ 评析

东晋末年，政局动荡不安，许多州郡官员都纷纷背叛朝廷，少数民族势力也不断入侵晋朝，而刘裕在危难中应时而出，为朝廷东征西讨、南征北战，立下了赫赫战功。后来官居相位，统率百官，最终取代晋帝，建立了宋朝，真可谓时势造英雄。但让人感叹的是宋武帝刘裕当政不到三年就去世了，此后的帝位之争激烈，亲兄弟互相残杀，实在让人心痛。而宋家兄弟相互倾轧的结果是葬送了祖上的江山社稷，被坐享渔翁之利的萧道成篡夺了皇位，由齐代宋。

以齐代宋　英雄之举

※ 原文

齐太祖高皇帝讳道成，姓萧氏，东海兰陵人也。为辅国将军。宋明帝初，会稽太守浔阳王子房及在东诸郡起兵。徐州刺史薛安都据彭城，归魏，遣从子素儿攻淮阴。晋安王勋遣临川内史张淹自鄱阳道入三吴，帝并讨平之，使镇淮阴。七年，征返还都。至，拜常侍。明帝崩，遗诏使与袁粲共掌机事。江州刺史桂阳王休范举兵反，帝讨平之。迁中领军，苍梧王深相猜忌。常语左右杨玉夫："伺织女渡，报我。"是夜七夕，玉夫惧，取千牛刀杀之。帝乃迎立顺帝。荆州刺史沈攸之反，帝讨之。进位相国，封齐公，备九锡。

四月，宋帝禅位于齐。甲午，即皇帝位。于南郊柴燎告天。礼毕备法驾幸建康宫，临太极前殿，大赦改元。建元四年崩，立太子赜。崩，立太孙昭业。崩，立弟昭文。废，立西昌侯鸾。崩，立太子宝卷。崩，立和帝宝融。以位禅梁。

※ 译文

齐太祖高皇帝萧道成，东海兰陵人，为宋朝的辅国将军。宋明帝初，会稽太守浔阳王刘子房以及东部各郡起兵造反。徐州刺史薛安都据守彭城，后来归降于魏，派侄子素儿攻打淮阴。晋安王刘勋派临川内史张淹从鄱阳道入驻三吴之地。萧道成一起平定了他们，明帝让他镇守淮阴。宋明帝七年（公元 472 年），萧道成被召回京城。到京后，被封为常侍。宋明帝临终时让萧道成与袁粲共掌要务。江州刺史桂阳王休范反叛，萧道成率军平定了这场叛乱，被封为中领军。苍梧王怀疑并忌恨萧道成。苍梧王曾让杨玉夫观织女星，等出现后向他报告。那天晚上正值七夕，杨玉夫十分害怕，用千牛刀杀死了苍梧王。萧道成于是迎立了顺帝。荆州刺史沈攸之谋反，萧道成讨伐他。顺帝封萧道成为相国、齐公，赐给他九种器物。

四月，宋帝禅位于萧道成。甲午日，萧道成正式登基，在南郊举行典礼，祭祀上天。礼毕后，萧道成回到了建康宫，到太极前殿听政，大赦天下，改用新年号，四年后去世。太子萧赜继位。武帝死后，萧道成之孙昭业称帝。萧昭业死后，其弟萧昭文即位。萧昭文被废后，西昌侯萧鸾被立为皇帝。萧鸾死后，太子萧宝卷继位。宝卷死后，宝融被立为帝，齐和帝萧宝融最终把帝位禅让给梁高祖。

※ 评析

萧道成能在国之危亡的关键时刻挺身而出，在"贼骑交至"时"解衣高卧"，是何等的从容而镇定，可想被他感召的士兵又是怎样地视死如归、沉着应战。作为领导者不能只靠匹夫之勇为人处世，成大事者必须要有果敢干练的作风、沉稳冷静的头脑、有胆有谋的决断，这几者的完美结合才是领导者的最高表现形式。在当今瞬息万变的商战里，领导者应该具有能在企业存亡关头稳定员工情绪的能力，从而在逆境中振作精神，重新开始。变不利为有利，变被动为主动，这才是领导者不同于常人的地方。

运筹帷幄　决胜千里

※ 原文

梁高祖皇帝名衍，姓萧氏，为巴陵王法曹，后为竟陵王子良八友。魏将王肃攻司州，帝破之，以功封建康郡男。齐明帝崩，东昏即位，遗诏以帝为都督，雍州刺史。长兄懿被害，帝起义。戊申，帝发自襄阳。郢鲁诸诚及诸将并降。

壬午，帝镇石头，命众军围六门，卫尉张稷斩东昏，以黄油裹首送军。平京邑，齐和帝以位禅梁。帝即位。太清元年，齐司徒侯景以十三都内属。侯景反。至京师，幽帝而崩。侯景立武帝太子纲为帝，又为景所杀。湘东王绎于荆州，使王僧辩等平侯景，传首江陵。景平，湘东王即位于江陵。魏使万纽、于谨来攻，梁王萧詧率众会之，帝见执，魏人戕帝。

江陵既陷，王僧辩、陈霸先等议立帝子方智，于江州奉迎至建业即位。太平二年，禅位于陈。

※ 译文

梁高祖武皇帝萧衍，原是巴陵王手下的法曹，后成为竟陵王萧子良的八个朋友之一。魏将王肃攻打司州，萧衍率兵出击，大败王肃，因功被封为建康郡男。齐明帝死后，东昏侯继位，齐明帝遗诏封萧衍为都督、雍州刺史。萧懿遭迫害后，萧衍起兵反叛。戊申日，萧衍从襄阳发兵，郢、鲁等城守将也都归降了萧衍。

壬午日，萧衍到达石头城，命部队包围六个城门，卫尉张稷杀了东昏侯，将其首级用黄油包裹，送到萧衍宫中。萧衍攻到都城后，齐和帝无奈之下让出了帝位，萧衍继承了帝位。太清元年（公元 547 年），原齐朝的司徒侯景率领十三州归顺了萧衍。后来侯景反叛，攻至京城，幽禁了萧衍，萧衍因饥饿与疾病死去。侯景立梁武帝太子萧纲为帝，后来又杀了他。湘东王萧绎在荆州派王僧辩等去平定了侯景之乱，并把侯景的头送到了江陵。侯景被平定后，湘东王萧绎在江陵登基。西魏派万纽、于谨率兵攻打江陵，梁王萧詧率兵与魏军会合，梁元帝被俘，魏国人杀了他。

江陵被攻陷后，经王僧辩、陈霸先等人的商议，立萧绎之子萧方智为帝（萧方智即梁敬帝，萧绎的第九子）。后把他从江州迎至建业登基。太平二年（公元 557 年），萧方智把帝位禅让给陈霸先。

※ 评析

平时不露声色是为长远观察问题、蓄积力量，不但能够正确地预见未来，更能够掌握适当时机。萧懿的鼠目寸光终于给自己带来了灾难，而萧衍的目光远大则让他成功。萧衍深刻分析到政出多门，是国家大乱的开始，既然“六贵”都不肯轻易退出朝中大权的牢笼，那他们只能互相排斥、互相攻伐，以达到自己的目的。在他们相互倾轧之际，得利的就只有萧衍了。能看清形势，而又仔细地分析透当前形势，当机立断采取行动，这都是成功所必需的前提条件。

霸先昏庸　杨坚灭陈

※ 原文

陈高祖武皇帝姓陈氏名霸先，吴兴长城人也。梁武帝时为直阁将军。侯景反，高祖率所领与侯景大战，侯景死，湘东王即位，授南徐州刺史，还镇京口。承圣三年，西魏攻陷西台，高祖与王僧辩立晋安王，进帝位。司空僧辩又与齐氏和亲、纳贞阳侯。高祖以为不义，潜师袭王僧辩于石头，克之，是夜缢僧辩。贞阳侯逊位，晋安王复立。徐嗣徽北引齐师，遣萧轨等四十六将，济江至幕府山，高祖并破之。进位丞相，进爵为陈王。永定三年，梁帝禅位于陈。三年，上崩，立弟子蒨。崩，立太子伯宗。废，立顼。崩，立太子叔宝，是为长城公也。叔宝在东宫，好学，有文艺。及即位，耽酒色。

※ 译文

陈高祖武皇帝陈霸先，吴兴长城人。梁武帝时任直阁将军。侯景反叛后，陈霸先率兵与侯景作战，侯景战死后，湘东王萧绎做了皇帝，授予陈霸先南徐州刺史之职，返回镇守京口。承圣三年（公元 554 年），西魏大军攻陷西台，陈霸先与王僧辩立晋安王为帝。司空王僧辩又联合北齐，迎立贞阳侯为帝。陈霸先认为这样不合礼仪，就派兵攻打王僧辩，并在石头城取胜。当晚用绳子勒死了王僧辩。贞阳侯退还帝位，晋安王重新登基。徐嗣徽从北面引北齐军队南下，派萧轨等四十六位将领领兵，渡江至幕府山，妄图谋反，陈霸先将他们一一击败，此后陈霸先被封为丞相，拜为陈王。永定三年（公元 559 年），梁敬帝把帝位禅让给陈霸先。三年后，陈霸先去世，立其弟之子陈蒨为帝。文帝死后，太子伯宗继位。接着陈伯宗被废，陈顼又继位。陈顼死后，太子陈叔宝继位，也就是长城公。陈叔宝做太子时，勤奋好学，多才多艺。即位后却沉迷于酒色。

※ 原文

隋文帝初受周禅，甚敦邻好。宣帝崩，遣使赴吊，修敌国之礼，书称名顿首。

而后主骄奢，书末云：“想彼统内如宜此，宇宙清泰。”隋文帝不悦，以示朝臣。贺若弼、杨素等以为主辱，再拜请罪，并求致讨。文帝曰：“我为人父母，岂可限一衣带水而不拯之乎？”命作战船。以晋王广为元帅，督八十总管以致讨。韩擒虎入自南掖门，文武各官皆遁，擒后主。

晋王广入据台城，送后主于东宫。三月癸巳，后主与三公百司发自建业，之长安。及至京师，列阵舆服，引后主及王公。使宣诏让后主，后主屏息不能对。封长城公。至仁寿四年，终于洛阳。

※ 译文

隋文帝开始接受北周的禅让即帝位时，很注重与邻国的关系。陈宣帝驾崩，他派人前往吊唁，按照两国交往的礼节，信的内容写得很谦恭。然而陈后主却非常骄傲，在回信的末尾说：“如你统治的地区能治理好，天下就会太平了。”隋文帝见后大为不悦。大臣贺若弼、杨素等认为隋文帝受到了陈后主的侮辱，请求带兵讨伐陈后主。隋文帝说：“作为天下父母，怎能因相隔一条衣带般宽的河流就不去拯救那里受苦难的百姓呢？”于是便下令制作战船，派晋王杨广率八十多名大将讨伐陈后主。韩擒虎从南掖门杀入，文武百官四散逃跑，陈后主被俘。

杨广占领台城后，把陈后主送至东宫。三月癸巳日这天，将陈后主和他手下的文武百官一起从建业送到长安。隋文帝用陈国的衣服车马接陈后主及其臣子，并让人宣读诏书责备陈后主，陈后主吓得大气也不敢出。封后主为长城公。仁寿四年（公元 604 年），陈后主在洛阳去世。

※ 评析

守天下难，失天下易，陈霸先历经千辛万苦创立的陈朝，三十年后就被葬送于子孙之手。陈后主自高自大，轻视侮辱杨坚，在隋军压境时还饮酒赋诗，从而贻误了军情。由此可知，陈后主的昏庸是其灭亡的根源所在。这对我们的启示就是：无论是在企事业单位中，还是在个人家庭中，当我们取得一定成就时切不可沾沾自喜，而是要谦虚而谨慎地继续努力。如果只知沉迷于成功后的酒色财气中，就会晚节不保，半途而废。

炀帝无道　天下反叛

※ 原文

隋高祖姓杨氏名坚，周武帝初为隋州刺史，女为太子妃。周宣帝立，拜为大司马。宣帝崩，立靖帝，进爵为隋王。遂禅位焉，改号开皇元年。九年，平陈，废太子勇为庶人，立晋王广为皇太子。高祖崩，太子即位。

炀帝无道，盗贼蜂起。十三年幸江都，李密设坛于巩，自署为魏公。梁师都据夏州，刘武周杀太原留守王恭，举兵反。窦建德自号夏王，朱粲自号楚王，刘元进据吴都。炀帝闻群贼起，大惧，使冯慈明征兵东都。

※ 译文

隋高祖杨坚，在周武帝初为隋州刺史，他的女儿是太子妃。周宣帝即位后，封他为大司马。宣帝死后，立靖帝，杨坚被封为隋王。周靖帝后来禅位给隋，改年号为开皇元年。开皇九年，隋灭陈，同时把太子杨勇废为庶民，立晋王杨广为太子。杨坚死后，杨广即位。

隋炀帝昏庸无道，致使天下盗贼兴起。大业十三年（公元 617 年），隋炀帝巡视江都，李密在巩地设高坛，自封魏公。梁师都割据江夏，刘武周杀太原留守王恭，起兵反隋。窦建德自称夏王、朱粲自封楚王、刘元进占据吴都。隋炀帝知道有这么多人反叛，十分惊恐，就让冯慈明去洛阳招募军队。

※ 原文

诏唐国公渊镇太原。五月甲子，唐公举义兵，遥尊炀帝为太上皇，立代王侑为天子，行伊霍故事。传檄天下，闻之响应。

秋七月，唐公将西图长安，使白旗誓众于太原之野，被甲三万。留公子元吉守太原。义师次霍邑，隋武牙郎将宋老生拒义师，时连雨不霁，粮运不给，又讹言突厥将袭太原。唐公惧，命旋师。用秦王谏，乃止。

冬十月，义师次长乐宫。卫文升挟代王乘城拒守。十一月，平京师，尊代王为天子，改元义宁。时炀帝将之丹阳，而大臣将卒皆北人，不愿南迁，咸思归。宇文化及因百姓之不堪命，杀炀帝于江都，隋室王侯无少长皆斩之。立嗣王浩为天子，化及为丞相。

※ 译文

隋炀帝下诏书命唐国公李渊镇守太原。大业十三年（公元 617 年）五月，李渊起义，遥尊杨广为太上皇，却拥立代王杨侑为帝，以效仿伊尹和霍光辅佐帝业，实质是挟幼主当政，发布檄文，天下纷纷响应。

同年秋七月，唐国公李渊想西进长安，在太原郊野高举白旗聚众誓师，披挂甲胄的精锐之军有三万人。公子李元吉留守太原。义军在霍邑遇到隋军武牙郎将宋老生的抵抗。当时正值阴雨连绵，粮草不济，又有人谣言传说突厥将要袭击太原。李渊心有所惧，便想回师太原，后经秦王李世民的劝说才改变了主意。

同年冬十月，义军攻至长乐宫，卫文升挟持着代王，坚守不降。同年十一月，义军最终攻克长安。李渊仍让代王杨侑为帝，改年号为义宁。此时隋炀帝想去丹阳，但他的大臣与将士多是北方人，不愿南迁，想重回北方。宇文化及见百姓不堪忍受隋朝暴政，就在江都杀了隋炀帝。隋朝王室不论老小都被杀。宇文化及立太子杨浩为帝，自封丞相。

※ 评析

隋炀帝杨广的失败完全是由于自己的暴政所致，他不施仁政，做事独断专行，横征暴敛，任用奸佞小人，迫害忠心臣子，最终导致众叛亲离的下场，也实属报应。可见，国君仁义不施，不能为百姓谋利益，就会遭到天下人的反对。正如唐太宗李世民所言："水能载舟，亦能覆舟。"为政者只有吸取历史教训，才有可能成为有作为的一代明君。

意气用事　李密兵败

※ 原文

五月戊子，天子侑逊位于别宫，禅位于唐，都长安。己巳，王世充、段达等立越王侗为皇帝于洛阳。六月，宇文化及自江都至彭城，据黎阳，称许。李密率大军，壁清淇。敦煌张守一闻密之拒化及也，说越王以讨。越王不用其策，用孟琮计，与密连和。

密初闻张守一之谋，大惧；及琮至，大悦。使记事李俭朝，越王大悦，拜密为太尉魏国公。李密无东都之虑，尽锐攻化及，破之。密自败化及，益以骄傲，越王命王世充击密，密不用祖彦君计，密师败绩。遂西奔京师，寻谋叛，杀之。

大唐武德二年，王世充杀越王侗于洛阳，僭称尊号，隋氏灭矣。

※ 译文

义宁二年（公元618年）五月戊子日，杨侑逊位于别宫，把帝位禅让给李渊，李渊把长安定为都城。己巳日这天，王世充、段达等人在洛阳立越王杨侗为帝。六月，宇文化及从江都进军至彭城，占领了黎阳，定国号为"许"。李密率大军在清淇构筑壁垒。敦煌张守一听说李密拒抗宇文化及，就劝说越王讨伐李密，越王没有采纳，而是用孟琮的计策与李密联合起来。

当李密听到张守一的谋略后，十分害怕；等孟琮到来后，十分高兴，便派记事李俭朝拜越王，越王也十分高兴，封李密为太尉，封爵魏国公。李密没有了东部洛阳的忧虑，便全力攻打宇文化及，并最终取胜。李密打败宇文化及后，开始骄傲。越王命王世充攻打李密。李密因不采纳祖彦君的计策而落败。于是西逃长安，投奔了李渊，不久后因背叛李渊而被杀。

唐朝武德二年（公元619年），王世充在洛阳杀死越王杨侗，自立为帝。隋朝最终灭亡。

※ 评析

李密惨败，不是因为自己的谋略失算所致，而是被王伯当、单雄信等人架空权力的缘故。虽然王、单等人一心为保李密，但他们多是匹夫之勇。有勇无谋，莽撞蛮横的性情使李密心有所忌，怕他们情急之下扰乱了大局，所以违心地采纳了他们的建议，结果遭到惨败。

以上对我们的启示就是：现在各行的领导在选拔任用下属时，要选拔忠诚可靠、德才兼备的人才。如果用人不当，让一些头脑简单、意气用事的人占据了重要位置，就可能会使事业遭受到重大的挫折。

兴亡之道　各有缘由

※ 原文

干宝称："帝王之兴，必俟天命，苟有代谢，非人事也。尧舜内禅，体文德也；汉魏外禅，顺大名也；汤武革命，应天人也；高光争伐，定功业也。各因其运而得天下。隋时之义大矣哉。"范晔曰："自古丧大业，绝宗禋，其所以致削弱祸败者，盖渐有由矣。三代以嬖色取祸；嬴氏以奢虐致灾；西京自外戚失祚；东都缘阉尹倾国。"成败之来，虽亦有数，然大抵得之者，皆因得贤豪，为人去利除害；其失之者，莫不因任用群小，奢汰无度。孔子曰：'以约失之者鲜矣。'又曰：'远佞人，去僻恶。'有旨哉！"

※ 译文

干宝曾说："帝王的兴起，要等待天命的安排。如有更替变化，也并非人力所能左右的。尧舜时内部禅让，是文德的政治表现；汉魏时禅位外姓，是为了顺应时势；商周时的变革，是为了顺应天意与民心；汉高祖和汉光武帝起兵讨伐，是为了奠定帝王之业。这些人都是因顺应时势而取得的天下，应时而兴为千古大义。"范晔说："自古以来丧失祖宗所创基业的帝王，都是有原因的：夏、商、周三朝都因美色而亡；秦朝因暴政而亡；西汉因外戚的势力增长而亡；东汉因宦官专权而亡。成败的原因虽各不相同，但还是有章可查的，凡成功者，都是因为重用贤能，为民谋利除害；凡失败者，都是因为任用奸佞小人，不注意修养品德所致。孔子说：'顺应民心的帝王很少有失败的。’又说：‘远离奸佞的小人，清除邪恶的势力。’这话说得有深意呀！

※ 评析

历朝历代的兴盛与衰亡，都有其各自的原因。有的因贪慕女色，有的因施行暴政，有的因重用皇亲或宦官，有的因任用奸佞小人……虽然各朝的开国皇帝也曾吸取前车之鉴，以避免重蹈覆辙，但防止国家危亡的出现并不只是单从某一方面就可以做到的，而是需要全面分析，按照客观规律去把握的。勤修内政是一方面，选贤任能是一方面，顺应时势所需也是一方面，所以说政策只有顺应社会的发展潮流，顺应天意民心，才会使执政者立于不败之地。

卷七

臣闻天下大器也，群生重蓄也。器大不可以独理，蓄重不可以自守。故划野分疆，所以利建侯也；亲疏相镇，所以关盛衰也。昔周监二代，立爵五等，封国八百，同姓五十五。深根固本，为不可拔者也。

七雄略三九

战国时期，诸侯争霸，狼烟四起，可谓热闹至极。齐、楚、燕、韩、赵、魏、秦七雄间关系错综复杂，在军事外交方面的斗争尤为突出。此时纵横家的杰出代表张仪、苏秦应运而生，各逞口舌之利，周旋于诸侯之间，玩弄霸主于股掌之上，成为当时名震七国的游说主角。

治国之道　重在顺势

※ 原文

臣闻天下大器也，群生重蓄也。器大不可以独理，蓄重不可以自守。故划野分疆，所以利建侯也；亲疏相镇，所以关盛衰也。昔周监二代，立爵五等，封国八百，同姓五十五。深根固本，为不可拔者也。故盛则周召相其治；衰则五霸扶其弱，所以夹辅王室，左右厥世，此三圣制法之意（文、武、周公为三圣）。然厚下之典，弊于尾大。

自幽、平之后，日以陵夷，爵禄多出于陪臣。征伐不由于天子。吴并于越，晋分为三，郑兼于韩，鲁灭于楚。海内无主，四十余年而为“战国”矣。秦据势胜之地，骋狙诈之兵、蚕食山东，山东患之。

苏秦，洛阳人也，合诸侯之纵以宾秦；张仪，魏人也，破诸侯之纵以连横。此纵横之所起也。

※ 译文

我听说天下就像是个大容器，百姓就如同里面的财富。容器过大，一人之力是难以管理的；财富太多太贵重，一人之力也是难以守护的。所以要划分疆野，建立诸侯；按亲疏关系相互制约，这就是关系国家兴衰之所在。从前周朝吸取夏、商两代的教训，设五等爵位，分封八百诸侯，同姓王五十五个，他们根基牢固，是难以动摇的。所以，国家兴盛时就有周公、召公来辅佐治理；国家衰败时就有春秋五霸来扶助王室。以此共同辅助王室，执掌朝纲，这就是三圣制定分封制的目的。但是，厚赏大臣的制度也有许多弊病。

周朝自幽、平当政后王室日渐衰落，爵禄多由左右的大臣赏赐，征战讨伐大事不由天子做主。吴国被越国所灭，晋国一分为三，郑国被韩兼并，鲁国被楚所灭。当时天下无人管理，持续了四十多年，被称为“战国”时代。秦国依仗有利地形，运用善战的军队，慢慢地吞并着山东六国，山东各国深为忧虑。

苏秦是洛阳人，游说各诸侯共同抗秦；张仪是魏国人，破坏诸侯的联合而与秦国结好。这就是“纵横”的由来。

※ 评析

治国之道是立国安邦的大计。本段开篇点题，阐述了治国的方略。统治者首先要考虑的就是采用何种方式来治理国家。“器大不可以独理，蓄重不可以自守”，周朝实行分封诸侯的制度，在当时是顺应历史发展的。但随着时代的变迁，后人所做的“法先王”，只是不知变通地一味照抄照搬，其结果只能是国破家亡。“末大必折，尾大难掉”，简要地总结了封建诸侯的弊端。“穷则变，变则通，通则久。”如果一成不变地继承前代，只会束缚了自己的手脚，使事业功败垂成。在当今改革开放的年代，对于改变那些陈旧的不再适应社会发展的事物，更应该顺应历史的潮流。

苏秦合纵　先说燕国

※ 原文

苏秦初合纵，至燕。说燕文侯曰：“燕东有朝鲜、辽东，北有林胡、楼烦，西有云中、九原，南有呼沱、易水。地方二千余里，带甲数十万，车六百乘，骑六千匹，粟支数年。南有碣石、雁门之饶，北有枣粟之利。民虽不田作，而足于枣粟矣。此所谓天府者也！夫安乐无事，不见覆军杀将，无过燕者。大王知其所以然乎？夫燕所以不犯寇被甲者，以赵之为蔽其南也。秦、赵相弊，而王以全燕制其后，此所以不犯寇也。且夫秦之攻燕也，逾云中、九原，过代、上谷，弥地数千里，虽得燕城，秦计固不能守也。秦之不能害燕亦明矣！今赵之攻燕也，发号出令，不至十日，而数十万之军，军于东垣矣。渡呼沱，涉易水，不至四五日，而距国都矣。故曰：秦之攻燕也，战于千里之外；赵之攻燕也，战于百里之内。夫不忧百里之患而重于千里之外，计无过于此者。是故愿大王与赵从亲，天下为一，则燕国必无事矣。”燕文侯许之。

※ 译文

苏秦最初合纵时，先去了燕国。苏秦对燕文侯说：“燕国东有朝鲜、辽东，北有林胡、楼烦，西有云中、九原，南有呼沱河、易水。方圆二千余里，拥兵几十万，战车有六百多辆，战马有六千余匹，粮食足可用数年。南有碣石和雁门的丰富物产，北有枣和栗子的获利收成。百姓即使不从事耕作，单凭枣、栗子也可饱食，这是所谓的天府之国。若论安乐无事、没有覆军危的国家，恐怕没有能与燕国相比的了。大王知道其中原因吗？燕国之所以没有遭受战争的劫难，就是因为南有赵国作屏障。秦、赵争战，相互疲惫，但大王能保全燕国，统治偌大的后方，所以燕国不至于遭受侵犯。秦国如想攻打燕国，就必须经过云中和九原；路经代和上谷，地跨数千里，就算能得到燕国的城邑，秦国也难以守住。秦国无法损害燕国也是很明显的了！如今若是赵国进攻燕国，一声令下，不到十天数十万大军就可进驻东垣，接着渡过呼沱河，涉过易水，不到四五天就可攻至国都了。所以说，秦国攻打燕国，是在千里之外作战，赵国攻打燕国，是在百里之内作战，不忧虑百里之内的祸患，却重视千里之外的邦交，没有比这更失策的了。所以望大王与赵国合纵，与天下诸侯合结为一体，则国家就无忧了。”燕文侯觉得苏秦说得对，就答应了合纵抗秦。

※ 评析

游说用现代的话说应该是一种口才能力的表现，苏秦作为战国时期最著名的说客之一，以其高明的说人之术说服了燕王，其高明就在于站得高、看得远、眼光独到。燕国表面安定，其实隐藏着忧患。居安思危，早做应对，才是智者的选择。俗语说：人无远虑，必有近忧。为人处世也是如此，能全面考虑，及早发现隐患，就能使事业蒸蒸日上，始终向前顺利地发展。从苏秦、乐毅、苏代他们成功游说的言辞来看，运用譬喻是一大特点。以寓言说理，不仅通俗易懂，而且印象深刻，从而更容易让听者心服口服地明白其中的道理。

苏秦赴赵　携手抗秦

※ 原文

苏秦如赵，说赵肃侯曰：“臣窃为君计，莫若安民无事，且无庸有事民为也。安民之本，在于择交，择交而得则民安；择交而不得，则民终身不安。请言外患，齐秦为两敌，而民不得安。倚秦攻齐，而民不得安；倚齐攻秦，而民不得安。君诚能听臣，燕必致毡裘狗马之地；齐必致鱼盐之海；楚必致橘柚之园；韩、魏、中山皆可使致汤沐之奉；而贵戚父兄皆可受封侯。夫割地包利，五伯之所以覆军擒将而求也；封侯贵戚，汤武所以放弑而争也。今君高拱而两有之，此臣之所以为君愿也。夫秦下轵道而南阳危，劫韩包周，则赵自操兵，据卫取淇、卷，则齐必入朝秦。秦欲已得乎山东，则必举兵而向赵矣。秦甲渡河逾漳，据番吾，则兵必战于邯郸之下矣。此臣之所为君危也。当今之时，山东之建国，莫强于赵。赵地方二千余里，带甲数十万，车千乘，骑万匹，粟支数年。西有常山，南有河漳，东有清河，北有燕。燕固弱国，不足畏也。秦之所害于天下莫如赵。然而秦不敢举兵而伐赵者，何也？畏韩、魏之议其后也。然则韩、魏，赵之南蔽也，秦之攻韩、魏也，无名山大川之险，稍稍蚕食之，傅国都而止。韩、魏不能支秦，必入臣于秦。秦无韩、魏之规，则祸必中于赵矣。此臣之所为君患也。”

※ 译文

苏秦从燕国来到赵国，他对赵王说："我私下为大王着想，最好的策略就是不烦扰百姓。安民之本，在于邦交，选择的邻邦合适，人民就能安居乐业；选择的邻邦不合适，百姓就会一生不得安宁。请让我说说赵国的外患吧：齐、秦两国是赵国的敌人，使赵国人民不得安宁。如果靠秦国进攻齐国，人民得不到安宁；靠齐国进攻秦国，人民也得不到安宁。大王如能听从我的建议，则燕国定会给你进献盛产毡裘狗马的地方；齐国定会送上产鱼盐的海边土地；楚国定会送上生长橘柚的云梦之地；还有韩、魏、中山都可把国内封地汤沐邑送给你，这样大王的宗亲都可得到封侯。从他国割地得物，是以前称霸者不惜损兵折将所追求的；给宗亲封侯，是商汤、武王经争战和拼杀取得的。现在大王不费吹灰之力就能得到这两方面的好处，这正是我为大王所考虑要争取的。如秦军沿轵道而下，南阳就危险了；如秦兵攻掠韩国，包围周室，赵国就会随之被削弱；如秦兵占据卫国夺取淇水卷地，则齐国必会臣服于秦。秦想得到山东六国，必会发兵攻赵。秦兵渡黄河，跨过漳水，占据番吾，就会很快打到赵国邯郸城下。这是我为大王担忧的地方。如今，山东各国没有比赵国更强的。赵国土地方圆二千里，拥兵数十万，战车千辆，战马万匹，粮食可供数年之用。西有常山，南有黄河、漳河，东有清河，北有燕国。燕国本就弱小，不值得考虑。而在各诸侯国中，秦国最怕的就是赵国。但为什么秦国不发兵攻打赵国呢？是怕韩、魏从背后袭击它，断它的后路。所以，可以说韩、魏两国是赵国的屏障。秦国若想攻取韩、魏就不一样了。韩、魏无名山大川作屏障，秦就能像蚕吃桑叶般慢慢吞食，一直逼近两国的国都。如韩、魏无力抗秦，必会向秦称臣。若韩、魏臣服于秦国，秦就除去了进攻赵国的障碍，没有了后顾之忧，这样就会使祸患落到赵国头上。这就是我为大王所担心的地方。"

※ 原文

"臣闻尧无三夫之分，舜无咫尺之地，以有天下。禹无百人之聚，以王诸侯。汤武之士，不过三千，车不过三百乘，卒不过三万，立为天子。诚得其道也。是故明主外料其敌之强弱，内度其士卒贤不肖，不待两军相当，而胜败存亡之机，固已形于胸中矣。岂掩于众人之言，而以冥冥决事哉！臣窃以天下之地图按之，诸侯之地，五倍于秦；料度诸侯之卒，十倍于秦。六国并力，西面而攻秦，秦必破矣。今西面而事之，见臣于秦。夫破人之与见破于人，臣人之与见臣于人也，岂可同日而论哉！夫衡人者皆欲割诸侯之地，以与秦。秦成则高台榭，美宫室，听竽笙之音，国被秦患而不与其忧。是故衡人日夜务以秦权恐吓诸侯，以求割地，愿大王熟计之。

"臣闻明主绝疑去谗，屏流言之迹，塞朋党之门，故尊主强兵之臣，得陈忠于前矣。故窃为大王计，莫若一韩、魏、齐、楚、燕从亲，以叛秦。合天下之将相会于洹水之上，通质，刑白马而盟。约曰：秦攻楚，齐魏各出锐师以佐之，韩绝其粮道，赵涉河漳，燕守常山之北；秦攻韩魏，则楚绝其后，齐出锐师以佐之，赵涉河漳，燕守云中；秦攻齐，则楚绝其后，韩守成皋，魏塞其粮道，赵涉河博关，燕出锐师以佐之；秦攻燕，则赵守常山，楚军武关，齐涉渤海，韩魏皆出锐师以佐之；秦攻赵，则韩军宜阳，楚军武关，魏军河外，齐涉清河，燕出锐师以佐之。诸侯有不如约者，以五国之兵共伐之。六国从亲以宾秦，则秦甲必不敢出于函谷，以害山东矣！如此则霸王之业成矣。”赵王曰：“善。”

※ 译文

“我听说，古代尧的家产没有三个农夫那么多，舜没有尺寸之地，他们后来却拥有了天下；禹聚集的人数不到百人，而后来成为诸侯之王。商汤、周武王的谋臣不过三千，战车不过三百辆，士兵不过三万，而后来都成了天子。这都是因为他们实施正确谋略的缘故。所以明主对外要能判断敌情，对内要能量才而用。这样不用等到两军对阵，就可知各自胜负、存亡的结果。岂能被他人的言辞所蒙蔽而使决策失误呢？若按天下各国的面积来考察，山东诸侯之国的土地相当于秦的五倍；诸侯的兵力是秦国的十倍。如六国团结起来共同抗秦，则秦国必破。如果各国甘愿面西事秦，臣服于秦国，击败敌人与被敌人所破，使别人臣服于自己与臣服于别人，又岂能相提并论呢？主张连横的人，都想以割让土地为条件与秦国讲和。与秦国讲和了，那些人就可得到高大的房屋，豪华的宫室，听到悦耳的声音，一旦秦国前来攻打，他们就不能与君主分忧了。所以主张连横的人以秦国的权势来恐吓六国，以求各国向秦国割地，请大王对此好好考虑呀！

“我听说圣君遇事不犹豫，不信谗言，并能摒弃流言蜚语，堵塞朋党之门，所以那些愿报效国家的贤臣才争相尽忠。我替大王着想，认为不如联合韩、魏、齐、楚、燕、赵六国的力量对抗秦国。约各国将相到洹水会盟，相互赠送信物，杀白马订盟约。约定：如秦国攻打楚国，齐、魏就派精兵援助，韩国断绝秦兵粮道，赵国渡黄河、漳水牵制秦军，燕国守卫常山以北；如秦国攻打韩、魏，楚国就断秦军后路，齐国派兵援助，赵军渡黄河、漳水，燕国把守云中；如秦攻打齐国，楚国就断秦军后路，韩国防守成皋，魏国堵其粮道，赵军渡黄河、漳水，指向博关，燕国派精兵援助；如秦攻打燕国，赵就防守常山，楚驻兵武关，齐渡过渤海，韩、魏派精兵支援；如秦攻打赵国，韩就驻军宜阳，楚就驻军武关，魏就驻军河外，齐军渡过清河，燕国派精兵支援。诸侯中有不遵守盟约者，其余五国共同讨伐。如六国实行合纵一起对抗秦国，秦国必然不敢出兵函谷关攻打山东六国。这样大王就可成就霸业了。”赵王说：“说得好！就听你的。”

※ 评析

苏秦游说赵王用的是利诱的方法。听从了苏秦的计谋，赵王就会得到“割地包利，封侯贵戚”的好处。如此的诱惑赵王又怎能不为之所动呢？著名的游说名作《鬼谷子》曰：“其用，或称财货、琦玮、珠玉、璧帛、采邑以事之；或量能立势以钩之；或伺候见涧而钳之。其事用抵巇。”苏秦在此所用的便是以利诱之，见机牵制赵王的游说术。毛遂自荐的故事人人皆知，他在游说楚王时就是靠的勇气和智慧，让楚国出兵救赵，实质上是威逼、胁迫的手段。秦相应侯范雎为了个人利益而坏了国家大事，秦王在此难逃用人不当的责任。在当今社会中，范雎这样的人也不在少数，为一己私利而贻国害民，身为领导者一定要对此加以警惕。与范雎相比，那些面对齐闵王的权势而保持国家尊严的邹鲁之臣则让人敬佩，为人处世时，这样的人才是我们学习的榜样。

宁为鸡口　无为牛后

※ 原文

苏秦如韩，说韩宣王曰：“韩北有巩洛、成皋之固，西有宜阳、商阪之塞，东有宛、穰、洧水，南有陉山，地方九百余里，带甲数十万。天下之强弓劲弩，皆从韩出。韩卒超足而射，百发不暇止，远者栝洞胸，近者镝掩心。韩之剑戟，则龙泉、太阿，皆陆断牛马，水截鹄雁。夫以韩卒之劲，与大王之贤，乃西面而事秦，交臂而服焉。羞社稷而为天下笑，无大于此者也！是故愿大王熟计之。大王无事秦，事秦必求宜阳、成皋。今兹效之，明年又复求割地，与之则无地以给之；不与则弃前功而受后祸。且夫大王之地有尽，而秦之求无已，以有尽之地，而逆无已之求，此所谓市怨结祸者，不战而地已削矣！臣闻鄙谚曰：‘宁为鸡口，无为牛后。’今王西面交臂而臣事秦者，何异于牛后乎？夫以大王之贤，挟强韩之兵，而有牛后之名，窃为大王羞之！”韩王勃然作色，按剑叹息曰：“寡人虽不肖，不能事秦！”从之。

※ 译文

苏秦说服燕、赵合纵后，又来到了韩国，他劝韩宣王说：“韩国北有巩洛、成皋山河之固，西有宜阳、商阪这样的要塞，东有宛地、穰地、洧水，南有陉山。方圆九百余里，拥兵数十万。天下的强弓和劲箭都产自韩国。韩国兵将以脚控制射箭，可连发百箭，就是在远处的人也可射中胸膛，近处可射穿心脏。韩国士兵的剑和戟，都如龙泉、太阿这样的名剑，锋利无比，可把陆地上的牛马、水中的天鹅大雁一分为二。以韩军的坚强和君臣的圣明，却西向服秦，自愿臣服，使国家受辱，被天下耻笑，这真是奇耻大辱呀！所以，望大王好好考虑，不要去侍奉秦国，如去侍奉它，秦国必会索取宜阳和成皋。若现在献上土地，明年又会要求割让。如果继续下去，就会无地可割；如不割让，就会半途而废，而且会进一步受到秦的迫害。况且大王的土地有限，而秦国的贪欲无尽。以有尽之地迎合无止境的贪欲，这就是招致怨恨与灾祸的根源。秦国不经战斗，就占领了土地。俗话说：‘宁为鸡口，无为牛后。’现在大王西面交臂称臣事秦，与做牛尾巴有何区别呢？以大王的贤能，又有强大的军队，却有牛尾的名声，我私下真替大王惭愧呀！”韩王听后愤然变色，手扶宝剑叹息说：“我虽不才，也定不去臣服于秦！”于是，韩王答应了合纵。

※ 评析

苏秦在此游说韩王时所用的就是激将法，通过其说服的过程可知苏秦把这一游说术运用得游刃有余，得心应手。他先是列举本国的优势，给韩王打气鼓劲，以树立其信心；而后，又直言不讳地指出其臣服秦国的耻辱，以“宁为鸡口，无为牛后”使韩王知耻而后勇，在盛怒之下答应了合纵的要求。苏秦在此游说韩王时，不仅达到了自己的目的，还破坏了连横之势，真可谓一举两得。

游说魏国　以谀为主

※ 原文

苏秦如魏，说魏襄王曰：“大王之地，南有鸿沟、陈、汝南，东有淮、颍、煮，西有长城之界，北有河外、卷、衍。地方千里，地名虽小，然而田舍庐庑，曾无刍牧之地。人民之众，车马之多，日夜行不绝，輷輷殷殷，若有三军之众。魏，天下之强国也；王，天下之贤主也。今乃有意西面而事秦，称东藩，筑帝宫，受冠带，祠春秋。臣窃为大王耻之。臣闻越王勾践战，弊卒三千，擒夫差于干遂；武王卒三千，革车三百乘，制纣于牧野。岂其卒众哉？诚能奋其威也！今窃闻大王之卒，武士二十万，仓头、奋击二十万，厮徒十万，车六百乘，骑六千匹。此过越王勾践、武王远矣！今乃听于群臣之说，而欲臣事秦。夫事秦必割地以效实，故兵未用而国已亏矣。夫为人臣割其主之地以外交，偷取一旦之功，而不顾其后，破公家而成私门，外挟强秦之势，以内劫其主，以求割地，愿大王孰察之！《周书》曰：‘绵绵不绝，蔓蔓奈何？毫厘不伐，将用斧柯。’前虑未定，后有大患，将奈之何？大王诚能听臣，六国从亲，专心并力，则必无强秦之患，故敝邑赵王使臣效愚计，奉明约，在大王诏之。”魏王曰：“谨奉教。”

※ 译文

苏秦合纵联盟又到了魏国，苏秦对魏襄王说：“大王的国土，南有鸿沟、陈、汝南，东有淮水、颍水、煮枣，西以长城为界，北有河外、卷、衍。方圆千里，地方名声虽不算大，但到处是房屋田地，繁荣得无供养放牧的地方。人口众多，车马不少，日夜往来不断，极有声势，就像三军将士在行动。魏国是天下的强国；大王是圣明的君主。现在竟有意臣服于秦，甘做东方属国，为秦王筑行宫，接受秦国的服饰，春秋两季纳贡。我真替大王感到羞愧呀。我听说越王勾践靠三千士兵作战，结果在干遂擒住了夫差。周武王凭三千士兵，百辆战车，在牧野大败纣王。难道他们靠的是兵多吗？实质上是因为他们能振作自己的威力呀！现在大王的勇武士兵有二十余万，青布裹头的二十万，殊死作战的二十万，做杂务的十万，还有战车六百辆，战马六千匹。这远远超过了越王勾践和周武王的兵力。但现在却听从群臣的邪说臣侍秦王。而侍奉秦王，必定要割让土地，送上人质。所以，军队尚未行动，国家就已受到损害了。作为人臣，割君主的土地用以对外勾结，为一时之功而不顾国家安危，以国家土地来满足个人欲望。这些人在外依靠强秦的权势，在内胁迫君主，向秦国割让土地。望大王能好好考虑一下。《周书》中说：'微小时不去铲除，发展壮大了就难以消灭了；弱小时不拔掉，长大了就得用斧子砍。'如果事前当断未断，事后必有祸患，该怎么办呢？如大王能听从我的建议，六国合纵，一致抗秦，定不会被强秦所扰。所以赵王派我合纵，奉上盟约，望大王下诏定夺。"魏王说："就依你去做吧。"

※ 评析

苏秦在此游说魏王所用的方法与游说韩国时有许多相似之处，不同之处便是以谀言为主，先是对魏国的实力进行了一番吹捧，而后抓住魏王有所心动的时刻再陈说利弊。对于魏王，以合纵的大局来鼓励他，强调六国齐心协力，团结一致，就可抵抗强秦，得以自保。由此可以看出，在利益一致的情况下，发挥自己的长处，遏制别人的短处，是取得胜利的关键所在。

知己知彼　成功说齐

※ 原文

苏秦如齐，说齐宣王曰："齐南有泰山，东有琅琊，西有清河，北有渤海，此四塞之国也。临淄甚富而实，其民无不吹竽、鼓瑟、弹琴、击筑、斗鸡、走狗、六博、蹴鞠者也。临淄之途车毂击，人摩肩，连衽成帷，举袂成幕，挥汗成雨。家殷人足，志气高扬。夫以大王之贤，与齐之强，天下莫能当也。今乃西面事秦，窃为大王羞之！且夫韩魏之所以畏秦者，为与秦接境壤界也。兵出相当，不出十日而战胜存亡之机决矣。韩魏战而胜秦，则兵半折，四境不守；战而不胜，则国已危亡随其后也。是故韩魏之所以重与秦战，而轻为之臣也。今秦之攻齐则不然：倍韩魏之地，过卫阳晋之道，经乎亢父之险，车不得方轨，骑不得比行，百人守险，千人不敢过也。秦虽欲深入，则狼顾，恐韩魏之议其后。是故恫疑虚喝，骄矜而不敢进。夫不深料秦之无奈齐何也，而欲西面事之，是群臣之计过也。今无臣秦之名，而有强国之实，故愿大王少留意计之。”齐王曰：“善。”

※ 译文

苏秦继续合纵，来到齐国。苏秦对齐宣王说：“齐国南有泰山，东有琅琊山，西有清河，北有渤海，是四面皆有险阻屏障的国家。都城临淄物资丰饶，百姓都爱吹竽、鼓瑟、弹琴、击筑、斗鸡、赛狗、下棋、踢球等活动。临淄的街道上，车毂相挨，人肩相挤，连起衣襟，就可成为帷帐，举起袖子就可成为帐幕，挥汗成雨。家家生活富有，人人意气风发。凭大王的贤明和齐国的强大，天下无人可抵挡。现在却西面事秦，我真替大王羞耻呀！韩、魏害怕秦国，是因为他们是秦国的邻国。双方若出兵对战，不出十日便可胜负分明了。即使韩、魏胜秦，自己也会损兵大半，这就会使边境无法防守；战争失利，自己就会灭亡。正因如此，韩、魏才不与秦作战，而屈服称臣。如今秦国攻打齐国就不同了，它背后有韩、魏的威胁，卫国的阳晋是必经之路，经亢父的险地时，车马不能通行，百人守住，千人也无法通过。秦国虽想深入齐境，但总有后顾之忧，怕韩、魏在背后袭击，于是便虚张声势、装腔作势地威胁两国，而自己也不敢贸然前进。不深入考虑秦国对齐国无可奈何的这些事实，却想向秦国称臣，这是群臣的错误谋略。现在如合纵联盟，可避免向秦称臣的丑名，以获得强国的实名，希望大王能留意此事，仔细考虑。”齐王说：“你说得对。”

※ 评析

当苏秦游说至齐国时，已不再像以前游说燕、赵时那么费力了，因为其他几国都愿意合纵联盟，齐如拒绝，就会与其他几国结下仇恨，而且合纵确实对己有利，所以也自然同意了。苏秦抓住这一点，以齐之富足如何为自己谋利来打动齐王，从而顺利地达到了自己的目的。

六国结盟　合纵告成

※ 原文

苏秦如楚，说威王曰：“楚，天下之强国也；王，天下之贤主也。西有黔中、巫郡，东有夏州、海阳，南有洞庭、苍梧，北有陉塞、郇阳。地方五千余里，带甲百万，车千乘，骑万匹，粟支十年。此霸王之资也！夫以楚之强，大王之贤，天下莫能当也。今乃西面而事秦，则诸侯莫不西面而朝章台之下矣！秦之所害，莫如楚。楚强则秦弱，秦强则楚弱。其势不两立，故为大王计，莫如从亲以孤秦。大王不从亲，秦必起两军：一军出武关，一军下黔中。则鄢郢动矣！臣闻治之其未乱也，为之其未有也。患至而后忧之，则无及也！故愿大王早熟计之。大王诚能听臣，臣请令山东之国，奉四时之献，以承大王之明诏；委社稷，奉宗庙，陈士励兵，在大王所用之。故纵合则楚王，衡成则秦帝。今释霸王之业，而有事人之名，窃为大王不取也！夫秦，虎狼之国也，有吞天下之心。秦，天下之仇雠也，衡人皆欲割诸侯之地以事秦，此所谓养仇而仇，大逆不忠，无过此者。故从亲则诸侯割地以事楚，衡合楚割地以事秦，此两策者相去远矣，二者大王何居焉？故敝邑赵王使臣效愚计，奉明约，在大王之诏诏之。”楚王曰：“善，谨奉社稷以从。”

六国既合纵，苏秦为纵约长。北报赵，赵肃侯封苏秦为武安君。乃投纵约书于秦，秦不敢窥兵函谷十五余年。

※ 译文

苏秦游说至楚国，劝楚威王说：“楚国是当今的强国，大王又是贤君。楚国西有黔中、巫郡，东有夏州、海阳，南有洞庭、苍梧，北有陉塞、郇阳，国土五千里，拥兵百万，战车千辆，战马万匹，粮食能吃上十年，这是成就霸业的资本呀。凭借楚国的强大，再加大王英明，定能天下无敌。现在却想西事秦国，如这样其他诸侯就不会再朝拜楚国，而是去章台朝拜秦国了。在各诸侯中，秦国最害怕的就是楚国。楚国强大，秦国就会相对弱小，楚国弱小，秦国就会强大，两国势不两立。我替大王考虑，不如以合纵孤立秦国。大王如不答应，秦国定会兵分两路：一路出武关，一路下黔中。如此，楚国都城鄢郢就危险了。我听说：‘未乱之时就要治理，事发之前就要防备。’如祸患发生了再想弥补就来不及了。所以望大王对此慎重考虑。大王如真能听从我的建议，我就可让山东各国一年四季贡献物品，听从大王诏令，把国家与宗庙托付给大王，并训练军队由大王调用。所以说合纵成功，楚国便可称王；连横成功，秦国就能称帝。现在楚国放弃霸业，却成全他人名声，我觉得这是不可行的。秦国贪婪暴戾如同虎狼，早有吞并天下的野心。秦国又是天下的仇敌，连横之人都想以割让各诸侯土地去侍奉秦国，这即是所说的奉养仇敌呀。没有比这更大逆不道的行为了。若合纵成功，各诸侯就会以割地来侍奉楚国；连横成功，楚国就会以割地侍奉秦国。这两者间的距离相差甚远，大王选择哪一种呢？所以赵王派我献上合纵之计，奉上合纵盟约，敬听大王吩咐。”楚王说：“好，那我就以国家的名义听从你的建议吧。”

齐、楚、燕、韩、赵、魏六国合纵成功，苏秦被任命为合纵长，指挥六国行动。回报赵国后，赵肃侯封其为武安君。后来六国把合纵约书投给秦国，从此以后，十五年内秦国不敢出兵函谷关进犯六国。

※ 评析

秦国之外的六国，属楚国最为强大，所以苏秦强调合纵则楚为王，连横则秦称帝。秦国的势力已经深入到了楚国的两翼，对楚国的安全构成了严重的威胁，楚王深知其中道理，如六国联合，就可靠六国之力与秦相抗衡，所以说合纵也是顺理成章的事。

俗话说："害人之心不可有，防人之心不可无"，这是很有道理的。表面的平安之下可能潜伏着极大的危机。所以，必须清醒地分析形势，早做保护自己的防范。

张仪连横　率先说魏

※ 原文

后张仪为秦连衡。说魏王曰："魏地方不至千里，卒不过三十万。地四平，诸侯四通，条达辐辏，无名山大川之阻。从郑至梁，二百余里；车驰人趋，不待倦而至。梁，南与楚境，西与韩境，北与赵境，东与齐境。卒戍四方，守亭障者不下十万。魏之地势，固战场也。梁南与楚、不与齐，齐攻其东；东与齐，不与赵，赵攻其北；不合于韩，则韩攻其西；不亲于楚，则楚攻其南。此所谓四分五裂之道也。且诸侯之为纵者，将以安社稷，尊主强兵显名也。今为纵者，一天下，约为昆弟，刑白马以盟洹水之上，以相坚也。而亲昆弟、同父母，尚有争钱财。而欲恃诈伪反覆苏秦之谋，其不可成亦以明矣。大王不事秦，秦下兵攻河外，据卷、衍、酸枣，去卫取晋阳，则赵不南；赵不南则梁不北；梁不北则纵道绝；纵道绝则大王之国欲无危，不可得也。秦折韩而攻梁，韩怯于秦，秦韩为一，梁之亡，立可须也，此臣之所为大王患也。为大王计莫如事秦，事秦则楚、韩必不敢动。无楚、韩之患，则大王高枕而卧，国必无忧矣。大王不听秦，秦下甲士而东伐，虽欲事秦，不可得也。且夫从人多奋辞而少可信，说一诸侯而成封侯之业。是故天下之游谈士，莫不日夜扼腕瞋目切齿以言纵之便，以说人主。人主贤其辩而牵其说，岂得无眩哉？臣闻之，积羽沉舟，群轻折轴，众口铄金，故愿大王审计定议。"魏王于是倍纵约，而请成于秦。

※ 译文

后来张仪为秦国连横。他对魏王说："魏国的土地不到千里，士兵不过三十万，土地平旷，四方诸侯皆可通过，就像车轮辐条集聚在一起，更没有高山深川为屏障。从郑国到魏国，只有二百余里，车奔人行，还没有疲倦就到达了。魏国南与楚、西与韩、北与赵、东与齐相接。这样魏国只得把守四方，守卫边界的守望台和城堡的兵力就不下十万。魏国的地势可谓兵家必争之地。如魏与楚结交而疏远齐，齐就会攻打魏国东面；如结交齐而疏远赵，赵就会攻扫魏国北面；如疏远韩，韩就会攻打魏国西面；如疏远楚，则楚就会攻打魏国南面。也就是所说的四分五裂之地呀！再说主张合纵的诸侯，说是为了国家安定，君主尊贵，兵强国盛，也只是徒有虚名罢了。如今主张合纵的人，想统一天下诸侯的行动，结为兄弟之邦，在洹水上杀白马立誓，目的是为了安定团结。但就算是同父母的兄弟还有争夺钱财的，何况这些诸侯呢？而你却以狡诈虚伪、反复无常的苏秦所献之计来保全社稷，这显然是不明智的。如大王不去侍奉秦国，秦国就会进攻河外，占领卷、衍、酸枣等地，从而控制卫国，夺取晋阳，这样就会使赵国无法南下；赵国无法南下，魏国就无法北上；魏国无法北上，合纵之盟就会被破坏。合纵之盟被破坏，大王即使不想遇危险也是不可能的了。如秦国胁迫韩国共同出兵魏国，韩国迫于压力必会听从。秦韩联合，则魏国就会很快灭亡，这就是我为大王所担心的地方。所以我觉得大王不如侍奉秦国，若侍奉秦国，楚、韩一定不敢妄动；消除了楚、韩的侵扰，大王就可高枕无忧，魏国也没有忧患了。如大王不听从我的意见，秦国出兵东伐，到时再想侍奉秦国也不可能了。况且主张合纵的人多是夸大其词，很少有可信之处，能游说成功一个诸侯，就可封官为侯。所以天下游说之士，无不每天都费尽心思地高谈合纵之利，去劝说各国君主。做君主的被花言巧语所打动，怎能不被说得晕头转向呢？我听说羽毛堆积多了也可沉舟；东西虽轻，装多了也可压断车轴；众口可以熔金。所以希望大王仔细考虑。”魏王于是违弃了六国的合纵盟约，转向秦国求和。

※ 评析

苏秦“合纵”后，使秦国十五年不敢轻易进攻山东六国，但自张仪入秦与其他六国“连横”后，这种七国各据一方的格局便慢慢被打破了。张仪在为秦国“连横”的过程中，首先选取的对象便是魏国，他对魏王施以威胁、引诱等手段，使其最后终于下定决心背弃了“合纵”的盟约，并向秦国称臣。“合纵”与“连横”的首选对象都是魏国，不仅仅因为其战略地位重要，更重要的是因为魏国的弱小，既可以引诱，也可以威胁。

张仪巧言　楚王昏从

※ 原文

张仪说楚怀王曰：“秦地半天下，兵乱四国，被山带河，四塞以为固。虎贲之士百有余万，车千乘，骑万匹，粟如丘山。法令既明，士卒安乐。主明以严，将智以武。虽无出甲，席卷常山之险，必折天下之脊，天下后服者先亡矣！且夫为纵者，无异以驱群羊而攻猛虎。虎之与羊，不格明矣！今王不与虎而与群羊，臣窃以为大王之计过矣。

“凡天下强国，非秦而楚，非楚而秦。两国交争，其势不两立。大王不与秦，秦下甲据宜阳，韩之上地不通；下兵河东、成皋，韩必入臣。则梁亦从风而动。秦攻楚之西，韩、魏攻其北，社稷安得无危？臣闻：兵不如者，勿与挑战；粟不如者，勿与持久。

※ 译文

张仪游说楚怀王说：“秦国占有天下一半的土地，兵力强大，可与周围四国对抗，四境都有天然的山川、河流为险关，可谓固若金汤。还有勇武的百万军队，千辆战车，万匹战马，粮食堆积如山，法令严明，将帅多谋又勇武，如秦国一旦出兵，必将攻下常山的险固之地。如此一来，就控制了诸侯的要害之地，天下后臣服于秦国的必会先灭亡。参加合纵的诸侯，无异于驱使群羊进攻猛虎，弱羊敌不过猛虎，这是明显的，如今大王不与猛虎交好，却与群羊为伍，这是大王的错误呀！

“现在天下的强国，非秦即楚，非楚即秦，而两国相争，其势不能两立。大王不与秦交好，秦便会出兵来攻，占据宜阳，韩国的上党要道就会被切断；若出兵河东，占据成皋，韩国必会投降。韩国投降，魏国也必会追随而归顺秦国。如此一来，秦国攻打楚国的西边，韩、魏攻打楚国的北边，楚国岂不危险了？兵法上说：兵力不如人的，切勿挑战；粮食不足的，切勿持久。

※ 原文

“秦西有巴蜀，大船积粟，起于汶山，浮江而下，至楚三千余里。舫舟载卒，一舫载五十人，日行三百里；里数虽多，然不费牛马之力，不至十日，而拒捍关矣；捍关惊则从境以东，尽城守矣，黔中、巫郡，非王之有也。秦举甲出武关，南面而伐，则北地绝。秦兵之攻楚也，危难在三月之内。而楚待诸侯之救，在半岁之外。此其势不相及也。夫待弱国之救，忘强秦之祸，此臣为大王患也。

“大王尝与吴人战，五战而三胜，陈卒尽矣；偏守新城，存民苦矣。臣闻功大者易危，而人弊者怨上。夫守易危之功，而逆强秦之心，臣窃为大王危之。凡天下而信约纵亲者，苏秦封为武安君也。苏秦相燕，即阴与燕王谋伐齐，破齐而分其地。乃佯为有罪，出走入齐，齐王因受而相之。居二年而觉，齐王大怒，车裂苏秦于市。夫以一诈伪之苏秦，而欲经营天下，混一诸侯，其不可成亦明矣。今秦与楚接境壤界，固形亲之国也。大王诚能听臣，臣请使秦太子入质于楚，楚太子入质于秦，请以秦女为大王箕帚之妾，效万室之都，以为汤沐之邑，长为昆弟之国，终身无相攻。臣以为计无便于此者。”楚王乃与秦从亲。

※ 译文

“秦国西有巴、蜀，以船运粮，自汶山起锚，并船而行，顺江而下，直达楚都有三千余里，船上载士卒，每船可载五十余人，与运三月粮的船只同行，浮水而下，一日可行三百余里。路程虽长，但毫不费力，不到十天即可到达捍关，与楚军对峙。捍关惊动，此境以东之地，只有守卫之力，黔中、巫郡二地就不再是大王的了。秦出兵武关，向南伐楚，则楚国北部交通就会被阻断，秦军攻楚，三月之内楚国就会形势危急，而楚国所待其他诸侯的援军，却要在半年后才可能到达，这将于事无补，靠弱国的救援，而忘记强秦的祸端，我真为大王感到担忧呀！

“大王曾与吴国交战，五战而三胜，但兵卒也死得差不多了，又远守新得之城，百姓深受其苦。我听说：‘进攻强敌，就易遭到危险；百姓穷困，就易抱怨主上。’你现在追求易受危难的功业，而违背强秦的愿望，我真为你担心。在诸侯中坚持合纵的苏秦，被封为武安君。苏秦任燕相，暗中与燕王商讨进攻齐国，等破齐之后，再分其地。于是苏秦假装得罪燕国，逃至齐国。齐王接待了他，又任命他为相。两年后，齐王知其阴谋后大怒，车裂苏秦。想苏秦如此诡诈的小人，却想经营天下，统一诸侯，其结果不能成功是很明显的。如今，秦、楚两国相连，本是友好邦国。如大王听从我的劝告，我可让秦太子来楚国做人质，让楚太子做秦国的人质，并让秦国选美女做大王的妻妾，呈献有万户人家的城池，做大王的汤沐之邑。秦、楚将永为兄弟之国，此后互不侵犯。我认为没有比这更好的了。”于是，楚与秦建立了友好关系。

※ 评析

六国与秦国，好比水火，迫于形势六国才合纵抗秦国。狡猾的秦国在六国合纵的强大攻势面前，也只得固守关中。没有根深蒂固的基础和相互信任的关系，使得合纵从开始便矛盾重重，危机四伏。六国合纵如群狼聚合，短暂的和平过去后就各自走散了。

张仪说韩　宣王事秦

※ 原文

张仪如韩，说韩宣王曰：“韩地险恶，山居，五谷所生，非菽而麦；地方不过九百里，无二年之食料。大王之卒，悉举不过三十万，而厮徒负养在其中矣。今秦带甲百万，车千乘，骑万匹，虎贲之士，跿跔科头，贯颐奋戟者，不可胜数。山东被甲蒙胄以会战，秦人捐甲徒裼以趋敌，左挈人头，右挟生虏。秦逐山东之卒，犹孟贲之去怯夫；以轻重相压，犹乌获之于婴儿。

“诸侯不料地之弱、食之寡，而听纵人之甘言好辞，比周以相饰，诳误其主，无过此者。大王不事秦，秦下甲据宜阳，断韩之地。东取成皋、荥阳，则鸿台之宫、桑林之苑，非王有也。夫塞成皋，绝上地，则王之国分矣。故为大王计，莫如为秦。秦之所欲，莫如弱楚，而能弱楚者莫如韩。非以韩能强于楚也，其势然也。今西面而事秦，以攻楚，秦王必喜。夫攻楚而私其地，转祸而悦秦，计无便于此者。”宣王听之。

※ 译文

张仪到了韩国，对韩王说：“韩国地势险恶，百姓多在山中居住，所产粮食不是麦子，就是豆子；土地方圆不到九百里，国中没有两年的存粮。估计大王的士卒全部出战，也不过三十万，而秦有战士百余万，战车千辆，战马万匹，勇猛之士，不穿鞋戴盔、弯弓持戟者，不计其数。向敌军冲锋，赤膊上阵，冲向敌人，他们左手提着人头，右臂挟着俘虏。秦国士卒与六国士卒相比，就像无敌勇士孟贲与懦夫相比一样。秦以重兵攻打六国，就像大力士乌获对付婴儿一样。

“各国诸侯没有看到自己兵力之弱，粮食之少，却听信合纵之士的花言巧语，他们巧言相饰，迷惑其主，没有比这更危险的了。如大王不事秦，秦就会出兵占据宜阳，切断韩国上党的交通，东攻占成皋、荥阳，则鸿台之宫、桑林之苑就不再是大王的了。如封锁成皋，切断上党要道，则大王的国家就会被瓜分了。所以我为大王考虑，不如讨好秦国。秦国想要削弱的无非就是楚国，若能削弱楚国，也只有韩国了。这并非是说韩国比楚国强，而是韩国的地形有优势。如今大王若西面事秦，又去攻打楚国，秦王必然高兴。这样攻楚国而独据楚地，转祸为福去取悦秦王，这个计谋是最好不过了。”韩宣王采纳了张仪的意见。

※ 评析

韩国也是七国中实力较弱的一个国家，韩王最担心的就是兵不如人，宜阳、成皋都是韩国的屏障，一旦失守，国家就有灭亡的危险。张仪一语中的，直击要害，韩王只得乖乖地答应西事秦国。为促成秦韩连横，张仪刚从楚国游说完毕，就在韩王面前说楚国的坏话，出卖了楚国。由此可知，当时的外交家是不能以简单的善恶标准来评定的，信义道德不过是他们手上的招牌而已。秦表面上以连横求得均势，其实际用意在于以此来重新挑起战争，让六国互相消耗，以坐收渔人之利。

迫于压力　齐王连横

※ 原文

张仪说齐闵王曰：“天下强国，无过齐者，大臣父兄殷众富乐。然为大王计者，皆为一时之说，不顾百代之利。纵人说大王者，必曰：‘齐西有强赵，南有韩梁，齐负海之国也，地广民众，兵强士勇，虽有百秦，将无奈齐何也！’大王贤其说，而不计其实。

“臣闻齐与鲁三战，而鲁三胜，国以危亡随其后，虽有战胜之名，而有破亡之实，是何也？齐大而鲁小也。今秦之与齐也，犹齐之与鲁也。今齐楚嫁女娶妇，为昆弟之国；韩献宜阳，魏效河外，赵入朝歌、渑池，割河间以事秦。大王不事秦，秦驱韩梁攻齐之南地，悉赵兵渡清河，指博关，临淄、即墨非王有也。国一旦见攻，虽欲事秦，不可得也。是故愿大王孰计之。”齐王许之。

※ 译文

张仪到了齐国，对齐闵王说：“天下没有能超过齐国的强国了，朝廷大臣、宗室贵族，势众而富有，也没有能超过齐国的。但是给大王出谋划策的人却只顾眼前利益，不从长远考虑。主张合纵的人定会对大王说：‘齐国西有强赵，南有韩、魏，是个靠海之国，地广人众，兵强将勇，就算有百个秦国，也对我们无可奈何。’大王只欣赏他们的游说之辞，却不考虑实际情况。

“我听说，齐、鲁三次交战，而鲁国三次取胜，却很快灭亡了。虽有战胜之名，实有亡国之祸，这是为何呢？因为齐国大而鲁国小。如今齐国与秦国就像鲁国跟齐国一样。现在，秦国嫁女，楚国娶妇，两国结为兄弟之国。韩国献出宜阳，魏国献出河外，赵国在渑池朝秦，献出河间，以示友好，大王如不向秦示好，秦国定会迫使韩、魏从南面攻打齐国，赵国也会派兵渡过清河、漳水，直指博关，到那时临淄与即墨就不会再是大王你的了。齐国一旦被攻，那时再想向秦国示好，也来不及了。所以望大王好好考虑呀！”齐王同意了张仪的建议。

※ 评析

张仪游说各国，对不同的国家采用不同的方法。田成子篡夺齐国政权后，齐王对大臣们有种本能的不信任感。张仪说齐国大臣目光短浅，实际上是暗示齐王：你手下大臣多为自己着想。所以，与其说张仪的言辞打动了齐王，不如说是张仪的话说到了齐王的疑心之上。张仪游说的特点是以事实说话，他以齐鲁来比秦齐，道理讲得透彻明了，使人不得不信。事实胜于雄辩。只有以客观的分析为基础陈说利弊，才能使齐王低头。

大兵压境　赵亦事秦

※ 原文

张仪说赵王曰：“弊邑秦王，使臣效愚于大王。大王收天下以宾秦，秦兵不敢出函谷关。是大王之威，行于山东。敝邑恐惧慑伏，缮甲厉兵，唯大王有意督过之也。今以大王之力，举巴蜀，并汉中，包两周，迁九鼎，守白马之津。秦虽僻远，然而心忿含怒之日久矣。今有敝甲凋兵，军于渑池，愿渡河，据番吾，会战邯郸之下。以甲子合战，以正殷之事。故使臣先以闻于左右。

“凡大王之所信为纵者，恃苏秦。苏秦荧惑诸侯，以是为非，以非为是，欲反覆齐国，而自令车裂于市。夫天下之不可混一亦明矣。今楚与秦为昆弟之国。而韩、梁称为东藩之臣，齐献鱼盐之地，此断赵之右臂也。夫断右臂而与人斗，失其党而孤居，求欲无危，岂可得乎？今秦发三军：其一军塞午道，告齐使兴师，渡河军于邯郸之东；一军军于成皋，驱韩梁军于河外；一军军于渑池，约四国而击赵。赵服，必四分其地，是故不敢匿意隐情，先以闻于左右。臣窃为大王计，莫如与秦王遇于渑池，面相见而口相约。请按兵无攻，愿大王之定计。”赵肃侯许之。

※ 译文

张仪至赵国，对赵王说：“秦王派我冒昧地给大王献国书。大王统率诸侯对抗秦国，秦国不敢向函谷关以东出击。大王声威远播于诸侯，秦国因害怕而服从，我们现在修缮武器装备，整顿兵马，操练骑射，只想着大王有意责备我们的过错。如今秦国在大王的帮助下，向西攻下了巴、蜀，兼并了汉中；向东收纳了两周，将周主的九鼎迁出周王室，把守白马要道。秦国虽地处僻远，但早已心怀怒火。如今秦王只有破铠甲、钝兵器，在渑池驻军，想渡黄河、越漳河，占领番吾，会赵军于邯郸城下，在甲子之日开战，以仿效武王伐纣之故事。秦王派使节先来大王左右传达此事。

“以前大王听信合纵之计，相信了苏秦的诡计。苏秦迷惑诸侯，以是为非，以非为是。他想颠覆齐国，结果自己落个车裂的下场。诸侯是不能结盟的，这显而易见。如今，楚、秦两国结为兄弟之邦，韩、魏两国成为秦国东面的属国，齐国也贡献鱼、盐之地，这就断了赵国的右臂。右臂断还与人争斗，失去援助而独居，想没有危险，这可能吗？如今秦国派兵三路：一路把守要道，让齐军渡过清河，驻扎于邯郸以东；一路驻扎于成皋，使韩、魏两军驻扎于河外；一路驻军于渑池，共同进攻赵国。赵灭亡后，必会四分其地，所以我不敢隐瞒，特来通知大王。我暗中为大王考虑，不如与秦王在渑池会晤，当面交换意见，以决定问题。我请求秦王停止攻赵，请大王定夺。”赵肃侯听从了张仪的劝说。

※ 评析

赵国是合纵的发起者与组织者，因此秦王对赵国怀恨在心，想伺机报复。赵国见其他几个诸侯纷纷脱离合纵，心中早就为之不安了，张仪此次前来游说，便抓住了赵王的恐惧心理加以进言。首先指明赵国是合纵的罪魁祸首，而后又从军事上威胁赵国，以多面受敌的压迫感恐吓赵王，出于以上的压力，赵国最后也不得不接受张仪的连横要求。

张仪说燕　连横完毕

※ 原文

张仪说燕昭王曰："大王之所亲信，莫如赵。昔赵襄子尝以其姊为代王妻，欲并代，约与代王遇于句注之塞。乃令工人作为金斗，长其尾，令可以击人。与代王饮，阴告厨人曰：'即酒酣乐，进热歠，反斗以击之。'于是酒酣乐，取热歠。厨人进斟，因反斗击代王，杀之，肝脑涂地。其姊闻之，因磨笄以自杀。故至今有磨笄之山，天下莫不闻。

"夫赵王之狼戾无亲，大王之所明见。且以赵为可亲乎？赵兴兵攻燕，再围燕都，而劫大王，大王割十城以谢，今赵王已入朝渑池，效河间以事秦。今大王不事秦，秦下甲云中、九原，驱赵而攻燕，则易水、长城，非王有也。今王事秦，秦王必喜，赵不敢妄动，是西有强秦之援，南无齐、赵之患，是故愿大王孰计之。"燕王听张仪，张仪归报秦。

※ 译文

张仪游说到燕国，对燕王说："大王最亲近的诸侯莫过于赵国。以前赵襄子把他的姐姐嫁给代国国君，就是想吞并代国，他约定与代王在勾注会晤。就让工匠做了把大铜勺，勺把做长了些，可用来击人。赵襄子与代王宴饮，事先暗中告诉厨师："当酒兴正浓时，端上热汤后立即翻倒，借机用勺子打死代王。'当酒兴正酣时，厨师端上热汤，在接汤时厨师乘势倒翻，用勺底打死了代王，脑浆涂地。其姐听说后，把自己的簪子磨尖后自杀而亡。所以到现在还有个磨笄山，天下无人不知。

"赵武灵王心狠手辣，六亲不认，大王可能早就知道了。你难道觉得赵王是可亲近的吗？赵国发兵攻燕，两次围困燕都，威胁大王，大王割地给他十座城池，他才撤兵。如今赵王已到渑池去朝拜秦王，献上河间以讨好秦国。如大王不讨好秦国，秦就会出兵云中、九原，迫使赵国攻打燕国，则易水与长城就不再是大王的了。如大王投靠秦国，秦王必会很高兴，而赵国也不敢轻举妄动，如此燕国西有强秦为援助，南边没有了齐、赵的后患。所以望大王能好好考虑。"燕王听从了张仪的话，张仪回秦报告了游说的情况。

※ 评析

燕赵南北相邻，相互攻伐不断，但由于燕国实力相对弱小，所以面对赵国的欺侮，燕王也只能暗自承受，忍而不发。因为燕国知道，弱燕向强赵报仇无异于以卵击石，忍一时之气事小，安邦存国事大。燕国若想保国，必须维系好与赵国的关系。现在赵国既已与秦交好，自己又怎敢得罪秦、赵呢？而且与秦连横，确实能够给自己带来更多的安全保障，所以也只好欣然答应了。由上可知，政治行为的最高原则就是利益，对任何的取舍判断都离不开利益。难怪英国史学家罗伯特说："我们没有永恒的朋友，也没有永恒的敌人，只有永恒的利益。"

钱财利诱　秦统天下

※ 原文

于是楚人李斯、梁人尉缭，说于秦王曰："秦自孝公已来，周室卑微，诸侯相兼，关东为六国，秦之乘势侵诸侯，盖六代矣。今诸侯服秦，譬若郡县。其君臣俱恐，若或合纵而出不意，此乃智伯、夫差、滑王所以亡也。愿王无爱财，赂其豪臣，以乱其谋。秦不过亡三十万金，则诸侯可尽。"秦王从其计，阴遣谋士赍金玉以游诸侯。诸侯名士，可与财者，厚遗给之；不肯者，利剑刺之。离其君臣之计，乃使良将随其后，遂并诸侯。

※ 译文

连横完毕后，在此基础之上，楚人李斯、魏人尉缭劝秦王说："自秦孝公以来，周王室衰微，诸侯相互攻伐兼并，山东分为六国，秦国乘势侵夺诸侯，至今已历经六代。如今诸侯臣服于秦，如同秦国郡县一样。各国君臣都很害怕，一旦有人再提出合纵抗秦的话，我们就前功尽弃了，就可能出现智伯、夫差、滑王这样先胜后亡的例子。望大王不要吝惜钱财，以金银财宝去贿赂六国的权臣，扰乱他们的政治，打消他们合纵的想法。这样，秦花费的不过是三十万两黄金，但换来的却是六国的破灭，天下的统一。"秦王听从了他们的建议，暗中派谋士携带大量的金银财宝去游说诸国。六国中的名士，肯接收财物的，就重金结交；不肯接受的，就派人刺杀。离间六国君臣，而后派精兵良将征伐。于是，最后统一了六国。

※ 评析

人为财死，鸟为食亡。尤其是在六国日渐衰弱、濒临灭亡的时刻，更容易丧失理智，而一心一意地追求眼前利益。此时，秦国正好利用这一机会对六国展开"金钱攻势"，从而起到了摧枯拉朽的作用。金钱对人的诱惑力不可小视的，纵观中国古代历史，以金钱当作玩弄政治手段的资本由来已久。

历代制度　尽显优劣

※ 原文

秦既吞天下，患周之败，以为弱见夺，于是笑三代，荡灭古法。削去五等，改为郡县，自号为皇帝，而子弟为匹夫。内无骨肉本根之辅，外无尺寸蕃翼之卫。吴、陈奋其白梃，刘、项随而毙之。故曰：周过其历，秦不及其数，国势然也。

汉兴之初，海内新定，同姓寡少，惩亡秦孤立之败，于是割裂疆土，立爵二等。功臣侯者，百有余邑。尊王子弟，大启九国，国大者，跨州兼郡，连城数十，可谓矫枉过正矣。然高祖创业，日不暇给。孝惠享国之日浅，高后女主摄位，而海内晏然，无狂狡之忧。卒折诸吕之难，成太宗之基者，亦赖之于诸侯也。

夫厚本以末大，流滥以致溢，小者淫荒越法，大者睽孤横逆，以害身丧国，故文帝采贾生之议，分齐赵。

※ 译文

秦国统一天下后，总结周朝灭亡的原因，认为是因周朝统治薄弱造成的。于是嘲笑三代，荡灭古法，抛弃五等爵位，封建诸侯的古代制度，改行郡县制度。秦王嬴政自封为“皇帝”，不再分封子弟。如此一来，朝廷内没有骨肉同胞的辅佐，地方上缺少诸侯藩屏的护卫。一旦陈胜、吴广起义在前，项羽、刘邦就会紧跟而起，秦朝很快就土崩瓦解了。所以说，周秦两代所实行的制度，各有利弊，这是由于当时的政治形势决定的。

汉朝初兴，海内平定，刘氏同姓人少，鉴于秦朝失败于孤立无援的境地，于是裂土封疆，分封二等爵位（王和侯）。功臣中封侯者百余人。王室子弟封王者九人。封地大的跨州连郡，拥有几十座城池，这应算是矫枉过正吧。但也应看到，高祖创业之初，百废待兴，后来汉惠帝在位时间又短，接着吕后当政，此时国家太平，无可忧之事。接着迅速铲除了诸吕，成就了汉文帝的基业，全依靠的是诸侯之力。

随着历史的推移，各地诸侯的权力有所增长，中央政府逐渐失去了控制。他们轻则荒淫无耻，违法犯罪；重则明目张胆地举兵造反，对国家造成了极大的威胁。所以，汉文帝采用贾谊的建议，把齐、赵等大诸侯国又分成小国。

※ 原文

景帝用晁错之计，削吴楚。武帝施主父之策，“推恩之令”。景遭“七国之难”，抑诸侯，减黜其官；武有淮南衡山之谋，作左官之律，设附益之法。诸侯唯得衣食租税，不与政事。至于哀、平之际，皆继体苗裔，亲属疏远，生于帷之中，不为士民所尊。故王莽知汉中外殚微，本末俱弱，无所忌惮，生其奸心。因母后之权，假伊周之称，专作威福。庙堂之上，不降阶序而运天下。诈谋既成，遂据南面之尊，分遣五威之吏，驰传天下，班行符命。汉诸侯王蹶角稽首，奉上玺绂，唯恐居后，岂不哀哉？及莽败，天下云扰。

※ 译文

汉景帝听从了晁错的计策，削夺吴、楚两国的势力。汉武帝采纳主父偃更为妥当的削藩方法—推恩令。七国之乱后，汉景帝抑制诸侯，减免和罢黜了大批诸侯所属的官吏。汉武帝时，又发生了淮南王和衡山王的叛乱，于是国家制定了左官律和附益法，进一步削弱了诸侯势力。诸侯只能在自己的封地内居住，收租纳税，不得参与政事。到哀帝、平帝时，刘氏王侯世袭相延，亲戚疏远，诸王生活在深墙大院之内，不再受到士民重视了。后来汉王室衰微，气数已尽，外戚王莽居心叵测，肆无忌惮，借太后的权力，假托伊尹、周公之名，作威作福，骄横跋扈，把持政权，行使皇权。王莽篡夺汉朝后，面南称帝，官分五等，晓谕天下。可怜一帮汉朝宗王，奴颜婢膝，俯首帖耳，争先奉符献印，真是悲哀！王莽失败后，天下大乱。

※ 原文

光武中兴，纂隆皇统，而犹遵覆车之遗辙，养丧家之宿疾，仅及数世，奸宄充斥，率有强臣专朝，则天下风靡；一夫纵横，则城池自夷，岂不危哉？在周之难兴王室也，放命者七臣，干位者三子，嗣王委其九鼎；凶族据其天邑，征鼙震于阃宇，锋镝流于绛阙。然祸止畿甸，害不覃及，天下晏然。以治待乱，是以宣王兴于共和，襄、惠振于晋、郑。岂若二汉阶阏暂扰，而四海已沸；孽臣朝入，而九服夕乱哉。远惟王莽篡逆之事，近鉴董卓擅权之际，亿兆悼心，愚智同痛，岂世乏曩时之臣，士无匡合之志欤？盖远绩屈于时异，雄心挫于卑势耳。

※ 译文

光武中兴，恢复刘氏基业，但没有吸取西汉灭亡的教训，汉朝由来已久的弊端在东汉没有得到根本的改变。几代之后就奸宄充斥，腐败不堪。一旦出现强臣专权，则天下皆风靡而行；一旦有叛乱发生，守城官员就会不战而逃。东汉的天下岂能不危险？周朝时，辅政大臣有七人，其中三人干预朝政，周王授以九鼎，委以重任。反叛者即使占据首都，鼓震四方，乱箭就从皇宫上飞过，祸乱也仅局限于京师附近，不会波及天下，国家从总体上说是太平的。用治理之法防止祸患，所以周宣王能在“国人暴动”后再兴周室，周襄王、周惠王能借助晋、郑的力量重振大业。不像两汉的朝廷，稍有扰乱就乱成一团；逆臣贼子刚一作乱，文武大臣就手忙脚乱，不知所措了。远有王莽篡权，近有董卓专权，实在是让人心痛。难道国家缺乏治世能臣，士大夫们没有救世之志吗？这是因为时代不同而不能建立功绩罢了，壮志是有的，但地位大概难以实现心中的远大志向。

※ 评析

分封制与郡县制相比，到底谁优谁劣，不是我们所要探讨的问题，不在当时的历史条件下生活，就很难给出客观而又公正的评价。分封也好，郡县也罢，毕竟都已成为历史的陈迹，与今天的社会已不可同日而语了。但我们应明白这个道理：新制度在产生之初，都曾推动过社会的发展，随着社会的变化就会产生诸多弊端，成为社会进步的绊脚石。政策、法规、体制、思想本身无好坏优劣之分，全看人去如何运用，用得好便存在，用得不好就淘汰。由此可知，选择社会制度一定要思变常通，以适应时势的发展变化。

分封郡县　重在德治

※ 原文

魏太祖武皇帝躬圣明之姿，兼神武之略，龙飞谯沛，凤翔兖豫，观五代之存亡，而不用其长策；睹前车之倾覆，而不改其辙迹。子弟王空虚之地，君不使之人。权均匹夫，势齐凡庶。内无深根不拔之固，外无磐石宗盟之助，非所以安社稷，为万世之业也。

且今之州牧、郡守，古之方伯、诸侯，皆跨有千里之土，兼军武之任，或比国数人，或兄弟并据，而宗室子弟，曾无一人间厕其间，与相维持，非所以强干弱枝，备万一之虑也。时不用其计，后遂凌夷。此周、秦、汉、魏立国之势，是以究其始终强弱之势，明鉴戒焉。

※ 译文

魏太祖曹操，帷幄决策，文武兼备，雄才大略，在谯沛出生，在兖豫发迹。然而考察五代的存亡之道，却不能扬长避短；目睹了前朝灭亡的悲剧，却不加以借鉴。他的子弟被分封于空虚之地做诸侯王，重用那些不堪重用的人，诸侯王权同匹夫，势如百姓。令宗室子弟如同百姓。致使对内没有根深蒂固的势力，对外没有坚如磐石的宗族支持，这不是用来安定社稷、建立万世功业的长久之计。

如今的州牧、郡守，相当于古代的方伯、诸侯，统领之地全是跨地千里，集军政大权于一身，或几人相互勾结，或兄弟割据一方，而宗室子弟，没有一人厕身州牧郡守之间、参与掌握地方政权的。这倒不是强干弱枝，以防万一的统治方法。当时不用诸侯藩国辅助王室的统治体制，后来这种制度逐渐衰落了。以上是周、秦、汉、魏立国时的情形，之所以探究历史的兴亡强弱发展演变的道理，就是为了让后人加以借鉴。

※ 原文

论曰：周有天下八百余年，后代衰微，而诸侯纵横矣。至末孙王赧降为庶人，犹能枝叶相持，名为天下共主。当是时也，楚人问鼎，晋侯请隧，虽欲阚周室，而见厄诸姬。夫岂无奸雄，赖诸侯以维持之也。故语曰："百足之虫，至死不僵。持之者众。"此之谓乎。及嬴氏擅场，惩周之失，废五等，立郡县；君有海内，而子弟为匹夫；功臣效勤，而干城无茅土，孤制天下，独擅其利，身死之日，海内分崩。陈胜偏袒唱于前，刘季提剑兴于后，虎啸龙睇，遂亡秦族。夫齐陈诸杰，布衣也，无吴楚之势，立锥之地，然而驱白徒之众，得与天子争衡者，百姓思乱，无诸侯勤王可惮也。故曰："夫乱政虐刑，所以资英雄而自速祸也。"此之谓矣。夫伐深根者难为功，摧枯朽者易为力。今五等，深根者也；郡县，枯朽者也。故自秦以下，迄于周隋，失神器者非侵弱，得天下者非持久，国势然也。呜呼！郡县而理，则生布衣之心；五等御代，则有纵横之祸。故知法也者，皆有弊焉。非谓侯伯无可乱之符，郡县非致理之具，但经始图其多福，虑终取其少祸，故贵于五等耳。圣人知其如此，是以兢兢业业。日慎一日，修德以镇之，择贤而使之。德修贤择，黎元乐业，虽有汤武之圣，不能兴矣。况于布衣之细，而敢偏袒大呼哉？不可不察。

※ 译文

作者总结议论说：周朝统治天下有八百多年之久，后代衰微，诸侯合纵连横，战乱不断。到周赧王被贬为庶人周朝灭亡。虽然东周时期王室衰微，但王室枝叶、各国诸侯仍能够扶持周王室，周王在名义上贵为天子。当时，楚、晋都想自称天子，虽几次想颠覆周朝，但都被姬姓诸侯所拯救。难道天下没有奸雄吗？主要是依赖诸侯维持罢了。有句俗话："百足之虫，虽死但身体不僵，是因为扶持它的东西多。"说的就是这个道理。秦国统一后，为了不再重蹈周朝灭亡的覆辙，废除了五等封爵制度，设立郡县，最后拥有了天下，但秦独占其利，视子弟如百姓，功臣得不到寸土。秦始皇独掌大权，一人治理天下。他死后天下大乱。陈胜首先起事，刘邦、项羽紧随其后，虎啸龙吟，很快就推翻了秦朝。秦末豪杰多平民出身，没有像吴、楚两国诸侯那样强大的势力，就连立锥之地都没有，但他们能率天下平民揭竿而起，与天子争夺天下，就是因为民心思乱所致，而又不必担心诸侯救助皇室。所以说：“严刑酷法是导致国家灭亡、英雄四起的祸根。”讲的也正是这个道理。砍伐根深叶茂的树木很难，但摧折一段朽木却很容易。五等封爵好比一棵根深叶茂的大树，而郡县制就是一段朽木。所以自秦朝以来，直到隋朝，失掉国家政权的，并不是由于逐渐衰弱造成的；得天下的不一定能持久，这是国家统治形势所决定的。啊！郡县制导致平民萌生篡逆之心，五等封爵会产生合纵连横的祸乱。两者都有弊端，并非分封制就无动乱，郡县制就不是治理天下的最好方法。但从多福和少祸的角度考虑，郡县制要比分封制强。明君知道这个道理后，便兢兢业业，日慎一日，修德律己，择贤而用，推行德政，任用贤才，百姓安居乐业。就算是商汤、周武王那样的明君聚众起来也不会成功，更何况是普通百姓呢，谁又敢揭竿造反呢？这个问题不得不认真考虑呀。

※ 评析

只要为政者能够做到修身律己，勤恳敬业，选贤任能，推行德政，让百姓安居乐业，国家就会兴旺发达。“德政”在当今社会应赋予新的内容：清正廉洁，秉公执法，从大局着眼，充分发扬民主之风，全心全意服务于民。

卷八

论曰：臣闻昔汉氏不纲，网漏凶狡。袁本初虎视河朔，刘景升鹊起荆州，马超、韩遂雄踞于关西，吕布、陈宫窃命于东夏。辽河、海岱，王公十数皆阻兵百万，铁骑千群，合纵缔交，为一时之杰也。

三国权四十

本篇论述了三国时代的历史。这段历史留下了不少动人的故事，比如桃园结义、三顾茅庐等。三国的形势错综复杂，在政治、军事、外交方面都存在着尖锐而激烈的斗争，其中权谋自是变化多端、惊心动魄。像其中的官渡、赤壁和夷陵等著名战役，都有许多值得我们借鉴的地方。三国的历史以权谋与机变见长，政治上的智慧火花也是流光溢彩，重温这段历史，必会让我们受益匪浅。

三足鼎立　各显风采

※ 原文

论曰：臣闻昔汉氏不纲，网漏凶狡。袁本初虎视河朔，刘景升鹊起荆州，马超、韩遂雄踞于关西，吕布、陈宫窃命于东夏。辽河、海岱，王公十数皆阻兵百万，铁骑千群，合纵缔交，为一时之杰也。然曹操"挟天子令诸侯"，六七年间，夷灭者十八九，唯吴、蜀蕞尔国也，以地图按之，饶四州之土，不如中原之大都。人怯于公战，勇于私斗，轻走易北，不敌诸华之士。角长量大，比才称力，不若二袁刘吕之盛。此二雄以新造未集之国，资逆上不侔之势，然能抚剑顾眄，与曹氏争衡；跃马指麾，而利尽南海，何哉？则地利不同，势使之然耳。故《易》曰："王侯设险以守其国。"古语曰："一里之厚，而动千里之权者，地利也。"故曹丕临江，见波涛汹涌，叹曰："此天所以限南北也！"刘资称南郑为"天狱"，斜谷道为"五百里石穴"，稽诸前志，皆畏其深阻矣。虽云天道顺，地利不如人和，若使中材守之，而延期挺命可也，岂区区艾、濬得奋其长策乎？由是观之，在此不在彼。于戏，智者之虑，必杂于利害。故"不尽知用兵之害，则不能知用兵之利"，有自来矣。是以采摭其要，而为此权耶。夫囊括五湖，席卷全蜀，庶知害中之利，以明魏家之略焉。

※ 译文

作者议论说：东汉末年朝纲失统，群雄逐鹿。袁绍虎视河、朔，刘表在荆州起兵，马超、韩遂雄踞关西，吕布、陈宫占据东夏。在辽西、渤海、山东一带，称王称公的有十几个，都是雄兵百万，铁骑千群，他们互相合纵缔交，都是一时的豪杰。曹操"挟天子令诸侯"，六七年间，诸侯被消灭了十之八九，只剩下吴、蜀两个小国了。从地图上看，这两个国家不过拥有四州之土，也没有中原的一个都城大。那里的人公战无勇，只会私下斗狠，在战斗中一败即溃，在许多方面不能与中原相比。在力量与才智上也不如袁绍、袁术、刘表、吕布强盛，但却能在不利的形势下存在下去，凭着初建的国家拒守西蜀和江南，与曹操抗衡，这是什么原因呢？就是因为地利不同，时运所致。所以《周易》中说："王侯设险，以守其国。"古语说："一里方圆的土地，却动用了夺取千里之地的权谋，这就是地利的作用。"所以曹丕临江面对汹涌的波涛而感叹地说："这是上天设置的南北界线啊！"刘资称南郑为"天狱"、斜谷道为"五百里石穴"，查阅众多的史料，都有关于它的险要记载。虽说朝代更替顺应天时，但地利不如人和。如果吴、蜀有中等才能的人统治，就可避免过早地灭亡，怎能让小小的邓艾、王濬轻易成就灭吴、蜀的大功呢？所以说，胜负的关键在于人和，而不是地利。有智之士一定会全面考虑到这些利害关系。所以说："不懂得用兵之害，也就不能知道用兵之利。"这句话很有道理。所以，我选取了三国权谋的精要，做了以下分析，目的是使后人从统一中原、覆灭蜀国的事件中明白用兵的利害关系，从而懂得曹魏的权谋。

※ 评析

作者在此篇之前加以论述，不仅阐明了自己对三国的各自看法，还在最后交代了写作目的：从曹魏统一三国的过程中明白用兵的利害关系。作者在论述中提到了"天时不如地利，地利不如人和"的观点。可见，人和是成就事业最基本的条件，否则，就会一事无成，即使一时兴起，也好景不长。

蜀

汉室虽亡，但刘备三顾茅庐，有孔明辅助于危难之际，励精图治，才有了与魏、吴三足鼎立之势。可惜蜀汉终因后继无人，虽具备天时地利的条件，但缺少了最关键的人和，最终将江山葬送在不肖子刘禅手中。

成就大业　不失时机

※ 原文

天帝布政房心，致理参伐。参伐则益州分野。按《职方》则雍州之境，据《禹贡》则梁州之域，地方五千里，提封四十郡，实一都会也。故古称"天府之国"，沃野千里，其有以矣。

※ 译文

天帝布置政局，房心合该治理参伐。参伐的分野是益州。按照《职方》记载在雍州境内，根据《禹贡》记载于梁州境内，方圆五千里，境内有四十个郡县，可算得上一个诸侯国了。古代把益州称为“天府之国”，沃野千里，可见其历史很悠久了。

※ 原文

王莽末，公孙述据蜀。益部功曹李熊说述曰：“方今四海波荡，匹夫横议，将军割据千里，地什汤武，若奋发威德，以投天隙，霸王之业成矣。今山东饥馑，人民相食，兵所屠灭城邑丘墟。蜀地沃野千里，土壤膏腴，果实所生，无谷而饱。女工之业，覆衣天下，名材竹干，器械之饶，不可胜用。又有鱼盐、铜铁之利，浮水转漕之便。北据汉中，杜褒斜之隘；东守巴郡，拒捍关之口。地方数千里，战士不下百万。见利则出兵而略地；无利则坚守而力农；东下汉水，以窥秦地；南顺江流，以震荆扬。所谓用天因地，成功之资。今君王之声闻于天下，而位号未定，志士狐疑。宜即大位，使远人有所归依。”建武元年四月，遂自立为天子，号“成家”，色尚白。

※ 译文

王莽末年，公孙述占领蜀地。益州功曹李熊劝公孙述说：“现在全国动荡，目光短浅的人只知空谈，将军你占据千里之地，十倍于商汤和周武王。如能奋发有为，取信于民，利用天赐良机，就可成就王霸之业。现在山东闹饥荒，百姓骨肉相残，经战争洗劫的城邑变成了废墟。蜀地有广阔沃土，盛产果实，就算百姓无粮也可吃饱；纺织发达，衣物可供天下人穿用；名贵的木材、竹子和各种器械，用之不竭。百姓打鱼、制盐、冶铜炼铁，还有便利的水上运输条件。军事上，向北有褒城、斜谷的险阻，向东可把守巴郡、捍关。方圆数千里的土地有超过百万的雄兵，有利可出兵攻城略地，无利就坚守城池，发展农业。东下汉水，可趁机夺取秦地，顺江东下，可威慑荆扬，真可谓天时地利。如今你声名天下皆知，但缺少的是帝位之业，为何还犹豫不决。你应及早建位称号，使人们有所依托。”东汉建武元年（公元25年）四月公孙述就自立为天子，改国号“成家”，以白色为贵。

※ 原文

自更始败后，光武方事山东，未遑西伐。关中豪杰多拥众归述。其后平陵人荆邯见东方将平，兵且西向，说述曰：“兵者，帝王之大器，古今所不能废也。隗嚣遭遇运会，割有雍州，兵强士附，威加山东。不及此时摧危乘胜，以争大命，而退欲为西伯之事，偃武息戈，卑辞事汉，喟然自以武王复出也。令汉帝释关陇之忧，专精东伐，四分天下而有其三。使西州豪杰，咸居心于山东。发间使，招携贰，则五分而有其四。若举兵天水，必至沮溃。天水既定，则九分而有其八。陛下以梁州之地，内奉万乘，外给三军，百姓愁困，不堪上命，将有王氏自溃之变。臣之愚计，以为宜及天人之望未绝，豪杰尚可招诱，急以此时发国内精兵。令田戎据江陵，临江南之会，倚巫山之固，筑垒坚定，传檄吴楚，长沙以南，必随风而靡；令延岑出汉中，定三辅、天水，陇西拱手自服。如此海内震摇，冀有大利。”

述不听邯计。光武乃使岑彭、吴汉伐蜀，破荆门，长驱入江关。军至成都，述出战，兵败被刺，洞胸死，夷述妻子，焚其宫室。

※ 译文

刘玄失败时，光武帝刘秀正在山东谋事，无暇顾及西南，关中英豪多归顺了公孙述。此后，平陵人荆邯看到如果刘秀平定中原，大军就会讨伐西南，劝公孙述说：“军队是古今成就帝王大业的基础，不可轻易放弃。隗嚣乘机割据了雍州，兵强马壮，有志之士都想投奔他，已威胁到了山东的刘秀，你不在此时出兵，与刘秀争夺天下，却退守西蜀，犹豫不决，想效仿西伯侯，不事习武用兵，谦卑地侍奉汉君，慨叹汉君刘秀是周武王复出。如今刘秀无暇顾及汉中、益州，一心想平定山东之乱，已得到了天下的四分之三，致使西部州郡的英豪都倾向了山东的刘秀。刘秀派出离间的使者，收揽有二心的人，天下其实已得到了五分之四。刘秀如派兵攻打天水，必会使我方土崩瓦解，天水一旦失守，刘秀就得到了天下的九分之八。我们以梁州之地，内养万乘之国，外供三军之需，百姓苦不堪言，怨声载道，恐怕会有王凤那样的内乱了。依我看，趁百姓还未对你彻底失望，英豪还可招纳之时，赶快派遣精兵，命田戎镇守江陵，在江南凭借巫山天险，坚固城池，把征讨的文书发至吴楚之地，长沙以南必会闻风归顺。命延岑出兵汉中，平定三辅，天水、关西的百姓也必会拱手称臣。如此一来，全国形势就会有重大变化，就对我们非常有利了。”

公孙述没有听从荆邯的计策。后来刘秀派岑彭、吴汉征讨蜀地，攻克荆门，大军直入江关。吴汉攻到成都后，公孙述出城迎战，交战时被刺穿心肺而死，公孙述的妻子儿女都被杀死，宫室被烧。

※ 评析

公孙述并非无才，而是因为太过保守，只想偏安于西南一角，导致了最终的失败。最初他能率兵打败宗成的无德之军，在益州名声远播，家喻户晓，足以证明他的能力不可小视。让人遗憾的是当他在益州取得一定的势力后，没有乘势扩大自己的事业，而是消极地防御。当手下的谋臣荆邯给他忠告时，他又没有听从，而是一意孤行地坐论西伯侯周文王的德政，最后落个国破身亡的下场也实属必然。由此可知，当事情在向有利于自己的方向发展时，就要适时地抓住机会，如果错过，就很可能会损害到整个事业，甚至落个功败垂成的结果。

三顾茅庐　隆中定势

※ 原文

至灵帝时，政理衰缺，王室多故，雄豪角逐，分裂疆宇。以刘焉为益州牧。焉死，子璋立。为刘备所围，遂降。初，刘备为豫州牧也。为曹公所破，走屯新野。

※ 译文

到东汉灵帝时，王室衰微，统治不力，群雄割据，斗争惨烈。灵帝封刘焉为益州牧。刘焉死后，其子刘璋继承了益州牧。后来，刘备围困了刘璋，迫使其投降。当时，刘备任豫州牧。后来刘备被曹操击败，退守于荆州新野县安身。

※ 原文

闻诸葛亮躬耕南阳，乃三诣亮于草庐之中，屏人言曰："汉室倾颓，奸臣窃命，主上蒙尘，孤不度德量力，欲信大义行于天下，而智术浅短，遂用猖獗，至于今日，然意犹未已。君谓计将安出？"亮答曰："自董卓已来，豪杰并起，跨州连郡者，不可胜数。曹操比于袁绍，名微而众寡，然遂能克绍，以弱为强者，非唯天时，抑亦人谋也。今操已拥百万之众，挟天子而令诸侯，此诚不可与争锋。孙权据有江东，已历三代，国险而民附，贤能为用，此可与为援，而不可图也。荆州北据江、汉，利尽南海，东连吴会，西通巴、蜀，此用武之国，而其主不能守，此殆天所以资将军也。益州险塞，沃野千里，天府之国，高祖因之以成帝业。刘璋暗弱，张鲁在北，民殷国富，而不知恤，智能之士，思得明君。将军既帝室之胄，信义著于四海，总揽英雄，思贤如渴。若跨有荆益，保其岩岨，西和诸戎，南抚夷越，结好孙权，内修政理。天下有变，则命上将将荆州之军，以向宛、洛；将军身率益州之众，出于秦川，百姓孰不箪食壶浆，以迎将军者乎？诚如是，则霸业可成，汉室可兴矣。"

时曹公破荆州，先主奔吴。备用亮计，结好孙权，共拒曹公于赤壁，破之。曹公北还，权乃以荆州业备。

※ 译文

刘备听说诸葛亮隐居于南阳，便三顾茅庐请诸葛亮出来辅佐。在茅庐中刘备对诸葛亮说："汉室衰败，奸臣夺权，君王受辱。我不顾德行和能力的浅薄，想伸张正义于天下，但因我智谋短浅，才能缺乏，以致无功至今日。然而，我并不灰心，先生说我该怎么办？"诸葛亮说："自董卓专权以来，豪杰纷纷起兵，跨州连郡的诸侯不计其数。曹操与袁绍相比，名声小且兵力弱，但曹操能以少胜多，以弱胜强，除了天时外，更重要的是智谋。如今曹操已拥兵百万，挟天子以令诸侯，在此形势下就不能再与之争高下了。孙权占据江东，已历经三代，地势险要，百姓拥护，重用有能之士，它可做我们的外援，但不可谋求夺取它。荆州北靠汉水、河水，南通南海，东连吴、会，西通巴蜀，这是用武之地，但其主却无能力据守，这是上天赐给将军的宝地呀！益州险要，与周围阻隔，肥沃的千里土地，素有"天府之国"的美称。汉高祖昔日据此而成就帝王之业。刘璋软弱无能，张鲁占据北方，想伺机夺取。巴蜀物产丰饶，而刘璋不知爱护百姓，聪明才智之士莫不渴望得到明君来统治。将军你是王室后代，仁德之名天下尽人皆知。总揽天下英雄，思贤若渴，如将军能雄跨荆、益二州，向西南与少数民族交好，对外与孙权结盟，对内实行仁政。天下一旦有变化，就可派上将领荆州军队进攻宛城、洛阳，将军你亲率益州大军夺取秦川，百姓谁还不夹道欢迎呢？如真能这样，则霸业可成，汉室可兴了。"

后来，曹操攻破了荆州，刘备败退到东吴境内。刘备采用诸葛亮的计策，与孙权结盟，孙刘联合，在赤壁大败曹操的百万大军。曹操退回中原，孙权把荆州借给了刘备。

※ 评析

刘备三顾茅庐请诸葛亮出山，刘备的真诚深深打动了诸葛亮。在诸葛亮帮助下，刘备在三分天下时占有了一席之地。诸葛亮先是讲到了当时的天下形势，建议孙刘结盟，这既使刚刚吃了败仗的刘备有了依靠，又使刘备有了养精蓄锐、东山再起的机会。后来，在赤壁之战中孙刘联军大败曹操，从此以后，天下三足鼎立的局面基本形成。

攻取西川　刘备称帝

※ 原文

庞统说备曰："荆州荒残，人物殚尽。东有吴孙，北有曹氏，鼎足之计，难以得志。今益州国富人强，户口百万，郡中兵马，所出毕具，宝货无求于外。今可权借以定大事。"备曰："今指与吾为水火者，曹操也。操以急，吾以宽；操以暴，吾以仁；操以谲，吾以忠。每与操反，事乃可成耳。今以小故而失信义于天下者，吾所不取也。"统曰："权变之时，固非一道所能定也。兼弱吞昧，五伯之事；逆取顺守，报之以义；

各事定后，封以大国，何负于信？今日不取，终为人利耳。”备乃使关羽守荆州，欲自取蜀。

※ 译文

庞统对刘备说：“荆州因战乱荒芜残破，人口物产匮乏。在孙、曹的夹击下，三国鼎立之势难以形成。如今益州国富民强，人口过百万，郡中兵马、财物丰富，我们可暂时在此据守，以成就大事。”刘备说：“当今与我水火不容的是曹操，曹操统治严厉，我统治和缓；曹操对百姓残暴，我对百姓仁爱；曹操为人狡诈，我为人忠厚。处处与曹操相对，才能成就大事。如今让我因一点小事而失信于天下，我不能这么做。”庞统说：“情况不同就需要灵活掌握，不能被道义束缚。兼并小国，吞灭昏主的地盘，这样的事自春秋五霸时就有。逆取顺受，以仁义回报，事定之后再封为大国，又怎能叫失信呢？你如今不夺益州，将来恐要被人所得。”刘备于是便派关羽守荆州，决定亲率大军夺取益州。

※ 原文

会刘璋闻曹公向汉中讨张鲁，内怀恐惧。别驾张松说璋曰：“曹公兵强，无敌于天下。若因张鲁之资，以取蜀土，谁能御之？刘豫州，使君之宗，而曹公之深仇也。若使之讨鲁，鲁必破。鲁破则益州强，曹公虽来，无能为也。”璋然之，遣法正迎先主。

先主与璋会涪。璋既还成都，先主当为璋北征汉中。

统后说备曰：“阴选精兵，昼夜兼道，径袭成都。璋既不武，又素无豫备，大军卒至，一举便定，此上计也。杨怀、高沛，璋之名将，各仗强兵，据守关头，闻数有笺来谏璋：使发遣将军。未至遣，与相闻：说荆州有急，欲还救之，并使装束，外作归形。此二子俱服将军英名，又喜将军之去，必乘轻骑来见将军，因此执之，进取其兵，乃向成都，此中计也。返还白帝，连引荆州，徐还图之，此下计也。若沉吟不去，将致大困，不可久矣。”先主然其中计。即斩怀等，自葭萌还取璋。

※ 译文

此时，刘璋听说曹操讨伐汉中的张鲁，十分害怕。别驾张松说：“曹操兵强马壮，无人能敌。如曹操夺取汉中，凭借汉中攻打益州，无人可挡。刘备是你的同宗兄弟，与曹操有深仇大恨，如能让他去讨伐张鲁，定能夺得汉中，从而加强了益州的力量，曹操即使来攻，也无能为力了。”刘璋采纳了张松的建议，就派法正前去迎接刘备。

刘备与刘璋在涪城会面后，刘璋回到成都，刘备就替刘璋前去征讨张鲁。

庞统劝刘备说：“我如今有三条计策可夺取益州。第一，秘派精兵昼夜兼程，偷袭成都。刘璋不习武练兵，毫无防备，我军到达后定能取胜，此是上策。第二，我听说刘璋的名将杨怀、高沛都握有重兵把守要道，在我们没来之前，就劝告刘璋把我们拒之门外。我们可派人散布流言，说荆州告急，要回救荆州，这两人因仰慕你的英名，又想让我们回荆州，必会前来送行，那时再趁机把他们抓住，夺其兵马，然后再攻取成都，这是中策。第三，我军返回白帝城，与荆州策应，再伺机夺取，这是下策。你如不果断行事，将会被困益州，进退两难。”刘备同意了他的中策。很快设计杀了杨怀等人，从葭萌关攻打到成都。

※ 原文

时郑度说璋曰：“左将军袭我，兵不满万，士众未附，野谷是资，计莫若尽驱巴西、梓潼人，内涪水以西，其仓廪野谷，一皆烧除，高垒深沟，静以待之。彼请战不许，久无所资，不过百日、必将自走。走而击之，则必禽矣。”璋不用度计。先主遂长驱，所过必克，而有巴蜀。

群臣劝先主称尊号，先主未许。诸葛亮曰：“昔吴汉、耿纯等劝世祖即帝位，世祖辞让，前后数四。耿纯进言曰：‘天下英雄喁喁，冀有所望，如不从议者，士大夫各归求主，无为从公也。’世祖感纯言深至，遂然诺之。今曹氏篡汉，天下无主，大王刘氏苗族，绍世而起，即帝位，乃其宜也。士大夫久勤苦者，亦望尺寸之功名，如纯言耳。”先主于是即帝位。

※ 译文

此时郑度对刘璋说：“刘备攻打我们，粮草不足，军心不稳，依我之计，不如将巴西、梓潼的人全迁走，将涪水以西的粮食作物一律烧掉，挖深沟筑高墙，静观其变。他们请战，我们坚守不出，时间久了，刘备必会因供给不足而退却，到时我们出击追赶，定能活捉刘备。”刘璋没有采纳郑度的意见。刘备长驱直入，每战必胜，很快占领了益州。

群臣劝刘备称帝，刘备不答应。诸葛亮说：“以前吴汉、耿纯等人劝光武帝继承帝位，光武帝多次推辞。耿纯说：‘天下的英雄豪杰都向往明君，你如不听从大家的意见，大家就会寻找自己的君主，怎会跟随你呢？’光武帝被诚意所打动，于是就同意了。如今曹操篡汉，天下无君，你是帝王之后，继承帝位理所应当。我们千辛万苦地追随你，就是盼望能得到功名，成就一番事业呀！”刘备于是继承了帝位。

※ 评析

庞统为刘备所设的攻取西川的三条妙计确实高明，但刘备考虑更多的还是争取人心，从更为长远的角度去审视问题，而不是单纯地采取高明的军事谋略。从魏、蜀、吴三国的领导者来看，论个人能力，曹操与孙权都要强过刘备，但刘备最善于用人，在众多的谋士和将领帮助下，才最终独立一方，与魏、吴三分天下。从刘备推托称帝中也可以看出，他的城府很深，以礼让赢得了更多人的尊重与辅佐，所以说，刘备是个深谋远虑的大政治家。

吴蜀争战　魏国得利

※ 原文

时曹公拔汉中。法正说先主曰："曹操一举降张鲁，定汉中，不因此势以图巴蜀，而留夏侯渊、张郃屯守，身遽北还，此非其智不逮，力不足也，将内有忧逼故耳。今算渊、郃才略，不胜国之将率，举众往讨，则必克之。克之日，广农积谷，观衅伺隙，上可以倾覆寇敌，尊奖王室；中可以蚕食雍、凉，广境拓土；下可以固守要害，为持久之计。此盖天以与我，时不可失也。"先主善其策，乃率诸将进兵汉中，正亦从行。先主由阳平南渡沔水，缘山稍前，于定军兴势作营。渊将兵来争其地。正曰："可击矣。"先主命黄忠乘高鼓噪攻之，大破渊军，渊等授首，遂奄有梁汉。

时魏使夏侯茂镇长安，蜀将魏延就诸葛亮请兵从褒中出，循秦岭而东，当子午而北，以袭长安，亮不许。

※ 译文

后来曹操夺取了汉中。法正对刘备说："曹操一举平定了汉中，迫使张鲁投降，他不趁机图谋我蜀地，却留下夏侯渊、张郃驻守汉中，他本人回到北方。这并非是他不想攻打我们，而是因为国内有后顾之忧呀！如今夏侯渊、张郃的才略比不上我国将帅，如我们率军征讨，定会取胜。取得汉中后，我们就可以垦荒种粮，发展农业，积累财物，以等待机会。一旦有机可乘上可灭魏，复兴汉室，中可拓展国土，下可坚守险要，作长治久安的根本。这是上天赐给我们的机遇，不可错过啊。"刘备觉得他言之有理，便率众将进军汉中，法正也前去。刘备从阳平南渡沔水河，沿山向前，在定军山安营扎寨。夏侯渊领兵来争夺营地，法正说："可以出击了。"刘备命黄忠凭高出击，很快击败了对方，夏侯渊被杀。从此，刘备全部占领了梁、汉地区。

当时，曹操派夏侯茂镇守长安，蜀将魏延向诸葛亮请兵，想从褒中出兵，顺秦岭东下，到子午谷后向北袭长安，诸葛亮不同意。

※ 原文

其后吴孙权袭关羽，取荆州。先主怒吴，伐之败绩。还蜀，至永安而崩。后主禅即位。先是，吴主孙权请和。

丞相诸葛亮虑权闻先主殂，有异计，乃遣邓芝修好于权。权果狐疑不时见芝，芝自表请见。权语芝曰："孤诚愿与蜀和亲，然恐蜀主幼弱，国小势逼，为魏所乘，不自保全。以此犹豫耳。"芝对曰："吴蜀二国，四州之地，大王命世之英，诸葛亮一时之杰也。蜀有重关之固，吴有三江之阻，合此二长，共为唇齿，进可兼并天下，返可鼎足而立，此理势之自然也。大王今若委质于魏，魏必上望大王之入朝，下求太子之内侍。若其不从，则奉辞伐叛，蜀必顺流见可而进。如此，江南之地，非复大王之有也。"权默然良久曰："君言是也。"遂自绝魏，与蜀连和。

※ 译文

此后，东吴孙权偷袭荆州的关羽，夺取了荆州。刘备听说关羽被杀，十分恼怒，亲率大军讨伐东吴，大败而归，病死于永安。后主刘禅继位。开始，吴国孙权派张温前往蜀国，意表交好。

丞相诸葛亮怕孙权听说刘备已死，会别有用心，就派邓芝出使东吴与孙权交好。邓芝到达东吴后，孙权果然狐疑不决，不立即接见邓芝。邓芝只好上书求见。孙权对邓芝说："我本真心与蜀和好，但恐怕蜀主幼弱，蜀国国小势微，若被魏国所乘，就难以自保了，所以犹豫不决。"邓芝说："吴、蜀两国，只有四州之地。大王是盖世英雄，诸葛亮也是当代豪杰。蜀国有重险之固，东吴有三江天险，把这些有利条件结合为外援，唇齿相依，进可统一天下，退可鼎足而立，形势与事理就是这样。大王今如把人质送到魏国，魏国必会要求你入朝拜见，或让太子侍奉魏王，如不答应，魏国就会以此为借口讨伐，蜀国也会顺江而下，见机而进。这样一来，江南就不再是你的了。"孙权沉默许久后说："你说得有理。"于是与魏国断绝关系，与蜀国结盟。

※ 评析

关羽被东吴所杀，刘备在盛怒之下率大军伐吴，结果落个两败俱伤的结局，而魏国从中可坐享渔翁之利。从三国的实力来看，本来魏国就占有绝对优势，而吴蜀交战后，随着两国实力的减弱，魏国相对有了进一步的增强。此时，单凭东吴或蜀国一方之力，与魏国是难以形成抗衡之势的，唯一的办法只能是吴蜀和好，共抗强魏。在现代社会，这种结盟的情况也是屡见不鲜，因为发展是第二位的，而生存才是第一位的。只有在稳定的国际国内环境中，才会为发展创造良好的条件。如果连自己的生存空间都难以保障，又何谈发展呢?

孔明治蜀　得以立国

※ 原文

时司徒华歆、司空王朗等，与诸葛亮书，陈天命，欲使举国称藩。亮不答书，作《正议》曰："昔在项羽，起不由德，虽处华夏，秉帝者之势，卒就汤镬，为后来戒。魏不审鉴，今次之矣。免身为幸，灭在子孙。而二三子多逞苏张诡靡之说，奉进欢兜滔天之辞，欲以诬毁唐帝，讽解禹、稷，所以徒怀文藻，烦劳翰墨，大雅君子所不为也。又《军志》曰：'万人必死，横行天下。'昔轩辕氏挈卒数万，制四帝，定海内，况以数十万之众，据正道而临有罪，可得干拟者哉！"

亮死后，魏令邓艾伐蜀，蜀兵败。后主用谯周策降魏。晋时，李特复据蜀。晋桓温灭之。至宋义熙中，谯纵又杀益州刺史毛璩于成都，称成都王。宋使朱龄石灭之，此蜀国形也。

※ 译文

当时，魏国司徒华歆、司空王朗等人，给诸葛亮写信，陈述天命，想让蜀国向魏主称臣。诸葛亮不答应，作《正议》说："以前项羽不以仁德对待百姓，虽然力量强大，有帝王之势，但最终还是身败名裂，千古遗恨。现在魏国不吸取历史教训，反而重蹈前人覆辙，能身免其难，就是幸运的人，他的子孙必会灭亡。你们如同战国时的苏秦、张仪，到处摇唇鼓舌，颠倒是非，妄图诋毁圣君，其实白白劳心费力，弄墨舞文，这是高尚的君子所不齿的行为。《军志》中说：'如万人有必死之心，就会天下无敌，以前轩辕黄帝率几万士卒，还能击败四位帝王，平定天下，何况今天我们有数十万兵马，以正义之师替天行道，讨伐罪人，谁还是我们的敌手呢？"

诸葛亮死后，魏国派邓艾攻打蜀国，蜀兵落败，后主刘禅采纳了谯周的计策，投降了魏国。晋朝时，又有李特占据了蜀地。后被晋国大将桓温率军剿灭了李特。到南朝宋义熙年间，谯纵在成都杀死了益州刺史毛璩，自立为成都王。后来宋朝刘裕派大将朱龄石率军剿灭了谯纵，以上是蜀国兴亡的历史情况。

※ 评析

诸葛亮不仅是智慧的化身，也是忠臣良将的楷模。为了完成先主刘备托孤的使命，辅佐刘禅在位几十载，鞠躬尽瘁，死而后已，令人深受感动。为了复兴汉室后裔，他极力辅佐刘备父子，六出祁山伐中原，后病死于五丈原。虽然后主刘禅昏庸无能，但诸葛亮在朝中选用了许多有才能的文臣武将，比如后来的蒋琬、姜维等人，在他们的辅助下，刘禅才稳居皇位四十年之久。而曹操死后，其子曹丕篡汉，魏立国虽有四十五年，但早在十七年前司马懿就发动政变夺取了曹爽的军权，魏政权归司马氏，魏已名存实亡，魏政权存在实际只有二十八年。而东吴，在孙权死后，孙皓立为吴帝，内部不和，国势日弱，遂被晋灭，孙权后人掌权只有二十七年。三国相比，蜀汉政权比较稳固，没有内部互相倾轧、争权夺利的事情，这与诸葛亮任用德才兼备的人是分不开的。

吴

凭江而立，由弱转强，由分散到统一，最终与魏、蜀三分天下。虽不能单独与魏抗衡，但却可安身自保。赤壁一战，名震天下。可惜后主孙皓昏庸残暴，祖宗基业断送其手。今人以吴国兴衰为镜，必明诸多为政之道。

扬长避短　立国之基

※ 原文

丑为星纪，吴越之分，上应斗牛之宿，下当少阳之位。古人有言曰："大江之南，五湖之间，其人轻心，扬州保强三代，要服不及以正。国有道则后服，无道则先叛。"故《传》曰："吴为封豕长蛇，荐食上国，为上国之患，非一日之积也。"

※ 译文

丑为星纪，吴越的分野上恰好同斗牛、少阳二星座遥相呼应。古人说："生活在长江以南及五湖之间的人较为分散，不易统一。占据扬州以公正的态度对待子民可保三代之强，以正道服之。国家有道则归服，无道则背叛。"所以《左传》中说："吴如同大猪、长蛇，总想吞食大国，结果早晚要被大国吞并，要想对强国形成威胁，并非是一夕而成的事。"

※ 评析

此处分析了吴国的地形，说它是一块风水宝地，也有不利于维护自己的统治的地方，但关键还是要看统治者如何扬长避短。"封豕长蛇"说明了吴国由弱到强并非易事，需要一个长期而又艰巨的过程。从当今社会来看，大到治国，小到管理企业，都需要有天时、地利、人和这些有利条件，尤其是人和。现有的状况不能表明未来，只有运用长处，不断创新，不断积累经验，才会有所成就。

审时度势　胸有成竹

※ 原文

汉高帝时，淮南王英布反。反书闻，上召诸将，问："布反，为之奈何？"汝阴侯滕公曰："臣客故楚令尹薛公，有筹策，可问。"上乃召见，问薛公。薛公对曰："布反，不足怪也。使布出于上计，山东非汉之有也；出于中计，胜败之数未可知也；出于下计，陛下安枕而卧矣。"上曰："何谓上、中、下计？"令尹曰："东取吴，西取楚，并齐取鲁，传檄燕赵，固守其所，山东非汉之有也。何谓中计？东取吴，西取楚，并韩取魏，据敖仓之粟，塞成皋之口，胜败之数未可知也。何谓下计？东取吴，西取下蔡，归重于越，身归长沙，陛下安枕而卧，汉无事矣。"上曰："是计将安出？"令尹对曰："出下计。"上曰："何为废上中计而出下计？"令尹曰："布故骊山之徒也，自致万乘之国，此皆为身不顾其后，为万世虑者。故曰出下计。"上曰："善。"果如策。

※ 译文

汉高祖刘邦时，淮南王英布造反。高祖得知后，便召集群臣商议，问："英布谋反，该如何对付呢？"汝阴侯滕公说："我有一个门客是原楚国的令尹薛公，他有办法，可询问一下他。"高祖于是召见薛公，向其问计。薛公说："英布谋反没有好奇怪的，如英布使用上计，汉朝就将失去崤山以东的地区；使用中计就胜负难分；使用下计就可高枕无忧了。"高祖说："这上、中、下计又各是什么呢？"令尹说："东取吴，西取楚，并齐取鲁，号令燕赵，安守取得之地，如此崤山以东尽归英布。什么是中计呢？东取吴，西取楚，并韩取魏，控制敖仓的粮食，堵住成皋要塞，结果便难以预料了。什么是下计呢？东取吴，西取蔡，注意于越地，固守长沙，你就可高枕无忧了，汉朝就会相安无事。"高祖说："他可能选择哪一种呢？"令尹说："下计。"高祖问："为什么不用上、中两计呢？"令尹说："英布本是骊山的苦役，发展到万乘之国来之不易，所以由此知道他目光短浅，只知安于现状，不作长远打算，所以说他必用下计。"高祖说："好！"结果确如薛公所料。

※ 评析

通过对局势的了解，薛公提出了英布可以采用的上、中、下三计，联合山东诸国乃长远之策，是上计，若长驱直入仅备一战则为中计，故步自封不思进取则为下计。通过对英布的了解，又推断出英布必会采用下计，如此一来，汉朝就高枕无忧了。由此可知，薛公审时度势的能力和高瞻远瞩的谋略。谋事贵在有远见卓识，要做到胸怀丘壑，将大局了然于胸，才会有助于事情的成功。如果走一步看一步，处处谨小慎微，实则处于被动状态，稍有差池就可能会不攻自破。

承继父兄　君臣同心

※ 原文

是后吴王刘濞以子故而反。初发也，其大将田禄伯曰：“兵屯聚而西，无他奇道，难以就功。臣愿得奇兵五万人，别循江淮而上，收淮南、长沙，入武关，与大王会，此亦一奇也。”吴王太子谏曰：“王以反为名，此兵难以藉人，人亦且反王。”吴王不许。其少将桓将军复说吴王曰：“吴多步兵，步兵利险阻；汉多车骑，车骑利平地。愿大王所过城邑，不下，宜弃去，疾西据洛阳武库，食敖仓之粟，阻山河之险，以令诸侯。虽无入关，天下固已定矣。即大王徐行，留下城邑，汉车骑至，驰入梁楚之郊，事败矣。”王问诸老将，老将曰：“此年少推锋之计耳，安知大虑？”吴王不从桓将军之计，乃自并将其兵。汉以太尉周亚夫击吴楚，亚夫用其父客计，遂败吴。

淮南王刘安怨望其父厉王长死，谋为叛逆，问伍被曰：“吾举兵西向，诸侯必有应者，即无奈何。”被曰：“南收衡山以击庐江，有浔阳之船，守下雉之城，结九江之浦，绝豫章之口，强弩临江而守，以禁南郡之下，东收江都、会稽，南通劲越，屈强江淮间，犹可一举得延岁月之寿。”王曰：“善。”未得发，会事泄诛。

※ 译文

此后吴王刘濞谋反。开始时，大将田禄伯说：“召集兵马向西进发，不是太好的策略，事情不易成功。我愿领五万人马沿江淮而上夺取淮南、长沙，进入武关，与大王会合。这是出人意料的奇招。”吴王太子却说：“大王以谋反为名，军队不能让别人统领，要防备他们也反大王。”于是吴王没有答应田禄伯的请求。后来小将桓将军又对吴王说：“我们多是步兵，在崎岖不平的地方行军打仗有优势，汉朝多是车辆马匹，在平原地带占优势。如大王在攻打城池时夺不下，不如放弃，向西占据洛阳的军备库，以敖仓的粮食为军粮，倚仗山河之险号令诸侯。虽未入关，天下就已是大王的了。如大王进兵迟缓，滞留城中，汉朝车马一旦到达，进入梁楚，我们就会遭遇失败。”吴王征求各位老将的意见，老将们说：“这是年轻人爱冒险罢了，考虑得不周全呀！”吴王没有听从桓将军的建议，亲自统率全军。汉朝派太尉周亚夫阻击吴王，周亚夫使用他父亲门客的计谋，打败了吴军。

淮南王刘安对其父厉王刘长获罪早死之事心怀怨恨，打算谋反。问伍被说：“我举兵向西，诸侯定会有响应的，到时皇帝就无计可施了。”伍被说：“南取衡山以进兵庐江，收集浔阳船只，守住下雉，控制九江水域，断绝豫章通道，沿江设强弩守卫，可防范南郡之兵。东取江都、会稽，南通越地，这样可制约江淮的兵力，还可拖延时间。”淮南王说：“好！”然而还未发兵，就因事情败露而招来杀身之祸。

※ 原文

至后汉灵、献时，阉人擅命，天下提契，政在家门。时长沙太守孙坚杀南阳太守张咨，袁术得据其郡。坚与术合纵，欲袭夺刘表荆州，坚为流矢所中，死。孙坚死，子策领其部曲；击扬州刺史刘繇，破之，因据江东。

策闻魏太祖与袁绍相持于官渡，将渡江袭许，未济，为许贡客所杀。策死，弟权领其众。属曹公破袁绍，兵威日盛，乃下书责孙权，求质。张昭等会议不决。权乃独将周瑜，诣其母前定议。瑜曰："昔楚国初封于荆山之侧，不满百里之地。继嗣贤能，广土开境，立基于郢，遂据荆、扬，至于南海，传业延祚九百余年。今将军乘父兄余资，兼六郡之众，兵精粮多，将士用命。铸山为铜，煮海为盐，境内富饶，人不思乱。泛舟举帆，朝发夕到，士风劲勇，所向无前。有何逼迫而欲送质？质子一入，不得不与曹氏，曹氏命召，不得不往，便见制于人也。岂与南面称孤同哉？不如勿与，徐观其变。若曹氏率义以正天下，将军事之未晚；若图为暴乱，兵犹火也，不戢，必将自焚。韬勇抗威，以待天命，何送质之有？"权母曰："公瑾议是也。"遂不送质。

※ 译文

到后来汉灵帝、献帝当政时，宦官专政，天下失控，大权旁落于乱臣贼子手中。当时长沙太守孙坚杀了南阳太守张咨，袁术乘机占据了南阳郡。孙坚与袁术联合，准备夺取刘表的荆州，孙坚被乱箭所伤而亡。孙坚死后，其子孙策率领家兵攻击扬州刺史刘繇，并因此而占据了江东。

孙策听说曹操与袁绍在官渡交战，想渡江偷袭许昌，结果失败，被许贡的门客所杀。孙策死后，其弟孙权继位。此时正值曹操打败袁绍，兵力日益壮大。曹操下书责备孙权，索要人质。张昭等人在一起讨论，许久拿不定主意。孙权便请周瑜同去找母亲商议。周瑜说："从前楚国被封于荆山之下时，方圆不足百里。它的后代却极有才能，开拓疆域后在郢建立大业，后又占据荆州、扬州，到达南海，基业世代相传九百余年。如今你凭父兄的威望兼并了六郡，兵精粮多，将士效力。开山炼铜，煮海晒盐，境内富饶，人心稳定。水路畅通，交通便利，百姓勇武，所向无敌。有什么理由交纳人质呢？若交上人质，就得听命于曹操。曹操下令召见不得不去，这样就会受制于人，哪能与南面称王相比呢？不如静观其变。若曹操能遵循常理以道义匡扶天下，将军再归顺也不迟。如他企图以下犯上，战争犹如火势，轻举妄动，他必会引火烧身。将军到时再保存实力以抵抗外强，以待天命。为什么要送人质呢？"孙权的母亲说："公瑾说得对。"于是没有送人质给曹操。

※ 评析

孙权能够统治东吴而稳固地独处一方，首先要得益于父亲孙坚和兄长孙策为其所创立下的基业；其次便是东吴易守难攻的地理形势，有山川河流等诸多的天然作屏障；最后就是孙权的治国才能和群臣忠心耿耿的辅佐。在地利与人和这两个基础条件之上，才有了东吴在三国鼎立中安身自保、与魏相抗衡的局面。

赤壁之战　三足鼎立

※ 原文

后曹公入荆州，刘琮举众降。

操得其水军船，步卒数十万，吴将士闻之皆恐。孙权延见群下，问以计策。议者咸曰："曹公豺虎也，托名汉相，挟天子征四方，动以朝廷为辞，今日拒之，事更不顺。且将军大势可以距操者，长江也。今操得荆州，奄有其地，刘表治水军，蒙冲斗舰乃以千数，操悉浮以沿江，兼有步兵，水陆俱下，此为长江之险，已与我共之矣。而势力众寡又不可论。愚谓大计，不如迎之。"周瑜曰："不然。操虽托名汉相，其实汉贼。将军以神武之雄才，兼仗父兄之烈，割据江东，地方数千里，精兵足用，英雄乐业，尚当横行天下，为汉家除残去秽。况操自送死，而可迎之耶？请为将军筹之：今使北土已安，操无内忧，能旷日持久，来争疆场，又能与我校胜负于舟楫可也；今北土既未安，马超、韩遂尚在关西，为操后患；且舍鞍马、仗舟楫，与吴越争衡，本非中国所长；又今盛寒，马无藁草，驱中国士众远涉江湖之间，不习水土，必生疾病。此数四者，用兵之患也，而操皆冒行之。将军擒操宜在今日。瑜请得精兵三万人，进住夏口。保为将军破之。"权曰："老贼欲废汉自立久矣，徒忌二袁、吕布、刘表与孤耳。今数雄已灭，唯孤尚存，孤与老贼势不两立。君言当击，甚与孤合，此天以君授孤也。"

※ 译文

后来曹操攻入荆州，刘琮率众投降。

曹操获得荆州水军、步卒数十万。东吴将士大为恐慌。孙权召见部下，询问计策。大家都说："曹操本是豺狼之类的人，他假称汉相，挟天子征伐四方，动辄以朝廷为借口。如今想对抗他，不会那么顺利。况且将军抗曹有长江可作依托，而现在曹操已夺得荆州，占据全境，刘表所建水军，及大小战船数以千计，尽归曹操所有，且将其布置于江边，再调动步兵，水陆齐下，这便与我们共同占有了长江天险。至于双方兵力的多少更是不可相提并论了。因此依我们的愚见，最好归顺吧。"周瑜说："不可。曹操虽名为汉朝丞相，实则乱臣贼子。将军英武过人、才能卓越，又倚仗父兄基业，割据江东，占地数千里，军队精良，物资富足，英雄乐于建功立业，就应立志横行天下，为汉朝扫除污秽。更何况曹操是自己来送死，怎能归顺于他？请让我分析一下形势：如果曹操已平定北方，没有了内患，能旷日持久地打仗，又有能力与我们在水上一决胜负，在此情况下，我们降曹还说得过去。而现在北方尚未平定，还有马超、韩遂在关西活跃，成为曹操的后患。再说舍下鞍马，仗舟与吴越争高下，这本不是中原之人所长。现在正值寒冬，马无草料，驱使中原战士跋山涉水来到江南水乡，他们不习水土不服，必生疾病。以上几点都是兵家大忌，而曹操竟敢违背。将军擒获曹操，就在今日呀！我请求带精兵三万，驻于夏口，保证能为将军打败曹操。”孙权说：“曹操老贼早就想废汉自立了，就是顾忌袁绍、袁术、吕布、刘表和我。如今他们几位都已被灭，只有我还在，我和老贼势不两立！你主张抗击曹操的意见正合我意，这是上天把你送给我呀！”

※ 原文

周瑜率水军三万，与刘备并力距曹公，用黄盖火攻策，遂败曹公于赤壁。曹公败，径北还，权遂虎视江表。初，周瑜荐鲁肃才宜佐时，权即引肃对饮曰：“今汉室倾危，四方云扰。孤承父兄遗业，思有桓、文之功，君既惠顾，何以佐之？”肃对曰：“昔高帝区区，欲尊事义帝而不获者，以项羽为害也。今之曹操犹昔项羽，将军何由得为桓、文乎？肃窃料之，汉室不可复兴，犹曹操不可卒除。将军为计，唯有鼎足江东，以观天下之衅。规模如此，亦自无嫌。然后建号帝王，以图天下，此高帝之业也。”及是平一江浒，称尊号，临坛顾谓公卿曰：“昔鲁子敬尝道此，可谓明于事势矣。”

※ 译文

周瑜率水军三万与刘备合力抗曹，他们采用黄盖的火攻计在赤壁打败了曹操。曹操战败后回到北方，从此以后，孙权便称霸于长江一带。当初周瑜推荐鲁肃，说他有辅君之才时，孙权当即召见鲁肃并与之对饮说：“如今汉朝衰弱，天下大乱，我继承父兄遗业，想建立齐桓公、晋文公那样的霸业，你既愿相助，那将怎样帮助我呢？”鲁肃说：“以前汉高祖一心尊事义帝，却不能如愿，原因在于项羽从中破坏。如今曹操就如项羽，将军怎能成为当世的齐桓公、晋文公呢？我暗中认为，汉朝不可能复兴，曹操也不可能马上被除掉。我认为将军可占据江东，静观其变，先保住这块地盘再说。然后打出帝王的旗号以谋取天下，这是汉高祖的功业啊！”到如今，孙权平定了长江沿岸，建立了自己的尊号，他登上祭坛对公卿说：“以前鲁肃曾谈到过现在的形势，可以说是料事如神呀！”

※ 评析

周瑜通过分析当前形势、敌我利弊，坚决地提出了抗曹的主张。他没有随波逐流，而是通过严密的论证，有理有据地说服了主张投降的群臣。由此可以看出，孙权有自己的领导艺术，他有自己的主张却不独断专行，而是广泛地征求群臣的意见，听到周瑜的见解分析后才表明态度，并大加赞赏，既给了别人表现的机会，也显示了自己绝非平庸之辈，真是一举两得。

鲁肃见孙权，对天下形势发表了自己的看法。后来张昭得知，便责怪鲁肃不够谦逊，并说其年少轻狂，不可重用。但孙权不以为然，更加器重鲁肃。孙权“执鞭鞠躬”是“降体”，“披怀虚己”是“降心”，所以他能够善始善终。

仁德不施　终将亡国

※ 原文

黄武元年。魏使大司马曹仁步骑数万向濡须，濡须督朱桓破之。七年，又使大司马曹休骑十万至皖城，迎周鲂。鲂欺之，无功而返。至权薨，皓即位，穷极淫侈，割剥蒸人，崇信奸回，贼虐谏辅。晋世祖令杜预等伐吴，灭之。至晋永嘉中，中原丧乱，晋元帝复渡江，王江南。宋、齐、梁、陈皆都焉。此吴国形也。

※ 译文

黄武元年（公元222年），魏派大司马曹仁率步骑兵数万进军濡须，被濡须守将朱桓击败。黄武七年（公元228年），魏又派大司马曹休率兵十万攻打皖城，太守周鲂诈降曹休，诱骗他进入皖城，后来曹休才知受骗，无功而返。孙权死后，孙皓继位。孙皓骄奢淫逸，残忍暴虐，崇信奸臣，残害忠贤的辅臣，刚愎自用。晋世祖命杜预等发兵攻吴，将其消灭。到永嘉中年，中原发生战乱，晋元帝司马睿渡江在江南建立东晋。以后的宋、齐、梁、陈都建都于此。以上便是吴国的情况。

※ 评析

从英布谋反到孙皓亡国，吴越这片土地经历了种种进退兴废的沧桑变化，这个过程印证了一句话：得天下难，失天下易。吴国最终还是被司马氏所灭。纵观历史，历朝历代的灭亡多是由于后继者不能励精图治，只知坐享其成所导致的。因此，成功之后最大的敌人就是骄傲。世上有很多这样的人，一旦满足于现状，就会失去前进的动力，从而使形势急转直下，无可挽回地走向失败的结局。

魏

三国主角，当属曹魏，虽然后人多褒刘贬曹，但乱世枭雄所建一世功名，无人可及。挟天子以令诸侯，东讨西伐，南征北战，令后人赞叹不已，可惜子孙后代让人失望，致使祖宗基业拱手让贤，晋代曹魏，不得不引起今人深深的反思！

一代枭雄　称霸天下

※ 原文

古者天子守在四夷，天子卑弱，守在诸侯。当汉之季，奸臣擅朝，九有不澄，四郊多垒。虽复诸侯释位，以闲王政，然包藏祸心，各图非冀。魏太祖略不世出，灵武冠时。值炎精幽昧之期，逢风尘无妄之世，瞋目张胆，首建义旗。时韩暹、杨奉挟献帝自河东还洛阳。

太祖议迎都许，或以为山东未定，不可。荀彧劝太祖曰："昔晋文纳周襄王，而诸侯景从，高祖东伐，为义帝缟素，天下归心。自天子播越，将军首唱义兵，以山东扰乱，未能远赴关右，然犹分遣将帅，蒙险通使，虽御外难，乃心无不在王室，是将军匡天下之素志也。今车驾旋轸，义士有存本之思，百姓感旧而增哀。诚因此时奉主上以从人望，大顺也；秉至公以服雄杰，大略也；扶弘义以致英俊，大德也。天下虽有逆节，不能为累，明矣。韩暹、杨奉其敢为害，若不时定，四方生心，后虽虑之，无及。"太祖至洛阳，奉天子都许。维其弛紊，纫其赘旒，俾我汉家不失旧物矣。于是运筹演谋，鞭挞宇内，北破袁绍，南掳刘琮，东举公孙康，西夷张鲁。九州百郡，十并其八，志绩未究，中世而殒。

夫能扶天下之危者，则据天下之安；能除天下之忧者，则享天下之乐；能救天下之祸者，则得天下之福。曹氏率义拨乱，代载其功，至文帝时，天人与能矣。遂受汉禅。

※ 译文

古时候，天子掌管国家以四夷为守卫，后来天子卑弱，就只能以诸侯为守卫了。汉末，奸臣当道，天下不宁，四方多难。虽然恢复了诸侯的职守去协理朝政，但都是心怀不轨，各有所图。魏太祖雄才大略，神武冠绝。时值奸相佞臣当道，天下大乱，魏太祖瞋目张胆，首举义旗。当时韩暹、杨奉挟持汉献帝从河东返回洛阳。

魏太祖想迎献帝定都许昌。有人认为山东局势未定，时机未到。荀彧劝太祖说："以前晋文帝扶持周襄王，诸侯便对晋文公唯命是从；汉高祖东伐项羽，为义帝戴孝，天下人都归心汉高祖。自天子蒙难，将军你首竖义旗，因山东的叛乱，未能远赴关外，但是仍调兵遣将，冒险通使。虽抗御着外部的祸患，但你的心无时不在关怀着汉室的安危，这是将军匡正天下的志向。如今军队突然转向，将士们都有维系汉室之心，百姓也因念旧而备感悲伤。所以此时事奉献帝是顺从人愿，这叫大顺；按公平原则来臣服豪杰，这叫大略；发扬仁义招纳英雄，这叫大德。天下纵有逆贼，也不足为惧，这是很明显的。韩暹、杨奉怎敢为害呢？如不及时下决定，一旦四方人心发生变化，有了反叛之心，到时再想办法就来不及了。"曹操到达洛阳，奉护天子迁至许昌。重振朝纲，使汉室没有丢失一件旧物。接着又兴兵海内，北破袁绍，南掳刘琮，东灭公孙康，西平张鲁。国内大部分领土，差不多都已归曹，可惜志愿未竟，而中途身死。

能扶天下之危的人，就能据天下之安；能除天下之忧的人，就能享天下之乐；能救天下之祸的人，就能得天下之福。曹操率义军拨乱反正，世代记录着他的功业，到魏文帝时，天命人心归于明者，于是曹丕接受了汉献帝的禅让，自立为天子。

※ 评析

东汉末年，天下大乱，群雄并起，而曹操能独树一帜，最终雄霸天下，这和他的才能与谋略是分不开的。首先，曹操以其超人的胆识和过人的决断力，抓住了成就大业的诸多机会。他发挥其机智、勇武的一面，对事当断则断，毫不犹豫。其次，曹操善于用人，这是他高人一筹的地方。他唯才是举，礼贤下士，才确保了战略决策的正确与及时实施。最后，曹操挟天子以令诸侯，让自己谋事名正言顺，从而赢得了人心，这也是曹操始终没有称帝的原因。总而言之，曹操不失为古代的智者。历史是一面镜子，以古鉴今，历史上向来存在着褒刘贬曹的意见，但曹操毕竟以其"大顺""大略""大德"等修为威服天下，成为后人竞相效仿的一代枭雄。

用兵无方　徒劳而返

※ 原文

王室虽靖，而二方未宾，乃问贾诩曰："吾欲伐不从命，以一天下，吴蜀何先？"对曰："攻取者先兵权，建本者尚德化。陛下应期受禅，抚临率土，若绥之以文德，而俟其变，则平之不难矣。吴、蜀虽蕞尔小国，依山阻水，刘备有雄才，诸葛亮善治国，孙权识虚实，陆逊见兵势，据险守要，泛舟江湖，皆难卒平也。用兵之道，先胜后战，量敌论将，故举无遗策。臣窃料群臣无权、备对，虽以天威临之，未见万全之势。昔舜舞干戚，而有苗服。臣以为，当今宜先文后武。"文帝不纳，后果无功。

※ 译文

魏虽平安地禅代了汉室，但吴、蜀二地尚未归顺。魏文帝于是问贾诩：“我想讨伐不从命的吴、蜀二国，以统一天下，你看我应先讨伐哪一个呢？”贾诩说：“攻城略地重在用兵权谋，建国立本先要崇尚德化。陛下顺应天命登基治国，假如抚之以礼乐教化而静观其变，则平定他们就毫不费力了。吴、蜀虽是小国，但有崇山巨川作屏障。刘备有雄才大略，诸葛亮善于治国，孙权明虚实，陆逊善用兵，他们据险守要，泛舟江湖，很难一下子消灭。用兵之道是有了必胜的把握才出兵，根据敌情选派将领才不会有失策。我暗中揣度，我们中暂无孙、刘的对手，虽然临之以天威，还没有必胜的把握。以前舜用武力而使有苗臣服，臣以为当今却应当先文后武。”文帝没有采纳。后来果然兵败无功而返。

※ 评析

曹丕想统一天下的心情是可以理解的，但由于急于求成，而忽略了时机的把握，贸然出兵吴、蜀的结果也只能以失败告终，无功而返。所以说没有必胜的条件，就不可能先胜后战，这是用兵之道所禁忌的。在盛怒之下凭一时之勇，或是在失去理智的情况下匆忙下决定，都可能会导致失败的下场。

奇兵致胜　蜀国灭亡

※ 原文

至甘露元年，始以邓艾为镇西将军，拒蜀将姜维。维军败，退守剑阁。钟会攻维不能克，乃上言曰：“今贼摧折，宜遂乘之，从阴平由邪径经汉德阳亭，趣涪出剑阁西百里，去成都三百余里，奇兵冲其腹心，剑阁之守必还赴涪，则会方轨而进；剑阁之军不还，则应涪之兵寡矣。《军志》有言：攻其不备，出其不意。今掩其空虚，破之必矣。”冬十月，艾自阴平行无人之地七百余里，凿山通道，山高谷深，艾以毡自裹，推转而下。将士皆攀木缘崖，鱼贯而进。先登至江油，蜀将诸葛瞻自涪还绵竹，列阵待艾，艾遣子忠等出战，大破之，斩瞻。进军到洛县，刘禅遂降。

至晋末，谯纵复窃蜀。宋刘裕使朱龄石伐蜀，声言从内水取成都，败衣羸老进水口。谯纵果疑其内水上也，悉军新城以待之。乃配朱龄石等精锐，径从外水，直至成都，不战而擒纵。此灭蜀形也。

※ 译文

到甘露元年（公元 256 年），司马懿命邓艾为镇西将军，与蜀将姜维对阵。姜维兵败，退守剑阁。钟会进攻姜维，未能取胜，邓艾上书说：“如今敌军受挫，应乘胜前进，从阴平（今甘肃文县境内）由小路经过汉（治所在四川剑阁县东北）、德阳亭（今四川江油市东北），直趋涪关，出剑阁西百里，距成都三百余里，而后以奇兵直捣其心腹之地，剑阁的守军必定回兵涪关，到时钟会即可大踏步前进；如剑阁守军不回兵救援，则救援涪关之兵就会很少涪关守军就难以支持。《军志》中说：攻其不备，击其不意。如今攻击其空虚之处，必能取胜。”景元四年冬十月，邓艾出阴平，踏入无人之地七百余里，逢山开道，遇水架桥。一路山高水深，甚为艰险。邓艾用毡子裹住身体，从山上滚下去，众将士攀树缘崖，鱼贯而行，先到了江油城，蜀将诸葛瞻从涪关退守绵竹，列阵等待邓艾。邓艾派其子邓忠等人出战，大败蜀军，将诸葛瞻斩首。邓艾进军至洛县，刘禅于是向邓艾投降。

至晋朝末年，谯纵又割据蜀地。宋主刘裕派朱龄石讨伐蜀，声称从内水今四川涪江及其下游嘉陵江取成都，却把老弱残兵派驻内水口。谯纵果真认为是从内水发兵，便把军队全部派驻于新城等待朱龄石。而刘裕却给朱龄石精兵强将，由外水（今四川成都市府河及其下游岷江）直取成都，结果不战而生擒谯纵。这就是灭蜀的情形。

※ 评析

出奇制胜是用兵之常道。蜀国凭借优越的地理位置才偏安一隅，如果魏军凭借强大的兵力从正面攻打蜀国，是难以取胜的。只有出奇兵，让敌人始料不及，才有可能打败对方。另外，出奇兵还要有一定的先决条件，如对方有比自己更高明的人，恐怕就会事与愿违了。邓艾就是看清了蜀国国内空虚，人才匮乏，才敢于出奇策，而且一举成功的。

伐吴兵败　魏衰晋兴

※ 原文

魏嘉平中，孙权死，征南大将军王昶、征东大将军胡遵、镇南将军毌丘俭等，表征吴。朝廷以三征计异，诏访尚书傅嘏。嘏对曰：“昔夫差胜齐陵晋，威行中国，不能以免姑苏之祸；齐闵辟土兼国，开地千里，不足以救颠覆之败。有始者不必善终，古事之明效也。孙权自破蜀兼荆州之后，志盈欲满，凶宄已极，相国宣、文王先识取乱侮亡之义，深达宏图大举之策。今权已死，托孤于诸葛恪，若矫权苛暴，蠲其虐政，民免酷烈，偷安新惠，外内齐虑，有同舟之惧，虽不能终自保完，犹足以延期挺命于深江之外矣。今议者或欲泛舟径济，横行江表；或欲倍道并进，攻其城垒；或欲大佃疆场，观衅而动。此三者皆取贼之常计，然施之当机则功成；若苟不应节，必贻后患。自治兵已来，出入三载，非掩袭之军也。贼丧元帅，利存退守。若罗船津要，坚城清野，横行之计，其殆难捷也。

贼之为寇几六十年，君臣伪立，吉凶同患。若恪蠲其弊，天夺之疾，崩溃之应，不可卒待也。今贼设罗落，又持重密，间谍不行，耳目无闻。夫军无耳目，投察未详，而举大众以临巨险，此为希幸徼功，先战而后求胜，非全军之长策也。唯有军大佃最差完牢，兵出民表，寇钞不犯，坐食积谷，不烦运士；乘畔讨袭，无远劳费。此军之急务也。夫屯垒相逼，巧拙得用，策之而知得失之计，角之而知有余不足之处。情伪将焉所逃。夫以小敌大，则役烦力竭；以贫敌富，则敛重财匮。故敌逸能劳之，饱能饥之，此之谓也。然后盛众厉兵以振之，参惠倍赏以招之，多方广似以疑之。由不虞之道，以间其不戒。比及三年，左提右挈，虏必冰散瓦解，安受其弊，可坐算而得也。

※ 译文

魏国嘉平年间，孙权去世。魏国征南大将军王昶、征东大将军胡遵、镇南将军毌丘俭等人上书请求攻打吴国。朝廷觉得，这三人征吴的策略不同，就下诏请尚书傅嘏商议。傅嘏说："以前吴王夫差战胜齐国，欺凌晋国，威震中原，最后却免不了姑苏败亡之祸；齐闵公兼并邻国，扩张土地，却不能挽救被颠覆的命运。事情有好的开始，不一定有好的结局，古代这些事例屡见不鲜。孙权自打败蜀国，得到荆州后，便骄傲自满，凶残堕落，相国宣王司马懿、文王司马昭早就认识到自取混乱必然亡国的道理，精通国家能够大展宏图的策略。如今孙权已死，把国事交给诸葛恪，如吴国能纠正孙权的严苛虐政，使百姓免于苦难，在江东苟且偷安，享受新获得的好处，内外齐心，有同舟共济的忧患，就算不能最终自保，还足可在大江之外延续一些时日。如今进献计策的人，有的想坐船渡江强攻；有的想从两路包抄攻打敌军城垒；有的想屯田疆场，静观其变，等待机会，这三种想法都是攻敌的常用之计，只有施行时机方能成功。如计策使用不当，各环节配合不当，则必有后患。自治军以来，军队已作战三年，看来吴军也不是靠掩杀突袭就能轻易战胜的军队。敌军没有统帅，利在撤退坚守。如把战船列在要津之上，实行坚壁清野，我军的横扫之计就难以取胜。

敌军在江东为寇近六十载，君臣关系已成，上下齐心协力。如诸葛恪能消除孙权执政时的弊端，老天又不降其灾祸，是不可能使吴国马上崩溃的。如今敌军设下罗网，防守严密，间谍进不去，探子无法打听敌情。军中没有探子，对敌情就不能详细了解，轻率地攻打险地，这是希望侥幸成功得到封赏、不顾后果先争斗、后求胜的办法，并非万全之策。只有大军屯田疆场才是最稳妥的办法，出兵按百姓的意愿，秋毫无犯，在当地生产粮食，不烦劳运输的士兵；可在原地待机袭敌，无须劳师远征。这些都是行军打仗的首要事务。安营扎寨逼迫敌军，巧妙的计策都可运用，可运用计策探知双方的好坏，战斗时知道自己的长短、敌情的伪诈。以寡敌众，战役频繁，士兵气力就会衰竭；以贫敌富，赋敛过重，国内财物就会匮乏。所以，如敌军安逸，我们就使之疲劳，粮草充足，就使之匮乏，说的就是这个道理。而后用大兵压境，威慑敌人；多以恩惠重赏招降敌军；多方用计，广设疑军，让敌军心生疑虑。以出其不意的进军攻其不备。约三年时间，再左右攻击，敌军必会像水流一样瓦解，我们可坐等敌军分崩离析，成功则唾手可得。

※ 原文

“昔汉氏历世常患匈奴，朝臣谋士早朝晏罢，介胄之将，则陈征伐。搢绅之徒，咸言和亲；勇奋之士，思展搏噬。故樊哙愿以十万横行匈奴，季布面折其短；李信求以二十万独举楚人，而果辱秦军。今诸将有陈越江陵之险，独步虏庭，即亦向时之类也。以陛下圣德，辅相贤智，法明士练，错计于全胜之地，振长策以御之，虏之崩溃，必然之数。故兵法曰：‘屈人之兵而非战也，拔人之城而非攻也。’若释庙胜必然之理，而行百一不全之略，诚愚臣之所虑也。故谓大佃而逼之计最长。”

时不从嘏言，诏昶等征吴。吴将诸葛恪拒之，大败魏军于东关。魏后陵夷禅晋，太祖即位。

※ 译文

“以前汉朝历代都有匈奴扰边之患，朝臣谋士，早朝刚散，身穿盔甲的大将就主张征战讨伐，文臣又建议和亲。奋勇的战士却主张征伐。所以樊哙愿意率军十万攻打匈奴，季布当面指出他的短处。李信请求率二十万军队攻打楚国，结果秦军败辱。如今诸将向朝廷上书，要过江陵孤军深入，这也犯了樊哙、李信一样的错误。凭陛下的圣德，大臣的忠贤，法律的严明，士兵的精练，采用稳操胜券的良策，施展长远的战略抵御敌军，敌军定会崩溃失败，这是必然的。所以兵书中说：‘屈人之兵而非战也，拔人之城而非攻也。’如违背如何战胜敌国的通常规律，采用有漏洞的策略，这是我所担心的事。所以，我认为大军屯田疆场的计策最好。”

当时朝廷不听傅嘏之言，命王昶等人征讨吴国。吴国将领诸葛恪率军抵抗，在东关大败魏军。魏国后来逐渐衰落，禅让给晋朝，晋太祖即位。

※ 评析

孙权去世，魏国想趁机灭掉吴国，统一天下。傅嘏却提出此时并非是攻打吴国的最好时机，不如静观其变，坐等有利时机，当吴国内部出现分崩离析的征兆时再出兵伐吴。从用兵策略上看：傅嘏的主张就是想以最小的投入与最稳妥的计谋来获得最大的胜利，也就是兵书中所说的“屈人之兵而非战也，拔人之城而非攻也”。只有应时而上，把握成熟的时机，做事才会事半功倍，取得理想的效果。

西晋兴起　出兵灭吴

※ 原文

至世祖时，羊祜上《平吴表》曰："先帝顺天应时，西平巴蜀，南和吴会，海内得以休息，兆庶有乐安之心。而吴复背信，使边事更兴。夫期运虽天所授，而功业必由人而成，不一大举扫灭，则众役无时得安。亦所以隆先帝之勋，成无为之化也。故尧有丹水之伐，舜有三苗之征，咸以宁静宇宙，戢兵和众者也。蜀平之时，天下皆谓吴当并亡。自此来十三年，是谓一周。平定之期，复在今日矣。议者常言吴楚有道后服，无礼先强，此乃诸侯之时耳。当今一统，不得与古同论。夫适道之论，皆未应权，是故谋之虽多，而决之欲独。凡以险阻得存者，谓所敌者同力，足以自固。苟其轻重不齐，强弱异势，则智士不能谋，而险阻不可保也。蜀之地，非不险也，高山寻云霓，深谷肆无景，束马悬车，然后能济，皆言一夫荷戟，千人莫当。及进兵之日，曾无藩篱之限，斩将搴旗，伏尸数万，乘胜席卷，径至成都，汉中诸城，皆鸟栖而不敢出。非皆无战心，诚力不足相抗。至刘禅降服，诸营堡者索然俱散。

"今江淮之难，不过剑阁；山川之险，不过岷汉。孙皓之暴，侈于刘禅；吴越之困，甚于巴蜀。而大晋兵众，多于前世；资储器械，盛于往时。今不于此平吴，而更阻兵相守，征夫苦役，日寻干戈，经历盛衰，不可长久，宜当时定，以一四海。今若引梁、益之兵，水陆俱下，荆、楚之众，进临江陵，平南、豫州，直指夏口，徐、扬、青、兖，并向秣陵，鼓旆以疑之，多方以误之，以一隅之吴，当天下之众，势分形散，所备皆急。巴、汉奇兵，出其空虚，一处倾坏，则上下震荡。吴缘江为国，无有内外，东西数千里，以藩篱自持，所敌者大，无有宁息。孙皓恣情任意，与下多忌，名臣重将，不复自信，是以孙秀之徒，皆畏逼而至。臣疑于朝，士困于野，无有保势之计，一定之心；平常之日，犹怀去就，兵临之际，必有应者，终不能齐力致死，已可知也。其俗急速，不能持久，弓弩戟盾，不如中国，唯有水战是其所便。一入其地，则长江非复所固，还保城池，则去长入短，而官军悬进，人有致节之志。吴人战于其内，有凭城之心。如此，军不逾时，克可必矣。"帝深纳焉。乃令王濬等灭吴。天下书同文，车同轨矣。

※ 译文

到了晋世祖（即武帝司马炎）执政时，羊祜上《平吴表》说："先帝顺应天时，西面平定了巴蜀，南面与东吴讲和，使天下战火熄灭，百姓得以休息，安居乐业。而今吴国背信弃义，使边境战事不断兴起。国运本由上天所赐，但建功业却是人力所为。如此时不大举消灭吴国，则此后的战役就会没有穷尽，百姓也不得安宁。况且这样也可光耀先帝功业，成就清静无为的德化政治。所以尧攻打丹水，舜征伐有苗，都是为了天下安宁，百姓和乐。平定蜀国后，天下人都说吴国也会灭亡。从那时到现在已十三年了，岁星正好循环了一周。所以平定吴国就在眼前。议论之人常说：吴、楚因政治清明才最后归顺，国家没有礼法胆大妄为的先强大。这说的是在春秋战国时的事。如今天下统一，与当时情况不同。符合客观规律的说法，都不是顺应时宜采取变通措施，所以谋划虽多，但最后决定使用的只有一个。凡依靠险阻而得以存在的，只是在敌我实力相当时，才足以保全自己；若双方势力不均、强弱不等，则有智谋的人不能出谋划策，即使地理险峻，国家也难以保全。蜀地不可谓不险，高山耸立，直入云端，山谷幽深，只有绑马悬车才能通过，可谓一夫当关，万夫莫开。但当我们进兵时，却没有遇到一点抵抗力量。我军过关斩将，插旗蜀地，敌军死伤数万，我军乘胜席卷蜀地，直捣成都。汉中诸城守敌，皆像栖鸟一样不敢出战，不是他们没有抵抗之心，而是力量不足的原因。到刘禅投降后，各城守将全都离散。

"如今攻打江淮的难处，难不过剑阁；山川之险，也抵不过岷江、汉水。孙皓残暴，超过刘禅，东吴的困境比蜀国更大。但我晋国的兵力比以前增多，粮食器械也超过以往。如今不平定吴国，却按兵不动，战士苦于兵役，就会寻衅生事，军队的战斗力就会下降，难以长久征战。当务之急，应及早行动，统一天下。如今若率梁、益二州军队，水陆并进，荆楚的军队，进攻江陵，平定南豫州，直指夏口，徐、扬、青、兖各州的军队合力攻打秣陵，用多方进军迷惑敌军，使其产生错误判断。以小小的吴国抵挡天下的军队，势力必会分散，防御全线吃紧。再命巴、汉的奇兵，攻其虚弱之处，如有一地失守，就会使吴国举国震动。吴缘江建国，没有腹地，东西数千里，靠篱笆为屏，防御的战线过长，地方过大，就没有安身之处了。再加上孙皓恣意残暴，对下属猜忌，名臣大将不再有信心，所以像孙秀这样的人都因害怕而归晋。朝中大臣受到猜疑，朝外贤士困顿不得重用，无保国之策，安民之心。平常还想离开所任之职，当兵临城下时，必会投降。上下最终不能齐心协力共同战斗，这是显而易见的。吴军的战斗在于速战，不能持久。他们的兵器不如中原精良，只有水战是优势，如我军一旦攻入吴地，长江屏障也就失去了作用，吴军就会转而守城。这样他们就去长取短，我军再慢慢前进，士兵有勇敢战斗的勇气。吴军在本土作战，凭城而守，自顾不暇，日久天长，必能大败吴国。"晋世祖采纳了羊祜的建议，命令王濬率军灭吴。这样很快就统一了天下。

※ 评析

唐代诗人刘禹锡的《西塞山怀古》："王濬楼船下益州，金陵王气黯然收。千寻铁锁沉江底，一片降幡出石头。人世几回伤往事，山形依旧枕寒流。今逢四海为家日，故垒萧萧芦荻秋。"由此诗可以想到，最后率兵灭掉吴国的是王濬，他为西晋统一天下立下了汗马功劳。但为之谋略大计的是当时早已去世的羊祜。天下本来就是分久必合、合久必分的循环往复，西晋统一天下已势不可当，更何况吴国内忧外患，失败自是必然。

隋军灭陈　一统天下

※ 原文

至晋惠庸弱，胡乱中原，天子蒙尘，播迁江表，当时天下复分裂矣。出入五代，三百余年。隋文帝受图，始谋伐陈矣。尝问高颎取陈之策，颎曰："江北地寒，田收差晚；江南土热，水田早熟。量彼收获之际，微征士马，声言掩袭，贼必屯兵坚守，足使废其农时。彼既聚兵，我便解甲，再三如此，贼以为常。后果集兵，彼必不信，犹豫之顷，吾乃济师登陆而战，兵气益倍。又江南土薄，舍多竹茅，所有储积，皆非地窖，密遣行人，因风纵火，待其修立，复更烧之。不出数年，自可财力俱尽。"上行其策，陈人益弊。后发兵，以薛道衡为淮南道行台尚书，兼掌文翰。及王师临江，高颎召道衡，夜坐幕下，因问曰："今师之举，克定江东与否？君试言之。"

※ 译文

到了晋惠帝时，惠帝平庸软弱，胡人骚扰中原，天子蒙受侮辱，迁都江南。这时天下再度分裂，前后五代历经三百余年。隋文帝登基后，才谋划攻伐陈朝。文帝曾问高颎取陈之策，高颎说："长江以北，土地寒冷，农田收割较晚；长江以南，土地温热，水田早熟。等收获之时，再征兵买马，声言偷袭，敌军必会屯兵防御，这样就可错过收割的好时节。敌军聚集军队，我军便解散，多次反复，敌军就会习以为常，而后我们再聚集军队偷袭。他们必会因麻痹而不相信，在其犹豫之时，再渡江作战，士气必会更加高涨。又因江南土层浅，房舍多是茅舍，他们所有的积聚都不放在地窖中。我们可秘密派人顺风放火，烧毁其房舍积蓄，等他们修好后，再放火，不用几年，便会财力匮乏。"隋文帝采用高颎之计，陈朝士兵甚是疲弊。后来文帝发兵，任薛道衡为淮南道行台尚书，兼掌公文。隋军到达临江，高颎召见薛道衡，在大帐中夜坐问道："现在进军能打败江东吗？你说说看。"

※ 原文

道衡答曰："凡论大事成败，先须以至理断之，《禹贡》所载九州，本是王者封域。后汉之季，群雄竞起，孙权兄弟，遂有吴楚之地。晋武受命，寻即吞并，永嘉南迁，重此分割。自尔已来，战争不息，否终斯泰，天道之恒。郭璞有云：'江东偏王三百年，还与中国合。'今数将满矣。以运数而言，其必克一也。有德者昌，无德者亡，自古兴灭，皆由此道。主上躬履恭俭，忧劳庶政，叔宝峻宇雕墙，酣酒荒色，上下离心，人神同愤，其必克二也。为国之体，在于任寄，彼之公卿，备员而已。拔小人施文庆，委以政事，尚书令江总，唯事诗酒，本非经略之才；萧摩诃、任蛮奴，是其大将，一夫之勇耳，其必克三也。我有道而大，彼无德而小。量其甲士，不过十万，西自巫峡，东至沧海，分之则势悬而力弱，聚之则守此而失彼，其必克四也。席卷之兆，其在不疑。”颎忻然曰：“君言成败，理甚分明，吾今豁然也。本以才学相期，不意筹略乃至此也。”遂进兵，虏叔宝。此灭吴形也。

自隋开皇十年庚戌岁灭陈，至今开元四年丙辰岁，凡一百二十六年，天下统一。

※ 译文

薛道衡说：“凡讨论大事成败，必须以理论去推断。《尚书·禹贡》中所载的九州，本来是天子分封给诸侯王的封域的疆土。东汉末，豪杰蜂起，孙权兄弟占据了吴楚之地。晋武帝即位，又吞并了吴、楚，至永嘉南迁时，又分裂开来。从那以来，战事不断，然而，否极泰来，这是一成不变的天理。郭璞曾说：‘江东偏安三百年，还与中原合并。’如今运数将满。以运数而言，必能打败陈朝，此其一。有德者昌，无德者亡。自古兴衰成败都不曾脱离这个规律。当今皇上做事躬亲，提倡节俭，关心政事，体贴百姓。而陈后主陈叔宝大兴土木，雕镂宫墙，沉迷酒色，上下离心，人神共愤，以此攻伐，陈朝必败，此其二。建立国家体制，必须知人善任。陈朝的公卿多无才能，仅是滥竽充数而已。提拔小人施文庆，委以重任，尚书江总，只会吟诗喝酒，胸无城府，萧摩诃、任蛮奴是陈国大将，却只有匹夫之勇，心无谋略，因此攻陈必克，这是其三。我军有道，力量强大，敌军无道，力量弱小。估计敌军不过十万，而战线过长，西起巫峡，东至沧海，分兵把守，势力必会薄弱，聚兵守一地，就会顾此失彼，这是能败敌的第四个原因。看来，这都是席卷江南的先兆，陈国灭亡是无疑的了。”高颎兴奋地说：“你分析的成败非常清楚，我现在明白了。我本以为你只是才能学问很高，没想到你的筹谋韬略竟是如此地高明。”于是出兵江南，俘虏了陈叔宝。这与消灭吴国的情形很相似。

自隋文帝开皇十年（公元 590 年）灭陈后，到现在的开元四年（公元 716 年）已有 126 年了，天下一直处于统一的形式下。

※ 评析

陈被隋所灭，也是大势所趋。顺应历史潮流和民心，谁早一步看清历史发展的必然趋势，顺势而为，谁就能在政治、经济、军事上占得先机。在国家的危亡时刻，陈后主不但不去勤修德业，反省自身，寻求救国之道，还一味沉浸在花天酒地中，又怎能不亡国呢？真可谓：“商女不知亡国恨，隔江犹唱后庭花。”

国之危亡　不可不察

※ 原文

论曰：《传》称：“都城过百雉，国之害也。”又曰：“大都偶国，乱之本。”古者诸侯不过百里，山海不以封，勿亲夷狄，良有以也。何者？贾生有言：“臣窃迹前事，夫诸侯大抵强者先反。淮阴王楚最强，则最先反；韩信倚胡则又反；贯高因赵资则又反；陈豨兵精则又反；彭越因梁则又反；黥布用淮南则又反；卢绾最弱最后反。长沙乃在二万五千户耳，功少而最完，势疏而最忠。非独性异人也，亦形势然也。曩令樊、郦、绛、灌据数十城而王，今虽以残亡可也；令信、越之伦，列为彻侯而居，虽至今存可也。然则天下之大计亦可知已。欲诸侯之皆忠附，则莫若令如长沙王；欲臣子之勿俎醢，则莫若令如樊、郦等；欲天下之治安，则莫若众建诸侯而少其力。”以此观之，令专城者，皆提封千里，有人民焉，非特百里之资也。官以才，属非肺腑，非特毋亲之疏也。吴据江湖，蜀阻天险，非特山海之利也。跨州连郡，形束壤制，非特偶国之害也。若遭万世之变，有七子之祸，则不可讳，有国者不可不察。

※ 译文

作者论说道：《左传》中说：“都城的城墙如果超过百雉，就会危害到国家的安全。”又说：“大都城与国都一样大小，是造成国家动乱的根本。”古代诸侯的封地面积不过百里，不分封山海，不许诸侯亲近周边的夷族。这是有原因的，为什么呢？贾谊说：“我私下研究历朝历代的情况，发现诸侯中多是力量强的先谋反。淮阴王韩信在楚地势力最强，最先谋反；韩信依靠胡人又谋反；贯高凭借赵国的资助谋反；陈豨依仗兵精谋反；彭越靠梁国的帮助谋反；黥布用淮南的军队谋反；卢绾最弱，所以最后谋反。长沙王只有两万五千户的封赏，功少而最完整，势小也最忠诚。这并非是各人的性情不同，而是形势使然。如果让当年的樊哙、郦食其、周勃、灌婴各拥有几十个城池称王，今天国家也很可能残破灭亡了。如果当初韩信、彭越之辈，都位居侯位的话，虽至今日，仍可能保持爵位。既然这样，则治理天下的大计就可知晓了。若想让诸侯都忠心归顺，就不如分封像长沙王那样的诸侯；想让臣下免受杀戮的下场，就不如让他像樊哙、郦食其那样；要让天下长治久安，就不如多分封诸侯，削弱他们的势力。”由此可知，让诸侯统治疆域扩大到上千里，拥有众多百姓，这就不仅仅是“都城过百里”的谋反之资了。他们选官任用贤才，培植亲信，就不仅仅是亲戚关系较疏远的情形了。吴国占据长江、鄱阳湖，蜀国依靠天然的险阻，他们不仅仅是占有山河为凭借；跨州连郡，割据一方，不仅仅是一次两次危及国家。一旦遇到颠覆的变故，有吴楚七国之乱那样的祸患，就不好说了，当权的人一定要明察呀！

※ 评析

国家的危亡在事先都是有征兆的，从本篇的三国两晋时期可以看出：蜀、吴被魏晋所灭；陈朝被隋朝所灭，都有着许多必然的因素。如果当政者在国家出现危机时能够悬崖勒马，弃恶从善，极力挽救国之危亡，很可能就会扭转败局，就是起不到根本性的转变，也可暂时安身自保，而不至于很快就被他人所灭，成为亡国之君。

卷九

夫兵者，凶器也。战者，危事也。兵战之场，立尸之所，帝王不得已而用之矣。故曰：救乱诛暴，谓之义兵，兵义者王。敌加于己，不得已而用之，谓之应兵，兵应者胜。争恨小，故不胜。愤怒者，谓之忿兵，兵忿者败。

出军四一

本篇论述的是战争的目的和择将授命的原则。救乱诛暴，平定天下，是用兵的目的。然而兵有各种，如“义兵”“应兵”“忿兵”“贪兵”“骄兵”，要懂得根据其不同的性质，采取不同的应对办法。用兵必然要择将，将既已择，就要赋予权力，放手使用，绝不能轻易干涉。这是“出师”的第一步，也是取胜的基础。“将在外，君命有所不受”就说明了这一点。

将帅用兵　贵在自主

※ 原文

夫兵者，凶器也。战者，危事也。兵战之场，立尸之所，帝王不得已而用之矣。故曰：救乱诛暴，谓之义兵，兵义者王。敌加于己，不得已而用之，谓之应兵，兵应者胜。争恨小，故不胜。愤怒者，谓之忿兵，兵忿者败。利人土地宝货者，谓之贪兵，兵贪者破。恃国之大，矜人之众，欲见威于敌，谓之骄兵，兵骄者灭。

是知圣人之用兵也，非好乐之，将以诛暴讨乱。夫以义而诛不义，若决江河而溉萤火。临不测之渊而欲堕之，其克之必也。所以必优游恬泊者，何重伤人物。故曰：“远人不服，则修文德以来之。”不以德来，然后命将出师矣。

※ 译文

兵械就是凶器；战争就是危险的事；战场就是尸体横列的地方。因此帝王不得已才通过战争解决纷争。所以说，拯救战乱，讨伐暴虐，称之为“义兵”，统帅正义者可以称王。敌军侵犯，不得已而抗争称之为“应兵”，这种反抗定能获胜；如对敌人仇恨之情不足，则不能取胜。因愤怒而发动战争，称之为“忿兵”，士兵心怀怨恨就会失败。贪图他国的土地，看重别人的财物而起兵的称之为“贪兵”，将士贪婪，必被打败。依仗国强兵多，想威慑敌人的，称之为“骄兵”，骄兵必败。

由上可知，圣人率兵打仗，并不是自己有什么偏好，而是以此来诛杀暴虐、拯救战乱。以仁义之师讨伐不义，就如同放开江河之水灭萤火一样。自己占据有利地形，在深不可测的悬崖边上将敌人推下去，这是一定能成功的。所以内心自信、从容恬适的人，是不太看重战场上的伤亡的。因此说：“荒居远处的人如不臣服，就要以完善的文德教化使之归来。”如完善的文德教化还不起作用，就要出兵用武力使其归顺了。

※ 原文

夫将者，国之辅也，人之司命也。故曰：将不知兵，以其主与敌也；君不择将，以其国与敌也。将既知兵，主既择将，天子居正殿而召之，曰：“社稷安危，一在将军，今某国不臣，愿烦将军应之。”乃使太史卜斋择日，授以斧钺。君入太庙，西面而立，将军北面而立。君亲操钺，持其首，授其柄，曰：“从是以上至天者，将军制之。”乃复操柄，授与刃，曰：“从是以下至渊者，将军制之。”将既受命，拜而报曰：“臣闻国不可从外理，军不可从中御。二心不可以事君，疑志不可以应敌。臣既受命，专斧钺之威，臣不敢还诸。”乃辞而行，凿凶门而出。故《司马法》曰：“进退唯时，无曰寡人。”《孙子》曰：“将在军，君命有所不受。”古语曰：“阃以内，寡人制之；阃以外，将军制之。”《汉书》曰：“唯闻将军之命，不闻天子之诏。”

故知合军聚众，任于阃外，受推毂之寄，当秉旄之重。无天于上，无地于下，无敌于前，无君于后，乃可成大业矣。故曰：将能而君不御者胜，此之谓也。

※ 译文

将帅是国君的辅佐，担负着保护生命的职责。所以说，为将者如不了解士兵，无异于把君主交给了敌人；为君者不懂得选择将帅，就等于是把国家交给了敌人。将帅了解了士兵，君主了解了将帅，天子就要在正殿召见即将任命的大将，对他说：“国家的安危都寄托在将军身上了，如今某国不愿臣服，望将军前去讨伐。”于是命太史准备占卜。太史首先斋戒三日，择吉日把斧钺授给将军。国君入太庙正殿的大门，立于东侧，面向西方。将军面北而立，居于臣位。此时，国君亲手捧钺，持钺的首端，将柄端交给将军，说：“从这里往上直到天宇，都由将军管理。”接着又拿起斧，拿着斧柄而将斧刃授予将军，说：“从这里往下直到大海深渊，也由将军管理。”将军接命后，向君主拜谢说：“臣闻国家大事都须依仗君王，不能受外界干预，军中之事变化多端，处理都须依靠将领，君王不能指挥战争。如臣下不忠心耿耿，便不能报效君王；如臣下犹豫不决，便不能克敌制胜。臣既已授命，负责战事，定会以死相报。”于是辞君而行，通过象征着必死之心的凶门出发。所以在司马穰苴撰写的兵书《司马法》中说：“进攻退守只有等待时机，不能被国君的意见所左右。”《孙子》说：“将在外，君主之命可以不听。”古语说：“在城门以内由国王控制；在城门以外由将帅控制。”《汉书》中说：“只听将军的命令，不闻天子的圣旨。”

由上可知，集结军队，受命于城外，即使接受的是推动车轮的任务，也应把它看作和执掌军旗一样重要。上不受天时所限，下不受地形所阻，勇往直前，后面不受君王的牵制，唯军令是从，这样才可成就大业。所以说，将军自由发挥才能，国君就不要去随意干预，才能取得成功。以上名言说的都是这个道理。

※ 评析

用人不疑，疑人不用。既然选择好了所用之人，就要给予充分的信任，放手使用，绝不能随意干涉。如果对所用之人疑虑重重，不但会破坏上下的信任度，还会挫伤所用之人的积极性。以上这条用人原则，不仅是出师征战的基础，对于我们今天的领导者如何处理好上下关系，使所用之人发挥其最大的潜能，也有着重要的指导意义。

练士四二

若想成就一番大事业，就必须懂得选用人才，让他们都能最大限度地发挥自己的优势，施展自己的才华。

量才而用　全面考察

※ 原文

夫王者帅师，必简炼；英雄知士高下，因能授职。各取所长，为其股肱羽翼，以成神威，然后万事毕矣。

腹心一人，谋士五人，天文三人，地形三人，兵法九人，通粮四人，奋威四人，鼓旗三人，股肱四人，通材三人，权士三人，耳目七人，爪牙五人，羽翼四人，游士八人，伟士二人，法算二人，方士二人。

※ 译文

帝王统帅军队，一定要精心训练士兵。勇敢的将帅了解属下的才能，并且量才授予职位。各取所长，让他们成为自己的有力辅佐，以成就神威。这样，一切事情就都好办了。

军中要有心腹一人，谋士五人，管天文气象的三人，懂地理的三人，通晓兵法的九人，管理粮草的四人，振奋军威的四人，执掌鼓旗的三人，得力干将四人，学识渊博的三人，懂得权谋的三人，侦探七人，爪牙五人，羽翼四人，间谍八人，伟士二人，管财务的二人，方士二人。

※ 原文

军中有大勇、敢死、乐伤者，聚为一卒。有勃气、壮勇、暴强者，聚为一卒。

有学于奇正、长剑、琱弧，接武齐列者，聚为一卒。有破格舒钩，强梁多力，能溃破金鼓，绝灭旌旗者，聚为一卒。有能逾高超远，轻足善走者，聚为一卒。有故王臣失势，欲复见其功者，聚为一卒。有死罪之人，昆弟为其将报仇者，聚为一卒。有贫穷忿怒，将快其志者，聚为一卒。有故赘婿人虏，欲昭迹扬名者，聚为一卒。有辩言巧辞，善毁誉者，聚为一卒。有故胥靡免罪之人，欲逃其耻者，聚为一卒。有材伎过人，能负重行数百里者，聚为一卒。

夫卒强将弱曰“弛”，吏强卒弱曰“陷”，兵无选锋曰“北”，必然之数矣。故曰：兵众孰强，士卒孰练，知之者胜，不知者不胜。不可忽也。

※ 译文

要把军中有超人勇气，不怕死伤的，编为一队。把善于鼓舞士气，强壮勇敢，敢于面对强敌的士兵，编为一队。把熟悉兵书、剑法、箭法和能使队列齐整的，编为一队。把善于跳跃，善于使用挠钩能打破常规作战，强悍有力，击破敌人金鼓，拔取敌人旌旗的，编为一队。把能越高涉远，善于长途奔走的，编为一队。把王臣中失去往日威势，想再次建立功业的，编为一队。把有死罪的和阵亡将士的兄弟要杀敌报仇的，编为一队。把因贫穷而愤怒，内心抑郁，想使心志痛快的，编为一队。把因家中男子被掳为人质，招婿入门，想掩盖耻辱、远扬名声的，编为一队。把能说会道，善于诋毁他人、赞誉亲近的，编为一队。把被免罪的囚徒想洗刷耻辱的，编为一队。把才技过人，能背负重物，行走数百里的，编为一队。

士卒强健，将帅怯弱的军队，叫作“弛军”；军官强健，士卒怯弱的，叫作“陷军”；军中没有精锐做骨干的，叫作“败军”。这三类军队的失败是必然的。所以说，士卒中哪些人强健，哪些人干练，了解这些的人就会胜利，不了解的人就会失败。这是不能忽视的。

※ 评析

精干简练，各取所长，量才而用，各尽其能，是选人、用人的基本原则。古代成就帝王大业的君主，必须掌握选人、用人的各种要求。选人的根本标准要德才兼备；用人的目的则是要最大限度地发挥各自的优势。影响事情成功的因素很多，不仅有主观的内在条件，还有许多难以预料的客观条件，比如天气、地理位置、自然灾害等，所以在谋划与指挥时，不能只考虑内部因素，而忽略了对外在客观因素的预测与防范。

结营四三

本篇讲述了安营扎寨、排兵布阵的方法与原则，重要的是要择地择时，这样才能趋利避害，出师顺利，获得成功。

安营扎寨　择地顺时

※ 原文

太公曰："出军征战，安营置阵，以六为法。"将军身居九天之上。竟一旬，复徙，开牙门，常背建向破，不饮死水，不居死地，不居地柱，不居地狱，无休天灶，无当龙首。故曰：凡结营安阵，将军居青龙，军鼓居逢星，士卒居明堂，伏兵于太阴，军门居天门，小将居地户，斩断居天狱，治罪居天庭，军粮居天牢，军器居天藏。此谓法天结营，物莫能害者也。

（假令甲子旬中，子为青龙，丑为逢星，寅为明堂，卯为太阴，辰为天门，巳为地户，午为天庭，申为天牢，酉为天藏。甲戌旬中，戌为青龙，亥为逢星，子为明堂，丑为太阴，寅为天门，卯为地户，辰为天狱，巳为天庭，午为天牢，巳为天藏。甲申旬中，申为青龙，酉为逢星，戌为明堂，亥为太阴，子为天门，丑为地户，寅为天狱，卯为天庭，辰为天牢，巳为天藏。甲午旬中，午为青龙，未为逢星，申为明堂，酉为太阴，戌为天门，亥为地户，子为天狱，丑为天庭，寅为天牢，卯为天藏。甲辰旬中，辰为青龙，巳为逢星，午为明堂，未为太阴，申为天门，酉为地户，戌为天狱，亥为天庭，子为天牢，丑为天藏。甲寅旬中，寅为青龙，卯为逢星，辰为明堂，巳为太阴，午为大门，未为地户，申为天狱，酉为天庭，戌为天牢，亥为天藏。）

※ 译文

姜太公说："出军征战，安营扎寨，布置阵法，应以六为基本法度。"将军身居九天之上。满一旬就要搬迁，敞开牙门，背建向破，不饮用不流动的水，不在墓间搭建营帐，不在下中之高处、高中之下处、谷口或山峰的端头扎营。因此，只要结营布阵，将军位于青龙，军鼓居于逢星，士卒位于明堂，伏兵设在太阴，军门设在天门，小将位于地户，斩断设于天狱，治罪设于天庭，军粮放于天牢，军械置于天藏。这是效法天道安营扎寨，唯有如此，外界的自然条件才不会侵害军队。

（如安营的时间在甲子旬中，则以十二度为圆而划定十二地支的方位，正北方的子位就是青龙所处的位置，按顺时针方向，依次为丑、寅、卯、辰、巳、午、未、申、酉，不取戌、亥，因为甲子旬中戌亥为空位，对应的方位依次为逢星、明堂、太

阴、天门、地户、天狱、天庭、天牢、天藏。（甲戌旬中、甲申旬中等以此类推，在此不再赘述。—译注）

※ 评析

出兵征战，安营扎寨十分重要，有利的地形是用兵打仗的辅助条件。能够正确判断敌情，考察地形险恶，计算道路远近，这些都是有智慧的将领必须掌握的方法。懂得用这些方法去指挥作战，作战必定能够胜利，不了解这些方法而去指挥作战的，必定失败。本篇谈地形不拘一格，而是从整体着眼，分析地理形势，使兵力运用达到预期的目的，这是十分可贵的。

道德四四

统军领兵，道德为先。将领虽有很大的权威，但也不能靠权威压人。而应该以礼待人，以诚感人，以德服人。这样才会真正地赢得拥护，进而赢得士兵的真心追随，为胜利奠定坚实的基础。

激励下属　以德为先

※ 原文

夫兵不可出者三：不和于国，不可以出军；不和于军，不可以出阵；不和于阵，不可以出战。故《孙子》曰：一曰道。道者，令民与上同意者也。故可与之死，可与之生，而人不畏危。

黄石公曰：“军井未达，将不言渴；军幕未办，将不言倦。冬不服裘，夏不操扇，是谓礼。将与之安，与之危，故其众可合而不可离，可用而不可疲。”接之以礼，厉之以辞，则士死之。是以含蓼问疾，越王伯于诸侯；吮疽恤士，吴起凌于敌国；阳门痛哭，胜三晋之兵；单醪投河，感一军之士。勇者为之斗，智者为之忧。视死若归，计不旋踵者，以其恩养素畜，策谋和同也。故曰：畜恩不倦，以一取万。语曰：积恩不已，天下可使。此道德之略也。

※ 译文

三种情况下不可出兵：国中不和，不可以出军；军中不和，不可以出阵；阵中不和，不可以出战。《孙子》说：作战最重要的是“道”。所谓“道”，是指民众与国君的意志是统一的。只有这样，民众在战争中才会为国君出生入死而不怕危险。

黄石公说："军井还没有凿成，将帅不说口渴；营帐还没有安置好，将帅不说疲劳。冬天不穿皮衣，夏天不用扇子，这就是将帅的礼度。只要将帅能与士卒同尝苦乐、共度安危，士卒就会团结一心，不会离异，这支队伍也就不知疲倦，特别能战斗。"如果将帅能对士卒以礼相待，以言辞激励，那么士卒就愿意为报知遇之恩而万死不辞。因此，越王勾践为了报仇，口含辣蓼，抚慰百姓，最终称雄于诸侯；吴起为生病的士兵吸吮脓疮，体恤士卒，最终凌驾于敌国之上；看守阳门的士卒死了，子罕入城痛哭，感动全城百姓，晋国因此不敢讨伐；楚庄王有酒不独饮，而把它投入河中，令军士迎流共饮，三军为之感动。这样，勇敢者愿为之战斗，智慧者愿为之谋策。士卒在战场上视死如归，决不退缩，是因为上级平日里不断施恩德于己，上级的计谋和策略与自己的心愿相一致。因此，平日里对士卒不断地散施恩德，就可以在战场上以一破万。俗语说：不断地散施恩德，整个天下都会为你所驱使。这就是"道德"一词的简明含义。

※ 评析

作为统军将领，若能以礼待人、以诚待人、以德服人，与士兵同甘共苦，必能赢得士兵的信任与爱戴，增强军队的凝聚力与战斗力，为战事的胜利奠定坚实的基础。爱兵的目的是为了用兵。有的人能够使所用之人死心为其效力，有的则难以驾驭，这关键还是看用人的手段是否恰当。

禁令四五

本篇论述了如何治军。如能体贴下属，殷切地关心士卒，士卒就会赴汤蹈火，在所不辞。如放纵士卒如"骄子"，那就会难以驾驭，无法使用。有令则行，有禁则止，赏罚分明等，这些都是治军的关键环节。

军纪严明　治军之本

※ 原文

《孙子》曰："卒未专亲而罚之，则不服。不服，则难用。卒已专亲而罚不行，则不可用矣。"故曰：视卒如婴儿，故可与之赴深溪；视卒如爱子，故可与之俱死。厚而不能使，爱而不能令，乱而不能治，譬若骄子，不可用也。《经》曰："兵以赏为表，以罚为里。"又曰："令之以文，齐之以武，是谓必取。"故武侯之军禁有七：一曰轻，二曰慢，三曰盗，四曰欺，五曰背，六曰乱，七曰误。此治军之禁也。

若期会不到，闻鼓不行，乘宽自留，回避务止，初近而后远，唤名而不应，军甲不具，兵器不备，此谓“轻军”。受令不传，传之不审，以惑吏士，金鼓不闻，旌旗不睹，此谓“慢军”。食不廪粮，军不部兵，赋赐不均，阿私所亲，取非其物，借贷不还，夺人头首，以获功名，此谓“盗军”。若变易姓名，衣服不鲜，金鼓不具，兵刃不磨，器仗不坚，矢不著羽，弓弩无弦，主者吏士，法令不从，此谓“欺军”。叩金不止，按旗不伏，举旗不起，指麾不随，避前在后，纵发乱行，折兵弩之势，却退不斗，或左或右，扶伤救死，因托归还，此谓“背军”。出军行将，士卒争先，纷纷扰扰，军骑相连，咽塞道路，后不得前，呼唤喧哗，无所听闻，失行乱次，兵刃中伤，长将不理，上下纵横，此谓“乱军”。屯营所止，问其乡里，亲近相随，共食相保，呼召不及，越入他位，干误次第，不可呵止。度营出入，不由门户，不自启白；奸邪所起，知者不告，罪同一等。合人饮食，阿私所受，大言惊语，疑惑吏士，此谓“误军”。

斩断之后，万事乃理。所以乡人盗笠，吕蒙先涕而后斩。马逸犯麦，曹公割发而自刑。故太公曰：“刑上极，赏下通。”《孙子》曰：“法令孰行？赏罚孰明？吾以此知胜。”此之谓也。

※ 译文

《孙子兵法》中说：“如果士卒没有亲近依附之前就处罚他们，士卒就不服气。不服气，就难以使用。士卒已经亲近依附了将帅，但仍不执行命令的，就不能使用。”所以说，将帅关爱士卒如同体贴婴儿一般，士卒就可以为他赴汤蹈火；将帅关爱士卒如同对待自己的孩子，士卒就可以与将帅同生共死。可是，如果对待士卒过分娇惯而不使用，一味溺爱而不加以约束，违犯了军纪也不严肃处理，这样的军队，就好比“骄子”一样，是不能用来打仗的。《经》中说：“士卒以奖赏为表，以惩罚为里。”又说：“要用恩惠来命令他，以法令来约束他，这样就一定能取胜。”所以武侯治军有七条禁令：一是“轻”，二是“慢”，三是“盗”，四是“欺”，五是“背”，六是“乱”，七是“误”。这七种情况是治军时必须禁止的。

如果有期约而不至，听到鼓声而不进攻，趁机滞留，有顾忌就停止前进，开始时靠前，结束时落后，呼唤姓名不答应，盔甲没有，兵器不准备，这叫作“轻军”。接受命令不去传达，传达时又不细心，致使将士迷惑，不听鼓令，不看旌旗的指示，这叫作“慢军”。不储存粮食，不部署士兵，赏赐不公，袒护亲信，夺取不属于自己的东西，借贷不还，抢夺他人割下的首级，用以邀功请赏，这叫作“盗军”。又比如改名换姓，衣冠不整，金鼓不备，兵刃不磨，武器不修整，箭不插羽毛，弓弩无弦，不听法令，这叫作“欺军”。听到击鼓而不进攻，鸣金却不收兵，按下旗帜不倒伏，举起旗帜不起立，不随帅旗所指，躲在后面，随意放箭，胡乱行进，损兵折弩，退却不战；借着扶助伤者、运送死者的机会，趁机逃跑，这叫作“背军”。兵行将出之时，士卒却争着向前，纷纷扰扰，一片混乱，骑兵相互勾连，堵塞道路，后面的部队不能向前，呼唤喧哗，嘈杂之声四起，没有队列，次序混乱，兵刃误伤自己人，军官也不理会，上下纵横纷乱，这叫作“乱军”。屯兵宿营，就四处打听同乡，亲近的彼此相随，一起进食，相互保护，呼唤别人，窜入他人位置，破坏秩序，不听别人制止；不从门户出入军营，不向上级请假；奸邪之事发生，知情不报，是同等罪过；和人一同饮食，训斥他人，发出惊人之语，使将士迷惑，这叫作“误军”。

杀伐决断之后，许多事情才会有条理。所以同乡人偷盗斗笠，吕蒙悲泣之后将他斩杀；惊马践踏了麦田，曹操剪下头发以示自罚。因此姜太公说：“刑罚、奖赏要一视同仁，唯有如此，一切才会通畅。”孙子也说：“谁执法如山，谁赏罚分明，谁就能取得胜利。”说的就是这个道理！

※ 评析

令行禁止是治军之本，如果军纪不严，有令不行，就无法完成战斗的任务。将领善于体贴、关怀士兵，士兵才会与之同生死、共患难。如果对士兵过于娇惯，任其胡作非为，就难以控制使用他们，更不用说让他们在战场上有视死如归的精神了。作为将帅就要刚毅果断，赏罚分明，维护军纪的严肃性和平等性。

教战四六

战场上的胜利，是以平时对士兵的严格训练为基础的。只有平时训练过硬，保持军队高素质的战斗能力，在战场上取胜的可能性才会越大。

教兵作战　取胜之本

※ 原文

孙子曰：“不教人战，是谓弃之。”故知卒不服习，起居不精，前击后解，与金鼓之音相失，百不当一，此弃之者也。故领三军，教之战者，必有金鼓约令，所以整齐士卒也。

教令操兵起居，旌旗指麾之变，故教使一人学战，教成合之十人。十人学战，教成合之百人。渐至三军之众。

大战之法，为其校阵，各有其道。左校青龙，右校白虎，前校朱雀，后校玄武，中校轩辕。大将之所处，左锋右戟，前盾后弩，中央鼓旗，兴动俱起。闻鼓则进，闻金则止。随其指麾，五阵乃理。

※ 译文

孙子说：“不对战士进行训练就让他去打仗，就等于把他丢弃了。”由此可知士卒不练兵，对战斗时的生活起居不熟悉，前面遭到攻击，后面就会瓦解，行动与金鼓之声不协调，百人也抵不过一人，这就是“丢弃”的意思。所以，统率三军，要教导他们学会习武打仗，一定要有金鼓约定命令，才能使士兵统一行动。

部队的生活起居要用旌旗来指挥他们变化。一个人学会了作战技能和方法，就可再教另外十人；十人学会了，就可再教百人。由此逐渐扩展到三军。

大战的方法，首先是懂得布阵。布阵各有其道。左校官的青龙旗指示东方，右校官的白虎旗指示西方，前校官的朱雀旗指示南方，后校官的玄武旗指示北方，中校官的轩辕旗位于中央。大将所处之地，左边是矛，右边是戟，前面是盾，后面是弩，中央处是鼓与旗，行动时号令齐发。士兵听到鼓声就进攻，听到鸣金就收兵。只有听从大将的指挥，五阵才能有条不紊。

※ 原文

故曰：治众如治寡，分数是也；斗众如斗少，形名是也。言不相闻，故为鼓铎；视不相见，故为旌旗。

夫金鼓旌旗，所以一人耳目也。是知鼓鞞金铎，所以威耳；旌旗麾章，所以威目；禁令刑罚，所以威心。耳威于声，不可不清；目威于色，不可不明；心威于罚，不可不严。三者不立，虽胜必败。故曰：将之所麾，莫不从移；将之所指，莫不前死。纷纷纭纭，闻乱而不可乱；混混沌沌，形圆而不可败，此用众之法也。

卒服习矣，器用利矣，将军乃秉旌麾众而誓之。于是气励青云，虽赴汤蹈火，可也。此教战之法也。

※ 译文

所以说，治理大军和治理小部队的原则是一样的，只要把部队以五为基数分开；与众多敌军作战和与少数敌军作战的原则也是相同的，这是因为指挥的号令明确有效。前后言语听不到，所以就用战鼓和金铎来传达作战的号令；战场上各阵各队彼此间的行动前后看不见，所以就用旌旗来协调指挥全军的行动。

金鼓旌旗，是用来统一作战行动的。所以，鼙鼓金铎，是用来听的；旌旗麾章，是用来看的；禁令刑罚，是用来威慑军心的。耳朵是用声音振奋起来的，所以鼙鼓金铎的声音一定要清晰；眼睛是用颜色来刺激的，所以军旗一定要鲜明；军心是靠刑罚来震慑的，所以刑罚一定要威严。如果这三种威权不确立，就算胜利了也终会失败。所以说，将帅指挥，部队就得服从，将帅指向哪里，部队就要杀向哪里。这样战场虽多变，士兵听到的虽是一片喧嚣，但队伍不会出现乱子；战场上虽混沌不堪，但阵势仍然周密稳妥，应付自如，任何情况都不会被攻破。这就是指挥大军作战的方法。

士卒受训后熟悉了作战方法，兵器锋利了，将军手执帅旗当众宣誓。在此时，将士同仇敌忾，义气云天，就是赴汤蹈火，也是可以做到的。这就是训练的方法。

※ 评析

本篇详细而精辟地论述了军事训练的基本方法，先说到布阵时五个方位各以什么颜色的旗帜做标志，后说布阵的五种方法，以及五色旗各表示什么阵法，后来又说到布五阵的原理是以五五为基本格局。只有让士兵掌握了布阵的原理，懂得了如何执行军令，再加上赏罚分明、令行禁止的严明军纪，才会调动士兵作战的积极性和主动性。所以说平日的训练越过硬，越有秩序，战场上才越有可能取得胜利。

天时四七

天时、地利、人和，是取胜的重要保证。《孙子兵法》中说："知天知地，胜乃天究。"所谓得天时，就是要了解自然，把握自然，利用自然，在最适宜的自然条件下制订作战计划，采取行动，利用自然界的规律为战争服务，以争取最佳效果。

善观天地　不违时机

※ 原文

《孙子》曰："二曰天时。天时者，阴阳、寒暑时节制也。"《司马法》曰："冬夏不兴师，所以兼爱吾人。"太公曰："天文三人，主占风气，知天心去就。"故《经》曰："能知三生，临刃勿惊，从孤击虚，一女当五丈夫。"故行军必背太阴、向太阳，察五纬之光芒，观二曜之薄蚀，必当以太白为主，辰星为候。合宿有必斗之期，格出明不战之势。避以日耗，背以月刑。以王击困，以生击死。是知用天之道，顺天行诛，非一日也。

若细雨沐军，临机必有捷；回风相触，道还而无功。云类群羊，必走之道；气如惊鹿，必败之势。黑云出垒，赤气临军，六穷起风，三刑起雾，此皆见师之出，而不见其入也。若烟非烟，此庆云也；若星非星，此归邪也；若雾非雾，此泣军也；若雷非雷，此天鼓也。庆云开，有德；归邪，有降人；泣军，多杀将；天鼓，多败军。是知风云之占，岁月之候，其来久矣。

※ 译文

《孙子兵法》中说："其次要看天时。所谓天时，就是指阴阳、寒暑、阴晴等气候条件。"《司马法》中说："寒冬盛夏不宜兴师动众，是因为'兼爱'。"姜太公说："天文方面要选三人，负责观测气候，掌握天气的变化规律。"所以《经》上说："能明了前生、今生、来世的联系，即使面对死亡也不会害怕，跟着孤儿抗击外侮，一女能顶五男。"所以行军一定要背向阴、面向阳，详察金、木、水、火、土五纬的光芒，细观日食、月食，定要以太白星为主，辰星为候。在暗夜里必定有战斗，如天色明亮，就是不战的预兆。作战要避开烈日下的消耗，月亮下的杀戮，以旺盛之气攻击困乏，以生气攻击衰弱。由此可知，用天道、顺天意去诛伐，并非一日之间就能成功的事。

如果阴雨蒙蒙，临战必胜；有回旋之风经过，军队将半途而返，劳而无功；天上云如羊群，是逃亡的征兆；云气如惊鹿，是失败的征兆；黑云从营垒上升起，赤色云气临降军队上空，狂风怒起，大雾弥漫，这都是只见军队出发，不见军队归来的征兆。像烟非烟，叫"庆云"；像星非星，叫"归邪"；像雾非雾，叫"泣军"；像雷声非雷声，叫"天鼓"。"庆云"开，是有功劳的标志；出现了"归邪"，预示有投降的人；出现了"泣军"，预示着大将被杀；出现了"天鼓"，多是打败仗的征兆。由此可知，察看风云，观测岁月，由来已久了。

※ 原文

故古者初立将，始出门，首建牙之时，必观风云之气。若风不旁勃，旌旗晕晕，顺风而扬举，或向敌终日，军行有功，胜候也。若逆风来应，气旁勃，牙杠折，阴不见日，旌幡激扬，败候也。

若下轻其将，妖怪并作，众口相惑，当修德审令，缮砺锋甲，勤诫誓士，以避天怒。然后复择吉日，祭牙旗，具太牢之馔，震鼓铎之音，诚心启请，以备天问，观其祥应，以占吉凶。若人马喜跃，旌旗皆前指高陵，金铎之声扬以清，鼙鼓之音宛以鸣，此得神明之助，持以安于众心，乃可用矣。

虽云任贤使能，则不占而事利；令明法审，则不筮而计成；封功赏劳，则不祷而福从；共苦同甘，则犯逆而功就。然而临机制用，有五助焉：一曰助谋，二曰助势，三曰助怯，四曰助疑，五曰助地。此五者，助胜之术。故曰：知地知天，胜乃可全。

不可不审察也。

※ 译文

所以古代任命大将时，军队刚一出城门，将竖帅旗时，就要观测风云的变化。如风不向四周吹散，旌旗旁有光晕顺风飘升，或向敌军方向飘扬，这是军队建立功业、大获全胜的征兆。如逆风吹来，云气勃兴，牙旗旗杆折断，天气阴沉不见天日，旌幡激烈飘动，这是失败的征兆。

如士卒不敬主将，相互谈论的都是妖言怪事，在此情况下，应当赶紧修明德行，详审法令，修缮盔甲，磨砺武器，勤劳军务，虔诚宣誓，以避免上天的震怒。然后再选择吉日，祭祀牙旗，备好全猪、牛、羊，擂响战鼓，诚心告启，预答上天之责问，并观察有何吉祥的应验，并占卜凶吉。如人们高兴，马儿欢腾，旌旗都前指高陵，金铎的声音激扬响亮，鼙鼓的声音宛转鸣响，这证明神明在保佑，便可安抚军心，军队就能作战了。

如任贤使能，不用占卜，事情也会顺利；军令严明、法度详审，不卜筮计谋也能成功；封赏有功劳的人，不用祷告也能吉祥；如能与士卒同甘共苦，讨伐逆乱就能成功。还有“五助”可以在指挥作战时灵活运用：一是助谋，二是助势，三是助怯，四是助疑，五是助地。这五项是帮助夺取战争胜利的辅助方法。所以说，知地知天，才能大获全胜。以上一定要认真研究。

※ 评析

本篇主要考虑的是天时对行军作战的影响。知天晓地，才能更好地把握影响排兵布阵的天气因素，以做到趋利避害。对自然规律了如指掌，有利时就以巧计出兵，不利时就按兵不动，静待时机。不过从本篇的译文中可以看出，其带有许多的神秘色彩，或者说是缺少科学根据的迷信之谈，所以对其不可尽信，只当作参考的依据即可。

地形四八

本篇论述了地形的重要性，以及军队在不同的地形条件下所采取的行动原则。《孙子兵法》中说：“地形者，兵之助也。”会打仗的人，必须善于利用地形。作为将领，要了解地形，研究地形，制定在各种不同地形条件下的行动方针，这样才能为取胜奠定更坚实的基础。

有利地形　胜过千军

※ 原文

《孙子》曰："三曰地利。地利者，远近、险易、广狭、生死也。敌不知山林险阻、沮泽之形者，不能行军。不用向导，不能得地利。故用兵有散地、有轻地、有争地、有交地、有衢地、有重地、有圮地、有围地、有死地。诸侯自战其地，为散地。入人之地而不深者，为轻地。我得则利、彼得亦利者，为争地。我可以往，彼可以来，为交地。诸侯之地三属，先至而得天下之众者，为衢地。入人难返之地深，背城邑多者，为重地。行山林、险阻、沮泽，凡难行之道者，为圮地。所由入者隘，所以归者迂，彼寡可以击吾众者，为围地。疾战则存，不疾则亡者，为死地。

"是故散地无战，轻地则无止，争地则无攻，交地则无绝，衢地则合交，重地则掠，圮地则行，围地则谋，死地则战。"

※ 译文

《孙子兵法》中说："第三要看地利。所谓地利，就是指路程的远近，地势的险易，地域的大小，以及是否有利于攻守进退等。不知山林的险阻、沼泽的形势，就不能行军。不用向导，就不知地利。用兵有散地、轻地、争地、交地、衢地、重地、圮地、围地、死地之分。诸侯在各自领地上与敌作战，这就是'散地'。进入敌境不远的地方，叫'轻地'。我先占领对我军有利，敌军先占领对敌军有利的地方，叫'争地'。我军可以去，敌军可以来的地区，叫'交地'。敌我双方与其他诸侯国接壤的三角地区，先到就可结交诸侯并取得援助，这叫'衢地'。深入道险难返的地区，背后又有许多城镇，这叫'重地'。山林、险阻、沼泽等难行的地区，叫'圮地'。进入时道路狭隘，退出时道路迂远，敌人以少数兵力就能击败我们大军的地区，就叫'围地'。迅速奋战就能生，否则就会灭亡的地区，就叫'死地'。

"由上可知：在'散地'不宜作战，在'轻地'不可久留，在'争地'不可强攻，在'交地'要注重互相连接，防备被敌人切断，在'衢地'应结交邻邦，在'重地'要夺取物资，补给军需，在'围地'要巧设计谋，在'死地'要迅猛奋战，死中求生。"

※ 原文

又有六地，有通、有挂、有支、有隘、有险、有远。我可以往，彼可以来，曰通。居通地，选处其高阳，利粮道，以战则利。可以往，难以反，曰挂。挂形曰敌无备，出而胜之；敌有备，出而不胜，难以反，不利。我出而不利，彼出而不利，曰支。支形曰敌虽利我，我无出，引而去也，令敌半出而击之，利。隘形曰我先居之，必盈之而待敌；若敌先居之，盈而勿从也，不盈而从之。险形曰我先居之，必居高阳以待敌；若敌先居，则引而去之，勿从也。夫远形，钧势，难以挑战，而不利。凡此六者，地之道也。皆将之至任，不可不察。故曰：深草蓊秽者，所以遁逃也；深谷阻险者，所以止御车骑也；隘塞山林者，所以少击众也；沛泽杳冥者，所以匿其形也。

丈五之沟，渐车之水，山林石径，泾川丘阜，草木所在，此步兵之地，车骑二不当一。丘陵漫衍相属，平原广野，此车骑之地，步兵十不当一。平原相远，仰高临下，此弓弩之地，短兵十不当一。两阵相近，平原浅草，可前可后，此长戟之地，剑盾三不当一。萑苇竹萧，草木蒙笼，林叶茂接，此矛铤之地，长戟二不当一。曲道相伏，险厄相薄，此剑盾之地。故曰：地形者，兵之助。又曰：用兵之道，地利为宝。赵奢趋山，秦师所以败。韩信背水，汉兵由其克胜。此用地利之略也。

※ 译文

地理形势又可分六种：即“通”“挂”“支”“隘”“险”“远”。凡我军可去、敌人可来之处，叫“通”。处于“通形”之地，要抢先占据高而向阳的有利位置，以保持粮道畅通，这样才会在与敌交战中占据有利地形。易于进、难于返的地方叫“挂”，在“挂形”之地，敌军如无防备，就要出击战胜它；如敌军有防备，出击就不会取胜，又难以撤回，这就对己不利。凡是我军出击时不利，敌军出击也不利的地方，就叫“支”。在“支形”之地，敌人虽以利引诱，也不能出击，最好是带兵假装离去，诱敌出动一半时，再突然袭击，这样才会有利。在“隘形”的这种狭窄山谷地带时，我军若抢先占据，就以重兵堵塞隘口，等待敌人来攻。如敌军抢先占据隘口，并以重兵据守，就不要进攻；如敌军没有重兵把守，就要迅速攻占。在“险形”之地，如我军抢先占领，要据高地和向阳的地方待击敌人。如敌人抢先占有，就应主动撤兵，不能进攻。在“远形”之地，双方实力相当，不宜勉强作战，这样对我军不利。以上是关于利用地形的原则，领会运用是将帅的重要课程，一定要认真研究。有这样的说法：茂密的野草地段，可为逃遁做准备；借助溪水深谷之险，可阻挡敌军的车马；派队伍把守林中隘口，可以少胜多；把队伍送到杂草丛生的湖泊河泽及幽暗处，可隐蔽自己。

有丈五宽的壕沟，浸没战车的河水，山林石径，河流丘陵，草木繁茂的地方，适合于步兵作战，在这类地段，一个步兵可敌两辆战车或骑兵。丘陵绵延相连，平原旷野，这里适于战车、骑兵作战，在这种地方，十个步兵也抵挡不了一个骑兵。居高临下，远离平原，适于弓弩手作战，在这种地方，十个使用短兵器的也抵挡不了一个弓箭手。两军阵地接近，平原浅草处，可攻可退的地方，适于用长戟作战，在这种地方，一个使戟的可敌三个使剑盾的。芦蒿丛生，草木繁茂之处，适用长矛作战，在这种地方，两个使长戟的抵挡不了一个使长矛的。到处是曲折的道路，险要的隘口，这里适于剑盾作战。所以说，用兵的原则，重要的是善于利用有利的辅助地形。当年秦兵围困赵国，赵奢去救援，先占据了北山，秦军后至，没有攻下，赵奢乘机反攻，大败秦军。韩信背水列阵，汉军前临大敌，后退无路，都拼死作战，结果大胜赵军。以上就是善用地形的典型事例。

※ 评析

地理形势多种多样，行军打仗时，常依据不同的地理环境，制定不同的战略方针：如处通形之地，宜抢占高而向阳之地；易于进、难于返的"挂"地，要在敌军毫无防备的情况下，出其不意，以奇制胜；处远形之地时，因双方实力相当，不宜勉强作战，否则对己不利等，这些都是需要领军者极其重视和缜密研究的军事方案，也是战争中制敌取胜的关键所在。

水火四九

本篇着重讲述了运用火攻和水攻的种类、条件及实施条件。《孙子兵法》中说："以火佐攻者明，以水佐攻者强。"中国古代军事家较早认识到了水、火在军事进攻中的重要作用。采用水攻或火攻要因地、因时，要注意把握自然环境，特别是注意把握天气情况。

水火妙用　可助军威

※ 原文

《经》曰："以水佐攻者强，以火佐攻者明。"是知水火者，兵之助也。故火攻有五：一曰火人，二曰火积，三曰火辎，四曰火库，五曰火燧。

行火必有因（因奸人也），烟火素具。发火有时，起火有日。时者，天之燥也；日者，宿在箕、壁、翼、轸也。凡此四宿者，风起之日也。

太公曰："强弩长兵，所以逾水战。"《孙子》曰："水可以绝。"谓灌城也。又曰："绝水，必远水。客绝水而来，勿迎之于水内，令敌半渡而击之，利。欲战，无附于水而迎客也，谓处水上之军。"故曰："以水佐攻者强。"

※ 译文

《经》上说："用水辅助进攻，威势很大。用火辅助进攻，效果明显。"所以说，水与火是用兵强有力的辅助手段。火攻有五种：一是焚烧敌军人马，二是焚烧敌军粮草，三是焚烧敌军的辎重，四是焚烧敌军的仓库，五是焚烧敌军粮道。

用火攻必须具备一定的条件，点火器材必须提前准备好。发火时还要选择有利时机，起火时要选准有利日期。所谓有利时机，指的是天气晴朗、干燥。有利日期指月亮运行至“箕”“壁”“翼”“轸”四个星宿位置时，当月亮运行至这四个星宿位置时，就是起风的日子，有利于火攻。

姜太公说：“弓弩强劲，是长武器，可用于水战。”孙武说：“可让河水决堤，用水淹灌敌城。”又说：“横渡江河，要在离河流稍远的地方扎营，这样可进退自如（也可引诱敌军渡河）。如敌军渡河来攻，不要在水中迎击，而要趁它部分已渡、部分未渡时再攻击，这样比较有利。如与已渡河的敌军交战，就不要靠近江河对敌。这是水战的原则。”所以说：“用水辅助进攻，威势很大。”

※ 原文

何以言之？昔韩信定临淄，走齐王田广，楚使龙且来救齐。齐王广、龙且并军与信合战。夹潍水阵，韩信乃夜令人为万余囊，盛沙壅水上流，引军半渡，击龙且，佯不胜，还走。龙且果喜曰：“固知信怯也。”遂追信渡水，信使决壅囊，水大至。龙且军大半不得渡，即急击之，杀龙且。龙且水东军散走。此反半渡之势。

卢绾佐彭越攻下梁地十余城。项羽闻之，谓其大司马曹咎曰：“谨守城皋，即汉挑战，慎勿与战。”汉果挑楚军，楚军不出，使人辱之。大司马怒，渡汜水。卒半渡，汉击，大破之。此“欲战无附于水”势也。

故知水火之变，可以制胜，其来久矣。秦人毒泾上流，晋军多死；荆王烧楚积聚，项氏以擒；曹公决泗于下邳，吕布就戮；黄盖火攻于赤壁，魏祖奔衄。此将之至任，盖军中尤急者矣，不可不察。

※ 译文

为什么这样说呢？当年韩信平定临淄，齐王田广败逃，楚派龙且前来救援。齐王田广、龙且把军队合二为一与韩信作战。龙且与韩信在潍水列阵，韩信在夜里命士兵制成万余条口袋，盛放沙子堵住潍水上游。让军队部分渡河，攻击龙且，佯装败逃。龙且高兴地说：“我早就知道韩信胆怯了。”于是横渡潍水追击。韩信让人移开沙袋，一时间河水汹涌而来。龙且的大军多半不能上岸，韩信立刻反击，杀掉了龙且。龙且潍水东面的军队四散奔逃。这正是反用“半渡之势”的生动战例。

卢绾辅佐彭越攻取了梁地的十余座城池。项羽听后对大司马曹咎说：“小心把守城皋，如汉军前来挑战，切不可与之交战。”汉军果然前来挑战，楚军坚守不出。汉军便让人羞辱曹咎，曹咎大怒，率军渡汜水。当士兵正渡河时，遭到汉军攻击，楚军大败。这就是准备战斗时不靠近河水的道理。

所以说，了解水、火的变化，就可出奇制胜，这已流传很久了。秦人在泾水上游投毒，晋军多有死者；荆王焚烧楚的粮草，项氏才被擒获；曹操在下邳决开泗水，吕布因此被杀；黄盖在赤壁采用火攻，大败曹操。懂得利用水、火之助作战，是将军的重要责任，懂得在作战中灵活巧妙地运用，尤为重要。

※ 评析

《孙子兵法》在此指出了运用火攻与水攻所必备的条件及运用的最佳时机。首先是在平日要准备好发火的兵器和展开水战的有利条件，然后还要选择有利的天气、有利的风向、有利的时机等，这些都是运用火攻与水攻的必备条件。军事上，可运用火攻与水攻，“必因五火之变而应之”。

五间五十

本篇讲述了间谍对战争所起的重要作用、间谍的种类、使用方法等。间谍的使用，是战争发展到更高水平的一个标志，此时战争不再是简单的对抗，而成为双方斗智斗勇的较量。使用间谍，必须机智果敢，精心细致，以防止被敌人欺骗和利用。

间计之用　以奇制胜

※ 原文

《周礼》曰：“《巡国传》：‘谍者，反间也。’”吕望云：“间构飞言，聚为一卒。”是知用间之道，非一日也。

故间有五间：有因间，有内间，有反间，有生间，有死间。五间俱起，莫知其道。因间者，因其乡人而用之者也。内间者，固其官人而用之者也。反间者，因敌间而用之者也。生间者，反报者也。死间者，为诳事于外，令吾间知之，而传于敌间者也。

※ 译文

《周礼》中说：“《巡国传》中称：‘所谓谍，就是反间。’”吕望说：“间就是制造流言蜚语的人，这些人可组成一支独立的队伍。”由此可知，使用间谍，已经有很久了。

间谍有五种：有“因间”，有“内间”，有“反间”，有“生间”，有“死间”。五种间谍都使用，就能让敌人摸不着头脑。所谓“因间”，是指利用敌国乡里的人做间谍。所谓“内间”，是指收买敌国的官吏做间谍。所谓“反间”，是指利用或收买敌方的间谍为我所用。所谓“生间”，是指被派往侦察敌方情况后能活着回来报告敌情的人。所谓“死间”，是指故意散布假情报，让我方间谍知道而传给敌方间谍，敌人上当后就会把他处死。

※ 原文

昔汉西域都护班超，初为将军长史，悉发诸国步骑二万五千击莎车，莎车求救龟兹。龟兹王遣左将军发温宿、姑墨、尉头合五万人助之。超召部曲及于阗、疏勒王议曰：“兵少不敌，计莫如各解散去。于阗王从此东，长史亦从此西归。夜半闻鼓声使发。”众皆以为然。乃阴缓擒得生口。生口归，以超言告龟兹。龟兹闻之喜，使左将军将万骑于西界遮超，温宿王将八千骑于东界遮于阗王。人定后，超密令诸司马，勒兵励士。至鸡鸣，驰赴莎车军营掩覆之，胡皆惊走，斩首五千级，莎车遂降。

又，耿弇讨张步，步闻之，乃使其大将费邑军历下，又分兵屯祝阿，别于太山、钟城列营数十以待弇。弇渡河，先击祝阿，拔之，故开围一角，令其众得奔钟城。钟城人闻祝阿已溃，大惧，遂空壁亡去。费邑分遣其弟敢守巨里，弇进兵，先胁巨里，多伐树木，扬言以填塞坑堑。数日有降者，言邑闻弇欲攻巨里，谋来救之。弇乃严令军中趣治攻具，后三日当悉攻巨里。阴缓生口，令得亡归，归者以弇期告邑。邑至日果自将来救之，弇喜谓诸将曰：“吾所修攻具者，欲诱致邑耳。今来，适我所求也。”即分三千人守巨里，自引精兵止岗坂，乘高合战，大破之，临阵斩邑。此用因间之势也。

※ 译文

以前汉朝西域都护班超，初任将军长史，将手下的步、骑兵二万五千人都派出去攻打莎车国，莎车向龟兹求救。龟兹王派左将军把温宿王、姑墨王、尉头王共五万人联合起来救援莎车。班超召集部队与于阗、疏勒王商议说：“我军兵少不能与敌对抗，不如先让各部解散。于阗王向东，我向西。半夜以鼓声为号。”大家都表示同意。班超暗中释放了捉来的俘虏。俘虏回去后把班超的话告诉了龟兹王。龟兹王听后大喜，派左将军带领一万骑兵在西面设伏班超，温宿王率八千名骑兵在东面设伏于阗王。夜深后，班超却密令各部激励士兵，准备行动。当鸡鸣时刻，一齐杀向莎军军营，来势迅猛，胡兵四散奔逃。班超率军斩杀了五千余人。于是莎车国被迫投降。

还有一例：耿弇讨伐张步，张步听说后便派大将费邑驻扎于历下，分兵屯守祝阿，另在太山、钟城布列了几十个兵营等待耿弇。耿渡过黄河，先围攻打败了祝阿，而后又故意让被围困的祝阿士兵奔逃到钟城。钟城的守军听说祝阿已经失守，非常害怕，便集体逃亡了。费邑派其弟费敢把守巨里，耿弇进攻，首先威胁巨里，并大量砍伐树木，扬言要填塞坑堑、铺平道路，进攻巨里。不久巨里城有人来投降说，费邑听说韩弇要进攻巨里，正打算前来救援呢。耿弇于是严令军队尽快准备进攻的器械，说三天后就要进攻巨里。耿弇同时又把投降者释放，让其回去。投降者回去后便把耿弇进攻巨里的日期告诉了费邑。到了这天，费邑亲率大军前来救助巨里。耿弇高兴地对手下说："我之所以让你们准备攻城的器械，就是要引诱费邑来巨里。如今他来了，正合我意。"随即分兵三千把守巨里，自己却领着精兵驻扎于高岗、山坡，借高地与费邑交战，费邑大败，在阵前杀了费邑。这是使用"因间"所起到的作用。

※ 原文

晋时，益州牧罗尚遣隗伯攻李雄于郫城，迭有胜负。雄乃募武都人朴泰，鞭之见血，使谲罗尚，欲为内应，以火为期。尚信之，悉出精兵，遣隗伯等率领从泰。李雄先使李骧于道设伏，泰以长梯倚城而举火。伯军见火起，皆争缘梯。泰又以绳汲上尚军百余人，皆斩之。雄因放兵，内外击之，大破尚军。此用内间之势也。

郑武公欲伐胡，先以子妻胡。因问群臣曰："我欲用兵，谁可伐者？"大夫关期思曰："胡可伐。"武公怒而戮之曰："胡，兄弟之国，子言伐之，何也？"胡君闻之，以郑为亲己而不备郑。郑袭胡，取之。此用死间之势也。

陈平以金纵反间于楚军，间范增，楚王疑之。此用反间者也。

故知三军之亲，莫亲于间，赏莫厚于间，事莫密于间。非圣智莫能用间，非密微莫能得间之宝。此三军之要，唯贤哲之所留意也。

※ 译文

晋朝时，益州牧罗尚派隗伯攻打在郫城的李雄，互有胜负。李雄于是招募武都人朴泰，用鞭子把他打得鲜血淋漓，然后让他投奔罗尚，诡称在罗尚进攻时做内应，以举火为号。罗尚信以为真，调动全部精兵让隗伯等领兵跟随朴泰。李雄先派李骧在道路上埋伏，朴泰登上长梯靠着城墙，举起火把，隗伯的军队看见火把，都争着攀梯。朴泰又用绳子吊上来百余名罗尚的士兵，都杀掉了。李雄趁机从城内放出兵马，内外夹击，大败罗尚。这就是"内间"之计所起的作用。

郑武公想要伐胡，先把女儿嫁给胡人首领，然后询问大臣："我准备发动战争，谁是讨伐的对象呢？"大夫关期思说："胡人可伐。"郑武公大怒，说："胡人是我们的兄弟之国，你竟说伐胡，是何用意？"于是杀掉了关期思。胡人听说后，认为郑国真心与自己友好，就放松了警惕。郑国乘机袭击胡，夺取了胡地。这是使用

"死间"所起的作用。

陈平用重金在楚军中大行"反间"计，离间范增，项羽因此怀疑他，范增愤然而去。这就是"反间"之计。

所以，军队中的亲信，没有比间谍更亲信的了，奖赏没有比间谍更优厚的了，事情没有比间谍更机密的了。才智不够的将帅是不能使用间谍的，心不精细、手段不巧妙的将帅是不能悟得间谍的宝贵真谛的。这就是三军的要害所在，是大智大勇的人应格外留意的。

※ 评析

军事上有句俗话：兵不厌诈。本篇讲到的就是对"五间"的灵活运用。凡是我军准备攻打的敌人，准备攻占的城池，准备刺杀的敌人，都必须事先了解其主管将领、左右亲信、负责传达的官员、守门官吏和门客幕僚，指令我方间谍将这些情况一一侦察清楚。尤其是在运用反间计时，一定要了解敌方派来侦察我方军情的间谍，然后用重金收买、引诱、开导他，这样反间计就可使用了。根据反间提供的敌情，乡间、内间就可得以使用。通过反间了解敌情，就可利用死间传播假情报给敌人。通过反间了解了敌情，就能使生间按预定时间返回报告。五种间谍的使用，主将都必须了解掌握。其中，了解情况的关键在于使用反间，所以对于反间不可不给予优厚的报酬，以求为我所用。

将体五一

《孙子兵法》中有："将者，智、信、仁、勇、严也。"因为将领是军队的灵魂和中枢。他既是军事行动的组织者，又是指挥者。将领的素质与才能直接影响着战局的成败得失，甚至是国家的安危。因此，将领要具备超人的智慧和非凡的勇气。

千军易得　良将难求

※ 原文

《万机论》曰："虽有百万之师，临时吞敌，在将也。"《吴子》曰："凡人之论将，恒观之于勇。勇之于将，乃万分之一耳。"故《六韬》曰："将不仁，则三军不亲；将不勇，则三军不为动。"《孙子》曰："将者，勇、智、仁、信、必也。"勇，则不可犯；智，则不可乱；仁，则爱人；信，则不欺人；必，则无二心。此所谓"五才"

者也。

三军之众，百万之师，张设轻重，在于一人，谓之“气机”。道狭路险，名山大塞，十人所守，千人不过，是谓“地机”。善行间谍，分散其众，使君臣相怨，是谓“事机”。车坚舟利，士马闲习，是谓“力机”。此所谓“四机”者也。

夫将可乐而不可忧，谋可深而不可疑。将忧则内疑，谋疑则敌国奋。以此征伐，则可致乱。

※ 译文

《万机论》中说：“就算有百万军队，在战斗打响时想要吞并敌人，关键还在于将领。”《吴子》中说：“一般人在评论将领时，常把‘勇’看成一个重要的衡量标准。其实，‘勇’对于将领来说，只占其品质的万分之一。”所以《六韬》中说：“为将不仁爱，三军就不会亲和；为将不勇猛，三军就不会奋勇向前。”《孙子兵法》中说：“作为将领，要具有勇、智、仁、信、必五种品格。”有勇，就不可侵犯；有智，就不会被迷惑；有仁，就懂得爱人；有信，就不会欺骗人；有必，就不会产生二心。这就是通常所称的“五才”。

虽有百万之众的军队，但安排布置、权衡轻重，还需一个总指挥，这就关系到士气盛衰的“气机”。狭窄险峻的道路，有名山要塞阻隔，十个人把守，千人也难以通过，这就是能否认识利用地形的“地机”。善于使用间谍，离间敌人，使敌国君臣相互生怨，这就是使敌人不战自乱的“事机”。战车坚固、舟船轻便，士兵武艺超群，战马久经训练，习惯于奔驰，这些都是发挥战斗力的“力机”。以上就是通常所说的“四机”。

为将的要乐观，不可心有忧虑，谋略要深藏，但不可犹豫。将领有忧愁，军队内部就会产生猜疑；实行谋略有迟疑，敌国就会振奋，在此种情况下作战，那只会导致失败。

※ 原文

故将能清能静，能平能整，能受谏，能听讼，能纳人，能采善言，能知国俗，能图山川，能裁厄难，能制军权。危者安之，惧者欢之，叛者还之，冤者原之，诉者察之，卑者贵之，强者抑之，敌者残之，贪者丰之，欲者使之，畏者隐之，谋者近之，谗者覆之，毁者复之，反者废之，横者挫之，服者活之，降者说之，获城者割之，获地者裂之，获国者守之，获厄塞之，获难屯之，获财散之，敌动伺之，敌强下之，敌凌假之，敌暴安之，敌悖义之，敌睦携之，顺举挫之，因势破之，放言过之，四纲罗之。此为将之道也。

※ 译文

所以为将要清廉，要镇静，能公平严整，能接受意见，能判断是非，能广招人才，能听取谏言，能了解敌国风俗，能图画山川地形，能判断艰难险阻，能掌控军权。能使危难者安全、恐惧者高兴、叛逃者回还，给含冤者平反，为申诉者明察，厚待位卑者，抑制强壮者，杀掉敌对者，满足贪婪者，利用有欲望者；畏惧做前锋的，把他安排在部队后面；亲近有谋略的，除掉专说别人坏话的，及时补上缺损的官职，杀掉反叛者，打击横暴者，饶恕顺服者，使投降者心悦诚服，占领城池者要割出一块地奖给他，获取他人领地的要划出一块地赐给他，获取敌国后要守卫。夺取要塞后，要及时防守；夺取险地后，要屯兵把守；夺取财物后，要分给众人。敌人有行动，要注意观察；敌人士气盛，要想法消磨；敌人攻势凌厉，要避其锐气；敌人越暴怒，就越要安定我军；敌人越是悖逆，我军就越要有义举。敌人内部和睦，要远离他，以顺应敌人的举动挫败他；要善于分析形势、利用有利条件消灭敌人，学会夸大恶言，使敌人出错，而后围而歼之。上述种种情况，都是做将领所必备的能力。

※ 原文

故将拒谏则英雄散，策不纵则谋士叛，善恶同则功臣倦，将专己则下归咎，将自臧则下少功，将受谗则下有离心，将贪财则奸不禁，将内顾由士卒淫。将有一则众不服，有二则军无试，有三则军乖背，有四则祸及国。

《军志》曰："将谋欲密，士众欲一，攻敌欲疾。"将谋密则奸心闭，士众一则群心结，攻敌疾则诈不及设。军有此三者，则计不夺。将谋泄则军无势，以外窥内则祸不制，财入营则众奸会。将有此三者，军必败。

"将无虑则谋士去，将无勇则吏士恐，将迁怒则军士惧。虑也，谋也，将之所重；勇也，怒也，将之所用。故曰：必死可杀也，必生可虏也，忿速可侮也，廉洁可辱也，爱人可烦也。此五者，将军之过，用兵之灾。"

故凡战之要，先占其将而察其才，因刑用权，则不劳而功兴也。其将愚而信人，可谋而诈；贪而忽名，可货而赂；轻变，可劳而困；上富而骄，下贫而䜌，可离而间；将怠士懈，可潜而袭，智而心缓者，可迫也；勇而轻死者，可暴也；急而心速者，可诱也；贪而喜利者，可袭也，可遗也；仁而不忍于人者，可劳也；信而喜信于人者，可诳也；廉洁而不爱人者，可侮也；刚毅而自用者，可事也；懦心喜用于人者，可使人欺也。此皆用兵之要，为将之略也。

※ 译文

所以说，将领不听从他人意见，英雄就会离他而去；不采纳谋士的计谋，谋士就会背叛他；为善为恶一样看待，有功之臣就没有向上之心；将帅专断，下级就会心生怨恨；将帅居功自大，下级就不会积极立功；将帅听信谗言，手下就会产生离异之心；将帅贪婪，奸佞之事就不会禁绝；将帅顾恋妻妾，士兵就会放荡。以上情况，将帅若有其一，众士兵就不会服从；有其二，军纪就无法执行；有其三，部队就会作乱；有其四，就会危及国家。

《军志》中说："将领谋略要机密周全，全军要团结一致，攻击敌人要迅速。"将领的谋略机密周全，坏的心思就无法得逞；全军团结如一人，就会众志成城；攻敌迅速，奸计就没有施展的空间。以上三条能在军中施行，计谋就不会耽误。谋略泄露了，军队就无威势可言；敌人刺探到内部情况，祸患就难以制止地发生；非法的财物进入军营，奸佞之人就会结党营私。将领如有这三种行为，军队定会失败。

"将无主见，谋士就会离去；将无勇，军士就会惊恐；将迁怒于人，军士就惧怕。主见、谋略，是将帅所倚重的；勇气、怒气，是将帅所慎用的。所以说，有勇无谋，只知死拼，就可能被敌人诱杀；临阵畏惧，贪生怕死，就可能会被俘虏；急躁易怒，就可能因被敌侮辱而妄动；廉洁好名，妄自尊大，就可能被敌辱骂而失去理智；只知爱护民众，就可能会因烦扰而陷于被动。以上五点，是将帅易犯的过错，也是用兵的祸患。

所以说作战最重要的，首先是要看将领和他的才能。依据法度使用权力，就会不劳而成功。如敌方将领愚钝而轻信，就可用计欺诈他；如贪婪而不顾名声，就可以重金贿赂他；如轻举妄动，就可设法使其劳顿；如将帅富贵而骄纵，士兵贫穷又有异心，就可离间他们；如敌人将帅倦怠、士兵松懈，就可偷袭。如将领聪明但反应迟钝，就要使其急迫；如勇猛又轻生，就要欺凌他；如急躁易动，就要诱惑他；如贪功好利，就要偷袭、贿赂他。如因仁爱而对敌不狠，就要以敌人的残暴教训他；如廉洁又不知爱人，就要凌侮他；如刚毅又好自以为是，就假装顺从他；如内心懦弱、好被人驱使，就要让人欺诈他。以上这些情况，都是用兵之要，为将帅者一定要了解。

※ 评析

将帅是军队的大脑与灵魂，将帅指挥才能的高低直接影响着战争的胜败，甚至国家的危亡。作为统军大将，必须具备以下这两条最基本的能力：一是勇敢的精神，能够担负起重大的责任；二是超人的智慧和优良品质。诸葛亮之所以被称为智慧的化身，领导蜀军屡败魏军，这与他高超的军事才能和身负的重任是分不开的。

料敌五二

《孙子兵法》中有："兵者，诡道也。"因而在采取具体的军事行动前，做出准确、明白的判断就显得格外重要了。"料敌如神"，从来就是对良将的赞美。仔细观察敌情，准确判断敌情，依据敌情变化制定相应策略，才是克敌制胜的重要保证。

知己知彼　百战不殆

※ 原文

夫两国治戎，交和而舍，不以冥冥决事，必先探于敌情。故《孙子》曰："胜兵先胜而后战。"又曰："策之而知得失之计，候之而知动静之理。"因形而作，胜于众，用兵之要也。

若欲先知敌将，当令贱而勇者，将轻锐以尝之。观敌之来，一起一坐，其政以理。其追北，佯为不及；其见利，佯为不知。如此者，将必有智，勿与轻敌。若其众哗旗乱，其卒自止自行，其兵或纵或横。其追北，恐不及；见利，恐不得。如此者，将必无谋，虽众可获。

※ 译文

两国交战，军营对峙，此时形势不明，不能随意做出判断，一定要先探明敌情。所以《孙子兵法》中说："取胜之兵，首先是刺探军情，而后才与敌交锋。"又说："认真分析判断，以求明白敌军计划的优劣；仔细观察，以求了解敌军的活动规律。"根据敌情制订作战计划，就可以少胜多，这是用兵的主旨。

如想先了解敌情，最好是让贫贱又勇敢的人，带领轻便精锐的人马去观察敌情。观察敌军之初，在集结地整装待发，秩序井然；如敌军追逐败退者，假装赶不上；看见财利，假装不知道——这样的部队，它的将领定是精明之人，不可轻视。如果敌军嘈乱，旌旗不整，士卒行动随意，纵横坐卧，在追击败军时，生怕赶不上，看见财利，唯恐得不到。这样的军队，其将领必是无能之辈，即使其军人数再多，与之交战，也是可以取胜的。

※ 原文

故曰：敌近而静者，恃其险也；敌远而挑人者，欲人之进也；众树动者，来也众；草多障者，疑也；鸟起者，伏也；禽骇者，覆也；尘卑而广者，徒来也；散而条远者，薪来也；少而往来者，营军也。

辞卑而益备者，进也；辞强而进驱者，退也。无约而请和者，谋也；半进半退者，诱也；杖而立者，饥也；汲而先饮者，渴也；见利不进者，劳也；鸟集者，虚也；夜呼者，恐也；军扰者，将不重也；旗动者，乱也；吏怒者，倦也；粟马食肉，军无悬簟，不及其舍者，穷寇也；淳淳翕翕，徐与人言者，失其众也；数赏者，害也；数罚者，困也；数顾者，失其群也；来委谢者，欲休息也。兵怒而相近，久而不合，又不相去，必谨察之。

敌来新到，行阵未定，可击也；阵虽定，人马未食，可击也；涉长道，后行未息，可击也；行坂涉险，半隐半出，可击也；涉水半渡，可击也；险道狭路，可击也；旌旗乱动，可击也；阵数移动，可击也；人马数顾，可击也。凡见此者，击之而勿疑。

然兵者，诡道也。能而示之不能，用而示之不用。故匈奴示弱，汉祖有平城之围；石勒藏锋，王浚有幽州之陷。即其效也，可不慎哉！

※ 译文

所以说，敌军走近却很安静，证明有可依靠的险峻地形；敌军远道而来向我挑战，是想引诱我军前行；树丛摇动的面积大，证明敌军来得多；草丛中多处设伏，是用来迷惑人的；鸟儿惊起，是有埋伏；鸟兽惊散，证明敌军大举袭来；尘土低而广，是敌军步兵来袭；尘土分散成条状，前后相连，是敌军运粮的车队；尘土少且往来飘荡，是敌军在安营扎寨。

使者言辞谦卑，却加紧备战，这是要进攻；言辞强硬而又做出进攻的样子，是要撤退的意思；敌军没有约定就来求和，必有奸计；敌军展开半进半退之势，是引诱我军前进；敌军手持武器站立，是饥饿之状；敌军找水争饮，是饥渴之军；见到财利却不向前，是过度劳困所致；敌营有鸟雀集聚，说明营中已空；敌人夜间惊呼，说明敌军心有所惧；军营骚动，说明将领缺少威严；旌旗摇动，证明敌军中有了混乱；军吏时常发怒，是过度疲惫之象；敌人以粮喂马，杀牲口吃肉，收拾起炊具不再返营，是决一死战的表示；敌军将领低声与士兵说话，是不得人心的表现；再三奖赏士卒，说明敌将已无计可施；再三重罚下属，是敌军陷于困境的表现；再三环顾，是丢失了队伍；敌军借故派使者前来，言辞委婉，是想休兵息战。敌军盛怒前来，却久不接战，又不离去，要小心观察其意图。

敌军刚至，还未来得及布阵；虽已布阵，但人马还未进食；长途跋涉，后到的部队还未休息；行至岗坡险阻之地；处在半隐半显状态；半部渡水；正在险狭之路上行进；旌旗乱动；敌阵频繁移动；敌军人马不停往返。以上情况，均可毫不迟疑地攻击。

但是，用兵打仗是一种诡诈的行为。能攻却装出不攻的样子，想打却装出不打的样子。匈奴故意示弱，汉高祖不了解真情，被困于平城；石勒故意藏起锋芒，王浚不知实情，被攻陷于幽州。这都是前车之鉴，一定要谨慎行事呀！

※ 评析

用兵打仗是一种诡诈之术。所以，能打，却装作不能打；要打，却装作不想打；明明要向近处进攻，却装作要攻打远处；即将进攻远处，却装作要攻打近处；敌人贪利，就用利引诱他；敌人混乱，就乘机攻打他；敌人力量雄厚，就要注意防备他；敌人兵势强盛，就暂时避其锋芒；敌人暴躁易怒，就要挑逗起他的怒气；敌人胆怯，就设法使之骄横；敌人休整得好，就设法使之疲劳；敌人内部团结，就设法离间他们。要在敌人没有防备的地方发起进攻，在敌人意料不到的时候采取行动。所有这些，是军事家指挥艺术的奥妙，更是不能事先传授的，而需要在战争中不断领悟。

势略五三

《孙子兵法》中有："故善战者，求之于势。"以有利的地势、气势、因势等协助作战。在气势方面，有勇敢与怯弱之分，但两者又彼此依存，在一定条件下是可以转化的。"势"强者，"怯"可以化为"勇"，少能胜多，弱能胜强；"势"弱者，"勇"可以变成"怯"，虽有百万之众，也脆弱异常，不堪一击。

狭路相逢　势强必胜

※ 原文

《孙子》曰："勇怯，势也；强弱，形也。"又曰："水之弱，至于漂石者，势也。"何以明之？

昔曹公征张鲁，定汉中，刘晔说曰："明公以步卒五千，讨诛董卓，北破袁绍，南征刘表。九州百郡，十并其八，威震天下，势慑海外。今举汉中，蜀人望风，破胆失守，推此而前，蜀可传檄而定也。刘备，人杰也，有智而迟，得蜀日浅，蜀人未附。今破汉中，蜀人震恐，其势自倾。以公之神明，因其倾而压之，无不克也。若小缓之，诸葛亮明于理而为相，关羽、张飞勇冠三军而为将，蜀人既定，据险守要，则不可犯也。今不取，必为后忧。"曹公不从。居七日，蜀降者说："蜀中一日数十惊。备斩之而不能禁也。"曹公延问晔曰："今尚可击否？"晔曰："今已小定，未可击也。"

又，太祖征吕布，至下邳。布败，固守城，攻不拔，太祖欲还，荀攸曰：“吕布，勇而无谋。今三军皆北，其锐气衰。三军以将为主，主衰则军无奋意。夫陈宫有智而迟，今及布气之未复，宫谋之未定，进急攻之，布可拔也。”乃引沂泗灌城，城溃，生擒布。以此观之，当是时，虽诸葛之智，陈宫之谋，吕布之勇，关张之劲，无所用矣。此谓“勇怯，势也。强弱，形也”。

故兵有三势，善战者，恒求之于势。势之来也，食其缓颊，下齐七十余城；谢石渡淝，摧秦百万之众。势之去也，项羽有拔山力，空泣虞姬；田横有负海之强，终然刎颈。

故曰：战胜之威，人百其倍；败兵之卒，没世不复。故“水之弱，至于漂石”，此势略之要也。

※ 译文

《孙子兵法》中说：“勇敢与怯弱，是由形势决定的，强与弱，是由军事实力决定的。”又说：“水是非常柔弱的，却能冲走石块，这是由于水势强大的缘故。”为什么这样说呢？

曹操征伐张鲁，平定了汉中。刘晔建议曹操：“您以五千名步兵讨伐董卓，北破袁绍，南征刘表。天下州郡，十有八九被兼并，使您威震天下，名扬海外。现在占据汉中，蜀人闻风丧胆，城池失守，照这样向前推进，用一纸檄文就可平定蜀国。刘备是人中之杰，也有智慧，但他是后来者，得到蜀国的时间短，蜀人还没有依附他。现在您攻破汉中，蜀人得知后惊恐万分，形势对刘备非常不利。以您的神明，乘势对刘备加紧攻伐，没有不胜的。但若稍稍松懈，有明察事理的诸葛亮为相，有勇冠三军的关羽、张飞为将，蜀人一旦臣服了，据守险要，再攻伐就难了。现在不行动，后患无穷啦！”曹操不依刘晔之言。七天后，投降魏国的蜀人说：“蜀人惶惶不可终日，刘备斩杀了言降者仍无济于事。”这时，曹操请来刘晔说：“现在是否还可以进攻？”刘晔说：“现在蜀国已初步平定，不能进攻了。”

曹操征伐吕布，到了下邳。吕布战败，固守下邳城，不出城迎战。由于不能取胜，曹操准备返回。这时，荀攸说：“吕布有勇无谋。现在他的各路军队都失败了，已无锐气。三军以将领为主帅，主帅锐气衰减，军队必然失去战斗力。吕布的谋士陈宫有智慧，但却是后来者。现在趁着吕布元气尚未恢复，陈宫的计谋尚未议定，趁势猛攻，定可除掉吕布。”曹操听从荀攸的建议，引来沂水、泗水灌入下邳城，冲溃城墙，活捉了吕布。由此来看，在大势所趋的情况下，就是有诸葛亮的智慧，陈宫的谋略，吕布的骁勇，关羽、张飞的善战，也是无可奈何的。这就是所谓的“勇怯，势也；强弱，形也”。

因此，带兵打仗有“三势”。指挥有方的将领，善于捕捉有利的形势。在有利的形势到来时，郦食其劝说田广，不战而取了齐国七十多座城邑；谢安淝水一战，打垮了前秦百万大军。如果大势已去，项羽纵有拔山之力，也只能与虞姬相对而泣；田横纵有背负大海之志，也只得无奈自刎。

所以说，胜利带来的威势，会使士气倍增；而败军之卒，士气再难振奋。故而水性至柔至弱，却能冲走石块，这就是“势略”的关键所在。

※ 评析

势是什么呢？孙子说，这种势就像可以漂起石头的激流，就像一触即发的弓弩，就像圆石从千仞高山上滚下，有一种不可抵挡的力量。用这种力量打击敌人，就能够以一当十，所向无敌。怎样才能造成这种势呢？首先，要给自己创造条件，使自身具有战胜敌人的强大力量。其次，要择人而任，选择熟知军事、知人善任的将帅，指挥士兵作战灵活自如，并且善于用假象迷惑敌人，用小利驱动敌人，引诱敌人陷入圈套，然后用伏兵狠狠地打击敌人。因势要把握以下四点：其一，创造势不可挡的“气势”；其二，充分利用有利的“地势”；其三，不失时机地抓住“因势”；其四，掌握好用势的节奏与时机。

攻心五四

《孙子兵法》中有：“三军可夺气，将军可夺心。”“善攻者，先攻其心，后攻其城。攻心者，智也；攻城者，力也。以智服人，恒久；以力压人，暂短。”由此可知，攻城是下策，而攻心才是上策。

攻心为上　攻城为下

※ 原文

《孙子》曰：“攻心为上，攻城为下。”何以明之？

战国时有说齐王曰：“凡伐国之道，攻心为上，攻城为下。心胜为上，兵胜为下。是故圣人之伐国攻敌也，务在先服其心。何谓攻其心？绝其所恃，是谓攻其心也。今秦之所恃为心者，燕、赵也，当收燕、赵之权。今说燕、赵之君，勿虚言空辞，必将以实利，以回其心，所谓攻其心者也。”

沛公西入武关，欲以二万人击秦峣关下军。张良曰：“秦兵尚强，未可轻也。臣闻其将屠者子，贾竖易动以利。愿沛公且留壁，使人先行，为五万人具食，益张旗帜诸山上，为疑兵。令郦食其持重宝啖秦将。”秦将果欲连和，俱西袭咸阳，沛公欲听之。良曰："此独其将欲叛，士卒恐不从。不从，必危，不如因其懈击之。"沛公乃引兵击秦军，大破之。

※ 译文

《孙子兵法》中说："攻心为上，攻城为下。"为什么这样说呢？

战国时有人对齐王说："攻打别国的方法，以攻心为上策，以攻城为下策。从心理上征服敌人为上策，以兵力征服敌人为下策。所以圣人讨伐他国、战胜敌人，重要的是先使其心悦诚服。什么叫'攻心'呢？断绝对方所凭恃的优势就是'攻心'。现在秦国所凭恃为心腹的是燕国和赵国，这就应收回他所凭恃燕、赵的权力。现在我们就去劝说燕国和赵国的国君，不要只用空言虚辞，一定要给他们实利，用来回转他们的心意，这就是所说的'攻心'。"

沛公刘邦向西进入武关，想用两万人攻打秦峣关的守军，张良进言说："秦兵还很强大，我们不能轻敌。听说峣关的将领是屠夫的儿子。商贩出身的人一般都容易为利所诱。希望您暂且不动，派人前往准备五万人的食宿规模以虚张声势，再在周围的山头上插满旌旗，布下疑兵，派郦食其带着贵重的珍宝去贿赂秦军将领。"秦军将领果然答应联合起来一同西进袭击咸阳，沛公打算就这么办。张良却说："这不过是那些将领想叛变罢了，恐怕部下的士卒会不听从指挥。这样肯定会出危险的，还不如现在乘其懈怠发起进攻。"于是，刘邦领兵袭击，大破秦军。

※ 评析

《孙子兵法》中说："攻心为上，攻城为下。"足以说明了攻心战术的重要性。

"攻心为上"，是历代兵家克敌的有力武器。在人际交往中也要注意运用"攻心"的谋略。每个人的行为都是在意识的支配下进行的，如果你能用自己的言行打动别人的心，就等于让别人的意识在你的影响下进行。这样，你想通过对方达到自己的目的也就不是什么难事了。

伐交五五

从正面进攻往往会把自己的真实实力暴露给敌人，而且费人、费力。于是有些时候，采用迂回、侧攻的方式反而能取得意想不到的胜利。《孙子兵法》中有："故上兵伐谋，其次伐交，其次伐兵，其下攻城。"伐交居于第二位，由此可见伐交的重要性。

直取受阻　伐交可得

※ 原文

《孙子》曰："善用兵者，使交不得合。"何以明之？

昔楚莫敖将盟贰、轸，郧人军于蒲骚，将以随、绞、州、蓼伐楚师，莫敖患之。斗廉曰："郧人军于其郊，必不诫，且日虞四邑之至。君次于郊郢，以御四邑。我以锐师宵加于郧，郧有虞心而恃其城，莫有斗志。若败郧师，四邑必离。"莫敖从之，遂败郧师于蒲骚。

汉宣帝时，先零与罕开羌解仇，合党为寇。帝命赵充国行诛罕开，充国守便宜，不从，上书曰："先零羌虏欲有背叛，故与罕开解仇，然其私心不能忘，恐汉兵至而罕开背之也。臣愚以为其计，常欲赴罕开之急，以坚其约。先击罕羌，先零必助之，今虏马肥，粮方饶，击之恐不能伤害，适使先零得施德于罕羌也，坚其约，合其党，虏交坚党合，诛之用力数倍，臣恐国家忧累，由十数年，不二三岁而已。先诛先零，则罕开之属，不烦兵服矣。"帝从之，果如策。

魏太祖伐关中贼，每一部到，太祖辄喜。贼破之后，诸将问其故。太祖曰："关中道远，若各依险阻征之，不一二年不可定也。今皆来集，众虽多，莫能相服，军无适主，一举可灭，为攻差易，我是以喜。"语曰：连鸡不俱栖，可离而解。曹公得之矣。比伐交者也。

※ 译文

《孙子兵法》中说："善用兵者擅长将威势施加于敌国，使其无法与他国结盟。"为什么呢？

以前楚国的莫敖要与贰国、轸国结盟，郧人却在蒲骚埋伏军队，将和随、绞、州、蓼几国联合起来讨伐楚军，莫敖非常害怕。斗廉说："郧人在城郊驻军，定不会心存戒备，只是天天在等候随、绞等国的军队。您在城郊驻军，以抵御随、绞等国的军队。我率精兵趁夜晚攻打郧人，郧人有担忧之心，要依凭其城，所以不会有斗志。如能打败郧人的军队，随、绞等国就会与郧分离。"莫敖采纳了这个建议，于是在蒲骚打败了郧国的军队。

汉宣帝时，先零与罕、开、羌化解了仇怨，联合起来与汉朝作对。宣帝命赵充国率军讨伐罕、开。赵充国出于对形势的判断因而不听从，于是上书宣帝说："先零是羌的敌人，想背叛汉朝，所以和罕、开化解了仇怨，但是其内心有顾虑，担心汉朝军队到来，罕、开背叛了它。我以为先零是这样打算的，它要为罕、开解围，使其盟约更加牢固。如先攻打罕、羌，先零定会来协助他们。如今敌人正处在马肥粮足之时，攻击也不会给罕、羌以致命的打击，反倒使先零有机会施德给罕、羌，使其盟约更牢固，团结更紧密，如此一来，想打败他们就得花更大的力气。我担心国家因此会有困难，会长达十数年，而不是二三年。如先讨伐先零，则罕、开等不用发兵，也会顺服。”宣帝采纳了赵充国的建议，果然如他所料。

曹操讨代关中贼寇，每当一个地方的贼寇出来，太祖就非常高兴。贼寇被灭后，各路将领问曹操高兴的原因，曹操说：“关中道路遥远，如贼寇据守险地抵抗，要讨伐它，不用一二年时间是平定不了的。如今他们自动聚集前来，人数虽多，但都各不服气，这样就缺少统一的指挥，我们便可一举消灭他们，比攻打羌人容易得多，所以我才高兴。”谚语说：用绳子绑在一起的鸡不能同时栖息，把它们分开，就会逐个瓦解。曹操知道这个道理。这就是所说的“伐交”。

※ 评析

孙子在这里提出了“合于利而动，不合于利而止”的战争指导原则。这种原则主要是使敌人前后不能相救，上下不能相及，从而阻断敌人内部的有机联系，达到减弱敌人战斗力的目的。总之，军事行动要以对我方有利为原则。

为了实现一定的目的而与人交往，这个时候我们交往的对象就带有对手的性质。有时候这个对手不是一个而是两个或多个。如果想依靠一个人的力量去赢得多个对手，并非一件易事。这个时候，我们就应当采取各个击破的方针，做好充分的准备。同时要给对方造成一种不可抵挡的攻势。趁其无备，突然出击，各个击破，这样就能令对方措手不及，从而成功达到自己的目的。

格形五六

为了灵活有效地消灭敌人，有意不与敌人正面交战，而是趁其不备突然袭击其后方根据地。这样就能取得事半功倍、一箭双雕的效果。在历史上曾有许多运用此计取胜的著名战例，比如“围魏救赵”。

避敌锋芒　攻其要害

※ 原文

《孙子》曰：“安能动之。”又曰：“攻其所必趋。”何以明之？

昔楚子围宋，宋公使如晋告急。晋狐偃曰：“楚始得曹，而新婚于卫，若伐曹、卫，楚必救之，则齐、宋免矣。”果如其计。

魏伐赵，赵急请救于齐。齐威王以田忌为将，以孙膑为师，居辎车中为计谋，田忌欲引兵之赵，孙子曰："夫解杂乱纠纷者不控拳；救斗者不博戟。批亢捣虚，形格势禁，则自为解耳。令梁赵相攻，轻兵锐卒必竭于外，老弱疲于内。君不若引兵疾走大梁，据其街路，冲其方虚，彼必释赵而自救，是我一举解赵之围，而弊于魏也。"田忌从之，魏果去邯郸。

※ 译文

《孙子兵法》中说："怎样才能使敌军移动呢？那就要攻击他必定要去援救的地方。"为什么这么说呢？

以前楚国围攻宋国，宋王派使者到晋国求救。晋国的狐偃说："楚国刚得到曹国，最近又和卫国缔结婚姻，如果现在攻打曹、卫，楚军定会救援，这样宋、齐国就可解围了。"果然如狐偃所料。

魏国攻打赵国，赵国向齐国求救。齐威王让田忌为将、孙膑为军师救齐，在救齐的路上，二人商量计谋，田忌想直接救赵。孙膑却说："解开乱丝，不能用拳头；劝人止斗，不能伸手。只要抓住要害，造成阻止纠缠、争执的形势，纷争就会自然而解。如今魏国正在进攻赵国，其精兵定会全部开往国外，年老体弱的士兵留守国土。我们不如带兵直奔大梁，围攻魏都，攻打它空虚的后方。如此一来，魏军定会放弃赵国，返回自救。我们既解救了赵国，又打败了魏国。"田忌采纳了孙膑的建议，带兵急奔大梁，魏军果然离开了邯郸。

※ 原文

又，曹操为东郡太守，治东武阳，军顿丘，黑山贼于毒等攻东武阳。太祖欲引兵西入山，攻毒本屯，诸将皆以为当还自救，曹操曰："昔孙膑救赵而攻魏，耿弇欲走西安攻临淄。使贼闻我西而还，则武阳自解。不还，我能破虏家，虏不能拔武阳，必矣。"乃引。毒闻之，果弃武阳还，曹操要击，大破之。

初，关侯围楚襄阳，曹操以汉帝在许，近贼，欲徙都。司马宣王及蒋济说曹操曰："刘备、孙权外亲内疏，关侯得志，权必不愿也。可遣人劝蹑其后，许割江南以封权，则楚围自解。"曹操从之，侯遂见擒。

此言攻其所爱，则动矣。是以善战者，无知名，无勇功。不争白刃之前，不备已失之后。此之谓矣。

※ 译文

曹操做了东郡太守，治理东武阳，屯兵于顿丘，黑山的贼寇于毒等袭击东武阳。曹操打算领兵从西入山，攻打于毒的大本营，各部的将领都认为应该返回东武阳自救。曹操却说：“当年孙膑围魏救赵，耿弇想奔向西安却暗中攻打临淄。如使贼寇听说我向西攻其大本营而撤退，则东武阳之危就可解除了。如贼寇不撤退，我们就能攻破敌人老窝，而敌人却无法攻破东武阳。就这样决定了。”于毒听说后，果然放弃东武阳还师，曹操设伏兵半路截杀，大败于毒。

关羽围困襄阳，曹操因汉帝在许都靠近敌寇，打算迁都。司马宣王、蒋济都劝曹操说：“刘备与孙权是外亲内疏。关羽得志，孙权定会心里不爽。可派人劝孙权紧随关羽，攻打关羽，并答应割取江南给孙权，这样就可解襄阳之困了。”曹操采纳了这个建议，关羽果然被孙权擒获。

这里所说的就是要进攻敌人的要害，敌人定会有所行动。因此，善于打仗的人，他所取得的胜利，既显不出智谋的名声，也看不出勇武的功劳。不在白刃搏杀之前争斗，不在进攻机会已失后防备，就是这个道理。

※ 评析

孙子在此论述了如何在战争中牢牢抓住战与不战的主动权，这其实仍是前面论述的要把握战争主动权思想的一种延伸。无论进还是退，无论战与不战，都要把主动权掌控在自己的手中，而让敌人陷入被动，不得不随着我们的计划而行动。要打击敌人虚弱的地方，进攻敌人必救的地方，撤退时要迅速、及时。这都是把握战争主动权所必须遵循的原则。曹操在这场争斗中，运用的其实是“围魏救赵”的策略。这个策略能够运用成功的关键之处在于：“攻其所必救”。就拿上面的例子来讲，如果曹操不是攻打于毒的大本营，而是攻打其他无关痛痒的地方，那结果就很难说了。

蛇势五七

一个善于用兵打仗者，要懂得分化、瓦解敌人。在特殊的情况下，甚至要网开一面，避免把敌人逼急了以死顽抗，从而给自己带来不必要的麻烦。

适度作战　事半功倍

※ 原文

语曰：“投兵散地，则六亲不能相保；同舟而济，胡越何患乎异心。”《孙子》曰：“善用兵者，譬如率然。”何以明之？

汉宣帝时，先零为寇，帝命赵充国征之。引兵至先零所在，虏以屯聚解弛，望见大军，弃车重，欲渡湟水，道厄狭，充国徐驱之。或曰："逐利行迟。"充国曰："此穷寇，不可迫也。缓之，则走不顾；急之，则还致死。"诸校皆曰："善。"果赴水溺死者数百，于是破之。

袁尚既败，遂奔辽东，众有数千。初，辽东太守公孙康恃远不服，曹公既破乌丸，或说公："遂征之，尚兄弟可擒也。"公曰："吾方使康斩送尚、熙首，不烦兵矣。"公引兵还。康果斩送尚、熙，传其首。诸将或问曰："公还而斩尚、熙，何也？"公曰："彼素畏尚、熙，其急之则并力，缓之则自相图，其势然也。"

※ 译文

谚语说："把士卒放在自己的领地内和敌人作战，在危急时刻士卒就容易逃散，因此在这种情况下，即使是亲人也不能彼此保护；而同处在风雨飘摇中的一只船上，即使是曾经相互仇视的吴人和越人，也不用担心他们在此时会存有异心。"《孙子兵法》中说："善于带兵打仗的人，就要像能首尾兼顾的常山蛇'率然'一样。"为什么这样说呢？

汉宣帝时，一个叫先零的部落反叛，宣帝命令赵充国前往平定。赵充国率兵到达先零的所在地，叛军已经散布开来，见汉军逼近，便慌忙丢弃了车辆、辎重，准备渡过湟水，先零败逃的道路非常险狭，赵充国在后面慢慢地驱赶他们。有人问："为什么这样迟缓地追逐敌人？"赵充国说："这是'穷寇'，不能把他们逼急了。慢慢地追逐，他们就只顾逃跑不再回头；如果逼急了，他们会狗急跳墙，拼死一战的。"听了赵充国的话后，部下都说"是这样的"。果然，在渡河时有数百名先零人淹死，于是赵充国趁势出击，大破先零叛军。

三国时期，袁尚因为失败，逃至辽东，但手下仍有数千人。当时的辽东太守公孙康依仗着自己地处僻远，不服曹魏。曹操这时已经打败了乌丸，有人就劝说曹操："继续征伐辽东，定可擒获袁尚兄弟。"曹操说："不用动兵，我要让公孙康杀掉袁尚和袁熙，并将他们的首级送来。"于是曹操领兵返回。后来果真如曹操所料，公孙康杀掉了袁尚兄弟，并送来了首级。将领中有人问曹操："您领兵返回，公孙康却杀掉了袁尚兄弟，这是为什么？"曹操说："公孙康平时就畏惧袁尚兄弟。我如果逼急了，公孙康就会和袁尚兄弟联合起来进行抵抗，但如果松缓一下，他们就会自相残杀，这是形势所决定的。"

※ 原文

曹公征张绣，荀攸曰："绣与刘表相恃为强，然绣以游军仰食于表，表不能供也，其势必离。不如缓军以待之，可诱而致也。若急之，则必相救。"曹操不从，进至穰，与绣战。表果救之，军不利矣。

故《孙子》曰："善用兵者，譬如率然；率然者，常山之蛇，击其头则尾至，击其尾则首至，击其中则首尾俱至。"或曰："敢问兵可使如率然乎？"《孙子》曰："可矣。夫吴人与越人相恶，当其同舟而济，如左右手。是故放马埋轮，不足恃也；齐勇若一，政之道也。"此之谓矣。

※ 译文

曹操要征伐张绣，荀攸劝说："张绣与刘表相互依凭而逞强，然而张绣是领着散兵游勇向刘表求食。长久下去，刘表必不会提供，两人最终会分崩离析。不如暂缓出兵，看看情况，引诱他前来。如果逼急了，刘表一定会前来救援。"曹操不听，进军到了穰，与张绣作战。刘表果然前来救助张绣，使曹操陷入被动的境地。

所以《孙子兵法》中说："善于带兵打仗的人，就像'率然'一样。'率然'是常山的一种蛇，打其头部，尾来接应；打其尾部，头来接应；打其中部，头尾都来接应。"有人问："军队可以像'率然'一样吗？"孙子回答说："可以。吴国人和越国人虽然相互仇视，可是，当他们同船渡河时，如遇到大风，也能如左右手一样相互救助。因此，想用系住马匹、埋住车轮的办法来稳定军队，那是靠不住的；要使士卒整齐一致，英勇杀敌，就要靠组织指挥得法。"说的就是这个道理。

※ 评析

以把马并缚在一起、深埋车轮这种显示死战决心的办法来作战，那是靠不住的。要使部队能够齐心协力、奋勇作战如同一人，才是治理军队的方法。在指挥军队这件事情上，要做到沉着冷静而高深莫测，管理部队公正严明而有条不紊；要不断变更作战部署，改变用过的计谋，使人无法识破真相；不时变换驻地的地点，故意迂回前进，使人无从推测我方的意图。这都是指挥军队作战的本领。而本篇所说的"蛇势"就是其中之一。

先胜五八

善于用兵作战的将帅，会尽可能地创造有利条件，使自己占据主动位置。在条件不成熟时，就想方设法避开敌人的锋芒，而后坐等时机，寻求机会，从而最终克敌制胜。

先为不胜　待敌可取

※ 原文

《孙子》曰："善用兵者，先为不可胜，以待敌之可胜。"何以明之？

梁州贼王国围陈仓，乃拜皇甫嵩、董卓，各率二万人拒之。卓欲速进赴陈仓，嵩不听。卓曰："智者不缓时，勇者不留决。速战则城全，不救则城灭。全灭之势，在于此也。"嵩曰："不然。百战百胜，不如不战而屈人之兵。是以先为不可胜，以待敌之可胜。不可胜在此，可胜在彼。彼守不足，我攻有余。有余者动于九天之上；不足者陷于九地之下。今陈仓虽小，城守固备，非九地之陷也。王国虽强，而攻我之所不救，非九天之势也。夫势非九天，攻者受害；陷非九地，守者不拔。国今已蹈受害之地，而陈仓保不拔之城。我可不烦兵动众，而取全胜之功，将何救焉？"遂不听。王国围陈仓，自冬迄春八十余日，城坚守固，竟不能拔。贼众疲弊，果自解去。

嵩进兵击之，卓曰："不可。兵法：穷寇勿迫，归众勿追。今我追国，是迫归众，追穷寇也。困兽犹斗，蜂虿有毒，况大众乎！"嵩曰："不然，前吾不击，避其锐也。今而击之，待其衰也。所击疲师，非归众也。国众且走，莫有斗志。以整击乱，非穷寇也。"遂独进兵击之，使卓为后拒。连战，大破。国走而死。卓大惭恨。

※ 译文

《孙子兵法》中说："善于用兵打仗者，首先要创造条件，使自己不至于被敌人战胜，然后等待和寻求敌人可能被我军战胜的时机。"为什么这么说呢？

梁州贼寇王国围困陈仓，皇上命皇甫嵩、董卓为将，各率两万人马前去讨伐。董卓想迅速领兵奔至陈仓，皇甫嵩不从。董卓说："智者不会放弃时机，勇者不会犹豫不决。速战才能保住陈仓，如不援救，陈仓就会被攻破。陈仓被保全或被攻占，就在此一举了。"皇甫嵩说："并非如此。百战不殆，也比不上不战就能使敌人屈服。所以首先要创造条件，使自己不至于被敌人战胜，而后再等待破敌之机，战胜敌人。使自己不被敌人打败，就能取得主动权；有可能战胜敌人，我们就把握了克敌制胜的机会。采取守势，是因为取胜条件不足；展开进攻，是因为取胜条件有余。具备取胜条件的，像在高不可测的天上作战一样，使敌人防不胜防；取胜条件不足的，就像深陷于九地之下一样，难有大的进展。如今，陈仓虽小，防守稳固，并没有到了'九地之陷'的困境；王国虽强，进攻我军不准备去援救的地方，也不具备'九天之势'。如不具备'九天之势'，则进攻者就要受阻；如我军还不到'九地之陷'的困境，陈仓就不易攻破。这样，我军不用兴师动众，就可大获全胜，又有什么必要迅速进攻呢？"皇甫嵩因此不听董卓的建议。王国围困陈仓，从冬到春有八十余日，但陈仓防守稳固，无法攻破。久战不胜，王国的军队疲惫不堪，最终无功而返。

此时，皇甫嵩要进兵攻打王国。董卓说："不行，兵法上说：'穷寇勿迫，归众勿追。'现在追击王国是逼迫归众，追击穷寇。困境中的野兽还要争斗，马蜂蝎子都是有毒的，更何况众多的人呢？"皇甫嵩说："不对，以前我不攻王国，是回避他的锐气。对方有实力要多防备，强盛要避开，精锐之兵不宜进攻，这都是用兵的要旨。如今进攻，是因他已衰弱。我们进攻的是疲惫之师，不是'归众'；王国的人虽多但都想逃跑，我们以严整之师攻其混乱的局势，并非追击穷寇。"皇甫嵩于是单独领兵攻打王国，让董卓居后。皇甫嵩连战连捷，大败敌军，王国在逃跑中被杀。董卓非常惭愧，因此怀恨皇甫嵩。

※ 原文

青州黄巾众百余万人，东平刘岱欲击之。鲍永谏曰："今贼众百万，百姓皆震恐，士卒无斗志，不可敌也。观贼众群辈相随，军无辎重，唯以抄掠为资。今若畜士众之力，先为固守，彼欲战不得，攻则不能，其势必离散。然后选精锐，既据其害击之，可破也。"岱不从，果为贼所败。

晋代王开攻燕邺城，慕容德拒战代师，败绩，德又欲攻之，别驾韩潭进曰："昔汉高祖云：吾宁斗智，不能斗力。是以古人先胜庙堂，然后攻战。今代不可击者四，燕不宜动者三：代悬军远入，利在野战，一不可击也；深适近畿，顿兵死地，二不可击也；前锋既败，后阵方固，三不可击也；彼众我寡，四不可击也。官军自战其地，一不宜动；动而不胜，众心难固，二不宜动；城郭未修，敌来无备，三不宜动。此皆兵机也。深沟高垒，以逸待劳。彼千里馈粮，野无所掠，久则三军靡费，攻则众旅多弊，师老衅生，详而图之，可以捷也。"德曰："韩别驾之言，良、平之策也。"此先胜而后战者也。

※ 译文

青州的黄巾起义军有一百余万，东平的刘岱打算起兵攻打。鲍永劝谏说："如今黄巾军有百万之众，百姓都非常害怕，士兵没有斗志，这样是无法取胜的。我看黄巾军众多，群辈相随，军中又无装备粮草，唯以四处抢掠为物资来源。如今我们如积蓄兵力，先稳固防守，黄巾军不能交战、不能进攻，其凶猛之势就会逐渐被瓦解。然后我们选精兵占据险要地势攻击它，定能取胜。"刘岱不听，强行进攻，结果大败。

晋代王攻打燕地的邺城，慕容德抵御代王的军队，结果大败。慕容德还想进攻，别驾韩潭说："当年汉高祖说：'我宁可去较量智慧，而不愿去较量力气。'所以古人先在庙堂上出谋划策，然后才采取行动。如今代王不能攻打的原因有四，燕不宜采取行动的原因有三：代王孤军深入，有利于旷野作战，这是不可攻的第一原因；敌军深入到都城附近，把士兵布置在了‘疾战则存，不疾战则亡’的‘死地’，这是不可攻打的第二原因；前锋虽败，但后面的阵地依然牢固，这是不可攻打的第三原因；敌人众多，我军兵少，这是不可攻打的第四原因。我军在自己的区域内作战，这是不能行动的原因之一；行动却无法取胜，军心难以稳定，这是不能行动的原因之二；城郭未修，敌人来犯无法防备，这是不能行动的原因之三。这都是用兵之道。我们不如深挖沟，高垒墙，充分休整后再迎击敌人。敌人从千里之外运输粮食，田野里又难有所获，日子久了则三军耗费巨大，进攻则军旅疲惫、松懈、生隙。现在我们要谨慎地谋划破敌之策，才可取胜。”慕容德说：“韩潭的建议，就像当年张良、陈平的计策。”这就是先创造稳操胜券的条件，而后再展开战争。

※ 评析

“先为不可胜”的战略思想，就是说首先要加强自身的实力，有了必胜的把握和优势才肯出兵，从而不被敌人所战胜。从中我们得到的启示就是：做事一定不要急躁冒进，要稳住阵脚。因为急躁冒进往往会导致事情向更坏的方向发展。而运用“以逸待劳”的策略，能更有效地观察和把握对方的动向，从而制定出相应的对策。在人际交往中，灵活地运用这一点，可以使事情朝着更有利的方向发展。所以说如想顺利地达到目的，事先要利用好一切有利的因素，积极主动地创造制胜的条件。如果消极对待，则达到目的就可能是对方，而不是自己。

围师五九

网开一面，因势利导，是善战的将帅面对被围困的敌人所采取的灵活战略。其目的是：避免敌人因被逼上绝路而拼死一战，给我方带来不该有的灾害和麻烦。

围师必阙　穷寇勿追

※ 原文

《孙子》曰：“围师必阙。”何以明之？

黄巾贼韩忠据宛，朱隽、张超围之。结垒起土山以临城，因鸣鼓攻其西南，贼悉众赴之，乃掩其东北，乘城而入。忠退保小城乞降，诸将欲听之。隽曰：“兵有形同而势异者。昔秦项之际，民无定主，故赏附以劝来耳。今海内一统，唯黄巾造寇，纳降无以劝善，讨之足以惩恶。今若受之，更开逆意。贼利则进，钝则乞降，纵敌长寇，非良计也。”因急攻之，不克。隽登土山，顾谓张超曰：“吾知之矣。贼今外围周固，连营逼急，乞降不受，欲出不得，所以死战也。万人一心，犹不可当，况十万乎？其害甚矣！不如撤围，并兵入城，忠见解围，势必自出，出则意散，易破之道也。”既而解围，忠果出战，遂破忠等。

魏太祖围壶关，下令曰：“城拔皆坑之。”连月不下，曹仁言于太祖曰：“围城必示之门，所以开其生路也。今公许之必死，将人人自为守，且城固而粮多，攻之则士卒伤，守则引日持久，今顿兵坚城之下，以攻必死之虏，非良计也。”太祖从之，城降。此围师之道也。

※ 译文

《孙子兵法》中说：“包围敌人，要留有缺口。”为什么呢？

黄巾军首领之一的韩忠占据了宛城，朱隽、张超包围了他们，在宛城外垒土成山，俯视宛城，在鸣鼓声中攻打宛城的西南，敌人均向西南聚集，朱隽、张超却进攻宛城的东北，攀上城墙进入城中。韩忠退进了小城中想要投降，张超等将领也准备答应。朱隽说：“用兵有表面相同而性质不同的。当初秦政暴虐，项羽起兵时天下没有固定的君主，所以用奖赏归附的人来争取民心。如今四海归一，只有黄巾军谋反，如同意投降就不能使人从善，讨伐韩忠，足以达到杀一儆百的目的。现在如接受敌人的投降，就再次纵容了叛逆。再说，叛贼见形势有利就进攻，不利就投降，从而助长了叛逆的气焰，这不是好方法。”于是加紧进攻，但无法取胜。朱隽登上土山看着张超说：“我现在知道敌人拼死而战的原因了。叛军被四面围困、逼迫，投降没有被接受，出逃又无路，所以才拼死抵抗。万众一心，不可抵挡，更何况是十万人呢？这样下去危害甚大。不如撤去包围，合并各路部队入城。韩忠见包围解除，定会出来，出来后其斗志就会减弱，到时就是击败叛军的好时机了。”解围之后，韩忠果然从小城中出来作战，结果被朱隽、张超打败。

曹操包围壶关，下令说：“如果攻破了壶关城，要把城中人全部活埋。”结果连攻了几个月也没能攻下。曹仁此时对曹操说：“包围城池同时定要指出逃跑的缺口在什么地方，这是为了给逃跑者一条活路。如今您扬言要活埋全城人，这样城中人就会坚守阵地。况且壶关城坚固，城中粮多，强攻就会造成更大的伤亡，把守又会相持日久。如今屯兵在坚固的城池下，进攻死战的敌人，这不是上策。”曹操采纳了曹仁的建议，于是壶关城的守军都投降了。这就是围困敌人应采取的方法。

※ 评析

用兵中切记“围师必阙，穷寇勿追”的军事原则，其要求就是：用兵作战，要认清敌我形势，识别敌人的计谋，不要把敌人逼至绝境。之所以这样做是要避开敌人的优势与锐气，使我军免受损失。俗话说“兔子急了也咬人”，更何况是人呢？所以为人处世，一定要学会适可而止，在没有充分把握的情况下，不要把对手逼上绝路。

变通六十

制造假象，蒙骗敌人，是战胜敌人的重要法宝。孙膑当年就利用对手的狂妄骄横，用“增灶”迷惑敌人诱敌轻进，结果在马陵道上一举歼灭了不可一世的庞涓，至今为人传颂。

以假乱真　诱敌深入

※ 原文

《孙子》曰：“善动敌者，形之，敌必从之。”何以明之？

魏与赵攻韩，齐田忌为将而救之，直走大梁。魏将庞涓去韩而归，齐军已过而西矣。孙膑谓田忌说：“彼三晋之兵，素悍勇而轻齐，齐卒为怯。善用兵者，因其势而利导之。兵法曰：百里而趋利者，蹶其将军。使齐军入魏地为十万灶，明日为五万灶，明日为三万灶。”涓喜曰：“吾固知齐卒怯也。入吾地三日，士卒亡已过半。”乃弃其步兵，与轻锐倍日并行逐之。膑度其暮至马陵，道狭而多险，可伏兵。乃斫大树白书之曰：“庞涓死此树下。”令善射者万弩夹道而伏，期曰“见火举而发”。涓夜至斫木下，见白书，乃钻火烛之，读书，齐军万弩俱发，魏军大乱，涓乃自刭，曰：“果成竖子之名也。”

※ 译文

《孙子兵法》中说：“若想调动敌人，就要学会用假象蒙蔽敌人，敌人定会上当的。”用什么事例来证明呢？

魏、赵联合攻打韩国。齐国派大将田忌营救，直奔魏国国都大梁。魏国大将庞涓得知后，急忙停攻韩国，回师救魏。此时，齐军已开至西边去了。孙膑对田忌说：“三晋将士，素以勇猛剽悍闻名，轻视齐国；而齐国的军队却号称怯懦之师。善于作战的人，应顺应形势，加以正确的引导。兵法上说：驱兵百里去争利，如无后援，就会使大将受挫。所以我们应该让齐军在进入魏国的第一天，筑十万个大灶台，第二天筑五万个灶台，第三天筑三万个灶台。”庞涓看到后高兴地说：“我就知道齐军怯懦，进入魏国才三天，逃跑的就超过半数了。”于是，庞涓不用步兵，带着精锐的轻装骑兵，昼夜兼程，追逐齐军。孙膑料定庞涓在天黑时会赶到马陵。这个地方道路狭窄，两边尽是绝壁，可以埋伏军队。孙膑削去一棵大树的树皮，在树干上写下了“庞涓死于此树下”的字样。同时命令一万名弓箭手，埋伏在道路两旁，并约定说：“看见火光后，就放箭。”庞涓果然在夜里来到了这棵树下，看见树干上有字，就钻木取火，照着去看。这时，齐军万箭齐发，魏军一片混乱。庞涓知道败局已定，于是拔剑自杀了。临死前他说：“这一仗果然成就了孙膑那小子的美名。”

※ 原文

虞诩荐武都郡，羌率众遮诩于陈仓、崤谷。诩令吏士各作两灶，日增倍之，羌不敢逼。或问曰：“孙子减灶而君增之。兵法：日行三十里，以戒不虞。今且行二百里，何也？”诩曰：“虏众既多，吾徐行则易为所及，疾行则彼不测之。且虏见吾灶多，谓郡兵来至。孙子见弱，吾示强，势不同也。”

故曰：料敌在心，察机在目，因形而作，胜于众，善之善者矣。此变通之理也。

※ 译文

虞诩被举荐为武都郡守，羌族首领率兵拦截他于陈仓、崤谷。虞诩让手下每人各筑两个灶台，一天增加一倍。羌兵看到日渐增多的灶台，不敢向前追赶。有人问虞诩说：“孙膑当年是每天减少灶台，您却每天增加。兵法上说，日行三十里，以防不测。您却日行二百里，这是为什么？”虞诩说：“敌军人数众多，我如行军过缓，就会被追赶上，而急速行军，敌军难测我军的行动，况且敌人看到我们的灶台不断增多，以为是郡里的兵马来了。孙膑是故意示弱，我则是故意示强，形势各有不同。”

所以说：要认真分析敌情，做到心中有数，注意观察敌情，抓住有利时机，根据具体的情况，制定不同的策略。如此才不会因盲目追随别人、因循守旧而失败。这就是变通的道理。

※ 评析

如果能利用计谋制造假象来迷惑敌人，或者用小利来引诱敌人，从而影响敌人的行动，让他们落入自己的圈套，就能创造对自己有利的作战形势，进而战胜对方。所以优秀的将帅善于分析敌方的心理，利用各种因素来影响敌军的行动，从而打破敌人的行动计划，争取战争的主动权，最终战胜敌人。

利害六一

自古以来利与害，都是相辅相成、彼此依存的。能化害为利者，必是智者、勇者。如果没有卓绝的胆识，没有对敌我双方情况的深入了解，是不敢也不会采用如此战术的。韩信置之死地而后生的作战计谋，就体现了利害相互转化的关系。

置之死地　绝处逢生

※ 原文

《孙子》曰："陷之死地而后生，投之亡地而后存。"又曰："杂于利而务可伸，杂于害而患可解。"何以明之？

汉将韩信攻赵，赵盛兵井陉口。信乃引兵至井陉口三十里，止舍。夜半传发，选轻骑二千人，持一赤帜，从间道萆山而望见赵军。诫之曰："赵见吾走，必空壁逐吾，若疾入赵壁，拔赵帜，立汉赤帜。"令其裨将传飧，曰："今日破赵会食。"诸将皆莫信，佯应曰："诺。"信谓军吏曰："赵已先据便地为壁，且彼未见我大将旗鼓，未肯击前行，恐吾至阻险而还。"信乃使万人出行，倍水阵。赵军望见，大笑之。平旦，信建大将之旗鼓，鼓行出井陉口。赵开壁攻击下，大战良久。于是信与张耳弃旗鼓，走水上。水上军开壁入之，复疾战。赵空壁争汉旗鼓，逐韩信、张耳。韩信、张耳已入水上军。军皆殊死战，不可败。信所出奇兵二千骑，共候赵空壁逐利，则驰入赵壁，皆拔赵帜，立汉赤帜两千。赵军不得信等，欲还归壁，壁皆汉赤帜，而大惊，以为汉皆已得赵主将矣，遂乱，遁走，赵将虽击斩之，不能禁也。于是汉兵夹击，大破之，斩成安君泜水上，擒赵王歇。

※ 译文

《孙子兵法》中说："陷之死地而后生，投之亡地而后存。"又说："处在有利的情况下能考虑到不利因素，事情就可顺利进行；在不利的情况下能考虑到有利因素，祸患就可以解除。"为什么这样说呢？

汉将韩信攻打赵国，赵国陈兵于井陉口。韩信于是率军在距离井陉口三十里的地方，停止前进，安营扎寨。及至半夜时分，下达命令，准备出发。韩信选拔了两千名轻装精锐骑兵，让他们每人手持一面红旗，从小道上山，隐藏在山中，窥望赵军。他告诫说："赵军见我军逃走，定会倾巢出动追赶我军。这时，你们就迅速攻入赵军营垒，拔掉赵军的旗帜，将我军的红旗插上。"他让副将给战士们送去干粮，并说：“今天打败赵军后开饭。”各部将领都不相信会这么容易就取得胜利，嘴上却都答应说：“好。”韩信对将领们说：“赵军已经抢先占据了有利的地势，并构筑起了坚固的工事。在没有看见我军大举行动之前，他们是不肯攻击我军先头部队的，因为他们怕我军遇到险阻后就撤退。”韩信让一万战士先行出发，背水列阵。赵军见此大笑。天明之后，韩信竖起汉军主帅的旗帜，擂鼓率军出了井陉口，赵军这才打开营门，出来迎战。双方激战良久。这时，韩信与张耳故意扔掉了军旗和战鼓，向背河列阵的汉军逃去。背河列阵的汉军打开营门，将韩、张迎入营内。又与赵军激战。赵军见韩信溃逃，果然全营出动，一边争着抢夺汉军的旗鼓，一边争着追赶韩信与张耳。这时汉军已全部退到背水设营的阵地，他们无路可退，所有将士背水而战，人人拼死冲杀，勇不可挡。韩信先前派出去的两千名骑兵，乘赵军全体出动争功夺利的时候，迅速攻入赵军的空营，将赵军的旗帜全部拔掉，竖立起两千面汉军的红旗。赵军久攻不下，就想退回营中，可近前一看，营帐里插的全是汉军的红旗，十分惊恐，认为汉军已把赵王及其身边的将领都活捉了。于是赵军大乱，纷纷逃窜。赵军将领杀鸡儆猴，一连杀了好多逃命者，仍不能扭转溃败之势。这时汉军两路夹攻，赵军大败，在泜水河边斩杀成安君，活捉了赵王赵歇。

※ 原文

诸将效首虏，留贺，因问信曰：“兵法：右背山陵，前左水泽。今者将军令臣等反背水阵，曰破赵会食，臣等不服。然竟以胜，此何术也？”信曰：“此在兵法之中，顾诸君不察耳。兵法不曰‘陷之死地而后生，置之亡地而后存’？且信非能素抚循士大夫也，所谓‘驱市人而战’，使人人自为战，今与之生地，皆走，宁尚可得而用之乎？”诸将曰：“善。非所及也。”

魏太祖征绣，一朝引军退，绣自追之。贾诩曰：“不可追也。”绣不从，果败而还。诩谓绣曰：“促更追之，战必胜。”绣收散卒，复追太祖，战果胜。还，问诩曰：“绣以精兵追退军，而公曰必败；退以败卒击胜兵，而公曰必克。皆如公之言，何其反而皆验也。”诩曰：“此易知耳。军势百途，事不一也。将军虽善用兵，非曹公敌也。魏军新退，曹公必自断其后，追兵虽精，将既不敌，彼士亦锐，故知必败。曹公攻将军无失策，力未尽而还，必国内有故也。既破将军，必轻军速进，留诸将断后，诸将虽勇，亦非将军敌也。故虽用败兵而胜也。”绣乃服其能。

此利害之变，故曰：“陷之死地而后生”，“杂于害而患可解”。此之谓也。

※ 译文

诸将领论功行赏，前来祝贺胜利，因不明白韩信的策略，问道：“按兵法上说，陈兵列阵应右背山陵，前离水泽。而将军您却命令我们背水列阵，还说等战胜赵军后开饭，我们心里当时都不信服。但我们还是胜利了，您使用的是什么战术啊？”韩信说：“这种战术兵法上也讲过，只是各位没有注意到罢了。兵法上不是说‘陷之死地而后生，置之亡地而后存’吗？再说我也不是能做那种安抚工作的士大夫，所谓的‘驱市人而战’，就是使众人各自为战。如果把士卒都安置在可以逃生的地方，遇到死亡的威胁，他们就会全部逃走。我还能指挥使用他们吗？”各位将领说：“此计高明。我们是无法比的。”

魏太祖曹操征伐张绣，交战不久便领兵撤退。张绣随即追击，贾诩说：“不能追。”张绣不听，结果失败而归。贾诩说：“现在赶快去追，定能取胜。”张绣于是召集散乱的士卒，再次追击曹操，果然取胜而归。后来张绣问贾诩：“第一次我用精兵追击曹操的退军，您却说一定要失败。我撤退回来，第二次又以失败的士卒追击胜兵，您却说一定能取胜。两次的结果都如您所料，两次都不合常理，为什么却都应验了呢？”贾诩说：“这并不难解释。战场形势变化无穷，没有定式。您虽善于用兵打仗，但不是曹操的对手。曹军撤退之初，曹操必会亲自断后。虽然你的追兵精锐，但一来你不是曹操的对手，二来断后的也都是些精兵强将，从而我断定你一定会失败。曹操进攻你的时候并无失策，但还没有全力进攻就撤退了，一定是其国内出了问题。曹操既已打败了你，必会轻军快进，留下大将守在后面。留在后面的将领虽然勇敢，但不是你的对手。所以即使用失败之兵追击也能取胜。”张绣听后很佩服贾诩的才能。

这些就是利与害的相互转化。“陷之死地而后生，在不利情况下能考虑到有利因素，祸患就可以解除。”说的就是这个道理。

※ 评析

“置之死地而后生”，是要给士卒营造一种险恶的环境，从而使之发挥出最大的潜力。“亡地”“死地”“陷于害”这些险恶的环境，会给士卒们一种内在的压力，从而激发出他们更深层次的潜能，使他们发挥超乎寻常的勇气，从而化险为夷、反败为胜。有时候，当我们遇到困境时，也可适当运用这策略。在与对手进行谈判遇到阻力时，先把对方置入进退两难的“死地”，然后等他理清思路、考虑成熟后，再给其一线生机，这样我们就能更容易地达到目的。

奇兵六二

古代奇书《鬼谷子》中有："计谋之用，公不如私，私不如结，结，比而无隙者也。正不如奇，奇，流而不止者也。"可见，"奇正"是用兵打仗的要旨。一个高明的将领，不仅深知"奇正"是可以关乎生死的，而且能做到出奇制胜，在敌人防备前就已经战胜了敌人。

出其不意　攻其不备

※ 原文

太公曰："不能分移，不可语奇。"《孙子》曰："兵以正合，事以奇胜。"何以明之？

魏王豹反汉，汉王以韩信为左丞相击魏。魏王盛兵蒲坂，塞临晋。信乃益为疑兵，陈船欲渡临晋，而伏兵从夏阳以木罂渡军，袭安邑。魏王豹惊，引兵迎信，信遂虏豹，定魏为河东郡。

是知奇正者，兵之要也。《经》曰："战胜不过奇正。奇正之变，不可胜穷，如环之无端，孰能穷之？"此之谓也。

※ 译文

姜太公说："作战不能充分调动使用兵力，就不能称出奇。"《孙子兵法》中说："作战时以主力与敌交锋，以奇兵包抄、偷袭，这就叫出奇制胜。"怎么证明呢？

魏王豹反叛汉军，刘邦让韩信做左丞相去平定魏王豹。魏王豹在黄河东岸的蒲坂陈兵，堵塞了通往临晋的道路，韩信于是布置疑兵，假装乘船要偷渡至临晋，与此同时，让伏兵借助能漂浮的木桶为工具，从夏阳渡河，偷袭魏王的后方重地安邑。魏王非常害怕，便率军迎战，韩信大胜，俘虏了魏王豹，把魏所占之地定为河东郡。

由此可知，奇正是用兵的要旨。《经》上说："用兵打仗，不过奇正两种变化，但是奇正的变化，却是没有穷尽的。奇正的变化，就像圆环一样无始无终，没有穷尽，谁又能掌控呢？"说的就是这个道理。

※ 评析

用兵作战是一种诡道之术，这是《孙子兵法》中极为重要的战略思想，它体现着一种辩证思维的方式。这种以"奇袭"为经、以"诡道"为纬交织而成的战略思想，贯穿孙子兵法思想的始终。为了有效地在军事行动中运用这种思想，孙子接着提出了在战争中要向对方做出与自己真实的作战意图相反的假象：能战装作不能战；想攻却装作不攻；想攻打近处，却装作攻打远处；想攻打远处，却装作攻打近处。这样一来就能在战争中获得更多的主动权。

掩发六三

运用感化政策，甚至可以取得战场上不能取得的成功。因为战争是冰冷的，血腥的，而感化却是直指人心，抚慰人心。于是在不知不觉中，敌人就被软化和俘获了。三国豪杰关羽就是被怀柔击中要害而亡的。

掩发之变　奥妙无穷

※ 原文

《孙子》曰："善战者，其势险，其节短。""以利动之，以卒待之。"又曰："善动敌者，形之，敌必从。"何以明其然耶？

燕平齐，围即墨城。即墨城中推田单为将，以拒燕。田单欲激怒齐卒，乃宣言曰："吾唯恐燕将劓所得齐卒，及掘城外坟墓，僇先人，可为寒心。"燕将如其言，即墨人皆涕泣，共欲出战，怒皆十倍。单乃收人金，得千镒，令即墨富豪遗燕将，书曰："即墨即降，愿不虏吾家族。"燕将大喜，益懈。乃收牛得千头，束苇于尾，烧其端，凿数十穴，夜纵牛出。以壮士五千人随其后，牛尾热而奔燕，燕军大惊，所随五千因衔枚击之，燕军大败，杀其将骑劫，复齐七十余城。

吕蒙西屯陆口，关侯讨樊，留兵备公安、南郡。蒙上疏曰："关侯讨樊而多留备兵，恐蒙图其后故也。蒙常有病，乞分众还建业，以治病为名。某闻之，必撤备兵，尽赴襄阳。大军浮江，昼夜驰上，袭其空虚，则南郡可取，而关可擒之。"遂称病笃，权乃露檄召蒙，侯果信之。稍撤兵赴樊，权闻之，遂行。先遣蒙在前，伏其精兵于商船中，使白衣摇橹，作商贾服，昼夜兼行，至侯所置江边屯候，尽收缚之，是故侯不闻知。遂到南郡。士仁、糜芳皆降。蒙入据城，尽得侯将士家属，皆抚慰，约令军中不得干历人家，道不拾遗。

侯还，在道路，数使人与蒙相闻，蒙厚遇其使，使周旋城中，家家致问，或手书示信。侯使人还，私相参讯，咸知家门无恙，相待过于平时，故侯士卒无斗心。权至获侯，遂定荆州。

此掩发之变。故曰："始如处女，敌人开户。后如脱兔，敌不及距。"此之谓矣。

※ 译文

《孙子兵法》中说；“会用兵布阵的将领，所营造的态势是险峻的，所把握的节奏是短促有力的。”“他会以小利调动敌人，以伏兵待机攻击敌人。”又说：“善于调动敌人，会用假象欺骗敌人，敌人必定上当。”怎么来证明呢？

燕国攻伐齐国，包围了即墨城，城中的百姓推举田单为将，率众抗击燕国。田单为了激励士卒，故意放风说：“我最担心的是燕军会割去俘虏的鼻子，还要在城外挖开我们即墨人的祖坟，凌辱早已故去的先人，真让人心寒。”燕军将领听信了流言，果然这样做，即墨人都痛哭流涕，纷纷要求出战，愤怒之情前所未有。田单又收集千镒黄金，派城内富豪送给燕国将领，并附信说：“即墨人立即投降，只要不抢掠我们的亲人。”燕将见状大喜，放松了警惕。于是田单聚集了一千多头牛，把苇草绑在牛尾上点燃，从城墙上凿了许多洞口，黑夜里将牛放出，并组织了五千名壮士跟随在牛的后面，牛被烧后而疯狂般直冲燕阵，燕军惊恐万状。跟随在牛后面的五千名壮士借机冲杀燕军，燕军大败。即墨人杀了燕将骑劫，收复了被燕军占领的七十多座城池。

吕蒙西面屯兵于陆口。关羽带兵讨伐樊城，留下一部分人马防守公安和南郡。吕蒙得知后上书孙权：“关羽已去征讨樊城，但仍留下了许多人马防守，怕我乘机攻击他的后方。我常年有病在身，希望您以我治病为名拨出一部分队伍跟我回建业。关羽闻此消息，定会抽调防守部队，全力进攻襄阳。这时，我军就可以从水上日夜兼程，直袭蜀国空城，夺取南郡，同时生擒关羽。”孙权同意依计行事。于是吕蒙假装病重，孙权公开传令召回吕蒙。关羽听说后果然上当，调出守卫南郡之军奔赴樊城。见关羽中计，孙权即令吕蒙在前，把精兵埋伏在船里，身着白衣，装成商人，昼夜兼程。行至关羽设置在长江边上的关卡处，突然出击，神不知鬼不觉地将守卫关卡的蜀军全部俘虏，而这时的关羽对此毫不知情。吕蒙顺利到达南郡，守城的傅士仁、糜芳等都投降了。吕蒙进城后，对投降将士及其家属抚慰关心备至，严令军队不得骚掠百姓，军纪非常严明。

关羽从樊城返回的途中，几次派使者和吕蒙联系，吕蒙厚待使者，并让他们在南郡城中四处察看，到每个被俘士卒的家中探望，有的士卒家人还让使者捎信表示这一切都是真实可信的。使者回来后，将士纷纷询问家中情况，当他们得知家中一切平安，所受待遇比平时还好时，一个个都没有了打仗的心思。孙权随后领兵来战，关羽最终败走麦城，被孙权俘获，荆州因此被平定。

这就是“掩”与“发”的相互转变。“开始时要像处女般沉静，诱敌放松戒备，门户大开，然后要像逃脱的兔子一样迅捷，使敌人来不及抗拒。”说的正是这个道理。

※ 评析

本篇所说的“掩发”之变，也就是《孙子兵法》中所论述的“势”与“节”的特点和优势，提出了在作战时要善于利用态势，掌握节制，抓住稍纵即逝的战机，以快捷、迅猛的态势，击溃敌人。在战争中营造居高临下的态势，将会使己方的进攻势不可挡；而迅捷的行动，将会让敌人措手不及。这两方面的因素都有利于我军出其不意地战胜敌人。在人际交往中，尤其是在与他人的谈判过程中，“掩发”之变更显重要。因为在谈判过程中每个人所要达到的目的不同，为此便会各自准备条件，以谋求在谈判中的胜利。在这种情况下，谁的手段更高明、更隐蔽，谁就能占据上风。

还师六四

耗力、耗时、耗财的战争结束了。班师回朝的将军虽然立下了赫赫战功，但也面临着生死存亡的抉择。此时，聪明的做法是藏其威势，主动要求远离政治旋涡的摇摆。跟随汉高祖刘邦多年的淮阴侯韩信，最后惨死于长乐宫中，曾悲叹道：“狡兔死，走狗烹；飞鸟尽，良弓藏；敌国破，谋臣亡。”不免让人心生感慨，发人深省呀！

功成身退　明哲保身

※ 原文

《孙子》曰：“兴师百万，日费千金。”王子注曰：“四人用虚，国家无储。”故曰：运粮百里，无一年之食；二百里，无二年之食；三百里，无三年之食，是谓虚国。国虚则人贫，人贫则上下不相亲。上无以树其恩，下无以活其身，则离叛之心生。此为战，胜而自败。

故虽破敌于外，立功于内，然而战胜者，以丧礼处之。将军缟素，请罪于君。君曰：“兵之所加，无道国也。擒敌致胜，将无咎殃。”乃尊其官以夺其势。故曰：“高鸟死，良弓藏。敌国灭，谋臣亡。”亡者非丧其身，谓沈之于渊。沉之于渊者，谓夺其威，废其权，封之于朝。极人臣之位，以显其功，中州善国，以富其心。仁者之众，可合而不可离；威权可乐，而难卒移。

是故还军罢师，存亡之阶。故弱之以位，夺之以国。故霸者之佐，其论驳也。人主深晓此道，则能御臣将；人臣深晓此道，则能全功保首。愿弃此还师之术也。

论曰：奇正之机，五间之要，天地之变，水火之道，如声不过五，五声之变，不可胜听；色不过五，五色之变，不可胜观。因机而用权矣，不可执一也。故略举其体之要。

※ 译文

《孙子兵法》中说："动用百万军队，需日耗千金巨资。"王子说："国家有四个人家徒四壁，说明整个国家没有多少储备。"所以说，运送粮食给百里外的军队，国家就会在一年里缺粮；给二百里外的军队，就会在两年里缺粮；给三百里外的军队，就会在三年里缺粮。这就是国家空虚。国家空虚，百姓就会贫穷；百姓贫穷，上下就不会相亲。上层不能树立恩德，百姓无法养活自己，反叛之心就会滋生。在此情况下发动战争，即使取胜了，与失败也无多大区别。

所以说，虽然在外打败了敌人，对内建立了功勋，但作为胜利者，仍要像对待丧礼一样，将军身穿白色丧服，向国君请罪。国君说："在国家危难之时征战，哪还顾得上国家的困难呢？擒获敌人，夺取胜利，做将帅的无罪。"于是对他加以奖赏，让其退职，以去除他的威势。高飞的鸟儿死了，精良的弓箭收藏起来；敌对的国家灭亡了，谋臣也该除掉了。除掉并非杀掉，而是把他置于深渊中。所谓置于深渊中，就是除去他的威势，罢免他的权力。在朝中封赏他，让他位极人臣，以彰显他的功劳；封给土地与封邑，让其享福，使他心满意足。仁爱者的下属，可交合不可离异；握有威重之权是让人高兴的，但削去其权力是难令其接受的。

所以说，大战结束，还师朝中时，也是存亡的关键时刻。所以要削弱将军权力，夺取将军的威势。对于辅佐称霸者的人，向来的评价就众说纷纭。人主深知此道，就能驾驭大臣将领；为臣的深知此道，就能全其功劳、保其性命。真希望能废弃这种还师回朝的权术。

综上所述，"奇"与"正"的机谋，使用五种间谍的要旨，天时地利的权变，水战火战的攻伐，以上这些，如同声音虽只有五音，但五音的交互变化，就能谱写出无穷无尽的乐曲；颜色不过五种，但五种颜色互相调配，就能产生五彩缤纷的美丽。根据机变使用权谋，不可只重其一，这就是用兵的高明之处。在此我只不过是根据各种兵书，简要说明大意而已。

※ 评析

自古以来有"伴君如伴虎"的说法，所以对于那些建功立业的将帅来说，也要时刻警惕自己的言谈举止，切不可居功自恃，显出功高震主的嚣张气焰，甚至连君主也不放在眼里。否则，就可能会招来杀身之祸。只有居安思危，功成名就后才能及时地抽身而退。同时要善于察言观色和揣度人心。曾国藩深谙官场之道，一生为官，小心谨慎，如履薄冰，居功不自傲，为人不自高，在平定太平天国叛乱后，又及时解散湘军，从而深得皇室信任，并最终成就了一世英名。如不知明哲保身，很可能如韩信一样，落个"狡兔死，走狗烹；飞鸟尽，良弓藏；敌国破，谋臣亡"的悲惨结局。